中等职业教育"十三五"规划教材

中职中专会计专业"营改增"系列教材

财 务 会 计

（第二版）

罗绍明　主编

李美洲　牟　锐　蓝国爱　副主编

科 学 出 版 社

北 京

内 容 简 介

《财务会计》（第二版）承接了第一版的编写模式与编写体系，全书分为 13 章，依据最新的营业税改征增值税政策，修订和完善了财务会计相关的理论知识；依据最新的财税政策修订了会计业务核算的相关例题与原始凭证，以体现教材的新颖性与实用性。

本书另有配套教材《财务会计习题集》（科学出版社，2016 年）和《财务会计实训》（科学出版社，2013 年），便于学习者进行课内或课外的理论知识与实训训练，深入理解与应用相关财务会计知识。

本书可以作为中等职业学校会计及会计电算化专业的教学用书，也可作为参加国家、省市职业教育会计实务技能竞赛的辅导教材，还可作为企业在职财务会计人员及对财务会计有兴趣和爱好的读者学习、参考和实训训练的用书。

图书在版编目（CIP）数据

财务会计/ 罗绍明主编. —2 版. —北京：科学出版社，2016

（中等职业教育"十三五"规划教材·中职中专会计专业"营改增"系列教材）

ISBN 978-7-03-050353-4

Ⅰ.①财…　Ⅱ.①罗…　Ⅲ.①财务会计–中等专业学校–教材　Ⅳ.①F234.4

中国版本图书馆 CIP 数据核字（2016）第 259385 号

责任编辑：贾家琛　王　琳/ 责任校对：刘玉靖
责任印制：吕春珉 / 封面设计：东方人华平面设计部

科 学 出 版 社 出版
北京东黄城根北街 16 号
邮政编码：100717
http://www.sciencep.com

三河市骏杰印刷有限公司印刷
科学出版社发行　各地新华书店经销
*

2013 年 6 月第 一 版　　开本：787×1092　1/16
2016 年 11 月第 二 版　　印张：24 1/2
2018 年 1 月第六次印刷　　字数：542 000

定价：46.00 元
（如有印装质量问题，我社负责调换〈骏杰〉）

销售部电话 010-62136230　编辑部电话 010-62135120-2019（VF02）

第二版前言

《财务会计》（第二版）承接了第一版的编写模式与编写体系，全书分为 13 章，即财务会计概述、货币资金核算、存货核算、应收款项核算、金融资产核算、固定资产核算、无形资产核算、职工薪酬核算、流动负债核算、非流动负债核算、所有者权益核算及费用、收入与利润核算，财务报表编制。

本次修订涵盖了财务会计的理论知识与核算例题两大方面。

其一，对财务会计的理论知识进行了修订与完善。

依据最新的营业税改征增值税政策，对财务会计相关的理论知识进行了修订，调整了部分章节的内容与顺序，如把原版第 7 章"长期待摊费用"一节，调整到第 6 章的"固定资产租赁核算"和第 12 章的"管理费用核算"中；第 1 章依据 2014 年财政部修改的《企业会计准则——基本准则》修订了"公允价值"计量属性；第 3 章增加了"厂租与边脚废料核算"的知识；第 6 章增加了"固定资产减值准备"的知识；第 12 章增加了"产品成本核算"的知识以及依据企业核算业务的先后顺序，将第 12 章的费用核算与收入核算的内容进行了对调；第 13 章增加了"财务报表附注编制"的知识。

其二，依据最新的财税政策修订了会计业务核算的例题。

案例教学是财务会计课程的重要教学方法之一，本书坚持并突出案例教学方法，对每一个重要的知识点都配有一个会计核算例题。此次修订，依据国家税务总局公告 2015 年第 99 号，将货物运输业增值税专用发票修订为增值税专用发票。自 2016 年 5 月 1 日起，建筑业、房地产业、金融业、生活服务业等行业纳入营业税改征增值税试点范围，至此，营业税改征增值税政策在全国范围内全面推开。本书依据《关于全面推开营业税改征增值税试点的通知》（财税〔2016〕36 号）修订了全部有关营业税核算的例题。

本书由汕头市鮀滨职业技术学校罗绍明任主编，东莞市商业学校李美洲、深圳市沙井职业高级中学牟锐、河源市职业技术学校蓝国爱任副主编，参编人员还有惠州市博罗中等专业学校黄伟芬、惠州市工程技术学校李利勤、揭阳捷和职业技术学校林伟生、汕头市鮀滨职业技术学校黄纯等。其中罗绍明修订第 1、3、6 章并统稿，李美洲修订第 2、9 章，牟锐修订第 4、5 章，蓝国爱修订第 7、12 章，黄伟芬修订第 8 章，李利勤修订第 10 章，林伟生修订第 11 章，黄纯修订第 13 章。

本书在编写出版过程中，参阅了大量文献与网站资料，在此对这些资料的作者致以诚挚的感谢！

由于编者水平有限，本书中的缺点与不妥之处在所难免，恳请读者批评指正。谢谢！来信请寄：stluoming@163.com。

编　者

2016 年 7 月

第一版前言

财务会计是职业学校会计及会计电算化专业的核心专业课程，是会计及会计电算化专业知识结构中的主体部分，旨在培养学生财务会计的基本理论、基本方法与基本技能的应用能力。

本书的主要特点表现为：

1. 内容新颖实用，反映了营业税改征增值税的财税政策

国务院决定从 2012 年 1 月 1 日起，在上海市交通运输业和部分现代服务业等行业开展深化增值税制度改革试点，逐步将目前征收营业税的行业改为征收增值税。时隔半年多，国务院决定交通运输业和部分现代服务业营业税改征增值税试点范围，由上海市分批扩大至北京市、天津市、江苏省、浙江省（含宁波市）、安徽省、福建省（含厦门市）、湖北省、广东省（含深圳市）等 8 个省（直辖市）。基于此，本书依据财政部与国家税务总局制定的《交通运输业和部分现代服务业营业税改征增值税试点实施办法》、《交通运输业和部分现代服务业营业税改征增值税试点有关事项的规定》、《关于交通运输业和部分现代服务业营业税改征增值税试点若干税收政策的通知》等最新财税政策进行编写，力争体现教材的新颖性与实用性。

2. 贴近企业实践，体现了以就业为导向的职教特色

本书以同一家生产企业的经济业务为基础设置会计核算例题，进行会计核算讲解，对每一个重要的知识点都配套设计有一个贴近企业实际经济业务的例题，并详细分析其核算方法与技巧，并且每一项会计核算后都配备有原始凭证样图，这既有利于学生系统地、清晰地了解企业财务会计的经济业务内容，又有利于学生掌握财务会计的核算方法，加深企业财务会计理论知识的理解，提高学生对企业财务会计业务核算的技能。

本书可以作为职业学校会计及会计电算化专业的教学用书，可以作为参加国家、省市职业教育会计实务技能竞赛的辅导教材，还可作为参加初级会计师职称考试的参考用书以及企业在职财务会计人员及对财务会计有兴趣和爱好的读者学习、参考和实训训练的用书。

本书由武汉工业学院龙子午教授审稿，由广东省汕头市鮀滨职业技术学校罗绍明高级讲师任主编，黑龙江省大庆市林甸职业技术教育中心学校杨新芳、河北银行学校石帆老师任副主编，参编人员有汕头市外语外贸职业技术学校蔡晓娜、阳江市第一职业技术学校何光宇、云南省财经学校杨雨杉、汕头市鮀滨职业技术学校张静等。

本书配套编写有《财务会计实训》，方便学生进行课内或课外的实训训练。

本书在编写出版过程中，参阅了大量文献与网站资料，借鉴和吸收了国内外专家学者的最新科研成果，在此对有关资料的编辑和著作者致以诚挚的感谢！

　　由于编者水平有限，本书中的缺点与不成熟之处在所难免，恳请读者批评指正并提出意见与建议。谢谢来信！来信请寄：stluoming@163.com。

编　者

2013 年 5 月

目　录

第1章 财务会计概述

【目的要求】

1. 能叙述企业财务会计的概念。
2. 能熟记和列举会计基本假设。
3. 能叙述和分析企业会计核算基础。
4. 能叙述和分析会计信息质量要求。
5. 能叙述会计要素的内容及其特征。
6. 能叙述和应用会计要素计量方法。

【重点难点】

1. 会计基本假设。
2. 权责发生制。
3. 会计要素特征。
4. 会计要素计量。

【基础知识】

1.1 财务会计基础

1.1.1 财务会计概念

财务会计，是指以企业会计准则和会计制度为依据，通过一系列会计核算的专门方法，确认和计量企业资产、负债和所有者权益的增减变化，反映收入的取得、费用的发生和归属及利润的形成与分配，定期以财务报告的形式，向会计信息使用者提供企业的财务状况、经营成果和现金流量等情况的对外报告会计。

根据企业会计准则规定，企业财务会计的目标是向企业财务会计报告使用者提供与企业财务状况、经营成果和现金流量等有关的会计信息，反映企业管理层受托责任履行情况，有助于财务报告使用者做出经济决策。

1.1.2 会计基本假设

会计基本假设，是企业会计确认、计量和报告的前提，是对会计核算所处时间、空间环境等所作的合理设定。会计基本假设包括会计主体、持续经营、会计分期和货币计量。

1. 会计主体

会计主体，是指企业会计确认、计量和报告的空间范围。

明确界定会计主体是开展会计确认、计量和报告的重要前提。会计主体可以是一个企业，也可以是企业的一个独立核算的部门；可以是法人，也可以是不具备法人资格的组织；可以是一个营利组织，也可以是一个非营利组织。但凡作为会计主体，都应该进行独立核算。

会计主体不同于法律主体。法律主体是在法律上具有法人资格。一般而言，法律主体必然是一个会计主体，但会计主体不一定是法律主体。

2. 持续经营

持续经营，是指在可以预见的将来，企业将会按当前的规模和状态继续经营下去，不会停业，也不会大规模削减业务。在持续经营前提下，会计确认、计量和报告应当以企业持续、正常的生产经营活动为前提。

3. 会计分期

会计分期，是指将一个企业持续经营的生产经营活动划分为一个个连续的、长短相同的期间。会计分期的目的在于通过会计期间的划分，将持续经营的生产经营活动划分成连续、相等的期间，据以结算盈亏，按期编报财务报告，从而及时向财务报告使用者提供有关企业财务状况、经营成果和现金流量的信息。

4. 货币计量

货币计量，是指会计主体在财务会计确认、计量和报告时以货币作为计量尺度，反映会计主体的生产经营活动。通常，计量单位有实物量度、劳动量度和货币量度三种。在企业经营过程中，前两种计量均无法一贯到底和综合汇总，只能从一个侧面反映企业的生产经营状况，不便于会计计量和经营管理。而货币作为商品交换的一般等价物，可以对各种商品进行综合汇总反映，综合全面反映企业的经营成果和财务状况。

1.1.3　会计核算基础

企业会计核算的基础是权责发生制。

权责发生制要求，凡是当期已经实现的收入和已经发生或应当负担的费用，无论款项是否收付，都应当作为当期的收入和费用，计入利润表；凡是不属于当期的收入和费用，即使款项已在当期收付，也不应当作为当期的收入和费用。

与权责发生制相对应的一种会计核算基础是收付实现制。收付实现制是以收到或支付的现金作为确认收入和费用等的依据。目前，我国的行政单位会计采用收付实现制，事业单位会计除经营业务可以采用权责发生制外，其他大部分业务采用收付实现制。

1.1.4　会计信息质量要求

1. 可靠性

可靠性要求企业应当以实际发生的交易或者事项为依据进行确认、计量和报告，如实反映符合确认和计量要求的各项会计要素及其他相关信息，保证会计信息真实可靠、内容完整。可靠性要求是高质量会计信息的重要基础和关键所在。

2. 相关性

相关性要求企业提供的会计信息应当与投资者等财务报告使用者的经济决策需要相关，有助于投资者等财务报告使用者对企业过去、现在或者未来的情况做出评价或者预测。

3. 可理解性

可理解性要求企业提供的会计信息应当清晰明了，便于投资者等财务报告使用者理解和使用。只有这样才能提高会计信息的有用性，实现财务报告的目标，满足向投资者等财务报告使用者提供决策信息的要求。

4. 可比性

可比性要求企业提供的会计信息应当相互可比，表现为同一企业不同时期可比（这要求企业不同时期发生的相同或者相似的交易或者事项，应当采用一致的会计政策）和不同企业相同会计期间可比（这要求不同企业同一会计期间发生的相同或者相似的交易或者事项，应当采用统一的会计政策，确保会计信息口径一致，相互可比）。

5. 实质重于形式

实质重于形式要求企业应当按照交易或者事项的经济实质进行会计确认、计量和报告，不仅仅以交易或者事项的法律形式为依据。如企业按照销售合同销售商品但又签订了售后回购协议，虽然从法律上看实现了收入，但企业没有将商品所有权上的主要风险和报酬转移给购买方，没有满足收入确认的各项条件，因此不应当确认销售收入。

6. 重要性

重要性要求企业提供的会计信息应当反映与企业财务状况、经营成果和现金流量有关的所有重要交易或者事项。一项会计信息是否具有重要性，关键看该会计信息的省略或者错报是否会影响投资者等使用者据此做出的决策。

7. 谨慎性

谨慎性要求企业对交易或者事项进行会计确认、计量和报告时保持应有的谨慎，不应高估资产或者收益、低估负债或者费用。

8. 及时性

及时性要求企业对于已经发生的交易或者事项，应当及时进行确认、计量和报告，不得提前或者延后。

1.2 财务会计要素

1.2.1 会计要素及其特征

会计要素是根据交易或者事项的经济特征确定的会计对象所进行的基本分类。《企业会计准则——基本准则》规定，会计要素按照其性质分为资产、负债、所有者权益、收入、费用和利润。

1. 资产及其特征

（1）资产的定义

资产是指企业过去的交易或者事项形成的、由企业拥有或者控制的、预期会给企业带来经济利益的资源。资产按其流动性从大到小分类，可分为流动资产和非流动资产。

（2）资产的特征

1）资产应为企业拥有或者控制的资源。

资产作为一项资源，应当由企业拥有或者控制，具体是指企业享有某项资源的所有权，或者虽然不享有某项资源的所有权，但该资源能被企业所控制。

2）资产预期会给企业带来经济利益。

资产预期会给企业带来经济利益，是指资产直接或者间接导致现金和现金等价物流入企业的潜力。这种潜力可以来自企业日常的生产经营活动，也可以是非日常的生产经营活动。

3）资产是由企业过去的交易或者事项形成的。

资产应当由企业过去的交易或者事项形成，过去的交易或者事项包括购买、生产、建造行为或者其他交易或者事项。换句话说，只有过去的交易或者事项才能产生资产，企业预期在未来发生的交易或者事项不形成资产。

2. 负债及其特征

（1）负债的定义

负债是指企业过去的交易或者事项形成的、预期会导致经济利益流出企业的现时义务。负债按其偿还期从短到长分类，可分为流动负债和非流动负债。

（2）负债的特征

1）负债是企业承担的现时义务。

负债必须是企业承担的现时义务，这是负债的一个基本特征。现时义务是指企业在现行条件下已承担的义务。未来发生的交易或者事项形成的义务，不属于现时义务，不应当确认为负债。

2）负债预期会导致经济利益流出企业。

预期会导致经济利益流出企业，是负债的一个本质特征。企业在履行现时义务清偿负债时，导致经济利益流出企业的形式多种多样，包括用现金偿还或以实物资产偿还，以提供劳务形式偿还，以部分转移资产、部分提供劳务形式偿还等。

3）负债是由企业过去的交易或者事项形成的。

负债应当由企业过去的交易或者事项形成。换句话说，只有过去的交易或者事项才形成负债，企业将在未来发生的承诺、签订的合同等交易或者事项，不形成负债。

3. 所有者权益及其特征

（1）所有者权益的定义

所有者权益是指企业资产扣除负债后由所有者享有的剩余权益。公司的所有者权益又称为股东权益。所有者权益通常由实收资本（或股本）、资本公积（含资本溢价或股本溢价、其他资本公积）、盈余公积和未分配利润构成。

（2）所有者权益的特征

1）除非发生减资、清算或分派现金股利，企业不需要偿还所有者权益。

2）企业清算时，只有在清偿所有的负债后，所有者权益才返还给所有者。

3）所有者凭借所有者权益能够参与企业利润的分配。

4. 收入及其特征

（1）收入的定义

收入是指企业在日常活动中形成的、会导致所有者权益增加的、与所有者投入资本无关的经济利益的总流入。收入按业务主次的不同，可分为主营业务收入和其他业务收入。

（2）收入的特征

1）收入是企业在日常活动中形成的。

日常活动是指企业为完成其经营目标所从事的经常性活动以及与之相关的活动。如工业企业制造并销售产品、商业企业销售商品、软件企业为客户开发软件、安装公司提供安装服务等。日常活动是确认收入的重要判断标准，凡是日常活动所形成的经济利益的流入应当确认为收入，反之，非日常活动所形成的经济利益流入不能确认为收入，而应确认为利得（营业外收入）。

2）收入会导致所有者权益的增加。

与收入相关的经济利益的流入应当会导致所有者权益的增加，不会导致所有者权益增加的经济利益的流入不符合收入的定义，不应确认为收入。如企业向银行借入款项，应当确认为一项负债。

3）收入是与所有者投入资本无关的经济利益的总流入。

收入应当会导致经济利益的流入，从而导致资产的增加。但是，经济利益的流入有时是所有者投入资本的增加所致，所有者投入资本的增加不应当确认为收入，应当直接确认为所有者权益。

5. 费用及其特征

（1）费用的定义

费用是指企业在日常活动中发生的、会导致所有者权益减少的、与向所有者分配利润无关的经济利益的总流出。

（2）费用的特征

1）费用是企业在日常活动中发生的。

费用必须是企业在其日常活动中发生的，日常活动所产生的费用通常包括有销售成本（营业成本）、管理费用、销售费用等。企业非日常活动所形成的经济利益的流出不能确认为费用，而应当计入损失（营业外支出）。

2）费用会导致所有者权益的减少。

与费用相关的经济利益的流出应当导致所有者权益的减少，不会导致所有者权益减少的经济利益的流出不符合费用的定义，不应确认为费用。

3）费用导致的经济利益总流出与向所有者分配利润无关。

费用的发生应当会导致经济利益的流出，从而导致资产的减少或者负债的增加。企业向所有者分配利润也会导致经济利益的流出，而该流出属于投资者投资回报的分配，是所有者权益的直接抵减项目，不应确认为费用。

6. 利润及其特征

（1）利润的定义

利润是指企业在一定会计期间的经营成果，利润包括收入减去费用后的净额、直接计入当期利润的利得和损失等。

（2）利润的特征

1）利润代表企业能用货币表现的、最终的和综合的经营成果。

2）利润金额取决于收入和费用、直接计入当期利润的利得和损失金额的计量。

3）直接计入当期利润的利得和损失，是指应当计入当期损益、会导致所有者权益发生增减变动的、与所有者投入资本或者向所有者分配利润无关的利得或者损失。

1.2.2 会计要素计量

会计要素计量是指为了将符合确认条件的会计要素登记入账并列报于财务报表而确定其金额的过程。企业应当按照规定的会计计量属性进行计量，确定相关金额。会计要素的计量属性主要包括有历史成本、重置成本、可变现净值、现值和公允价值等。

1. 历史成本

历史成本，又称实际成本，是指取得或制造某项财产物资时所实际支付的现金或其他等价物。在历史成本计量下，资产按照其购置时支付的现金或者现金等价物的金额，或者按照购置资产时所付出的对价的公允价值计量。负债按照其因承担现时义务而实际收到的款项或者资产的金额，或者承担现时义务的合同金额，或者按照日常活动中为偿还负债预期需要支付的现金或者现金等价物的金额计量。

2. 重置成本

重置成本，又称现行成本，是指按照当前市场条件下，重新取得同样一项资产所需支付的现金或者现金等价物金额。在重置成本计量下，资产按照现在购买相同或者相似资产所需支付的现金或者现金等价物的金额计量。负债按照现在偿付该项债务所需支付的现金或者现金等价物的金额计量。重置成本通常应用于盘盈固定资产的计量。

3. 可变现净值

可变现净值，是指在正常生产经营过程中，以资产预计售价减去进一步加工成本和预计销售费用以及相关税费后的净值。在可变现净值计量下，资产按照其正常对外销售所能收到现金或者现金等价物的金额扣除该资产至完工时估计将要发生的成本、估计的销售费用以及相关税费后的金额计量。可变现净值通常应用于存货的期末计量。

4. 现值

现值，是指对未来现金流量以恰当的折现率进行折现后的价值，是考虑货币时间价值的一种计量属性。在现值计量下，资产按照预计从其持续使用和最终处置中所取得的未来净现金流入量的折现金额计量。负债按照预计期限内需要偿还的未来净现金流出量的折现金额计量。现值通常应用于非流动资产可收回金额和以摊余成本计量的金融资产价值的确定等。

5. 公允价值

公允价值，是指在计量日发生的有序交易中，市场参与者出售资产所能收到或者转移负债所需支付的金额。在公允价值计量下，资产和负债按照市场参与者在计量日发生的有序交易中，出售资产所能收到或者转移负债所需支付的价格计量。公允价值通常应用于交易性金融资产、可供出售金融资产的计量等。

《企业会计准则——基本准则》规定，企业在对会计要素进行计量时，一般应当采用历史成本计量。采用重置成本、可变现净值、现值、公允价值计量的，应当保证所确定的会计要素金额能够取得并可靠计量。

【要点回顾】

1. 财务会计，是指以企业会计准则和会计制度为依据，通过一系列会计核算的专门方法，确认和计量企业资产、负债和所有者权益的增减变化，反映收入的取得、费用的发生和归属及利润的形成与分配，定期以财务报告的形式，向会计信息使用者提供企业的财务状况、经营成果和现金流量等情况的对外报告会计。

2. 会计基本假设，是企业会计确认、计量和报告的前提，是对会计核算所处时间、空间环境等所作的合理设定。会计基本假设包括有会计主体、持续经营、会计分期和货币计量。会计信息质量要求包括有可靠性、相关性、可理解性、可比性、实质重于形式、重要性、谨慎性、及时性。

3. 企业会计核算的基础是权责发生制。权责发生制要求，凡是当期已经实现的收入和已经发生或应当负担的费用，无论款项是否收付，都应当作为当期的收入和费用，计入利润表；凡是不属于当期的收入和费用，即使款项已在当期收付，也不应当作为当期的收入和费用。

4. 会计要素是根据交易或者事项的经济特征确定的会计对象所进行的基本分类。《企业会计准则——基本准则》规定，会计要素按照其性质分为资产、负债、所有者权益、收入、费用和利润。

5. 会计要素计量是指为了将符合确认条件的会计要素登记入账并列报于财务报表而确定其金额的过程。企业应当按照规定的会计计量属性进行计量，确定相关金额。会计要素的计量属性主要包括有历史成本、重置成本、可变现净值、现值和公允价值等。

第 2 章　货币资金核算

【目的要求】

1. 能熟记和列举库存现金管理的规定。
2. 能掌握库存现金的会计核算。
3. 能掌握库存现金清查方法与核算。
4. 能叙述和列举银行存款结算方式。
5. 能掌握银行存款的会计核算。
6. 能掌握银行存款清查方法与核算。
7. 能叙述和列举其他货币资金的内容。
8. 能掌握其他货币资金的会计核算。

【重点难点】

1. 库存现金清查核算。
2. 银行存款核算。
3. 银行存款余额调节。
4. 其他货币资金核算。

【基础知识】

货币资金，是指企业生产经营过程中处于货币状态的资产，包括库存现金、银行存款和其他货币资金。

2.1　库存现金核算

2.1.1　库存现金管理

库存现金简称现金，是指由出纳员保管并存放于企业财务部门，用于企业日常零星开支的货币，包括人民币和外币。现金是流动性最强的资产，企业必须加强对现金的管理，严格按照国务院颁布的《现金管理暂行条例》的规定，正确进行现金收支的核算。

1. 现金使用范围

《现金管理暂行条例》明确规定了现金使用的范围，具体包括：

1）职工工资、津贴；
2）个人劳务报酬；
3）根据国家规定颁发给个人的科学技术、文化艺术、体育等各种奖金；
4）各种劳保、福利费用以及国家规定的对个人的其他支出；
5）向个人收购农副产品和其他物资的价款；
6）出差人员必须随身携带的差旅费；
7）结算起点（1 000 元）以下的零星支出；
8）中国人民银行确定需要支付现金的其他支出。

上述除第 5）、6）项外，开户单位支付给个人的款项，超过使用现金限额的部分，应当以支票或者银行本票支付；确需全额支付现金的，经开户银行审核后，予以支付现金。

2. 库存现金限额

库存现金限额，是指为了保证企业日常零星开支的需要，允许企业留存现金的最高限额。这一限额是由开户银行根据各企业的实际需要核定的。

一般是按照企业 3～5 天的日常零星开支所需的库存现金来核定限额。边远地区和交通不便地区的企业的库存现金限额，可以多于 5 天，但不得超过 15 天的日常零星开支。

经开户银行核定的库存现金限额，企业必须严格遵守。需要增加或者减少库存现金限额的，应当向开户银行提出申请，由开户银行核定。

3. 现金收支规定

1）企业现金收入应当于当日送存开户银行。当日送存确有困难的，由开户银行确定送存时间。

2）企业支付现金，可以从本单位库存现金限额中支付或者从开户银行提取，不得从本单位的现金收入中直接支付（即坐支）。因特殊情况需要坐支现金的，应当事先报经开户银行审查批准，由开户银行核定坐支范围和限额。坐支单位应当定期向开户银行报送坐支金额和使用情况。

3）企业从开户银行提取现金，应当在现金支票上写明用途，由本单位财会部门负责人签字盖章，经开户银行审核后，予以支付现金。

4）因采购地点不固定、交通不便、生产或者市场急需、抢险救灾以及其他特殊情况必须使用现金的，企业应当向开户银行提出申请，由本单位财会部门负责人签字盖章，经开户银行审核后，予以支付现金。

5）企业不得用不符合财务制度的凭证顶替库存现金（即白条抵库），不得将本单位收入的现金以个人名义存入银行（即公款私存），不得私设小金库。

2.1.2 现金收支核算

1. 账户设置

企业应设置"库存现金"账户，核算企业库存现金的收支结存情况。

该账户属于资产类账户，借方登记企业库存现金的增加，贷方登记企业库存现金的减少，期末余额在借方，表示企业库存现金的结存（实有）数。库存现金账户结构见图 2-1。

库存现金

期初：库存现金的实有数	
本期：登记企业库存现金的增加	登记企业库存现金的减少
期末：库存现金的结存（实有）数	

图 2-1　库存现金账户结构

2. 会计核算

1）企业收入现金时，借记"库存现金"科目，贷记有关科目。

2）企业支出现金时，借记有关科目，贷记"库存现金"科目。

例 2-1　广东望秋服饰有限公司 2016 年 6 月 1 日签发现金支票一张，从银行提取现金 2 000 元补足现金限额。望秋公司账务处理如下：

借：库存现金　　　　　　　　　　　　　　　　　　　　　　　　2 000.00

　　贷：银行存款　　　　　　　　　　　　　　　　　　　　　　2 000.00

附原始凭证 1 张：支票存根（见图 2-2）。

```
┌─────────────────────────────────────┐
│      中国建设银行支票存根（粤）        │
│            GS 07384001              │
│   附加信息 _____          │
│   _____          │
│   _____          │
│   _____          │
│   _____          │
│                                     │
│   出票日期　 2016 年 06 月 01 日       │
│   ┌─────────────────────────────┐   │
│   │ 收款人：广东望秋服饰有限公司    │   │
│   ├─────────────────────────────┤   │
│   │ 金　额：¥2 000.00            │   │
│   ├─────────────────────────────┤   │
│   │ 用　途：备用金               │   │
│   └─────────────────────────────┘   │
│   单位主管 纪耀东　　　会计 李源珍     │
└─────────────────────────────────────┘
```

图 2-2　支票存根

例 2-2　广东望秋服饰有限公司 2016 年 6 月 2 日销售工作服 10 套给味美佳美食店，开出增值税普通发票一张，发票注明价款 500 元，增值税 85 元，当日收到现金收入 585 元。望秋公司账务处理如下：

借：库存现金　　　　　　　　　　　　　　　　　　　　　　　　585.00

　　贷：主营业务收入——工作服　　　　　　　　　　　　　　　500.00

　　　　应交税费——应交增值税（销项税额）　　　　　　　　　85.00

附原始凭证 2 张：增值税普通发票记账联和产品出库单（见图 2-3、图 2-4）。

4400041140

广东省统一发票监制章
广东省增值税普通发票
广东省
此联不作税务总局监制使用

No 191042001

开票日期：2016 年 06 月 02 日

购货单位	名　　　称：味美佳美食店		密码区	（略）
	纳税人识别号：44010623518032			
	地址　、电话：广州天河中路 126 号，86696521			
	开户行及账号：建行天河支行、11682685283			

货物或应税劳务、服务名称	规格型号	单位	数量	单价	金　额	税率	税　额
工作服	型号	套	10	50.00	500.00	17%	85.00
合　计					¥500.00		¥85.00

价税合计（大写）	⊗伍佰捌拾伍圆整	（小写）¥585.00

销货单位	名　　　称：广东望秋服饰有限公司		备注
	纳税人识别号：440106868268025		
	地址　、电话：广州天河中路 2 号，86697584		
	开户行及账号：建行天河支行、11682683056		

收款人：李芬　　　　复核：李源珍　　　　开票人：李欣　　　　销货单位：（章）

图 2-3　增值税普通发票记账联

产品出库单

2016 年 06 月 02 日　　　　　第　号

产品名称	规格	型号	单位	数量	单位成本	金额（元）
工作服			套	10		

仓库主管：郑明德　　　复核：李源珍　　　发货：李永林　　　制单：陈晓芳

图 2-4　产品出库单

例 2-3　广东望秋服饰有限公司 2016 年 6 月 2 日将销售工作服货款 585 元，送存银行。望秋公司账务处理如下：

借：银行存款　　　　　　　　　　　　　　　　　　　　　　585.00

　　贷：库存现金　　　　　　　　　　　　　　　　　　　　　　585.00

附原始凭证 1 张：现金交款单（见图 2-5）。

图 2-5　现金交款单

例 2-4　2016 年 6 月 10 日以现金支付司机陈锋报销汽油费 351 元。望秋公司账务处理如下：

借：管理费用　　　　　　　　　　　　　　　　　　　　　　　　　351.00
　　贷：库存现金　　　　　　　　　　　　　　　　　　　　　　　　　351.00

附原始凭证 2 张：汽油销售发票和费用报销单（见图 2-6、图 2-7）。

图 2-6　增值税普通发票

费用报销单

2016 年 6 月 10 日

报销部门	管理部门	报销人	陈锋
费用项目	单据张数	金额（元）	备注
汽油费	1	351.00	现金付讫
合计		¥351.00	

金额（大写）　人民币叁佰伍拾壹元整

单位领导审批：同意

纪耀东

部门主管审批：同意

李景秀

会计主管：陈利民　　复核：李源珍　　出纳：李芬　　领款人：陈锋

图 2-7　费用报销单

2.1.3　现金清查核算

1. 现金清查方法

现金清查，是指清点库存现金，并将现金实存数（现款数）与现金日记账上的余额进行核对。现金清查的目的主要是检查是否存在挪用现金、白条抵库、超限额留存现金以及账实是否相符等。

现金清查一般采用实地盘点法。清查人员应在出纳人员在场时清点现金，核对账实，并根据清查结果填制"现金清查报告单"，注明实存数与账面余额。如发现现金账实不符或有其他问题，应及时查明原因，报告主管负责人或上级领导部门处理。

2. 账户设置

企业应设置"待处理财产损溢"账户，核算企业在财产清查中查明的各种财产的盘盈、盘亏和毁损情况。物资在运输途中发生的非正常短缺与损耗，也通过本账户核算。该账户属于资产类账户，借方登记各种财产的盘亏、毁损金额及批准转销的盘盈金额，贷方登记各种财产的盘盈金额和批准转销的盘亏金额。

企业各种财产的损溢应及时查明原因，在期末结账前处理完毕，期末处理后，该账户应无余额。该账户应设置"待处理流动资产损溢"和"待处理非流动资产损溢"两个明细账户，进行明细分类核算。待处理财产损溢账户结构见图 2-8。

待处理财产损溢

	期初：无余额
本期：登记各种财产的盘亏、毁损金额及批准转销的盘盈金额	登记各种财产的盘盈金额和批准转销的盘亏金额
	期末：无余额

图 2-8　待处理财产损溢账户结构

3. 现金清查核算

（1）查明原因前的核算

现金清查中如发现有待查明原因的长款（现金溢余）或短款（现金短缺），应通过"待处理财产损溢——待处理流动资产损溢"账户及时做出处理，以保证账实相符。

1）现金长款。

现金清查中发现现金长款，应按长款金额，借记"库存现金"科目，贷记"待处理财产损溢——待处理流动资产损溢"科目。

2）现金短款。

现金清查中发现现金短款，应按短款金额，借记"待处理财产损溢——待处理流动资产损溢"科目，贷记"库存现金"科目。

（2）查明原因后的核算

1）现金长款。

现金长款查明原因后，属于多收或少付，应支付给有关人员或单位的，应借记"待处理财产损溢——待处理流动资产损溢"科目，贷记"其他应付款"科目；属于无法查明原因的现金长款，经批准后转入营业外收入，借记"待处理财产损溢——待处理流动资产损溢"科目，贷记"营业外收入"科目。

2）现金短款。

现金短款查明原因后，属于少收或多付的，以及应由责任人赔偿和保险公司赔偿的部分，借记"其他应收款"或"库存现金"等科目，贷记"待处理财产损溢——待处理流动资产损溢"科目；属于无法查明原因的现金短款，经批准后计入当期管理费用，借记"管理费用"科目，贷记"待处理财产损溢——待处理流动资产损溢"科目。

例 2-5　广东望秋服饰有限公司在 2016 年 6 月 20 日的现金清查中，发现库存现金长款 120 元。望秋公司账务处理如下：

借：库存现金　　　　　　　　　　　　　　　　　　　　　　　120.00
　　贷：待处理财产损溢——待处理流动资产损溢　　　　　　　　　120.00

附原始凭证 1 张：现金清查报告单（见图 2-9）。

例 2-6　广东望秋服饰有限公司董事会 2016 年 6 月 22 日做出决定，对 6 月 20 日的现金长款，经核查无法查明原因，经批准列为营业外收入。望秋公司账务处理如下：

借：待处理财产损溢——待处理流动资产损溢　　　　　　　　　120.00
　　贷：营业外收入　　　　　　　　　　　　　　　　　　　　　　120.00

附原始凭证 1 张：现金盘盈处理报告单（见图 2-10）。

现金清查报告单

2016 年 6 月 20 日

货币面值	张数	金额（元）	货币面值	张数	金额（元）
100 元	10	1 000.00	5 角	10	5.00
50 元	5	250.00	2 角	20	4.00
20 元	20	400.00	1 角	0	0
10 元	16	160.00	5 分	0	0
5 元	8	40.00	2 分	0	0
2 元	5	10.00	1 分	0	0
1 元	10	10.00	—		
现金清点合计		¥1 879.00	现金长款		¥120.00
现金账面余额		¥1 759.00	现金短款		—
备注			原因待查		

负责人：　　　会计主管：陈利民　　　出纳：李芬　　　清点人员：朱玲玲

图 2-9　现金清查报告单

现金盘盈处理报告单

2016 年 6 月 22 日

盘盈金额（元）	盘盈原因	处理方法
¥120.00	无法查明原因	计入营业外收入
单位领导意见： 同意 纪耀东	财会部意见： 同意 陈利民	董事会或经理部门意见： 同意

图 2-10　现金盘盈处理报告单

例 2-7　广东望秋服饰有限公司在 2016 年 6 月 28 日的现金清查中，发现库存现金短款 150 元。望秋公司账务处理如下：

借：待处理财产损溢——待处理流动资产损溢　　　　　　　　　　　150.00

贷：库存现金　　　　　　　　　　　　　　　　　　　　　　　　　　150.00

附原始凭证 1 张：现金清查报告单（见图 2-11）。

例 2-8　广东望秋服饰有限公司董事会 2016 年 6 月 29 日做出决定，对 6 月 28 日发生的现金短款，经核查，其中 100 元属于出纳员李芬的责任，应由其赔偿，另 50 元无法查明原因，经批准列为管理费用。望秋公司账务处理如下：

借：其他应收款——李芬　　　　　　　　　　　　　　　　　　　　100.00

管理费用——其他　　　　　　　　　　　　　　　　　　　　　　50.00

贷：待处理财产损溢——待处理流动资产损溢　　　　　　　　　　150.00

附原始凭证 1 张：现金盘亏处理报告单（见图 2-12）。

现金清查报告单

2016 年 6 月 28 日

现金清点结果					
货币面值	张数	金额（元）	货币面值	张数	金额（元）
100 元	10	1 000.00	5 角	20	10.00
50 元	6	300.00	2 角	25	5.00
20 元	25	500.00	1 角	0	0
10 元	10	100.00	5 分	0	0
5 元	8	40.00	2 分	0	0
2 元	5	10.00	1 分	0	0
1 元	5	5.00	—		
现金清点合计	¥1 970.00		现金长款	—	
现金账面余额	¥2 120.00		现金短款	¥150.00	
备注	原因待查				

负责人：	会计主管：陈利民	出纳：李芬	清点人员：朱玲玲

图 2-11　现金清查报告单

现金盘亏处理报告单

2016 年 6 月 29 日

盘亏金额（元）	盘亏原因	处理方法
¥150.00	100 元属于出纳员李芬的责任，另 50 元无法查明原因。	100 元由出纳员⋯⋯50 元经批准列为管理费用⋯⋯
单位领导意见： 同意 纪耀东	财会部意见： 同意 陈利民	董事会或主管⋯⋯意见： 同意

图 2-12　现金盘亏处理报告单

例 2-9　广东望秋服饰有限公司 2016 年 6 月 30 日收到出纳员李芬交来的现金短款赔偿款 100 元。望秋公司账务处理如下：

借：库存现金　　　　　　　　　　　　　　　　　　　　　100.00

　　贷：其他应收款——李芬　　　　　　　　　　　　　　　　　100.00

附原始凭证 1 张：收款收据（见图 2-13）。

收　　据　　　　　　　　No 0001321

2016 年 6 月 30 日

今收到　出纳员李芬交来的现金短款赔偿款。　　　　　　　| 现金收讫 |

金额（大写）：零拾零万零仟壹佰零拾零元零角零分（¥100.00）

会计主管：陈利民	复核：李源珍	收款人：李芬

第三联 记账联

图 2-13　收款收据

2.2　银行存款核算

2.2.1　银行存款概念

银行存款是指各单位存放在银行或其他金融机构的各种存款，包括人民币存款和外币存款两种。

1. 银行存款账户

为了存放存款，企业必须先到银行开立存款账户。存款账户，即银行结算账户，是指银行为存款人开立的办理资金收付结算的人民币活期存款账户。

根据中国人民银行颁布的《人民币银行结算账户管理办法》，一个企业可以根据需要在银行开立 4 种存款账户，包括基本存款账户、一般存款账户、专用存款账户和临时存款账户。

（1）基本存款账户

基本存款账户是企业因办理日常转账结算和现金收付需要而开立的银行结算账户。基本存款账户是企业的主办账户。企业日常经营活动的资金收付及其工资、奖金和现金的支取，只能通过该账户办理。

（2）一般存款账户

一般存款账户是企业因借款或其他结算需要，在基本存款账户开户银行以外的银行营业机构开立的银行结算账户。一般存款账户用于办理存款人借款转存、借款归还和其他结算的资金收付。该账户可以办理现金缴存，但不得办理现金支取。

（3）专用存款账户

专用存款账户是企业按照法律、行政法规和规章，对其特定用途资金进行专项管理和使用而开立的银行结算账户。专用存款账户用于办理各项专用资金的收付。企业对下列资金的管理与使用，可以申请开立专用存款账户，包括：①基本建设资金；②更新改造资金；③财政预算外资金；④粮、棉、油收购资金；⑤证券交易结算资金；⑥期货交易保证金等。

（4）临时存款账户

临时存款账户是企业因临时需要并在规定期限内使用而开立的银行结算账户。临时存款账户用于办理临时机构以及存款人临时经营活动发生的资金收付。临时存款账户的有效期最长不得超过 2 年。有下列情况的，企业可以申请开立临时存款账户：①设立临时机构；②异地临时经营活动；③注册验资。

2. 银行结算方式

根据中国人民银行颁布的《支付结算办法》，企业可以采用的银行结算方式包括有支票、银行汇票、银行本票、商业汇票、汇兑、委托收款、托收承付、信用卡等。

不同的银行结算方式，其账务处理不太相同，其中，支票、委托收款、托收承付等结算方式通过"银行存款"账户核算；银行汇票、银行本票、汇兑（外埠存款）、信用卡等结算方式通过"其他货币资金"账户核算；商业汇票结算方式通过"应收票据"、"应付票据"账户核算。

3. 银行存款账户设置

企业应设置"银行存款"账户，核算企业银行存款的增减变动及结余情况。该账户属于资产类账户，借方登记企业银行存款的增加，贷方登记企业银行存款的减少，期末余额在借方，表示企业银行存款的结余额。银行存款账户结构见图 2-14。

银行存款	
期初：银行存款的实有数	
本期：登记企业银行存款的增加	登记企业银行存款的减少
期末：银行存款的结余数	

图 2-14　银行存款账户结构

2.2.2　银行存款核算

1. 支票结算

（1）支票概念

支票是出票人签发的，委托办理支票存款业务的银行在见票时无条件支付确定的金额给收款人或者持票人的票据。支票可以分为现金支票、转账支票和普通支票 3 种。

1）现金支票。指支票上印有"现金"字样的支票，该种支票只能用于支取现金。

2）转账支票。指支票上印有"转账"字样的支票，该种支票只能用于转账。

3）普通支票。指支票上未印有"现金"或"转账"字样的支票，该种支票既能用于支取现金，也能用于转账。在普通支票左上角划有两条 45°倾角的平行线的为划线支票，划线支票只能用于转账，不得支取现金。

（2）支票适用范围

一般来说，单位和个人在同一票据交换区域的各种款项结算，均可使用支票。2007年 7 月 8 日，中国人民银行宣布，支票可以实现全国范围内互通使用，而且在同一票据交换区域内可以进行背书转让。

（3）支票结算

1）支票签发。

一般而言，支票是由出纳人员填写支票上的各要素，由会计机构负责人审核并加盖预留银行印鉴。如果签发支票提取现金，应在"收款人"栏填写本单位名称，并在支票背面写上出纳员的个人信息（身份证号码、个人签名等）和在背书人签章处加盖预留银行印鉴，才能到银行办理取款。如果签发支票办理转账，可以将支票交给收款人，由其办理结算。

签发支票时，请注意以下事项：

① 签发支票必须使用碳素墨水或墨汁填写，或用专用的支票打印机打印。

② 签发支票必须记载下列事项：表明"支票"的字样；无条件支付的委托；确定的金额；付款人名称；出票日期；出票人签章。欠缺记载上列事项之一的，支票无效。

③ 支票的金额、收款人名称，可以由出票人授权补记。未补记前不得背书转让和提示付款。

④ 出票人禁止签发空头支票，不得签发与其预留本名的签名式样或者印鉴不符的支票。出票人签发的支票金额超过其付款时在付款人处实有的存款金额的，为空头支票。

签发空头支票、签章与预留银行签章不符的支票、使用支付密码地区，支付密码错误的支票，银行应予以退票，并按票面金额处以 5%但不低于 1 000 元的罚款；持票人有权要求出票人赔偿支票金额 2%的赔偿金。

2）提示付款。

支票的提示付款期限自出票日起 10 日，但中国人民银行另有规定的除外。超过提示付款期限提示付款的，持票人开户银行不予受理，付款人不予付款。付款人不予付款的，出票人仍应当对持票人承担票据责任。

收款单位出纳员收到付款单位交来的支票后，应立即对支票各要素进行审查，审查无误后应在提示付款期内及时提示付款。

① 对于受理现金支票的，应在背面"背书人签章"栏盖上预留银行印鉴，记载背书日期和个人证件名称、号码、发证机关，然后向银行提取现金（见图2-15）。

附加信息： 李芬 身份证：440101197307082156	被背书人： 广东望秋 服饰有限 公司财务 专用章　纪耀东 背书人签章 2016 年 6 月 12 日	被背书人： 背书人签章 年　月　日

图 2-15　现金支票背书格式

② 对于受理转账支票的，应做委托收款背书，在支票背面"背书人签章"栏盖上预留银行印鉴，记载"委托收款"字样、背书日期，在"被背书人"栏记载开户银行名称，并填写"银行进账单"，然后将支票和银行进账单送交开户银行（见图2-16）。

附加信息： 	被背书人：建设银行广州天河支行 委托收款 广东望秋 服饰有限 公司财务　纪耀东 专用章 背书人签章 2016 年 6 月 12 日	被背书人： 背书人签章 年　月　日

图 2-16　转账支票背书格式

（4）会计核算

1）企业签发支票时，根据支票存根和相关凭证，借记"库存现金""在途物资""原材料""应交税费"等科目，贷记"银行存款"科目。

2）企业收到支票时，应在当日将支票送存银行并根据银行盖章退回的进账单和有关的原始凭证，借记"银行存款"科目，贷记"主营业务收入""应交税费"等科目。

例 2-10　广东望秋服饰有限公司 2016 年 6 月 2 日向广州顺棉布业有限公司购进棉布一批，收到增值税专用发票一张，发票注明价款为 30 000 元，增值税为 5 100 元，棉布已验收入库，公司开出一张转账支票支付采购款。望秋公司账务处理如下：

借：原材料——棉布　　　　　　　　　　　　　　　　　　　30 000.00

　　应交税费——应交增值税（进项税额）　　　　　　　　　　5 100.00

　　贷：银行存款　　　　　　　　　　　　　　　　　　　　　35 100.00

附原始凭证 3 张：增值税专用发票、收料单（见图 2-17、图 2-18）和支票存根（图略）。

图 2-17　增值税专用发票

图 2-18　收料单

例 2-11　广东望秋服饰有限公司 2016 年 6 月 6 日向广东恒盛服装有限公司销售休闲服一批，开出增值税专用发票一张，发票注明价款为 100 000 元，增值税为 17 000 元，产品已发出，收到恒盛公司开出的支票一张，当日送存银行。望秋公司账务处理如下：

借：银行存款 117 000.00
　　贷：主营业务收入——休闲服 100 000.00
　　　　应交税费——应交增值税（销项税额） 17 000.00

附原始凭证 3 张：增值税专用发票、银行进账单和产品出库单（见图 2-19～图 2-21）。

图 2-19　增值税专用发票记账联

图 2-20　银行进账单

产品出库单

2016 年 6 月 6 日　　　　　　　　　　　　　　　　第　　号

产品名称	规格	型号	单位	数量	单位成本	金额（元）
休闲服			件	1 000		

仓库主管：郑明德　　　　复核：李源珍　　　发货：李永林　　　　制单：陈晓芳

图 2-21　产品出库单

2. 委托收款结算

（1）委托收款概念

委托收款是收款人委托银行向付款人收取款项的一种结算方式。根据结算款项的划回方式，委托收款可分为邮寄和电报两种，收款人可根据所收款项到达的快慢要求选择采用。

（2）委托收款适用范围

单位和个人凭已承兑商业汇票、债券、存单等付款人债务证明办理的款项结算，均可以采用委托收款结算方式。

（3）委托收款结算

1）委托。收款人办理委托收款应填制"委托收款凭证"，连同有关的债务证明一并提交给银行，并以银行加盖印章后退回的受理回单作为托收凭证。

2）承付。付款人收到银行转来的债务证明后，应于接到付款通知的当日通知银行付款。按照有关规定，付款人在接到通知日的次日起 3 日内未通知银行付款的，视同付款人同意付款，银行将于付款人接到通知的次日起第 4 日上午营业时，将款项主动划给收款人。

3）拒绝付款。付款人审查有关债务证明后，对收款人委托收取的款项存在质疑，可以办理拒绝付款。以银行为付款人的，应自收到委托收款及债务证明的次日起 3 日内出具拒付理由书，连同有关债务证明、凭证交还给被委托银行，转交收款人。以单位为付款人的，应在付款人接到通知日的次日起 3 日内出具拒付理由书，连同债务证明、凭证，送交银行。

4）无款支付。付款人存款账户不足支付或无款支付的，应通过被委托银行向收款人发出未付款通知书。收款人收到开户银行转来的有关单证和未付款通知书后应立即与付款人联系协商解决。

（4）会计核算

1）收款人委托收款时，根据银行盖章退回的委托收款受理回单和发票等有关凭证，借记"应收账款"科目，贷记"主营业务收入""应交税费"等科目；收到款项时，根据银行的收账通知，借记"银行存款"科目，贷记"应收账款"科目。

2）付款人付款时，根据付款通知等凭证，借记"原材料""库存商品""应交税费"

等科目，贷记"银行存款"科目；全部拒绝付款的，不作账务处理。

例 2-12 广东望秋服饰有限公司 2016 年 6 月 9 日向广东恒康贸易公司销售童服一批，开出增值税专用发票一张，发票注明价款为 50 000 元，增值税为 8 500 元，产品已发运并办妥委托收款手续。望秋公司账务处理如下：

借：应收账款——恒康贸易公司　　　　　　　　　　　　　　　58 500.00
　　贷：主营业务收入——童服　　　　　　　　　　　　　　　　50 000.00
　　　　应交税费——应交增值税（销项税额）　　　　　　　　　 8 500.00

附原始凭证 3 张：增值税专用发票、产品出库单和托收凭证受理回单（见图 2-22～图 2-24）。

4400041141	广东增值税专用发票 广东省 此联不作报税抵扣凭证使用		No 201642002

开票日期：2016 年 06 月 09 日

购货单位	名　　称：广东恒康贸易公司 纳税人识别号：440103268268385 地址、电话：广州科韵路 125 号、53695285 开户行及账号：建行科韵支行、11382683725	密码区	（略）

货物或应税劳务、服务名称	规格型号	单位	数量	单价	金　额	税率	税　额
童服		套	1 000	50.00	50 000.00	17%	8 500.00
合　计					¥50 000.00		¥8 500.00

价税合计（大写）	⊗伍万捌仟伍佰圆整	（小写）¥58 500.00

销货单位	名　　称：广东望秋服饰有限公司 纳税人识别号：440106868268025 地址、电话：广州天河中路 2 号、86697584 开户行及账号：建行天河支行、11682683056	备注

收款人：李芬　　　复核：李源珍　　　开票人：李欣　　　销货单位：（章）

第一联：记账联 销售方记账凭证

图 2-22　增值税专用发票记账联

产品出库单

2016 年 6 月 9 日　　　　　　　第　　号

产品名称	规格	型号	单位	数量	单位成本	金额（元）
童服			套	1 000		

仓库主管：郑明德　　　复核：李源珍　　　发货：李永林　　　制单：陈晓芳

图 2-23　产品出库单

托收凭证（受理回单）　　　1

委托日期：2016 年 06 月 09 日

业务类型	委托收款（□邮划、☑电划）		托收承付（□邮划、□电划）			
付款人	全　称	广东恒康贸易公司	收款人	全　称	广东望秋服饰有限公司	
	账　号	11382683725		账　号	11682683056	
	地　址	广东省 广州市县	开户行 科韵支行	地　址	广东省 广州 市县	开户行 天河支行

金额	人民币（大写）	伍万捌仟伍佰元整		亿 千 百 十 万 千 百 十 元 角 分
				￥ 5 8 5 0 0 0 0

款项内容	销货款	托收凭据名　称	发票、出库单	中国建设银行股份有限公司 广州天河支行 2016.06.09 T00001 办讫章 (4)
商品发运情况	已发运		合同名称号码	
备注：		款项收妥日期：		
复核　记账		年　月　日	收款人开户银行签章	

此联作收款人开户银行给收款人的受理回单

图 2-24　托收凭证受理回单

　　例 2-13　承例 2-12，广东望秋服饰有限公司 2016 年 6 月 10 日收到开户银行转来的收账通知，系恒康贸易公司偿还 6 月 9 日购买童服的欠款。望秋公司账务处理如下：

　　借：银行存款　　　　　　　　　　　　　　　　　　　58 500.00

　　　　贷：应收账款——恒康贸易公司　　　　　　　　　　　　　58 500.00

　　附原始凭证 1 张：托收凭证收账通知（见图 2-25）。

托收凭证（收账通知）　　　4　　　付款期限 2016 年 6 月 12 日

委托日期：2016 年 06 月 09 日

业务类型	委托收款（□邮划、☑电划）		托收承付（□邮划、□电划）			
付款人	全　称	广东恒康贸易公司	收款人	全　称	广东望秋服饰有限公司	
	账　号	11382683725		账　号	11682683056	
	地　址	广东省 广州市县	开户行 科韵支行	地　址	广东省 广州 市县	开户行 天河支行

金额	人民币（大写）	伍万捌仟伍佰元整		亿 千 百 十 万 千 百 十 元 角 分
				￥ 5 8 5 0 0 0 0

款项内容	销货款	托收凭据名　称	发票、出库单	中国建设银行股份有限公司 广州天河支行 2016.06.10 T00001 办讫章 (4)
商品发运情况	已发运		合同名称号码	
备注：		款项收妥日期：		
复核　记账		2016 年 6 月 10 日	收款人开户银行签章	

此联作收款人开户银行给收款人的收账通知

图 2-25　托收凭证收账通知

3. 托收承付结算

（1）托收承付概念

托收承付是指根据购销合同由收款人发货后委托银行向异地付款人收取款项，由付款人向银行承认付款的一种结算方式。根据结算款项的划回方式，托收承付可分为邮寄和电报两种，收款人可以根据实际需要选择使用。

（2）托收承付适用范围

托收承付结算方式适用于异地单位之间订有购销合同的商品交易及相关劳务款项的结算。使用托收承付结算方式的收付双方，必须签有符合《合同法》的购销合同，并在合同上订明使用托收承付结算方式。

收款单位和付款单位，必须是国有企业、供销合作社以及经营管理较好，并经开户银行审查同意的城乡集体所有制工业企业。办理托收承付结算的款项，必须是商品交易，以及因商品交易而产生的劳务供应的款项。代销、寄销、赊销商品的款项，不得办理托收承付的结算。

（3）托收承付结算

托收承付结算每笔金额起点为 10 000 万元，新华书店系统每笔金额起点为 1 000 元。

1）托收。收款人按照签订的购销合同发货后，应将托收凭证并附商品确已发运证件（包括铁路、航运、公路等运输部门签发的运单、运单副本或邮局包裹回执）或其他符合托收承付结算的有关证明和交易单送交银行。

2）承付。付款人收到其开户银行转来的托收凭证及附件后，应在承付期内审查核对，安排资金并根据合同条款中确定的验单付款或验货付款方式办理货款承付。验单付款的承付款为 3 天，从付款人开户银行发出承付通知的次日算起（承付期内遇法定休假日顺延）。验货付款的承付期为 10 天，从运输部门向付款人发出提货通知的次日算起。不论是验单付款还是验货付款，付款人都可以在承付期内提前向银行表示承付，并通知银行提前付款，银行应立即办理划款。

3）拒绝付款。付款人在承付期内，对于没有签订购销合同或购销合同未订明托收承付结算方式以及经查验货物与合同规定不符的款项，可以向银行提出全部或部分拒绝付款。付款人办理拒绝付款时，必须填写"拒绝付款理由书"并签章，注明拒绝付款理由，涉及合同的，应引证合同上的有关条款，并提交相关证明给银行审查。

（4）会计核算

1）收款人办理托收时，根据银行盖章退回的托收承付受理回单及有关凭证，借记"应收账款"科目，贷记"主营业务收入""应交税费"等科目；收到款项时，根据托收承付收账通知，借记"银行存款"科目，贷记"应收账款"科目。

2）付款人付款时，根据托收承付付款通知，借记"原材料""库存商品""应交税费"等科目，贷记"银行存款"科目；全部拒绝付款的，不作账务处理。

例 2-14　广东望秋服饰有限公司 2016 年 6 月 15 日根据购销合同，向深圳市联谊百货公司销售童服一批，开出增值税专用发票一张，发票注明价款为 60 000 元，增值税为 10 200 元，以现金代垫运费 800 元，增值税 88 元，产品已发运并办妥托收承付手续。

望秋公司账务处理如下：

借：应收账款——联谊百货公司　　　　　　　　　　　　　71 088.00
　　贷：主营业务收入——童服　　　　　　　　　　　　　　　60 000.00
　　　　应交税费——应交增值税（销项税额）　　　　　　　　10 200.00
　　　　库存现金　　　　　　　　　　　　　　　　　　　　　　　888.00

附原始凭证 4 张：增值税专用发票、支付证明单、托收凭证（受理回单）（见图 2-26～图 2-28）和产品出库单（图略）。

广东省增值税专用发票

4400041141　　　　　　　　　　　　　　　　　No 201642003

此联不作报销、扣税凭证使用

开票日期：2016 年 06 月 15 日

购货单位	名　　称：深圳市联谊百货公司 纳税人识别号：440206658168062 地址 、 电话：深圳香梅路 52 号、63495268 开户行及账号：建行香梅支行、12682683346	密码区	（略）

货物或应税劳务、服务名称	规格型号	单位	数量	单价	金额	税率	税额
童服		套	1 000	60.00	60 000.00	17%	10 200.00
合　计					¥60 000.00		¥10 200.00

价税合计（大写）	⊗柒万零贰佰圆整	（小写）¥70 200.00

销货单位	名　　称：广东望秋服饰有限公司 纳税人识别号：440106868268025 地址 、 电话：广州天河中路 2 号，86697584 开户行及账号：建行天河支行、11682683056	备注	

收款人：李芬　　　　复核：李源珍　　　　开票人：李欣　　　　销货单位：（章）

第一联：记账联　销售方记账凭证

图 2-26　增值税专用发票记账联

支付证明单

2016 年 6 月 15 日　　　　　　　　　总第＿＿＿＿号

事由或品名	数量	单位	单价	金额 十万千百十元角分
代垫运费及其增值税		现金付讫		8 8 8 0 0

共计金额	零拾零万零仟捌佰零拾零元零角零分	¥888.00

受款人	广州市申通快递有限公司	未能取得单据原因	发票交深圳市联谊百货公司

部门主管：聂敏富　　　会计：李源珍　　　出纳：李芬　　　证明人：夏雨菲

图 2-27　运费支付证明

<table>
<tr><td colspan="10" align="center">托收凭证（受理回单）　　　1</td><td rowspan="2">此联作收款人开户银行给收款人的受理回单</td></tr>
<tr><td colspan="10" align="center">委托日期：2016 年 06 月 15 日</td></tr>
</table>

托收凭证（受理回单）　　　1

委托日期：2016 年 06 月 15 日

业务类型		委托收款（□邮划、□电划）			托收承付（□邮划、☑电划）				
付款人	全 称	深圳市联谊百货公司			收款人	全 称	广东望秋服饰有限公司		
	账 号	12682683346				账 号	11682683056		
	地址	广东省 市 深圳 县	开户行	香梅支行		地址	广东省 市 广州 县	开户行	天河支行
金额	人民币（大写）	柒万壹仟零捌拾捌元整			亿 千 百 十 万 千 百 十 元 角 分 ￥ 7 1 0 8 8 0 0				
款项内容	销货款		托收凭据名 称	发票、运费增值税专用发票、出库单	附寄单证张数	3			
商品发运情况		已发运			合同名称号 码				
备注：		款项收妥日期：							
复核 记账		年 月 日			收款人开户银行签章				

中国建设银行股份有限公司
广州天河支行
2016.06.15
办讫章
（4）

图 2-28　托收承付受理回单

例 2-15　承例 2-14，广东望秋服饰有限公司 2016 年 6 月 17 日收到开户银行转来的收账通知，系联谊百货公司偿还 6 月 15 日购买童服的欠款。望秋公司账务处理如下：

借：银行存款　　　　　　　　　　　　　　　　　　　71 088.00

　　贷：应收账款——联谊百货公司　　　　　　　　　　　　71 088.00

附原始凭证 1 张：托收承付收账通知（见图 2-29）。

托收凭证（收账通知）　　　4　　　付款期限 2016 年 6 月 18 日

委托日期：2016 年 06 月 15 日

业务类型		委托收款（□邮划、□电划）			托收承付（□邮划、☑电划）				
付款人	全 称	深圳市联谊百货公司			收款人	全 称	广东望秋服饰有限公司		
	账 号	12682683346				账 号	11682683056		
	地址	广东省 市 深圳 县	开户行	香梅支行		地址	广东省 市 广州 县	开户行	天河支行
金额	人民币（大写）	柒万壹仟零捌拾捌元整			亿 千 百 十 万 千 百 十 元 角 分				
款项内容	销货款		托收凭据名 称	发票、运费增值税专用发票、出库单	附寄单证张数	3			
商品发运情况		已发运			合同名称号码				
备注：		款项收妥日期：							
复核 记账		2016 年 6 月 17 日			收款人开户银行签章				

中国建设银行股份有限公司
州天河支行
2016.06.17
办讫章
（4）

此联作收款人开户银行给收款人的收账通知

图 2-29　托收承付收账通知

例 2-16 广东望秋服饰有限公司 2016 年 6 月 20 日根据采购合同,向珠海市丰华印染有限公司购进印花布一批,收到增值税专用发票一张,发票注明价款为 40 000 元,增值税为 6 800 元,运费增值税专用发票一张,发票注明运费 600 元、增值税 66 元,布料尚未收到,款项未付。望秋公司账务处理如下:

借:在途物资——丰华印染公司　　　　　　　　　　　　　　40 600.00

　　应交税费——应交增值税(进项税额)　　　　　　　　　　6 866.00

　　贷:应付账款——丰华印染公司　　　　　　　　　　　　　　47 466.00

附原始凭证 2 张:增值税专用发票和运费增值税专用发票(见图 2-30、图 2-31)。

图 2-30 增值税专用发票

图 2-31 运费增值税专用发票

例 2-17 承例 2-16，广东望秋服饰有限公司 2016 年 6 月 22 日收到开户银行转来的珠海市丰华印染有限公司托收承付付款通知，公司审核无误后同意付款。望秋公司账务处理如下：

借：应付账款——丰华印染公司　　　　　　　　　　　　　　　　47 466.00

　　贷：银行存款　　　　　　　　　　　　　　　　　　　　　　　　47 466.00

附原始凭证 1 张：托收承付付款通知（见图 2-32）。

托收凭证（付款通知）　　5

委托日期：2016 年 06 月 20 日

付款期限 2016 年 6 月 23 日

业务类型		委托收款（□邮划、□电划）		托收承付（□邮划、☑电划）	
付款人	全称	广东望秋服饰有限公司	收款人	全称	珠海市丰华印染有限公司
	账号	11682683056		账号	16682683352
	地址	广东省 市 广州 县 开户行 天河支行		地址	广东省 市 珠海 县 开户行 工行 景山支行
金额	人民币（大写）	肆万柒仟肆佰陆拾陆元整		亿千百十万千百十元角分	
款项内容		销货款	托收凭据名称	发票、运费增值税专用发票	附寄单证张数
商品发运情况		已发运		合同名称号码	Y00011
备注	付款人开户银行收到日期 2016 年 6 月 21 日 复核　记账		款项支付日期 2016 年 6 月 22 日	付款人开户银行签章	

此联作付款人开户银行给付款人按期付款通知

中国建设银行股份有限公司
广州天河支行
2016.06.22
办讫章
(4)

图 2-32　托收承付付款通知

知识拓展 2-1 关于全面推开营业税改征增值税试点的通知

知识拓展 2-2 国家税务总局关于停止使用货物运输业增值税专用发票有关问题的公告

2.2.3　银行存款清查

1. 银行存款清查概念

银行存款清查，是指企业将银行存款日记账账面记录与银行对账单逐笔核对，做到账实一致。

根据企业内部控制基本规范要求，银行对账单的核对应由非出纳的会计人员进行核对并签章。核人员进行核对时，应将银行存款日记账上的每笔业务与银行对账单逐笔勾对。

对银行对账单余额与本单位银行存款日记账余额经常不一致，出现这种情况，主要有两种可能，一是企业或银行记录有误，应及时更正；二是发生未达账项，应编制"银行存款余额调节表"进行调节。

2. 未达账项类型

未达账项，是指企业和银行之间由于凭证传递的时间差，造成一方已登记入账，而另一方尚未入账的款项。未达账项具体可分为四种：

1）企业已收款入账，而银行尚未收款入账。如企业已送存银行的转账支票，银行尚未收妥款项。

2）企业已付款入账，而银行尚未付款入账。如企业开出支票，持票人尚未办理转账。

3）银行已收款入账，而企业尚未收款入账。如银行已收妥托收款项，企业尚未收到相关凭证。

4）银行已付款入账，而企业尚未付款入账。如银行已从企业存款账户扣除借款利息，企业尚未收到相关凭证。

3. 未达账项调节

当发生未达账项，核对人员应编制"银行存款余额调节表"进行调节。银行存款余额调节表的编制方法是：在银行存款日记账和银行对账单账面余额的基础上，各自加上对方已收己方未收的款项，减去对方已付己方未付的款项，最后求出各自调节后的存款余额。调节后的银行存款余额表明企业当日银行存款实有数。

调节后的银行存款日记账余额与银行对账单余额应相等。如果不相等，表明双方或一方账面记录有误，存在错账或漏账，需要进一步核对账目，查明原因并更正。

编制银行存款余额调节表，只是为了核对账目，并不能以此作为调整银行存款账面记录的原始凭证。对于未达账项，企业会计人员必须等到银行结算凭证到达后，才能据以编制银行存款收、付款凭证，出纳人员才能据以登记银行存款日记账。

例 2-18　广东望秋服饰有限公司 2016 年 6 月银行存款日记账如表 2-1 所示，银行对账单如表 2-2 所示，试对望秋公司的银行存款日记账进行对账，并编制未达账项列表和银行存款余额调节表。

表 2-1　银行存款日记账

日期	摘要	借方	贷方	借或贷	余额（元）
6.1	承上月			借	83 300.00
6.2	支付棉布款		35 100.00	借	48 200.00
6.6	收到货款	117 000.00		借	165 200.00
6.10	收到货款	58 500.00		借	223 700.00
6.17	收到货款	71 088.00		借	294 788.00
6.22	支付印花布款		47 466.00	借	247 322.00
6.28	收到货款	40 000.00		借	287 322.00
6.29	支付材料款		30 000.00	借	257 322.00
6.30	本月合计	286 588.00	112 566.00	借	257 322.00

表 2-2　中国建设银行对账单

存款单位：望秋服饰有限公司　　　　账号：11682683056　　　　2016 年 06 月 30 日

交易日期	摘要	借方	贷方	借或贷	余额（元）
6.1	期初余额			贷	83 300.00
6.3	支付棉布款	35 100.00		贷	48 200.00
6.6	收到货款		117 000.00	贷	165 200.00
6.10	收到货款		58 500.00	贷	223 700.00

続表

交易日期	摘要	借方	贷方	借或贷	余额（元）
6.17	收到货款		71 088.00	贷	294 788.00
6.22	支付印花布款	47 466.00		贷	247 322.00
6.29	支付电费	1 900.00		贷	245 422.00
6.30	收到货款		50 000.00	贷	295 422.00
6.30	支付借款利息	10 000.00		贷	285 422.00
6.30	本月合计	94 466.00	296 588.00	贷	285 422.00

（1）编制未达账项列表（表2-3）

表2-3　未达账项列表

2016 年 6 月 30 日

	企业未达账项				银行未达账项		
日期	摘要	未收（元）	未付（元）	日期	摘要	未收（元）	未付（元）
6.29	支付电费		1 900.00	6.28	收到货款	40 000.00	
6.30	收到货款	50 000.00		6.29	支付材料款		30 000.00
6.30	支付借款利息		10 000.00				
合计		50 000.00	11 900.00	合计		40 000.00	30 000.00

会计主管：陈利民　　　　　　　复核：李源珍　　　　　　　清查：朱玲玲

（2）编制银行存款余额调节表（表2-4）

表2-4　银行存款余额调节表

2016 年 6 月 30 日

项目	金额（元）	项目	金额（元）
银行存款日记账余额	257 322.00	银行对账单余额	285 422.00
加：银行已收，企业未收	50 000.00	加：企业已收，银行未收	40 000.00
减：银行已付，企业未付	11 900.00	减：企业已付，银行未付	30 000.00
调节后余额	295 422.00	调节后余额	295 422.00

会计主管：陈利民　　　　　　　复核：李源珍　　　　　　　清查：朱玲玲

2.3　其他货币资金核算

2.3.1　其他货币资金概述

1. 其他货币资金概念

其他货币资金，是指除库存现金、银行存款之外的货币资金，包括银行汇票存款、银行本票存款、外埠存款、信用卡存款、信用证保证金存款和存出投资款等。

1）银行汇票存款。指企业为取得银行汇票而按照规定存入银行的款项。

2）银行本票存款。指企业为取得银行本票而按照规定存入银行的款项。

3）外埠存款。指企业到外地进行临时或零星采购时，汇往采购地银行开立采购专户的款项。

4）信用卡存款。指企业为取得信用卡而按照规定存入银行的款项。

5）信用证保证金存款。指企业为取得信用证而按照规定存入银行的保证金。

6）存出投资款。指企业已存入证券交易账户但尚未进行投资的款项。

2. 账户设置

企业应设置"其他货币资金"账户，核算企业其他货币资金的收支及结存情况。该账户属于资产类账户，借方登记企业其他货币资金的增加数，贷方登记企业其他货币资金的减少数，期末余额一般在借方，表示企业实际持有的其他货币资金的数额。

其他货币资金账户可按银行汇票存款、银行本票存款、外埠存款、信用卡存款、信用证保证金存款和存出投资款等设置明细分类账，进行明细分类核算。其他货币资金账户结构见图 2-33。

其他货币资金

期初：结存其他货币资金的数额	
本期：登记其他货币资金的增加数	登记其他货币资金的减少数
期末：其他货币资金实有数额	

图 2-33　其他货币资金账户结构

2.3.2　其他货币资金核算

1. 银行汇票结算

（1）银行汇票概念

银行汇票，是出票银行签发的，由其在见票时按照实际结算金额无条件支付给收款人或者持票人的票据。银行汇票的出票银行为银行汇票的付款人。

（2）适用范围

单位和个人各种款项结算，均可使用银行汇票。银行汇票结算方式主要用于异地结算。银行汇票可以用于转账，填明"现金"字样的银行汇票也可以用于支取现金。

知识拓展 2-3　银行汇票使用规定

申请人和收款人均为个人，需要使用银行汇票向代理付款人支取现金的，申请人须在"银行汇票申请书"上填明代理付款人名称，在"汇票金额"栏先填写"现金"字样，后填写汇票金额。

申请人或者收款人为单位的，不得在"银行汇票申请书"上填明"现金"字样。即申请人或者收款人为单位的，银行不得为其签发现金银行汇票。

（3）银行汇票结算

1）申请使用银行汇票。申请人使用银行汇票，应向出票银行填写"银行汇票申请书"，填明收款人名称、汇票金额、申请人名称、申请日期等事项并签章，签章为其预留银行的签章。银行审核后签发银行汇票，并用压数机压印出票金额，之后将银行汇票和解讫通知一并交给申请人。申请人取得银行汇票后，应将银行汇票和解讫通知一并交给银行汇票上注明的收款人办理结算。

2）提示付款。银行汇票的提示付款期限自出票日起 1 个月。收款人收到银行汇票和解讫通知后，应在出票金额以内，根据实际需要的款项办理结算，将实际结算金额和多余金额准确、清晰地填入银行汇票和解讫通知的有关栏内（未填明实际结算金额和多余金额或实际结算金额超过出票金额的，银行不予受理），并在银行汇票背面"持票人向银行提示付款签章"处加盖预留银行印鉴并填写银行进账单，将银行汇票、解讫通知、银行进账单在提示付款期限内送交开户银行办理转账。

3）银行汇票多余款退回。银行汇票的实际结算金额低于出票金额的，其多余金额由出票银行退交申请人，并将多余款的收账通知（银行汇票第四联）送交申请人。

（4）会计核算

1）付款单位从结算账户划款申请银行汇票时，根据银行盖章退回的申请书存根联，借记"其他货币资金——银行汇票存款"科目，贷记"银行存款"科目；

使用银行汇票办理结算时，根据发票等结算凭证，借记"在途物资""原材料""应交税费——应交增值税（进项税额）"等科目，贷记"其他货币资金——银行汇票存款"科目；

收到银行退回多余款项时，根据开户银行转来的银行汇票第四联（多余款收账通知），借记"银行存款"科目，贷记"其他货币资金——银行汇票存款"科目。

2）收款单位收到银行汇票时，借记"银行存款"科目，贷记"主营业务收入""其他业务收入""应交税费——应交增值税（销项税额）"等科目。

例 2-19　广东望秋服饰有限公司 2016 年 6 月 7 日从银行结算账户划款 50 000 元，申请签发银行汇票，准备向浙江省嘉兴丝绸公司采购丝绸一批。望秋公司账务处理如下：

借：其他货币资金——银行汇票存款　　　　　　　　　　　　　　50 000.00
　　贷：银行存款　　　　　　　　　　　　　　　　　　　　　　　　50 000.00

附原始凭证 1 张：银行汇票申请书存根联（见图 2-34）。

<table>
<tr><td colspan="7" align="center">中国建设银行银行汇票申请书（存根）　　　　1</td><td rowspan="8">此联出票行给汇款人的回单</td></tr>
<tr><td colspan="7" align="right">第 02001 号</td></tr>
<tr><td colspan="7" align="center">申请日期 2016 年 06 月 07 日</td></tr>
<tr><td>申请人</td><td colspan="2">广东望秋服饰有限公司</td><td>收款人</td><td colspan="3">浙江省嘉兴丝绸公司</td></tr>
<tr><td>账 号
或住址</td><td colspan="2">11682683056</td><td>账 号
或住址</td><td colspan="3">23658683034</td></tr>
<tr><td>用途</td><td colspan="2">支付采购材料款</td><td>代 理
付款行</td><td colspan="3"></td></tr>
<tr><td>汇票金额</td><td>人民币
（大写）</td><td colspan="2">伍万元整</td><td colspan="3">千 百 十 万 千 百 十 元 角 分
5 0 0 0 0 0 0</td></tr>
<tr><td colspan="3">上列款项请从我账户内支付</td><td colspan="4">科　目（借）
对方科目（贷）</td></tr>
<tr><td colspan="3">申请人盖章　　　广东望秋服饰有限公司财务专用章</td><td colspan="5">财务主管　　复核　　经办</td></tr>
</table>

图 2-34　银行汇票申请书存根联

例 2-20　承例 2-19，广东望秋服饰有限公司 2016 年 6 月 8 日向浙江省嘉兴丝绸公司采购丝绸一批，取得增值税专用发票，发票注明价款 36 000 元，增值税额 6 120 元，以 6 月 7 日签发的银行汇票结算，丝绸尚未收到。望秋公司账务处理如下：

　　借：在途物资——嘉兴丝绸公司　　　　　　　　　　　　　　　　36 000.00
　　　　应交税费——应交增值税（进项税额）　　　　　　　　　　　 6 120.00
　　　　贷：其他货币资金——银行汇票存款　　　　　　　　　　　　 42 120.00

附原始凭证 1 张：增值税专用发票（见图 2-35）。

2308241161	浙江省增值税专用发票					No 230362601			
						开票日期：2016 年 06 月 08 日			
购货单位	名　　称：广东望秋服饰有限公司					密码区	（略）		
	纳税人识别号：440106868268025								
	地址、电话：天河中路 2 号，86697584								
	开户行及账号：建行天河支行、11682683056								
货物或应税劳务、服务名称	规格型号	单位	数　量	单　价	金　　额		税率	税　　额	
丝绸		米	1 200	30.00	36 000.00		17%	6 120.00	
合　计					¥36 000.00			¥6 120.00	
价税合计（大写）　　⊗肆万贰仟壹佰贰拾圆整					（小写）¥42 120.00				
销货单位	名　　称：浙江省嘉兴丝绸公司								
	纳税人识别号：280306868268036								
	地址、电话：南湖大道 9 号，62697283								
	开户行及账号：建行南湖支行、23658683034								
收款人：李兴安		复核：陈培和		开票人：王敏发			销货单位：（章）		

图 2-35　增值税专用发票

例 2-21　承例 2-19、例 2-20，广东望秋服饰有限公司 2016 年 6 月 10 日收到银行转来的银行汇票多余款收账通知。望秋公司账务处理如下：

　　借：银行存款　　　　　　　　　　　　　　　　　　　　　　　　 7 880.00
　　　　贷：其他货币资金——银行汇票存款　　　　　　　　　　　　 7 880.00

附原始凭证 1 张：银行汇票多余款收账通知（见图 2-36）。

图 2-36　银行汇票多余款收账通知

2. 银行本票结算

（1）银行本票概念

银行本票是银行签发的，承诺自己在见票时无条件支付确定的金额给收款人或者持票人的票据。银行本票的出票人，为经中国人民银行当地分支行批准办理银行本票业务的银行机构。

（2）适用范围

单位和个人在同一票据交换区域需要支付的各种款项，均可以使用银行本票。银行本票可以用于转账，注明"现金"字样的银行本票可以用于支取现金。

> ### 知识拓展 2-4　银行本票使用规定
>
> 申请人和收款人均为个人，需要支取现金的，应在"支付金额"栏先填写"现金"字样，后填写支付金额。
>
> 申请人或收款人为单位的，不得申请签发现金银行本票。即申请人或收款人为单位的，银行不得为其签发现金银行本票。

（3）银行本票结算

1）申请使用银行本票。银行本票分为不定额本票和定额本票（有 1 000 元、5 000 元、10 000 元和 50 000 元四种面额）两种。申请人使用银行本票，应向银行填写"银行本票申请书"，填明收款人名称、申请人名称、支付金额、申请日期等事项并签章，用于转账的，在银行本票上划去"现金"字样。

出票银行受理银行本票申请书，收妥款项，并在不定额银行本票上用压数机压印出票金额，签章后交给申请人。申请人收到银行本票后可将本票交付给本票上记明的收款人办理结算。

2）提示付款。银行本票的提示付款期限自出票日起最长不得超过 2 个月。收款人收到银行本票后，应在银行本票背面"持票人向银行提示付款签章"处加盖预留银行印鉴并填写银行进账单，将银行本票、进账单在提示付款期限内送交开户银行办理转账。

收款人收到银行本票必须办理全额结算，如有多余款，需用支票或现金退回给申请人。

（4）会计核算

1）付款单位从结算账户划款申请银行本票时，根据银行盖章退回的申请书存根联，借记"其他货币资金——银行本票存款"科目，贷记"银行存款"科目；

使用银行本票办理结算时，根据发票等结算凭证，借记"在途物资""原材料""应交税费——应交增值税（进项税额）"等科目，按收款人退回的多余款项，借记"银行存款""库存现金"等科目，按银行本票金额，贷记"其他货币资金——银行本票存款"科目。

2）收款单位收到银行本票时，按银行本票金额，借记"银行存款"科目，按发票注明价款，贷记"主营业务收入""其他业务收入"等科目，按发票注明的增值税额，贷记"应交税费——应交增值税（销项税额）"科目，按退回的多余款项，贷记"银行存款""库存现金"等科目。

例 2-22　广东望秋服饰有限公司 2016 年 6 月 15 日销售给广州市华谊百货公司丝绸套装一批，开出增值税专用发票，发票注明价款 80 000 元，增值税额 13 600 元，收到华谊公司银行本票一张，金额为 100 000 元。当日开出支票一张，退回多余款项。望秋公司账务处理如下：

借：银行存款　　　　　　　　　　　　　　　　　　　　　　　100 000.00
　　贷：主营业务收入——丝绸套装　　　　　　　　　　　　　　　80 000.00
　　　　应交税费——应交增值税（销项税额）　　　　　　　　　　13 600.00
　　　　银行存款　　　　　　　　　　　　　　　　　　　　　　　6 400.00

附原始凭证 4 张：增值税专用发票记账联、银行进账单（见图 2-37、图 2-38）和支票存根、产品出库单（图略）。

广东增值税专用发票

No 201302103

4400041141

广东省

此联不作报销、扣税凭证使用

开票日期：2016 年 06 月 15 日

购货单位	名　　称：广州市华谊百货公司 纳税人识别号：440106458268326 地址 、 电话：广州文德路 20 号，86495295 开户行及账号：建行文德支行、11682533052				密码区	（略）		
货物或应税劳务、服务名称	规格型号	单位	数量	单价	金　额	税率	税　额
丝绸套装		套	200	400.00	80 000.00	17%	13 600.00
合　　计					¥80 000.00		¥13 600.00
价税合计（大写）	⊗玖万叁仟陆佰圆整				（小写）¥93 600.00		
销货单位	名　　称：广东望秋服饰有限公司 纳税人识别号：440106868268025 地址 、 电话：广州天河中路 2 号，86697584 开户行及账号：建行天河支行、11682683056				备注			

收款人：李芬　　复核：李源珍　　开票人：李欣　　销货单位：（章）

第一联：记账联 销售方记账凭证

图 2-37　增值税专用发票记账联

中国建设银行进账单　（回单）　1

2016 年 06 月 15 日

出票人	全　称	广州市华谊百货公司	收款人	全　称	广东望秋服饰有限公司
	账　号	11682533052		账　号	11682683056
	开户银行	建行文德支行		开户银行	建行大河支行
金额	人民币 （大写）	壹拾万元整		亿 千 百 十 万 千 百 十 元 角 分 ¥ ... 0 0 0	
票据种类	本票	票据张数	壹		
票据号码		03513021			
复核		记账		开户银行盖章	

此联是开户银行交给持（出）票人的回单

中国建设银行股份有限公司
广州天河支行
2016.06.15
办讫章
(4)

图 2-38　银行进账单

3. 汇兑结算

（1）汇兑概念

汇兑，是指汇款人委托银行将其款项支付给收款人的一种结算方式。汇兑分为信汇和电汇两种。信汇相对电汇，其汇款速度慢一些。汇款人可以根据需要选用。

（2）适用范围

汇兑结算方式适用于单位和个人的各种款项的结算。如企业到外地进行临时或零星采购，汇款到采购地银行开立临时存款账户，企业支付在异地就医的职工医药费等。

（3）汇兑结算

1）办理汇款。汇款人委托银行办理汇款，应填写信汇或电汇凭证。汇款人到外地采购需要分次支取汇款的，应在信汇或电汇凭证上注明"留行待取"字样，并指定收款人。当款项汇入采购地后，可在汇入行以收款人姓名开立临时存款账户，分次支取。临时存款账户只付不收，付完清户，且不计付利息。

2）领取汇款。对已开立存款账户的收款人，汇入银行可将款项直接转入收款人账户，并向其发出收账通知。收账通知是银行将款项确已收入收款人账户的凭据。

未在银行开立账户的收款人或"留行待取"的，收款人凭信汇、电汇的取款通知向汇入银行支取款项，同时必须交验本人的身份证件，在信汇、电汇凭证上注明证件名称、号码及发证机关，并在"收款人签盖章"处签章。

（4）会计核算

1）汇款单位汇出款项时，借记有关科目，贷记"银行存款"科目。

若是企业到外地进行临时或零星采购，汇款到采购地银行开立采购专用账户时，根据汇出款项凭证，借记"其他货币资金——外埠存款"科目，贷记"银行存款"科目；收到采购人员转来供应单位发票等结算凭证时，借记"在途物资""原材料""应交税费——应交增值税（进项税额）"等科目，贷记"其他货币资金——外埠存款"科目；采购完毕，收回剩余的外埠存款时，根据银行转来的收账通知，借记"银行存款"科目，贷记"其他货币资金——外埠存款"科目。

2）收款单位收到汇款时，借记"银行存款"科目，贷记有关科目。

例2-23 广东望秋服饰有限公司2016年6月16日从开户银行向江苏省苏州市建设银行东湖支行汇款60 000元，设立采购专户。望秋公司账务处理如下：

借：其他货币资金——外埠存款 60 000.00
　　贷：银行存款 60 000.00

附原始凭证1张：电汇凭证回单（见图2-39）。

图 2-39 电汇回单

例 2-24 承例 2-23，广东望秋服饰有限公司 2016 年 6 月 20 日向江苏苏州市苏绣布业公司采购锦纶布一批，取得增值税专用发票，发票注明价款 48 000 元，增值税额 8 160 元，运费增值税专用发票一张，发票注明运费 400 元、增值税 44 元，采购款及运费等款项已用外埠存款支付，锦纶布尚未收到。望秋公司账务处理如下：

借：在途物资——苏州苏绣公司　　　　　　　　　　　　　　　　48 400.00
　　应交税费——应交增值税（进项税额）　　　　　　　　　　　 8 204.00
　　贷：其他货币资金——外埠存款　　　　　　　　　　　　　　56 604.00

附原始凭证 3 张：增值税专用发票、运费增值税专用发票和对公客户付款通知单（见图 2-40～图 2-42）。

图 2-40　增值税专用发票

图 2-41　运费增值税专用发票

中国建设银行对公客户付款通知单

账别：人民币			2016 年 06 月 20 日			交易种类：支付材料费		
付款人	全　称	广东望秋服饰有限公司	收款人	全　称	江苏省苏州市苏绣布业公司			此联为付款人付款通知
	账　号	32682683756		账　号	32682683058			
	开 户 行	建行苏州市东湖支行		开 户 行	建行苏州市东湖支行			
大写金额	（人民币）伍万陆仟陆佰零肆元整				¥56 604.00			
上述款项已从你单位存款账户 32682683756 支付。								
会计主管：		复核：		记账：				

中国建设银行股份有限公司
苏州东湖支行
2016.06.20
办讫章
（银行盖章）
(2)

图 2-42　付款通知单

4. 信用卡结算

（1）信用卡概念

信用卡，是指商业银行向个人和单位发行的，凭以向特约单位购物、消费和向银行存取现金，且具有消费信用的特制载体卡片。

信用卡按使用对象分为单位卡和个人卡；按信誉等级分为金卡和普通卡；按是否向发卡银行交存备用金，分为贷记卡和准贷记卡。

知识拓展 2-5　单位卡、个人卡、贷记卡和准贷记卡

（2）适用范围

信用卡既可以用于同城结算，也可用于异地结算。

（3）信用卡结算

1）申请办理信用卡。单位或个人申领信用卡，应按规定填制申请表，连同有关资料一并送交发卡银行。符合条件并按银行要求交存一定金额的备用金后，银行为申领人开立信用卡存款账户，并发给信用卡。

知识拓展 2-6　信用卡透支金额及透支利息

2）持卡消费。持卡人可持信用卡在特约单位购物、消费。持卡人凭卡购物、消费时，需将信用卡和身份证件一并交特约单位。特约单位在每日营业终了，应将当日受理的信用卡签购单汇总，计算手续费和净计金额，并填写汇（总）计单和进账单，连同签购单一并送交收单银行办理进账。

（4）会计核算

1）申请办理信用卡时，企业应根据支票存根、银行退回的进账单第一联回单以及支付手续费收据，借记"其他货币资金——信用卡存款""财务费用"等科目，贷记"银行存款"科目。

2）持信用卡消费时，企业应根据开户银行转来的信用卡存款的付款凭证和发票等凭证，借记"在途物资""原材料""管理费用"等科目，贷记"其他货币资金——信用

卡存款"科目。

3）取得信用卡利息收入时，企业应根据银行收款通知，借记"其他货币资金——信用卡存款"科目，贷记"财务费用"科目。

5. 信用证保证金存款核算

信用证，是指银行用以保证买方（或进口方）有支付能力的凭证。它是开证行依据申请人的申请开出的，凭符合信用证条款的单据支付货款的付款承诺。

购货单位采用信用证结算方式进行结算时，其信用证保证金存款核算主要包括以下三个环节：申请信用证、使用信用证采购商品和信用证保证金多余款转回开户银行。

（1）申请信用证

企业申请信用证，应填写"信用证申请书"，将信用证保证金交存银行时，应根据银行盖章退回的"信用证申请书"回单，借记"其他货币资金——信用证保证金"科目，贷记"银行存款"科目。

（2）使用信用证采购商品

企业使用信用证采购商品，在接到开证行通知时，根据供货单位信用证结算凭证及所附发票账单，借记"在途物资""原材料""库存商品""应交税费——应交增值税（进项税额）"等科目，贷记"其他货币资金——信用证保证金"科目。

（3）信用证保证金多余款退回

企业使用信用证采购商品，未用完的信用证保证金将转回开户银行，企业根据银行的收账通知，借记"银行存款"科目，贷记"其他货币资金——信用证保证金"科目。

销货单位发出商品，收到货款时，根据银行退回的信用证结算凭证的回单和销货发票等凭证，借记"银行存款"科目，贷记"主营业务收入""应交税费——应交增值税（销项税额）"等科目。

6. 存出投资款核算

存出投资款，是指企业存入证券交易结算资金管理账户但尚未进行投资的货币资金。投资款的核算主要包括两个环节：存出投资款和使用投资款。

（1）存出投资款

企业开展证券投资前，应向证券公司申请资金账户并划出资金，在划出资金时，企业应根据实际划出的金额，借记"其他货币资金——存出投资款"科目，贷记"银行存款"科目。

（2）使用投资款

企业使用投资款购买股票、债券时，应按实际支付的金额，借记"交易性金融资产"等科目，贷记"其他货币资金——存出投资款"科目。

♻ **【要点回顾】**

1. 库存现金，简称现金，是指由出纳员保管并存放于企业财务部门，用于企业日常零星开支的货币，包括人民币和外币。现金是流动性最强的资产，企业必须加强对现金的管理，严格按照国务院颁布的《现金管理暂行条例》的规定，正确进行现金收支的核算。

2. 库存现金限额，是指为了保证企业日常零星开支的需要，允许企业留存现金的最高限额。这一限额是由开户银行根据各企业的实际需要核定的。一般是按照企业 3~5 天的日常零星开支所需的库存现金来核定限额。边远地区和交通不便地区的企业的库存现金限额，可以多于 5 天，但不得超过 15 天的日常零星开支。

3. 现金清查，是指清点库存现金，并将现金实存数（现款数）与现金日记账上的余额进行核对。现金清查的目的主要是检查是否存在挪用现金、白条抵库、超限额留存现金以及账实是否相符等。现金清查一般采用实地盘点法。

4. 银行存款，是指各单位存放在银行或其他金融机构的各种存款，包括人民币存款和外币存款两种。根据中国人民银行颁布的《人民币银行结算账户管理办法》，一个企业可以根据需要在银行开立四种存款账户，包括基本存款账户、一般存款账户、专用存款账户和临时存款账户。

5. 根据中国人民银行颁布的《支付结算办法》，企业可以采用的银行结算方式包括有支票、银行汇票、银行本票、商业汇票、汇兑、委托收款、托收承付、信用卡等。不同的银行结算方式，所适用的区域、能结算的款项、到账时间、手续费等都有所不同，出纳人员应熟悉各种支付结算方式，在办理业务时选择合适的结算方式。

6. 银行存款清查，是指企业将银行存款日记账账面记录与银行对账单逐笔核对，做到账实一致。银行对账单余额与本单位银行存款日记账余额经常不一致，出现这种情况，主要有两种可能，一是企业或银行记录有误，应及时更正；二是发生未达账项，应编制"银行存款余额调节表"进行调节。调节后的银行存款日记账余额与银行对账单余额应相等。如果不相等，表明双方或一方账面记录有误，存在错账或漏账，需要进一步核对账目，查明原因并更正。

7. 未达账项，是指企业和银行之间由于凭证传递的时间差，造成一方已登记入账，而另一方尚未入账的款项。未达账项具体可分为四种：①企业已收款入账，而银行尚未收款入账；②企业已付款入账，而银行尚未付款入账；③银行已收款入账，而企业尚未收款入账；④银行已付款入账，而企业尚未付款入账。

8. 其他货币资金，是指除库存现金、银行存款之外的货币资金，包括银行汇票存款、银行本票存款、外埠存款、信用卡存款、信用证保证金存款和存出投资款等。

第3章 存货核算

【目的要求】

1. 能正确叙述存货的期初计价。
2. 能叙述和运用存货确认的条件。
3. 能掌握原材料实际成本法核算。
4. 能掌握原材料计划成本法核算。

5. 能掌握包装物和低值易耗品核算。
6. 能掌握委托加工物资核算。
7. 能掌握产成品入库与发出核算。
8. 能掌握存货清查与减值核算。

【重点难点】

1. 发出材料成本计算。
2. 材料成本差异计算。

3. 五五摊销法的核算。
4. 存货减值计算及核算。

【基础知识】

3.1 存货概述

3.1.1 存货概念及确认

存货是指企业在日常经营活动中持有以备出售的产品或商品、处在生产过程中的在产品、在生产过程或提供劳务过程中耗用的材料或物料等。存货包括各类材料、在产品、半成品、产成品、商品以及包装物、低值易耗品、委托代销商品等。

确认一项货物是否属于企业的存货,首先需要符合存货的概念;其次要满足存货确认的两个条件:一是该存货包含的经济利益很可能流入企业;二是该存货的成本能够可靠地计量。

一般来说,凡在盘存日期,所有权属于企业的物品,不论其存放在何处或处于何种状态,都应确认为企业的存货,如:存放在本企业仓库的存货、存放在本企业门市部和陈列室的存货、已购买但尚未办理入库手续的在途货物等;反之,凡是所有权不属于企业的物品,即使存放在本企业,也不应确认为企业的存货,如:受托加工来料、受托代销商品等。

3.1.2 存货期初计价

企业取得存货时,应当按其实际成本入账。存货的实际成本是指在取得存货的过程中发生的全部实际支出。存货取得的途径不同,其实际成本的构成也有所不同。企业取得存货的途径主要有购入、自制、委托加工、投资者投入和接受捐赠等。

1. 外购存货成本

外购存货成本由买价、采购费用和相关税费三部分组成。

1）买价。指购买存货时实际支付的不含税价款。

2）采购费用。指存货采购过程中发生的应计入存货成本的费用，包括运输费、包装费、装卸费、途中保险费、运输途中合理损耗以及入库前的挑选整理费用等。

如果同时购入多种存货，其共同发生的采购费用，应在各种存货之间进行合理分配，分配标准可以是重量、价值、长度等，分配后计入各存货的采购成本。其计算公式为

采购费用分配率＝共同采购费用/各存货重量（价值或长度）之和

某存货应分配的采购费用＝采购费用分配率×该存货的重量（价值或长度）

知识拓展 3-1　购料短缺与损耗的处理

1. 属于运输途中合理损耗，计入材料采购成本，不另作账务处理。原材料的总成本不变，但原材料的单位成本提高。

2. 属于不合理损耗，一方面应冲减购进材料采购成本，另一方面应确定责任人造成的损耗，由责任人赔偿。供应单位负责赔偿的，计入"应付账款"账户，运输单位、保险公司或其他过失人负责赔偿的，计入"其他应收款"账户，借记"应付账款""其他应收款"科目，贷记"原材料"或"在途物资""应交税费——应交增值税（进项税额转出）"科目。

3. 属于待查明原因或需要报经审批处理的损耗，查明原因或审批前，计入"待处理财产损溢"账户，借记"待处理财产损溢"科目，贷记"原材料"或"在途物资""应交税费——应交增值税（进项税额转出）"科目；查明原因或审批后，属于自然灾害、意外事故造成的，扣除残料价值与保险公司的赔偿后的净损失，计入"营业外支出"账户，属于无法收回的其他损失，计入"管理费用"账户，借记"其他应收款""营业外支出""管理费用"科目，贷记"待处理财产损溢"科目。

3）相关税费。指购买存货而发生的应计入存货成本的税费，包括有进口关税、消费税、资源税和不能抵扣的增值税进项税额以及相应的教育费附加等。

2. 自制存货成本

企业自制的存货主要是产成品、自制半成品和在产品。企业自制存货按其制造过程中发生的各项实际支出计价，包括制造过程中发生的直接材料费用、直接人工费用和制造费用等。

3. 委托加工存货成本

委托加工存货，应以实际耗用的原材料或者半成品的成本、支付的加工费、运输费、装卸费、保险费以及按规定应计入存货成本的税费，作为实际成本。

4. 投资者投入存货成本

投资者投入存货，应按照投资合同或协议约定的价值作为实际成本（不含可以抵扣的增值税），但合同或协议约定价值不公允的除外。

5. 接受捐赠存货成本

接受捐赠存货，应按以下规定确定其存货成本：

1）捐赠方提供了有关凭据（如发票、报关单、有关协议）的，按凭据上标明的金额加上应支付的相关税费（不含可以抵扣的增值税），作为实际成本。

2）捐赠方没有提供有关凭据的，应参照同类或类似存货的市场价格估计的金额，加上应支付的相关税费，作为实际成本。

3.1.3　存货盘存制度

存货核算正确与否，取决于存货数量的确定和存货计价方法的选择。存货数量的确定通常通过盘存来确定，常用的存货数量盘存方法有两种：永续盘存法和实地盘存法。

1. 永续盘存法

永续盘存法，也称账面盘存法，是指企业通过设置详细的存货明细账，逐笔或逐日登记存货收入、发出的数量与金额，并随时结出存货结存的数量与金额的一种存货盘存方法。其计算公式为

期末存货结存数＝期初存货结存数＋本期存货收入数－本期存货发出数

由于永续盘存法手续比较严密，有利于对存货进行管理，一般企业均采用这一方法。但为使存货账面数与实际数保持一致，需要定期或不定期对存货进行实地盘点。

2. 实地盘存法

实地盘存法，也称定期盘存法，是指企业平时在存货明细账中只登记存货收入的数量与金额，不登记存货发出的数量与金额，期末通过实地盘点确定存货的实际结存数量，然后倒计出本期发出存货数量和金额的一种存货盘存方法。其计算公式为

本期存货发出数＝期初存货结存数＋本期存货收入数－期末存货结存数

这种方法由于采用"以存计耗"和"以存计销"倒挤发出成本，可能使非正常销售或耗用的存货损失、差错等原因所引起的短缺全部挤入耗用或销货成本中，容易掩盖存货管理中存在的问题。因此，这一方法通常只适用于那些自然损耗较大、数量不稳定的鲜活商品及单位价值低、进出频繁的存货的核算。

3.2 原材料核算

3.2.1 原材料核算内容及方法

1. 核算内容

原材料,是指企业在生产过程中经过加工改变其形态或性质并构成产品主要实体的各种原料、主要材料和外购半成品,以及不构成产品实体但有助于产品形成的辅助材料。原材料按其经济用途,具体包括有:

1)原料及主要材料。指直接用于产品制造,构成产品主要实体的各种原料和材料。

2)辅助材料。指不构成产品的主要实体,但直接用于产品生产,有助于产品形成的各种材料。

3)外购半成品。指已经过一定生产过程,但尚未制造完工,需进一步加工的中间产品。

4)修理用备件。指为修理本企业的机器、设备等而从外部购入的专用零部件。

5)包装材料。指包装产品用的,除包装物以外的各种材料,如纸、绳、铁丝等。

6)燃料。指为生产提供动力使用的煤炭、汽油、天然气等。

2. 核算方法

原材料的日常核算方法有两种:实际成本法核算和计划成本法核算。企业可以根据自身生产经营的特点和管理要求,自行决定采用哪一种核算方法。

1)实际成本法核算。指原材料的日常收入、发出及结存,无论总分类核算,还是明细分类核算,全部按实际成本进行核算。

2)计划成本法核算。指原材料的日常收入、发出及结存,无论总分类核算,还是明细分类核算,全部按计划成本进行核算。

3.2.2 实际成本法核算

1. 账户设置

(1)"原材料"账户

原材料账户属于资产类账户,核算企业库存的各种材料的收入、发出及结存情况。该账户按实际成本法核算时,借方登记已验收入库的各种材料的实际成本,贷方登记发出的各种材料的实际成本,期末余额在借方,反映企业库存的各种材料的实际成本。

原材料账户应按材料的保管地点(仓库)、材料类别、品种和规格设置明细账,进行明细分类核算。原材料账户结构见图 3-1。

原材料

期初：库存的各种材料的实际成本	
本期：登记已验收入库的各种材料的实际成本	登记发出的各种材料的实际成本
期末：库存的各种材料的实际成本	

图 3-1　原材料账户结构

（2）"在途物资"账户

在途物资账户属于资产类账户，适用于采用实际成本（进价）法进行材料、商品等物资的日常核算的企业，核算已购买但尚未验收入库的各种物资的采购成本。该账户借方登记企业购入在途物资的实际成本，贷方登记验收入库的在途物资的实际成本，期末余额在借方，反映企业在途物资的采购成本。

在途物资账户应按供应单位和物资品种设置明细账，进行明细分类核算。在途物资账户结构见图 3-2。

在途物资

期初：在途物资的采购成本	
本期：登记购入在途物资的实际成本	登记验收入库的在途物资的实际成本
期末：在途物资的采购成本	

图 3-2　在途物资账户结构

2. 材料购进核算

由于结算方式和采购地点的不同，材料入库和货款的结算在时间上不一定完全同步，因此，应当根据具体情况进行账务处理。

（1）结算凭证与材料同时到达

企业应根据取得的发票等结算凭证所记载的材料实际成本，借记"原材料"科目，根据增值税专用发票上注明的税额，借记"应交税费——应交增值税（进项税额）"科目，根据实际付款金额，贷记"银行存款""其他货币资金"等科目，或根据已开出、承兑的商业汇票的票面价值，贷记"应付票据"科目。

例 3-1　广东望秋服饰有限公司 2016 年 6 月 22 日向广州市顺棉布业有限公司购入棉布一批，收到增值税专用发票，发票注明价款 40 000 元，增值税 6 800 元，棉布已验收入库，货款已支付。望秋公司账务处理如下：

借：原材料——棉布　　　　　　　　　　　　　　　　　　　40 000.00
　　应交税费——应交增值税（进项税额）　　　　　　　　　　6 800.00
　　贷：银行存款　　　　　　　　　　　　　　　　　　　　　46 800.00

附原始凭证 3 张：增值税专用发票、收料单（见图 3-3、图 3-4）和支票存根（图略）。

4401241141　　　　　　　广东省增值税专用发票　　　　No 491043002

开票日期：2016 年 06 月 22 日

购货单位	名　　　称：广东望秋服饰有限公司 纳税人识别号：440106868268025 地址、电话：天河中路 2 号、86697584 开户行及账号：建行天河支行、11682683056	密码区	（略）					
货物或应税劳务、服务名称	规格型号	单位	数量	单价	金　　额	税率	税　　额
棉布		米	2 500	16.00	40 000.00	17%	6 800.00
合　　　计					¥40 000.00		¥6 800.00
价税合计（大写）	⊗肆万陆仟捌佰圆整				（小写）¥46 800.00		
销货单位	名　　　称：广州顺棉布业有限公司 纳税人识别号：440105282268415 地址、电话：科华西路 216 号、28695284 开户行及账号：工行科华支行、11642685486	备注					

收款人：展盛利　　　复核：陈富明　　　开票人：李少敏　　　销货单位：（章）

图 3-3　增值税专用发票

收料单

2016 年 06 月 22 日　　　　　　　收字第　　　号

材料名称	规格型号	单位	应收数量	实收数量	金额（元）
棉布		米	2 500	2 500	40 000.00

仓库主管：陈伟峰　　　复核：　　　验收：李明秀　　　收料：蔡晓波　　　制单：蔡晓波

图 3-4　收料单

（2）结算凭证先到，材料后到

企业应根据取得的发票等结算凭证所记载的材料实际成本，记入"在途物资"账户，待收到材料并验收入库后，再根据收料单，由"在途物资"账户结转到"原材料"账户。

例 3-2　广东望秋服饰有限公司 2016 年 6 月 24 日根据合同，向江苏省苏州市苏绣布业公司采购锦纶、涤纶布一批，27 日收到增值税专用发票一张，发票注明锦纶（3 000 米）价款 36 000 元，涤纶（2 000 米）价款 12 000 元，增值税 8 160 元，运费增值税专用发票一张，注明运费 1 000 元、增值税 110 元，结算凭证经审核无误，同意付款，材料尚未收到。望秋公司账务处理如下：

借：在途物资——苏绣布业公司　　　　　　　　　　　　　　　　49 000.00

　　应交税费——应交增值税（进项税额）　　　　　　　　　　　8 270.00

　　贷：银行存款　　　　　　　　　　　　　　　　　　　　　　57 270.00

附原始凭证 3 张：增值税专用发票、运费增值税专用发票、托收承付付款通知（见

图 3-5～图 3-7）。

图 3-5　增值税专用发票

图 3-6　运费增值税专用发票

托收凭证（付款通知）　　5　　付款期限 2016 年 6 月 27 日

委托日期：2016 年 06 月 24 日

业务类型		委托收款（□邮划、□电划）			托收承付（□邮划、☑电划）				
付款人	全　称	广东望秋服饰有限公司		收款人	全　称	江苏省苏州市苏绣布业公司			
	账　号	11682683056			账　号	32682683058			
	地　址	广东省 广州	市县	开户行	天河支行		地　址	江苏省苏州	市县	开户行	建行东湖支行
金额	人民币（大写）	伍万柒仟贰佰柒拾元整							¥ 5 7 2 7 0 0 0
款项内容		销货款	托收凭据名　称	发票、运费增值税专用发票、发货单			附寄单证张数		
商品发运情况			已发运				合同号码 HT00001		
备注	付款人开户银行收到日期 2016 年 6 月 27 日 复核　记账		款项支付日期： 2016 年 6 月 27 日				付款人开户银行签章		

此联作付款人开户银行给付款人按期付款通知

（中国建设银行股份有限公司 广州天河支行 2016.06.27 办讫章 (4)）

图 3-7　托收承付付款通知

例 3-3　承例 3-2，广东望秋服饰有限公司 2016 年 6 月 28 日收到 6 月 24 日向苏州市苏绣布业公司采购的锦纶、涤纶布，并验收入库。望秋公司账务处理如下：

1）计算材料采购成本：

材料采购费用分配率＝1 000/（3 000＋2 000）＝0.2（元/米）

锦纶采购成本＝36 000＋0.2×3 000＝36 600（元）

涤纶采购成本＝12 000＋0.2×2 000＝12 400（元）

2）账务处理：

借：原材料——锦纶　　　　　　　　　　　　　　　　36 600.00

　　　　　——涤纶　　　　　　　　　　　　　　　　12 400.00

　　贷：在途物资——苏绣布业公司　　　　　　　　　　　　49 000.00

附原始凭证 1 张：收料单（见图 3-8）。

收　料　单

2016 年 6 月 28 日　　　　　　　　收字第　　号

材料名称	规格型号	单位	应收数量	实收数量	金额（元）
锦纶		米	3 000	3 000	36 600.00
涤纶		米	2 000	2 000	12 400.00

仓库主管：陈伟峰　　复核：　　验收：李明秀　　收料：蔡晓波　　制单：蔡晓波

图 3-8　收料单

（3）材料先到，结算凭证后到

因企业尚未收到有关结算凭证，无法准确计算已入库材料的实际成本，通常暂不进行账务处理，待结算凭证收到后才按"结算凭证与材料同时到达"的情况进行账务处理。若到月末，结算凭证还未收到，则需按材料的合同价暂估入账，借记"原材料"科目，贷记"应付账款——暂估应付账款"科目，下月初再作相反的会计分录予以冲回，以便下月付款或开出、承兑商业汇票时能按正常程序进行账务处理。

例 3-4 广东望秋服饰有限公司 2016 年 6 月 28 日向浙江省嘉兴丝绸公司采购丝绸一批，合同价为 60 000 元，丝绸已验收入库，但发票等结算凭证尚未收到，货款尚未支付；6 月 30 日，发票等结算凭证还未收到；7 月 5 日，收到开户银行转来的增值税专用发票等结算凭证，发票注明价款 60 000 元，增值税 10 200 元，运费增值税专用发票注明运费 800 元、增值税 88 元，结算凭证经审核无误，同意付款。望秋公司账务处理如下：

1）6 月 28 日丝绸验收入库时，发票等结算凭证尚未收到，暂不入账。

2）6 月 30 日（月末），发票等结算凭证还未收到，按合同价暂估入账。

借：原材料——丝绸   60 000.00
    贷：应付账款——暂估应付账款   60 000.00

附原始凭证 1 张：暂估入账通知单（见图 3-9）。

暂估入账通知单

2016 年 06 月 30 日   单位：元

材料名称	规格型号	单位	数量	供应单位	暂估金额
丝绸		米	2 000	嘉兴丝绸公司	60 000.00
入账理由	材料先到，但发票等结算凭证未收到				

会计主管：陈利民   会计：李源珍   制单：朱玲玲

图 3-9　暂估入账通知单

3）7 月 1 日（下月初），作相反的会计分录予以冲回。

借：应付账款——暂估应付账款   60 000.00
    贷：原材料——丝绸   60 000.00

附原始凭证 1 张：冲回暂估入账通知单（见图 3-10）。

冲回暂估入账通知单

2016 年 07 月 01 日   单位：元

材料名称	规格型号	单位	数量	供应单位	冲回金额
丝绸		米	2 000	嘉兴丝绸公司	60 000.00
冲回理由	上月末暂估入账，本月初冲回				

会计主管：陈利民   会计：李源珍   制单：朱玲玲

图 3-10　冲回暂估入账通知单

4）7 月 5 日，收到发票等结算凭证，支付货款。

借：原材料——丝绸   60 800.00
    应交税费——应交增值税（进项税额）   10 288.00
    贷：银行存款   71 088.00

附原始凭证 4 张：增值税专用发票、运费增值税专用发票、电汇回单（见图 3-11～图 3-13）和收料单（图略）。

| 2308241161 | 浙江增值税专用发票 | | | | | | No 230366001 |

开票日期：2016 年 06 月 28 日

| 购货单位 | 名　称：广东望秋服饰有限公司 纳税人识别号：440106868268025 地址、电话：天河中路 2 号，86697584 开户行及账号：建行天河支行、11682683056 | 密码区 | （略） |

货物或应税劳务、服务名称	规格型号	单位	数量	单价	金额	税率	税额
丝绸		米	2 000	30.00	60 000.00	17%	10 200.00
合　计					¥60 000.00		¥10 200.00

| 价税合计（大写） | ⊗柒万零贰佰圆整 |

| 销货单位 | 名　称：浙江省嘉兴丝绸公司 纳税人识别号：280306868268036 地址、电话：南湖大道 9 号，62697283 开户行及账号：建行南湖支行、23658683034 | 备注 | 浙江省嘉兴丝绸公司 280306868268036 发票专用章 |

收款人：李兴安　　复核：陈培和　　开票人：王敏发　　　　销货单位：（章）

图 3-11　增值税专用发票

| 2803235375 | 浙江增值税专用发票 | | | | | | No 201303541 |

开票日期：2016 年 06 月 28 日

| 购货单位 | 名　称：广东望秋服饰有限公司 纳税人识别号：440106868268025 地址、电话：天河中路 2 号，86697584 开户行及账号：建行天河支行、11682683056 | 密码区 | （略） |

货物或应税劳务、服务名称	规格型号	单位	数量	单价	金额	税率	税额
运输					800.00	11%	88.00
合　计					¥800.00		¥88.00

| 价税合计（大写） | ⊗捌佰捌拾捌圆整 | （小写）¥888.00 |

| 销货单位 | 名　称：浙江嘉兴货运有限公司 纳税人识别号：280306735268732 地址、电话：嘉兴市苏嘉路 82 号，86564696 开户行及账号：工行苏嘉支行、31673313569 | 备注 | 货物：布料 浙江嘉兴货运有限公司 280306735268732 发票专用章 |

收款人：　　　复核：江兴银　　开票人：宋萍平　　　　销货单位：

图 3-12　运费增值税专用发票

图 3-13 电汇回单

（4）货款先付，材料后到

货款先付，材料后到，即指企业采用预付货款方式购进材料，应通过"预付账款"账户进行核算，具体账务处理参见第 4 章 4.3 预付账款与其他应收款核算。

3. 材料发出核算

原材料按实际成本法核算时，由于不同批次购入的材料的单位成本不一定相同，发出、领用材料时，应按一定的方法计算确定发出、领用材料的实际成本。根据现行会计制度规定，发出材料成本计算的方法有个别计价法、先进先出法、月末一次加权平均法和移动加权平均法等。企业可以根据实际情况选择使用，一旦选用，不得随意变更。

（1）个别计价法

个别计价法，也称个别认定法、分批认定法、具体辨认法，是指原材料发出、领用时，认定每件或每批材料的单价，以此为基础计算该种材料的发出成本与期末结存成本的一种方法。其具体计算公式为

本期发出材料成本＝Σ发出材料数量×该件（或批）材料单价
期末结存材料成本＝期初结存材料成本＋本期收入材料成本－本期发出材料成本

例 3-5 广东望秋服饰有限公司对丝绸布采用个别计价法进行核算，2016 年 7 月丝绸布的收入、发出、结存等明细资料如表 3-1 所示。

7 月份丝绸布的发出成本与期末结存成本的计算如下：

本期发出材料成本＝500×30＋300×32＋400×35＋100×30＋100×32＝44 800（元）
期末结存材料成本＝18 000＋（400×32＋500×35＋600×30）－44 800＝21 500（元）

采用个别计价法一般需具备两个条件：一是材料项目必须是可以辨别认定的；二是必须有详细的记录，包括每一材料的品种、规格、入账时间、单位成本、存放地点等情况。

表 3-1　原材料明细账

明细科目：丝绸布　　　　　　　　　　　　　　　　　　　　　　　　　　　　　单位：米

日期	摘要	收入			发出			结存		
		数量	单价	金额	数量	单价	金额	数量	单价	金额
7.1	上月结存							600	30	18 000
7.6	购入	400	32	12 800				600	30	18 000
								400	32	12 800
7.11	发出				500	30	15 000	100	30	3 000
					300	32	9 600	100	32	3 200
7.15	购入	500	35	17 500				100	30	3 000
								100	32	3 200
								500	35	17 500
7.20	发出				400	35	14 000	100	35	3 500
					100	30	3 000			
					100	32	3 200			
7.27	购入	600	30	18 000				100	35	3 500
								600	30	18 000
7.31	本月合计	1 500		48 300	1400		44 800	100	35	3 500
								600	30	18 000

采用这一方法能随时计算出发出材料成本和期末结存材料成本，但计算工作量大，适用于能分清批别的材料的核算。

（2）先进先出法

先进先出法，是指假定"先入库的材料先发出"，并根据这种假定的成本流转程序对发出材料成本与期末结存材料成本进行计算的一种方法。其具体计算公式为

本期发出材料成本＝∑先购进先发出材料数量×先购进先发出材料单价

期末结存材料成本＝期初结存材料成本＋本期收入材料成本－本期发出材料成本

例 3-6　广东望秋服饰有限公司对棉布采用先进先出法进行核算，2016 年 7 月棉布的收入、发出、结存等明细资料如表 3-2 所示。

表 3-2　原材料明细账

明细科目：棉布　　　　　　　　　　　　　　　　　　　　　　　　　　　　　　单位：米

日期	摘要	收入			发出			结存		
		数量	单价	金额	数量	单价	金额	数量	单价	金额
7.1	上月结存							900	15	13 500
7.6	购入	1 600	16	25 600				900	15	13 500
								1 600	16	25 600
7.11	发出				900	15	13 500	500	16	8 000
					1 100	16	17 600			
7.18	购入	1 800	15.5	27 900				500	16	8 000
								1 800	15.5	27 900

续表

日期	摘要	收入			发出			结存		
		数量	单价	金额	数量	单价	金额	数量	单价	金额
7.25	发出				500 1 600	16 15.5	8 000 24 800	200	15.5	3 100
7.27	购入	800	15	12 000				200 800	15.5 15	3 100 12 000
7.31	本月合计	4200		65 500	4 100		63 900	200 800	15.5 15	15 100

7 月份棉布的发出成本与期末结存成本的计算如下：

1）本期发出材料成本＝900×15＋1 100×16＋500×16＋1 600×15.5＝63 900（元）

2）期末结存材料成本＝13 500＋（1 600×16＋1 800×15.5＋800×15）

－63 900＝15 100（元）

采用先进先出法进行材料成本核算，购入材料时，需逐笔登记收入材料的数量、单价和金额；发出材料时，按照先进先出的原则，逐笔登记材料的发出数量、单价和金额和结存数量、单价和金额。

采用这一方法，期末结存材料成本反映的是近期入库材料的成本，因而期末结存成本近于市场价。同时，该方法能随时结转发出材料成本，但计算工作量大，适用于收发材料次数不多的材料计价。

（3）月末一次加权平均法

月末一次加权平均法，是指以本月期初结存材料数量和本月购进材料数量作为权数，计算本月材料的加权平均单价，以此为基础计算本月发出材料成本和期末结存材料成本的一种方法。具体计算公式为

$$材料加权平均单价＝\frac{期初结存材料成本＋本期收入材料成本}{期初结存材料数量＋本期收入材料数量}$$

$$本期发出材料成本＝本期发出材料数量×材料加权平均单价$$

$$期末结存材料成本＝期末结存材料数量×材料加权平均单价$$

如果计算出的材料加权平均单价需要进行四舍五入，为了保证账面数字之间的平衡关系，需采用倒挤法计算本期发出材料成本。具体计算公式为

$$期末结存材料成本＝期末结存材料数量×材料加权平均单价$$

$$本期发出材料成本＝期初结存材料成本＋本期收入材料成本－期末结存材料成本$$

例 3-7 广东望秋服饰有限公司对印花布采用月末一次加权平均法进行核算，2016 年 7 月印花布的收入、发出、结存等明细资料如表 3-3 所示。

表 3-3 原材料明细账

明细科目：印花布　　　　　　　　　　　　　　　　　　　　　　　　　　　　单位：米

日期	摘要	收入			发出			结存		
		数量	单价	金额	数量	单价	金额	数量	单价	金额
7.1	上月结存							1 200	10	12 000
7.8	购入	1 000	11	11 000				2 200		

续表

日期	摘要	收入			发出			结存		
		数量	单价	金额	数量	单价	金额	数量	单价	金额
7.12	发出				1 800			400		
7.15	购入	1 600	10.5	16 800				2 000		
7.20	发出				1 800			200		
7.26	购入	1 200	10	12 000				1 400	10.9	15 260
7.31	本月合计	3 800		39 800	3 600	10.9	39 240	1 400	10.9	15 260

7 月份印花布的发出成本与期末结存成本的计算如下：

1）材料加权平均单价＝（12 000＋39 800）/（1 200＋3 800）＝10.9（元）

2）本期发出材料成本＝3 600×10.9＝39 240（元）

3）期末结存材料成本＝1 400×10.9＝15 260（元）

采用月末一次加权平均法，只在月末进行一次加权平均单价的计算，比较简单，有利于简化成本计算工作，但由于平时无法从账上提供结存材料的单价与金额，因此，不利于材料的日常管理和控制。

（4）移动加权平均法

移动加权平均法，是指每次收到材料后，立即根据库存材料的数量和总成本，计算出材料的移动加权平均单价，以此为基础计算发出材料成本的一种方法。具体计算公式为

$$移动加权平均单价＝\frac{上次结存材料成本＋本次收入材料成本}{上次结存材料数量＋本次收入材料数量}$$

本期发出材料成本＝∑某次发出材料数量×该次移动加权平均单价

期末结存材料成本＝期末结存材料数量×期末材料移动加权平均单价

或期末结存材料成本＝期初结存材料成本＋本期收入材料成本－本期发出材料成本

例 3-8　广东望秋服饰有限公司对锦纶布采用移动加权平均法进行核算，2016 年 7 月锦纶布的收入、发出、结存等明细资料如表 3-4 所示。

表 3-4　原材料明细账

明细科目：锦纶布　　　　　　　　　　　　　　　　　　　　单位：米

日期	摘要	收入			发出			结存		
		数量	单价	金额	数量	单价	金额	数量	单价	金额
7.1	上月结存							1 200	12	14 400
7.8	购入	1 300	13	16 900				2 500	12.52	31 300
7.12	发出				2 000	12.52	25 040	500	12.52	6 260
7.15	购入	1 500	12.5	18 750				2 000	12.505	25 010
7.20	发出				1 800	12.505	22 509	200	12.505	2 501
7.26	购入	800	12	9 600				1 000	12.101	12 101
7.31	本月合计	3 600		45 250	3 800		47 549	1 000	12.101	12 101

7 月份锦纶布的发出成本与期末结存成本的计算如下：

1）7 月 8 日购入，材料加权平均单价＝（14 400+16 900）/（1 200＋1 300）＝12.52（元）

7 月 12 日发出，发出材料成本＝12.52×2 000＝25 040（元）

2）7 月 15 日购入，材料加权平均单价＝（6 260＋18 750）/（500＋1 500）＝12.505（元）

7 月 20 日发出，发出材料成本＝12.505×1 800＝22 509（元）

3）7 月 26 日购入，材料加权平均单价＝（2 501＋9 600）/（200＋800）＝12.101（元）

7 月 31 日结存，月末结存材料成本＝12.101×1 000＝12 101（元）

采用移动加权平均法，可以随时结账，便于加强存货的日常管理与控制，计算出的材料加权平均单价以及发出与结存材料的成本比较客观，但每次收到材料都要计算一次加权平均单价，计算工作量较大，主要适用于采购次数不多的材料的计价。

（5）发出材料会计核算

企业按照前述发出材料成本计算方法确定发出材料的成本之后，应根据领料单等发料凭证编制发出材料汇总表，据以进行材料发出的总分类核算。发出材料，按其用途或领用部门，借记有关成本费用科目，贷记"原材料"科目。其中，生产产品领用的，借记"生产成本——基本生产成本"科目；辅助生产领用的，借记"生产成本——辅助生产成本"科目；车间管理及一般耗用而领用的，借记"制造费用"科目；厂部（行政）管理部门领用的，借记"管理费用"科目；专设销售机构领用的，借记"销售费用"科目；用于职工集体福利的，借记"应付职工薪酬"科目；专项工程领用的，借记"在建工程"科目。

例 3-9 广东望秋服饰有限公司对原材料采用实际成本法进行核算，根据 2016 年7 月领料单等发料凭证汇总编制本月发出材料汇总表，如表 3-5 所示。

表 3-5 发出材料汇总表

2016 年 7 月   单位：元

部门或用途	丝绸		棉布		印花布		锦纶布		合计
	数量	金额	数量	金额	数量	金额	数量	金额	
生产西服用	900	29 000	400	6 400			2 000	25 040	60 440
生产休闲服用			2 000	31 100			1 800	22 509	53 609
生产童装用	400	12 800	1 600	24 800	3 600	39 240			76 840
车间一般耗用			50	800					800
管理部门领用	100	3 000	50	800					3 800
合计	1 400	44 800	4 100	63 900	3 600	39 240	3 800	47 549	195 489

会计主管：陈利民   会计：李源珍   制单：朱玲玲

根据表 3-5 进行本月发出材料的总分类核算。望秋公司账务处理如下：

借：生产成本——基本生产成本——西服　　　　　　　　　　　　60 440.00

　　　　　　　　　　　　　　——休闲服　　　　　　　　　　　53 609.00

　　　　　　　　　　　　　　——童装　　　　　　　　　　　　76 840.00

　　　制造费用　　　　　　　　　　　　　　　　　　　　　　　　800.00

管理费用	3 800.00
贷：原材料——丝绸	44 800.00
——棉布	63 900.00
——印花布	39 240.00
——锦纶布	47 549.00

附原始凭证若干张：发出材料汇总表（见表 3-5）与领料单（图略）。

3.2.3　计划成本法核算

1. 账户设置

（1）"原材料"账户

原材料账户与按实际成本法核算的内容相同。区别在于该账户借方、贷方及余额均按计划成本计价。原材料账户结构见图 3-14。

原材料

期初：库存的各种材料的计划成本	
本期：登记已验收入库的各种材料的计划 成本	登记发出的各种材料的计划成本
期末：库存的各种材料的计划成本	

图 3-14　原材料账户结构

（2）"材料采购"账户

材料采购账户，适用于企业采用计划成本法核算材料、商品等物资，核算已购买但尚未验收入库的各种物资的实际采购成本。该账户属于资产类账户，借方登记企业购入但尚未到达或尚未验收入库物资的实际采购成本，贷方登记验收入库物资的实际采购成本，期末余额在借方，反映企业在途物资的实际采购成本。

材料采购账户应按供应单位和物资品种设置明细账，进行明细分类核算。材料采购账户结构见图 3-15。

材料采购

期初：在途物资的实际采购成本	
本期：登记购入但尚未到达或尚未验收入库 物资的实际采购成本	登记验收入库物资的实际采购成本
期末：在途物资的实际采购成本	

图 3-15　材料采购账户结构

（3）"材料成本差异"账户

材料成本差异账户核算企业采用计划成本法核算收入、发出及结存材料、商品等物资的实际成本与计划成本的差异。该账户属于资产类账户，是原材料账户的备抵调整账户，借方登记验收入库材料等物资的实际成本大于计划成本的差异（超支差异）及发出材料等物资应负担的节约差异，贷方登记验收入库材料等物资的实际成本小于计划成本的差异（节约差异）及发出材料等物资应负担的超支差异，期末余额若在贷方，反映企业库存材料等物资的节约差异，期末余额若在借方，反映企业库存材料等物资的超支差异。

材料成本差异账户应按材料等物资的类别或品种设置明细账，进行明细分类核算。材料成本差异账户结构见图3-16。

材料成本差异

本期：登记验收入库材料等物资的实际成本大于计划成本的差异（超支差异）及发出材料等物资应负担的节约差异	期初：库存材料等物资的节约差异
	登记验收入库材料等物资的实际成本小于计划成本的差异（节约差异）及发出材料等物资应负担的超支差异
	期末：库存材料等物资的节约差异

图3-16 材料成本差异账户结构

2. 材料购进核算

（1）结算凭证与材料同时到达

1）收到结算凭证时，企业应按取得的发票等结算凭证所记载的材料价款（材料实际采购成本），借记"材料采购"科目，按增值税专用发票上注明的税额，借记"应交税费——应交增值税（进项税额）"科目，按实际支付或应付款项，贷记"银行存款""其他货币资金""应付账款"等科目。

2）材料验收入库时，企业应按材料的计划成本，借记"原材料"科目，按材料的实际采购成本，贷记"材料采购"科目，按材料的实际成本与计划成本的差异，借记或贷记"材料成本差异"科目。

例3-10 广东望秋服饰有限公司2016年7月4日向珠海市丰华印染公司购入印花布一批，收到增值税专用发票，发票注明价款14 250元，增值税2 422.5元。印花布按计划成本法核算，计划成本为15 000元，印花布已验收入库，货款已支付。望秋公司账务处理如下：

1）收到发票等结算凭证时：

借：材料采购——丰华印染公司   14 250.00

应交税费——应交增值税（进项税额）   2 422.50

贷：银行存款   16 672.50

附原始凭证2张：增值税专用发票和电汇回单（见图3-17、图3-18）。

广东增值税票专用发票

4406241141　　No 491066051

开票日期：2016 年 07 月 04 日

购货单位	名　称：广东望秋服饰有限公司					密码区	（略）		
	纳税人识别号：440106868268025								
	地址、电话：天河中路2号，86697584								
	开户行及账号：建行天河支行、11682683056								
货物或应税劳务、服务名称	规格型号	单位	数量	单价	金　额		税率	税　额	
印花布		米	1 500	9.50	14 250.00		17%	2 422.50	
合　　计					¥14 250.00			¥2 422.50	
价税合计（大写）	⊗壹万陆仟陆佰柒拾贰圆伍角整				（小写）¥16 672.50				
销货单位	名　称：珠海市丰华印染有限公司								
	纳税人识别号：440606258268020								
	地址、电话：景山路122号，86697584								
	开户行及账号：工行景山支行、16682683352								

收款人：陈盛丰　　复核：李富明　　开票人：王晓敏　　销货单位：（章）

图 3-17　增值税专用发票

电汇凭证（回单）　　1　　No 006890002

第 0002 号　　委托日期　2016 年 7 月 4 日

汇款人	全　称	广东望秋服饰有限公司			收款人	全　称	珠海市丰华印染有限公司			
	账号或住址	11682683056				账号或住址	16682683352			
	汇出地点	广东省广州	汇出行名称	建行天河支行		汇入地点	珠海	汇入行名称	工行景山支行	
金额	人民币（大写）	壹万陆仟陆佰柒拾贰元伍角整				千 百 十 万 千 百 十 元 角 分 ¥ 7 2 5 0				

汇款用途：支付货款

上列款项已根据委托办理，如需查询，请持此回单来行面谈

（汇出行盖章）

2016.07.04 广州天河支行 办讫章 (4)

图 3-18　电汇回单

2）材料验收入库时：

借：原材料——印花布　　　　　　　　　　　　　　　　　　15 000.00

　　贷：材料采购——丰华印染公司　　　　　　　　　　　　14 250.00

　　　　材料成本差异——印花布　　　　　　　　　　　　　　　750.00

附原始凭证 1 张：收料单（见图 3-19）。

收 料 单

2016 年 7 月 4 日   收字第 304 号

材料名称	规格型号	单位	应收数量	实收数量	计划成本（元）	材料成本差异（元）
印花布		米	1 500	1 500	15 000.00	−750.00

仓库主管：陈伟峰	复核：	验收：李明秀	收料：蔡晓波	制单：蔡晓波

图 3-19　收料单

（2）结算凭证先到，材料后到

企业应根据取得的发票等结算凭证所记载的材料实际成本，记入"材料采购"账户，待收到材料并验收入库后，再根据收料单，由"材料采购"账户结转到"原材料"账户，并计算材料成本差异，按其差异额，借记或贷记"材料成本差异"科目。

例 3-11　广东望秋服饰有限公司 2016 年 7 月 5 日，向江苏省苏州市苏绣布业公司采购锦纶布一批，收到增值税专用发票一张，发票注明价款 24 000 元，增值税 4 080 元，运费增值税专用发票一张，注明运费 420 元、增值税 46.2 元，结算凭证经审核无误，同意付款，材料尚未收到。望秋公司账务处理如下：

借：材料采购——苏绣布业公司　　　　　　　　　　　　　24 420.00
　　应交税费——应交增值税（进项税额）　　　　　　　　　4126.20
　　贷：银行存款　　　　　　　　　　　　　　　　　　　　28 546.20

附原始凭证 3 张：增值税专用发票、运费增值税专用发票、电汇回单（见图 3-20～图 3-22）。

江苏增值税专用发票

3206241141　　　　　　　　　　　　　　　　　　　　No 320066002

开票日期：2016 年 07 月 05 日

购货单位	名　称：广东望秋服饰有限公司 纳税人识别号：440106868268025 地址 、电话：天河中路 2 号，86697584 开户行及账号：建行天河支行，11682683056	密码区	（略）

货物或应税劳务、服务名称	规格型号	单位	数量	单价	金　额	税率	税　额
锦纶		米	2 000	12.00	24 000.00	17%	4 080.00
合　计					¥24 000.00		¥4 080.00

价税合计（大写）	⊗贰万捌仟零捌拾圆整

销货单位	名　称：江苏省苏州市苏绣布业公司 纳税人识别号：360206835268025 地址 、电话：东湖北路 6 号，88695423 开户行及账号：建行东湖支行，32682683058	备注	江苏省苏州市苏绣布业公司 360206835268025 发票专用章

收款人：李煜丰	复核：陈明才	开票人：王丽敏	销货单位：（章）

图 3-20　增值税专用发票

江 苏 省 增 值 税 专 用 发 票

3206235372

江苏省
国家税务总局监制

No 201605121

开票日期：2016 年 07 月 05 日

| 购货单位 | 名　　　称：广东望秋服饰有限公司
纳税人识别号：440106868268025
地址、电话：天河中路 2 号，86697584
开户行及账号：建行天河支行，11682683056 | | | | 密码区 | （略） | | |

货物或应税劳务、服务名称	规格型号	单位	数量	单价	金　　额	税率	税　　额
运费					420.00	11%	46.20
合　　计					¥420.00		¥46.20

| 价税合计（大写） | ⊗肆佰陆拾陆圆贰角整 | | | | ¥466.20 |

| 销货单位 | 名　　　称：江苏通达货运有限公司
纳税人识别号：320606735268762
地址、电话：苏州市吴中大道 62 号，86637696
开户行及账号：建行吴中支行，11673313989 | | | |

江苏通达货运有限公司
苏州——广州
货物：布料
320606735268762
发票专用章

第三联：发票联 购买方记账凭证

收款人：　　　　复核：洪海波　　　　开票人：黄素素

图 3-21　运费增值税专用发票

电汇凭证（回单）　　　1　　　No 006890003

第 0003 号　　　委托日期 2016 年 07 月 05 日

汇款人	全　称	广东望秋服饰有限公司			收款人	全　称	江苏省苏州市苏绣布业公司			此联是汇出行给汇款人的回单
	账号或住址	11682683056				账号或住址	32682683058			
	汇出地点	广东省广州	汇出行名称	建行天河支行		汇入地点	江苏苏州	汇入行名称	建行东湖支行	
金额	人民币（大写）	贰万捌仟伍佰肆拾陆元贰角整				千 百 十 万 千 百 十 元 角 分				

中国建设银行股份有限公司
广州天河支行
2016.07.05
办讫章
(4)

汇款用途：　支付货款

上列款项已根据委托办理，如需查询，请持此回单来行面谈

（汇出行盖章）

图 3-22　电汇回单

例 3-12　承例 3-11，广东望秋服饰有限公司 2016 年 7 月 8 日收到 7 月 5 日向苏州市苏绣布业公司采购的锦纶布，并验收入库。锦纶布按计划成本法核算，计划成本为 20 000 元。望秋公司账务处理如下：

借：原材料——锦纶布　　　　　　　　　　　　　　　　　20 000.00

　　材料成本差异——锦纶布　　　　　　　　　　　　　　4 420.00

　　贷：材料采购——苏绣布业公司　　　　　　　　　　　　24 420.00

附原始凭证 1 张：收料单（见图 3-23）

<table>
<tr><td colspan="7" align="center">收　料　单</td></tr>
<tr><td colspan="5" align="center">2016 年 7 月 8 日</td><td colspan="2">收字第 305 号</td></tr>
<tr><td>材料名称</td><td>规格型号</td><td>单位</td><td>应收数量</td><td>实收数量</td><td>计划成本（元）</td><td>材料成本差异（元）</td></tr>
<tr><td>锦纶布</td><td></td><td>米</td><td>2 000</td><td>2 000</td><td>20 000.00</td><td>4 420.00</td></tr>
<tr><td colspan="2">仓库主管：陈伟峰</td><td>复核：</td><td colspan="2">验收：李明秀</td><td>收料：蔡晓波</td><td>制单：蔡晓波</td></tr>
</table>

图 3-23　收料单

（3）材料先到，结算凭证后到

对于发票等结算凭证尚未收到的，平时暂不进行账务处理，待发票等结算凭证收到后才按"结算凭证与材料同时到达"的情况进行账务处理。若到月末，结算凭证还未收到，则需按材料的计划成本暂估入账，借记"原材料"科目，贷记"应付账款——暂估应付账款"科目，下月初再作相反的会计分录予以冲回，以便下月付款或开出、承兑商业汇票时能按正常程序通过"材料采购"账户进行核算。

例 3-13　广东望秋服饰有限公司 2016 年 6 月 28 日，向江苏省苏州市苏绣布业公司采购涤纶布一批。涤纶布按计划成本核算，计划成本为 16 000 元，涤纶布已验收入库，但发票等结算凭证尚未收到，货款尚未支付；6 月 30 日，发票等结算凭证还未收到；7月 4 日，收到开户银行转来的增值税专用发票等结算凭证，发票注明价款 15 000 元，增值税 2 550 元，运费增值税专用发票一张，发票注明运费 400 元、增值税 44 元，结算凭证经审核无误，同意付款。望秋公司账务处理如下：

1）6 月 28 日涤纶布验收入库时，发票等结算凭证尚未收到，暂不入账。

2）6 月 30 日（月末），发票等结算凭证还未收到，按计划成本暂估入账。

借：原材料——涤纶布　　　　　　　　　　　　　　　　　16 000.00

　　贷：应付账款——暂估应付账款　　　　　　　　　　　　　　16 000.00

附原始凭证 1 张：暂估入账通知单（见图 3-24）。

<table>
<tr><td colspan="6" align="center">暂估入账通知单</td></tr>
<tr><td colspan="5" align="center">2016 年 6 月 30 日</td><td>单位：元</td></tr>
<tr><td>材料名称</td><td>规格型号</td><td>单位</td><td>数量</td><td>供应单位</td><td>计划成本</td></tr>
<tr><td>涤纶布</td><td></td><td>米</td><td>2 000</td><td>苏绣布业公司</td><td>16 000.00</td></tr>
<tr><td>入账理由</td><td colspan="5">材料先到，但发票等结算凭证未收到</td></tr>
<tr><td colspan="2">会计主管：陈利民</td><td colspan="2">会计：李源珍</td><td colspan="2">制单：朱玲玲</td></tr>
</table>

图 3-24　暂估入账通知单

3）7 月 1 日（下月初），作相反的会计分录予以冲回。

借：应付账款——暂估应付账款　　　　　　　　　　　　　16 000.00

　　贷：原材料——涤纶布　　　　　　　　　　　　　　　　　　16 000.00

附原始凭证 1 张：冲回暂估入账通知单（见图 3-25）。

冲回暂估入账通知单

2016 年 7 月 1 日

单位：元

材料名称	规格型号	单位	数量	供应单位	冲回金额
涤纶布		米	2 000	苏绣布业公司	16 000.00
冲回理由			上月末暂估入账，本月初冲回		
会计主管：陈利民		会计：李源珍			制单：朱玲玲

图 3-25　冲回暂估入账通知单

4）7 月 4 日，收到发票等结算凭证，支付货款。

① 支付货款时：

借：材料采购——苏绣布业公司　　　　　　　　　　　　　　15 400.00

　　应交税费——应交增值税（进项税额）　　　　　　　　　 2 594.00

　　贷：银行存款　　　　　　　　　　　　　　　　　　　　　　17 994.00

附原始凭证 3 张：增值税专用发票、运费增值税专用发票、电汇回单（见图 3-26～图 3-28）。

江 苏 增 值 税 专 用 发 票

3206241141　　　　　　　　　　　　　　　　　　　　No 320066003

开票日期：2016 年 06 月 28 日

购货单位	名　称：广东望秋服饰有限公司 纳税人识别号：440106868268025 地址、电话：天河中路 2 号，86697584 开户行及账号：建行天河支行、11682683056					密码区	（略）	
	货物或应税劳务、服务名称	规格型号	单位	数量	单价	金　额	税率	税　额
	涤纶		米	2 000	7.50	15 000.00	17%	2 550.00
						¥15 000.00		¥2 550.00
	合　　计							
	价税合计（大写）	⊗壹万柒仟伍佰伍拾圆整				（小写）¥17 550.00		
销货单位	名　称：江苏省苏州市苏绣布业公司 纳税人识别号：360206835268025 地址、电话：东湖北路 6 号，88695423 开户行及账号：建行东湖支行、32682683058					备注		

收款人：李煜丰　　　复核：陈明才　　　开票人：王丽敏　　　销货单位：（章）

图 3-26　增值税专用发票

图 3-27　运费增值税专用发票

图 3-28　电汇回单

② 结转"材料采购"，转入"原材料"账户，并计算材料成本差异：

借：原材料——涤纶布　　　　　　　　　　　　　　　　　　　　　16 000.00

　　贷：材料采购——苏绣布业公司　　　　　　　　　　　　　　　　15 400.00

　　　　材料成本差异——涤纶布　　　　　　　　　　　　　　　　　　　600.00

附原始凭证 1 张：收料单（见图 3-29）。

收 料 单

2016 年 7 月 4 日　　　　　　　收字第 306 号

材料名称	规格型号	单位	应收数量	实收数量	计划成本	材料成本差异
涤纶布		米	2 000	2 000	16 000.00	-600.00

仓库主管：陈伟峰　　　复核：　　　验收：李明秀　　　收料：蔡晓波　　　制单：蔡晓波

图 3-29　收料单

3. 材料发出核算

在计划成本法核算下，发出材料的核算主要包括以下三个方面的内容：

（1）结转发出材料的计划成本

月末，企业应根据领料单等发料凭证按计划成本编制发出材料汇总表，按照材料的用途或领用部门，借记有关成本费用科目，贷记"原材料"科目。

例 3-14　广东望秋服饰有限公司对原材料采用计划成本法进行核算，根据 2016 年 7 月领料单等发料凭证汇总编制本月发出材料汇总表，如表 3-6 所示。

表 3-6　发出材料汇总表

2016 年 7 月　　　　　　　单位：元

部门或用途	印花布		锦纶布		涤纶布		合计
	数量	计划成本	数量	计划成本	数量	计划成本	
生产休闲服用	800	8000.00	1 800	18 000.00	1 000	8 000.00	34 000.00
生产童装用	1 000	10 000.00	1 600	16 000.00	1 500	12 000.00	38 000.00
车间一般耗用	100	1 000.00					1 000.00
管理部门领用	100	1 000.00	100	1 000.00			2 000.00
合计	2 000	20 000.00	3 500	35 000.00	2 500	20 000.00	75 000.00

会计主管：陈利民　　　会计：李源珍　　　制单：朱玲玲

根据表 3-6 进行本月发出材料的总分类核算。望秋公司账务处理如下：

借：生产成本——基本生产成本——休闲服　　　　　　　　　34 000.00

　　　　　　　　　　　　　　——童装　　　　　　　　　　38 000.00

　　制造费用　　　　　　　　　　　　　　　　　　　　　　1 000.00

　　管理费用　　　　　　　　　　　　　　　　　　　　　　2 000.00

　　贷：原材料——印花布　　　　　　　　　　　　　　　　　　20 000.00

　　　　　　　　——锦纶布　　　　　　　　　　　　　　　　　35 000.00

　　　　　　　　——涤纶布　　　　　　　　　　　　　　　　　20 000.00

附原始凭证若干张：发出材料汇总表（见表 3-6）与领料单（图略）。

（2）计算并结转发出材料成本差异

1）计算发出材料成本差异。

发出材料成本差异是根据发出材料计划成本与材料成本差异率计算确定的，具体计

算公式为

$$材料成本差异率 = \frac{期初结存材料成本差异 + 本期收入材料成本差异}{期初结存材料计划成本 + 本期收入材料计划成本}$$

本期发出材料成本差异＝本期发出材料计划成本×材料成本差异率

期末结存材料成本差异＝期末结存材料计划成本×材料成本差异率

如果计算出的材料成本差异率，需要进行四舍五入，则需采用倒挤法计算本期发出材料成本差异，具体计算公式为

期末结存材料成本差异＝期末结存材料计划成本×材料成本差异率

本期发出材料成本差异＝期初结存材料成本差异＋本期收入材料成本差异

－期末结存材料成本差异

2）结转发出材料成本差异。

如果计算出的发出材料成本差异额为正数（超支差异、借方差异），则结转发出材料成本差异时，应借记有关成本费用科目，贷记"材料成本差异"科目；

如果计算出的发出材料成本差异额为负数（节约差异、贷方差异），则结转发出材料成本差异时，应借记"材料成本差异"科目，贷记有关成本费用科目。

例 3-15 广东望秋服饰有限公司对原材料采用计划成本法进行核算，2016 年 7 月发出材料情况见上表 3-6 所示，7 月份收、发、存材料的计划成本及成本差异情况如表 3-7 所示。

表 3-7　材料计划成本及成本差异汇总表

2016 年 7 月　　　　　　　　　　　　　　　　　　单位：元

材料类别	计划成本				材料成本差异			
	期初	收入	发出	期末	期初	收入	发出	期末
印花布	10 000.00	15 000.00	20 000.00	5 000.00	150.00	-750.00		
锦纶布	25 000.00	20 000.00	35 000.00	10 000.00	-1 000.00	4 420.00		
涤纶布	12 000.00	16 000.00	20 000.00	8 000.00	180.00	-600.00		
合计	47 000.00	51 000.00	75 000.00	23 000.00	-670.00	3 070.00		

会计主管：陈利民　　　　　　　会计：李源珍　　　　　　　制单：朱玲玲

根据表 3-6 和表 3-7 计算并结转本月发出材料成本差异。

1）印花布材料成本差异的计算：

材料成本差异率＝（150－750）/（10 000＋15 000）＝－2.4%

本月发出材料成本差异＝20 000×（－2.4%）＝－480（元）

月末结存材料成本差异＝5 000×（－2.4%）＝－120（元）

望秋公司账务处理如下：

借：材料成本差异——印花布　　　　　　　　　　　　　　　480.00

　　贷：生产成本——基本生产成本——休闲服　　　　　　　192.00

　　　　　　　　　　　　　　　　——童装　　　　　　　　240.00

　　　制造费用　　　　　　　　　　　　　　　　　　　　　24.00

　　　管理费用　　　　　　　　　　　　　　　　　　　　　24.00

附原始凭证 1 张：发出材料成本差异计算分配表（见图 3-30）。

发出材料成本差异计算分配表

材料类别：印花布　　　　　　　　2016 年 7 月　　　　　　　　单位：元

部门或用途	计划成本	材料成本差异率	发出材料成本差异
生产休闲服用	8 000.00	-2.4%	-192.00
生产童装用	10 000.00	-2.4%	-240.00
车间一般耗用	1 000.00	-2.4%	-24.00
行政管理部门用	1 000.00	-2.4%	-24.00
合计	20 000.00	-2.4%	-480.00

会计主管：陈利民　　　　　　　会计：李源珍　　　　　　　制单：朱玲玲

图 3-30　发出材料成本差异计算分配表

2）锦纶布材料成本差异的计算：

材料成本差异率＝（－1 000＋4 420）/（25 000＋20 000）＝7.6%

本月发出材料成本差异＝35 000×7.6%＝2 660（元）

月末结存材料成本差异＝10 000×7.6%＝760（元）

望秋公司账务处理如下：

借：生产成本——基本生产成本——休闲服　　　　　　　　　　1 368.00

　　　　　　　　　　　　　　——童装　　　　　　　　　　　1 216.00

　　管理费用　　　　　　　　　　　　　　　　　　　　　　　76.00

　　贷：材料成本差异——锦纶布　　　　　　　　　　　　　　　2 660.00

附原始凭证 1 张：发出材料成本差异计算分配表（见图 3-31）。

发出材料成本差异计算分配表

材料类别：锦纶布　　　　　　　　2016 年 7 月　　　　　　　　单位：元

部门或用途	计划成本	材料成本差异率	发出材料成本差异
生产休闲服用	18 000.00	7.6%	1 368.00
生产童装用	16 000.00	7.6%	1 216.00
车间一般耗用			
行政管理部门用	1 000.00	7.6%	76.00
合计	35 000.00	7.6%	2 660.00

会计主管：陈利民　　　　　　　会计：李源珍　　　　　　　制单：朱玲玲

图 3-31　发出材料成本差异计算分配表

3）涤纶布材料成本差异的计算：

材料成本差异率＝（180－600）/（12 000＋16 000）＝－1.5%

本月发出材料成本差异＝20 000×（－1.5%）＝－300（元）

月末结存材料成本差异＝8 000×（－1.5%）＝－120（元）

望秋公司账务处理如下：

借：材料成本差异——涤纶布　　　　　　　　　　　　　　　　　300.00

　　贷：生产成本——基本生产成本——休闲服　　　　　　　　　120.00

　　　　　　　　　　　　　　　　——童装　　　　　　　　　　180.00

附原始凭证 1 张：发出材料成本差异计算分配表（见图 3-32）。

发出材料成本差异计算分配表

材料类别：涤纶布　　　　　　　2016 年 7 月　　　　　　　　　单位：元

部门或用途	计划成本	材料成本差异率	发出材料成本差异
生产休闲服用	8 000.00	−1.5%	−120.00
生产童装用	12 000.00	−1.5%	−180.00
车间一般耗用			
行政管理部门用			
合计	20 000.00	−1.5%	−300.00

会计主管：陈利民　　　　　　会计：李源珍　　　　　　制单：朱玲玲

图 3-32　发出材料成本差异计算分配表

（3）计算材料实际成本

企业必须按月计算并结转发出材料成本差异，将发出材料计划成本调整为实际成本。本期发出材料与期末结存材料的实际成本的计算公式为

　　本期发出材料实际成本＝本期发出材料计划成本＋本期发出材料成本差异

　　期末结存材料实际成本＝期末结存材料计划成本＋期末结存材料成本差异

例 3-16　承例 3-15 资料，计算 2016 年 7 月份发出材料与结存材料的实际成本。

1）印花布实际成本计算：

　　　　发出材料实际成本＝20 000＋（−480）＝19 520（元）

　　　　结存材料实际成本＝5 000＋（−120）＝4 880（元）

2）锦纶布实际成本计算：

　　　　发出材料实际成本＝35 000＋2660＝37 660（元）

　　　　结存材料实际成本＝10 000＋760＝10 760（元）

3）涤纶布实际成本计算：

　　　　发出材料实际成本＝20 000＋（−300）＝19 700（元）

　　　　结存材料实际成本＝8 000＋（−120）＝7 880（元）

3.3　周转材料核算

　　周转材料，是指企业能够多次使用，逐渐转移其价值但仍保持原有形态，不能确认为固定资产的材料。周转材料主要包括有低值易耗品和包装物。

3.3.1 低值易耗品核算

1. 核算内容

低值易耗品，是指不能作为固定资产的各种用具物品，如工具、管理用具、玻璃器皿以及在经营过程中周转使用的包装容器等。由于其价值较低、使用年限较短，且易于损坏，不能作为固定资产管理，在会计上归为存货类，视同存货进行管理。低值易耗品按其用途可以划分为：

1）一般用具，指生产中常用的工具，如刀具、量具、夹具、装配工具等。

2）专用工具，指专用于制造某一特定产品，或在某一特定工序上使用的工具、专用模具等。

3）替换设备，指容易磨损或为制造不同产品需要替换使用的各种设备。

4）管理用具，指在管理上使用的各种家具、用具，如办公用具等。

5）劳保用品，指为了安全生产而发给工人作为劳动保护用的工作服、工作鞋和各种防护用品等。

6）其他，指不属于上述各类的低值易耗品。

2. 账户设置

企业应设置"周转材料——低值易耗品"账户，核算低值易耗品的增减变动及其结存情况。该账户属于资产类账户，借方登记验收入库的低值易耗品的成本，贷方登记发出或摊销低值易耗品的成本，期末余额在借方，表示在库低值易耗品的成本以及在用低值易耗品的摊余价值。

该账户应分别设置"在库""在用""摊销"等明细账户进行明细分类核算。周转材料——低值易耗品账户结构见图 3-33。

周转材料——低值易耗品

期初：库存低值易耗品的成本	
本期：登记验收入库的低值易耗品的成本	登记发出或摊销低值易耗品的成本
期末：在库低值易耗品的成本以及在用低值易耗品的摊余价值	

图 3-33　低值易耗品账户结构

3. 会计核算

企业购进低值易耗品的核算与原材料购进的核算基本相同，这里不再复述。企业领用低值易耗品，根据其价值大小，可以分别采用一次摊销法和五五摊销法进行核算。

（1）一次摊销法

一次摊销法，是指在领用低值易耗品时，就将其价值一次性（全部）计入当期成本费用的摊销方法。一次摊销法适用于一次领用数量不多、价值较低、使用期限较短的低值易耗品的摊销。

　　领用低值易耗品时，应按领用部门或用途，借记"制造费用"、"管理费用"等费用类科目，贷记"周转材料——低值易耗品（在库）"科目。低值易耗品报废时，应按其残料价值或变卖收入，借记"原材料"或"银行存款"科目，贷记"制造费用"、"管理费用"等科目。

　　例3-17　广东望秋服饰有限公司生产车间2016年7月1日领用专用修理工具一套，实际成本为500元，行政办公室领用办公椅两张，价值320元。该专用修理工具与办公椅采用一次摊销法进行核算。望秋公司账务处理如下：

借：制造费用 　　　　　　　　　　　　　　　　　　　　　　　　500.00
　　管理费用 　　　　　　　　　　　　　　　　　　　　　　　　320.00
　　　贷：周转材料——低值易耗品（在库）　　　　　　　　　　　　820.00

　　附原始凭证2张：低值易耗品出库单（见图3-34、图3-35）。

低值易耗品出库单（财会联）

用途：生产车间用　　　　　　　2016年7月1日　　　　　　　NO：10101

名称及规格	单位	请领数量	实发数量	单价	金额（元）
修理工具	套	1	1	500.00	500.00

仓库主管：陈伟峰　　　　　　　经手人：刘江　　　　　　　保管员：谢丽敏

图3-34　低值易耗品出库单

低值易耗品出库单（财会联）

用途：行政办公室用　　　　　　2016年7月1日　　　　　　　NO：10102

名称及规格	单位	请领数量	实发数量	单价	金额（元）
办公椅	张	2	2	160.00	320.00

仓库主管：陈伟峰　　　　　　　经手人：刘江　　　　　　　保管员：谢丽敏

图3-35　低值易耗品出库单

　　（2）五五摊销法

　　五五摊销法，是指在领用低值易耗品时，摊销其价值的50%，待低值易耗品报废时，再摊销剩余的50%的摊销方法。五五摊销法适用于使用期限较长，单位价值较高或一次领用数量较多的低值易耗品的摊销。低值易耗品采用该方法进行核算，主要有以下几个环节：

　　1）领用低值易耗品时，按其成本，借记"周转材料——低值易耗品（在用）"科目，贷记"周转材料——低值易耗品（在库）"科目；

　　2）按其成本摊销50%时，借记有关成本费用类科目，贷记"周转材料——低值易耗品（摊销）"科目；

　　3）报废低值易耗品时，一方面应摊销剩余的50%成本，核算时，低值易耗品残料价值或残料变价收入计入"原材料"或"银行存款"账户，剩余成本（账面价值）与残料价值或残料变价收入的差额计入相关成本费用类账户，借记"原材料""银行存款""制造费用""管理费用"等科目，贷记"周转材料——低值易耗品（摊销）"科目；另一方面应转销低值易耗品的成本及其摊销的价值，借记"周转材料——低值易耗品（摊销）"科目，贷记"周转材料——低值易耗品（在用）"科目。

例3-18 广东望秋服饰有限公司生产车间2016年7月5日领用文件柜一个，实际成本为1 500元，预计使用3年，使用期满，文件柜报废，入库残料作价100元。该文件柜采用五五摊销法进行核算。望秋公司账务处理如下：

1）领用文件柜时：

借：周转材料——低值易耗品（在用） 1 500.00
　　贷：周转材料——低值易耗品（在库） 1 500.00

附原始凭证1张：低值易耗品出库单（见图3-36）。

低值易耗品出库单（财会联）

用途：生产车间用　　　　　　2016年7月5日　　　　　　NO：10103

名称及规格	单位	请领数量	实发数量	单价	金额（元）
文件柜	个	1	1	1 500.00	1 500.00

仓库主管：陈伟峰　　　　经手人：刘江　　　　保管员：谢丽敏

图3-36 低值易耗品出库单

2）领用时摊销其50%的成本：

借：制造费用 750.00
　　贷：周转材料——低值易耗品（摊销） 750.00

附原始凭证1张：低值易耗品摊销计算表（见图3-37）。

低值易耗品摊销计算表

用途：生产车间用　　　　2016年7月5日　　　　单位：元

名称及规格	单位	数量	待摊金额	本期摊销比例	摊销金额
文件柜	个	1	1 500	50%	750.00

会计主管：陈利民　　　　会计：李源珍　　　　制表：朱玲玲

图3-37 低值易耗品摊销计算表

3）文件柜报废时，残料入库并摊销剩余50%成本：

借：原材料 100.00
　　制造费用 650.00
　　贷：周转材料——低值易耗品（摊销） 750.00

附原始凭证2张：残料入库单（见图3-38）和低值易耗品摊销计算表（同图3-37）。

收　料　单

2019年7月5日　　　　　　收字第307号

材料名称	规格型号	单位	应收数量	实收数量	金额（元）
文件柜残料		个	1	1	100.00

仓库主管：陈伟峰　　　复核：李源珍　　　收料：刘江　　　制单：谢丽敏

图3-38 残料入库单

4）转销低值易耗品的成本及其摊销价值：

借：周转材料——低值易耗品（摊销）   1 500.00
    贷：周转材料——低值易耗品（在用）   1 500.00

附原始凭证 1 张：内部转账单（见图 3-39）。

内部转账单

2019年7月5日   转字第301号

摘要	结转科目			转入科目		
	总账科目	明细科目	金额（元）	总账科目	明细科目	金额（元）
转销低值易耗品的成本及其摊销价值	周转材料	低值易耗品（在用）	1 500	周转材料	低值易耗品（摊销）	1 500
合计			¥1 500.00			¥1 500.00

会计主管：陈利民   会计：李源珍   制表：朱玲玲

图 3-39   内部转账单

3.3.2 包装物核算

1. 核算内容

包装物，是指为包装本企业商品或产品而储备的各种包装物，如桶、箱、瓶、坛、袋等。

（1）包装物核算内容

1）生产过程领用作为产品组成部分的包装物；

2）随产品出售单独计价的包装物；

3）随产品出售不单独计价的包装物；

4）在销售中出租给购货方使用的包装物；

5）在销售中出借给购货方使用的包装物。

（2）不属于包装物核算范围

1）各种包装材料，如纸、绳、铁丝、铁皮等，应作为"原材料"进行核算。

2）用于储存和保管商品、材料而不对外出售的包装物，应按其价值大小分别作为"固定资产"或"周转材料——低值易耗品"进行管理和核算。

3）单独作为企业商品或产品的自制包装物，应作为"库存商品"进行核算。

2. 账户设置

企业应设置"周转材料——包装物"账户，核算包装物的增减变动及其价值损耗、结存等情况。该账户属于资产类账户，借方登记验收入库的包装物的成本，贷方登记企业领用、摊销、对外销售而减少包装物的成本，期末余额在借方，表示企业库存包装物的成本以及在用包装物的摊余价值。

该账户应分别设置"在库""在用""摊销"等明细账户进行明细分类核算。周转材料——包装物账户结构见图3-40。

周转材料——包装物

期初：库存包装物的成本	
本期：登记验收入库的包装物的成本	登记领用、摊销、对外销售而减少包装物的成本
期末：库存包装物的成本以及在用包装物的摊余价值	

图 3-40　包装物账户结构

3. 会计核算

企业购进包装物的核算与原材料购进的核算基本相同，这里不再复述。发出包装物主要包括有生产领用、随产品出售、出租、出借等情形。

（1）生产领用包装物核算

生产领用包装物，应按领用包装物的实际成本，借记"生产成本"科目，贷记"周转材料——包装物"科目。

例3-19　广东望秋服饰有限公司生产车间2016年7月6日为包装休闲服而领用包装纸箱一批，实际成本为800元。望秋公司账务处理如下：

借：生产成本——基本生产成本——休闲服　　　　　　　　800.00

　　贷：周转材料——包装物（在库）　　　　　　　　　　　800.00

附原始凭证1张：包装物出库单（见图3-41）。

包装物出库单（财会联）

用途：包装休闲服用　　　　　2016年7月6日　　　　　NO：20101

名称及规格	单位	请领数量	实发数量	单价	金额（元）
包装箱	批	1	1	800.00	800.00

仓库主管：陈伟峰　　　　　经手人：刘江　　　　　保管员：谢丽敏

图 3-41　包装物出库单

（2）随产品出售不单独计价包装物核算

随产品出售不单独计价包装物，主要是为了保证产品销售的顺利进行而提供的服务，因此，这部分包装物的成本应作为企业的销售费用处理，计入"销售费用"账户。

例3-20　广东望秋服饰有限公司2016年7月8日为销售童装而领用不单独计价的包装纸箱一批，实际成本为400元。望秋公司账务处理如下：

借：销售费用　　　　　　　　　　　　　　　　　　　　400.00

　　贷：周转材料——包装物（在库）　　　　　　　　　　400.00

附原始凭证1张：包装物出库单（见图3-42）。

包装物出库单（财会联）

用途：销售童装用　　　　　　2016年7月8日　　　　　　NO：　20102

名称及规格	单位	请领数量	实发数量	单价	金额（元）
包装箱	批	1	1	400.00	400.00

仓库主管：陈伟峰　　　　　　经手人：刘江　　　　　　保管员：谢丽敏

图 3-42　包装物出库单

（3）随产品出售单独计价包装物核算

随产品出售单独计价包装物，实际上是出售包装物。核算时，一方面应反映包装物销售收入，计入"其他业务收入"账户；另一方面应反映包装物实际销售成本，计入"其他业务成本"账户。

例 3-21　广东望秋服饰有限公司 2016 年 7 月 12 日在销售高级西服时，领用单独计价的皮制包装箱一批，实际成本为 1 200 元，售价为 1 500 元，增值税额 255 元，款项已收到。望秋公司账务处理如下：

1）取得出售包装物收入时，

借：银行存款　　　　　　　　　　　　　　　　　　　　　　　1 755.00

　　贷：其他业务收入——皮制包装箱　　　　　　　　　　　　　　1 500.00

　　　　应交税费——应交增值税（销项税额）　　　　　　　　　　　255.00

附原始凭证 2 张：增值税专用发票（见图 3-43）和银行进账单（图略）。

广东省国家税务局普通发票

4400041141　　　　　　　　　　　　　　　　　　　　No 201343001

此联不作报销、扣税凭证使用

开票日期：2016 年 07 月 12 日

购货单位	名　称：广东恒盛服装有限公司	密码区		
	纳税人识别号：440106695268028		（略）	
	地址、电话：广州芳村中路 8 号，73695652			
	开户行及账号：建行芳村支行、11652683082			

货物或应税劳务、服务名称	规格型号	单位	数量	单价	金　额	税率	税　额
皮制包装箱		批	1	1 500.00	1 500.00	17%	255.00
合　计					¥1 500.00		¥255.00

价税合计（大写）	⊗壹仟柒佰伍拾伍圆整	（小写）¥1 755.00

销货单位	名　称：广东望秋服饰有限公司	备注
	纳税人识别号：440106868268025	
	地址、电话：广州天河中路 2 号，86697584	
	开户行及账号：建行天河支行、11682683056	

收款人：李芬　　　复核：李源珍　　　开票人：李欣　　　销货单位：（章）

第一联：记账联　销售方记账凭证

图 3-43　增值税专用发票记账联

2）结转出售包装箱成本：

借：其他业务成本——皮制包装箱　　　　　　　　　　　　　1 200.00

　　贷：周转材料——包装物（在库）　　　　　　　　　　　　　　　1 200.00

附原始凭证 1 张：包装物出库单（见图 3-44）。

包装物出库单（财会联）

用途：销售		2016年7月12日			NO：20103
名称及规格	单位	请领数量	实发数量	单价	金额（元）
皮制包装箱	批	1	1	1 200.00	1 200.00
仓库主管：陈伟峰		经手人：刘江		保管员：谢丽敏	

图 3-44　包装物出库单

（4）出租包装物核算

包装物出租，是指企业因销售产品，以出租方式有偿提供给购货单位暂时使用的包装物。出租包装物的核算主要包括有：

1）收取出租包装物的押金时，借记"银行存款"科目，贷记"其他应付款"科目；

2）取得包装物出租的租金时，借记"银行存款"科目，贷记"其他业务收入""应交税费——应交增值税（销项税额）"等科目；

3）领用、发出包装物时，一方面应按包装物的实际成本，借记"周转材料——包装物（在用）"科目，贷记"周转材料——包装物（在库）"科目；另一方面应选用包装物成本摊销方法（可选用一次摊销法或五五摊销法）摊销出租包装物的成本，借记"其他业务成本"科目，贷记"周转材料——包装物（摊销）"科目；

4）出租包装物期间，发生包装物的维护、修理费用，若该费用由出租方承担，则按其实际发生额，借记"其他业务成本"科目，贷记"库存现金"等科目；

5）出租包装物到期，如数收回包装物，退回押金，借记"其他应付款"科目，贷记"银行存款"科目；若包装物逾期不能收回或者包装物破损而没收押金时，借记"其他应付款"科目，贷记"其他业务收入""应交税费——应交增值税（销项税额）"等科目；

6）出租包装物报废时，一方面应摊销包装物的剩余价值，核算时，残料价值或残料变价收入计入"原材料"或"银行存款"账户，剩余价值（账面价值）与残料价值或残料变价收入的差额计入"其他业务成本"账户，借记"原材料""银行存款""其他业务成本"等科目，贷记"周转材料——包装物（摊销）"科目；另一方面应转销包装物的成本及其摊销的价值，借记"周转材料——包装物（摊销）"科目，贷记"周转材料——包装物（在用）"科目。

例 3-22　广东望秋服饰有限公司 2016 年 7 月 15 日在销售高级西服时，租给广州华谊百货公司皮制包装箱一批，实际成本为 1 500 元，收取押金 1 755 元和租金 351 元（其中增值税 51 元），款项已收存银行。租期为 1 个月，期满未能收回包装箱，没收押金。该批包装箱采用五五摊销法进行成本摊销。望秋公司账务处理如下：

1）收取包装物押金时：

借：银行存款　　　　　　　　　　　　　　　　　　　　　　1 755.00

贷：其他应付款——华谊百货公司　　　　　　　　　　　　1 755.00
附原始凭证2张：收款收据（见图3-45）和银行进账单（图略）。

收　据　　No 0003001
2016 年 7 月 15 日

今收到　广州华谊百货公司租用皮制包装箱的押金。

金额（大写）：零拾零万壹仟柒佰伍拾伍元零角零分（¥1 755.00）

第三联 记账

会计主管：陈利民　　复核：李源珍　　收款人：李芬　　单位盖章

图 3-45　收款收据

2）取得包装物租金时：
借：银行存款　　　　　　　　　　　　　　　351.00
　　贷：其他业务收入——皮制包装箱　　　　　　　300.00
　　　　应交税费——应交增值税（销项税额）　　　　51.00
附原始凭证2张：增值税专用发票记账联（见图3-46）和银行进账单（图略）。

广东增值税专用发票
4400041141　　　　　　　No 201343002
此联不作报销、扣税凭证使用
开票日期：2016 年 07 月 15 日

| 购货单位 | 名称：广州市华谊百货公司
纳税人识别号：440106458268326
地址、电话：广州文德路20号、86495295
开户行及账号：建行文德支行、11682533052 | 密码区 | （略） |

货物或应税劳务、服务名称	规格型号	单位	数量	单价	金额	税率	税额
包装箱租金					300.00	17%	51.00
合　计					¥300.00		¥51.00

价税合计（大写）　⊗叁佰伍拾壹圆整　　（小写）¥351.00

| 销货单位 | 名称：广东望秋服饰有限公司
纳税人识别号：440106868268025
地址、电话：广州天河中路2号、86697584
开户行及账号：建行天河支行、11682683056 | 备注 | |

收款人：李芬　　复核：李源珍　　开票人：李欣　　销货单位：（章）

第一联：记账联 销售方记账凭证

图 3-46　增值税专用发票记账联

3) 发出包装箱时:

借:周转材料——包装物(在用)   1 500.00

    贷:周转材料——包装物(在库)   1 500.00

附原始凭证 1 张:包装物出库单(见图 3-47)。

包装物出库单(财会联)

用途:出租   2016年7月15日   NO:20104

名称及规格	单位	请领数量	实发数量	单价	金额(元)
皮制包装箱	批	1	1	1 500.00	1 500.00

仓库主管:陈伟峰	经手人:刘江	保管员:谢丽敏

图 3-47 包装物出库单

4) 发出时摊销其 50%的成本:

借:其他业务成本——皮制包装箱   750.00

    贷:周转材料——包装物(摊销)   750.00

附原始凭证 1 张:包装物摊销计算表(见图 3-48)。

包装物摊销计算表

用途:出租   2016年7月15日   单位:元

名称及规格	单位	数量	待摊金额	本期摊销比例	摊销金额
皮制包装箱	批	1	1 500	50%	750.00

会计主管:陈利民	会计:李源珍	制表:朱玲玲

图 3-48 包装物摊销计算表

5) 租期到,没收包装物押金时:

其他业务收入=1755/(1+17%)=1500 元

借:其他应付款——华谊百货公司   1 755.00

    贷:其他业务收入——皮制包装箱   1 500.00

        应交税费——应交增值税(销项税额)   255.00

附原始凭证 2 张:包装物处理意见函和增值税专用发票(见图 3-49、图 3-50)。

关于所租包装物处理意见函

广东望秋服饰有限公司:

    我单位于 7 月 15 日购货时从贵公司租用一批包装箱,因在拆封时有部分被损坏,另外还有部分尚在使用中,因而无法如期全数归还。我公司同意用原来已交的 1755 元押金抵偿这些包装箱,请贵公司将有关的发票转交给我公司。不便之处,万望原谅。

    特此函告

广州华谊百货公司

2016 年 8 月 15 日

图 3-49 包装物处理意见函

广东增值税专用发票

4400041141 No 201343003

此联不作报销、扣税凭证使用

开票日期：2016 年 08 月 15 日

购货单位	名　　称：广州市华谊百货公司 纳税人识别号：440106458268326 地址、电话：广州文德路 20 号，86495295 开户行及账号：建行文德支行、11682533052				密码区	（略）		

货物或应税劳务、服务名称	规格型号	单位	数量	单价	金　额	税率	税　额
包装箱		批	1	1 500	1 500.00	17%	255.00
合　　计					¥1 500.00		¥255.00

价税合计（大写）	⊗壹仟柒佰伍拾伍圆整	（小写）　¥1 755.00

销货单位	名　　称：广东望秋服饰有限公司 纳税人识别号：440106868268025 地址、电话：广州天河中路 2 号，86697584 开户行及账号：建行天河支行、11682683056	备注

收款人：李芬　　　复核：李源珍　　　开票人：李欣　　　销货单位：（章）

第一联：记账联　销售方记账凭证

图 3-50　增值税专用发票记账联

6）包装箱报废，摊销其剩余 50%成本：

借：其他业务成本——皮制包装箱　　　　　　　　　　　　　　　　750.00
　　贷：周转材料——包装物（摊销）　　　　　　　　　　　　　　　　750.00

附原始凭证 1 张：包装物摊销计算表（同图 3-48）。

7）转销包装箱的成本及其摊销价值：

借：周转材料——包装物（摊销）　　　　　　　　　　　　　　　1 500.00
　　贷：周转材料——包装物（在用）　　　　　　　　　　　　　　　1 500.00

附原始凭证 1 张：内部转账单（见图 3-51）。

内部转账单

2016 年 8 月 15 日　　　　　　　　　　　　　转字第 302 号

摘要	结转科目			转入科目		
	总账科目	明细科目	金额（元）	总账科目	明细科目	金额（元）
转销包装箱的成本及其摊销价值	周转材料	包装物（在用）	1 500.00	周转材料	包装物（摊销）	1 500.00
合计			¥1 500.00			¥1 500.00

会计主管：陈利民　　　　　　会计：李源珍　　　　　　制表：朱玲玲

图 3-51　内部转账单

（5）出借包装物核算

出借包装物，是指企业因销售产品，以出借形式无偿提供给购货单位使用的包装物。企业出借包装物的会计核算与出租包装物大体相同，所不同的是，出借包装物不取得收入，出借包装物的成本及相关维护维修费用应直接列为销售费用。

例 3-23　广东望秋服饰有限公司 2016 年 7 月 18 日在销售休闲服时，出借给广州市友联服装公司包装箱一批，实际成本为 1 000 元，收取押金 1 000 元，款项已收存银行。7 月 25 日，如数收回包装箱，退还押金，同时包装箱报废，残料作价 200 元入库。该批包装箱采用一次摊销法进行成本摊销。望秋公司账务处理如下：

1）收取包装物押金时：

借：银行存款　　　　　　　　　　　　　　　　　　　　　　　1 000.00
　　贷：其他应付款——友联服装公司　　　　　　　　　　　　　　　1 000.00

附原始凭证 2 张：收款收据（见图 3-52）和银行进账单（图略）。

图 3-52　收款收据

2）发出包装箱并摊销其成本时：

借：销售费用　　　　　　　　　　　　　　　　　　　　　　　1 000.00
　　贷：周转材料——包装物（在库）　　　　　　　　　　　　　　　1 000.00

附原始凭证 1 张：包装物出库单（见图 3-53）。

包装物出库单（财会联）

用途：出借		2016年7月18日			NO：20105
名称及规格	单位	请领数量	实发数量	单价	金额（元）
包装箱	批	1	1	1 000.00	1 000.00

仓库主管：陈伟峰　　　　　　经手人：刘江　　　　　　保管员：谢丽敏

图 3-53　包装物出库单

3）收回包装箱，退还押金时：

借：其他应付款——友联服装公司　　　　　　　　　　　　　　1 000.00
　　贷：银行存款　　　　　　　　　　　　　　　　　　　　　　　1 000.00

附原始凭证 1 张：支票存根（图略）。

4）包装箱报废，残料入库时：

借：原材料   200.00

    贷：销售费用   200.00

附原始凭证 1 张：残料入库单（见图 3-54）。

收 料 单

2016 年 7 月 25 日   收字第 308 号

材料名称	规格型号	单位	应收数量	实收数量	金额（元）
包装箱残料		批	1	1	200.00

仓库主管：陈伟峰   复核：李源珍   收料：刘江   制单：谢丽敏

图 3-54 残料入库单

3.4 委托加工物资与库存商品核算

3.4.1 委托加工物资核算

1. 核算内容

委托加工物资，是指企业委托外单位加工的各种材料、商品等物资。委托加工物资虽然存放在外单位，但其所有权属委托企业，加工完成后要收回，是企业的存货资产。

委托加工物资一般应按实际成本计价核算，其实际成本包括有发出加工材料、半成品或商品的实际成本、支付的加工费用、应负担的往返运杂费以及相关税费（但不包括可以抵扣的增值税）。

2. 账户设置

企业应设置"委托加工物资"账户，核算委托加工物资增减变动及其结存情况。该账户属于资产类账户，借方登记发出加工物资的成本、支付的加工费、应负担的运杂费以及应计入委托加工物资的相关税费等，贷方登记加工完成收回并验收入库物资的成本和退还剩余物资的实际成本，期末余额在借方，表示企业尚未完工的委托加工物资的实际成本。

委托加工物资应按加工合同、委托加工单位以及加工物资的品种设置明细分类账，进行明细分类核算。委托加工物资账户结构见图 3-55。

委托加工物资

期初：结存委托加工物资的实际成本	
本期：登记发出加工物资的成本、支付的加工费、应负担的运杂费以及应计入委托加工物资的相关税费	登记加工完成收回并验收入库物资的成本和退还剩余物资的实际成本
期末：尚未完工的委托加工物资的实际成本	

图 3-55 委托加工物资账户结构

3. 会计核算

委托加工物资的核算主要包括发出加工物资、支付加工费用和相关税费、收回委托加工物资和剩余加工物资等几个环节。

（1）发出加工物资

企业发出委托外单位加工的物资时，应按物资的实际成本，借记"委托加工物资"科目，贷记"原材料""库存商品"等科目。

（2）支付加工费、运杂费

企业支付加工费、应负担的运杂费等时，应借记"委托加工物资""应交税费——应交增值税（进项税额）"科目，贷记"银行存款"等科目。如果加工物资收回后用于非应税项目或免征增值税项目的，以及未能取得增值税专用发票的一般纳税人或小规模纳税人的加工物资，应将缴纳的增值税计入加工物资成本，借记"委托加工物资"科目，贷记"银行存款"等科目。

（3）支付应缴纳的消费税

委托加工物资属于应纳消费税的应税消费品，应由受托方在向委托方交货时代收代缴消费税。委托方在支付应缴纳的消费税时，应视不同情况区别处理：

1）如果委托加工的应税消费品收回后直接用于销售的，所支付的消费税应计入委托加工物资的成本，借记"委托加工物资"科目，贷记"银行存款"等科目；

2）如果委托加工的应税消费品收回后用于连续生产应税消费品的，所支付的消费税按规定准予抵扣以后销售环节应缴纳的消费税，核算时，借记"应交税费——应交消费税"科目，贷记"银行存款"等科目。

（4）加工完成收回加工物资和退回剩余物资

委托加工物资加工完成，收回加工物资并验收入库以及退回多余物资，应按加工收回物资的实际成本、剩余物资的成本，借记"原材料""库存商品"等科目，贷记"委托加工物资"科目。

例3-24 广东望秋服饰有限公司2016年7月5日委托广东冰晨化妆品有限公司加工一批润肤霜，发出丙二醇、棕榈酸等原材料一批，其中丙二醇的成本为5 000元、棕榈酸的成本为4 800元；7月20日，润肤霜加工完成收回，支付给冰晨公司加工费8 000元、增值税额1 360元和代扣代缴消费税10 028.4元，运费增值税专用发票注明运费200元、增值税22元，润肤霜已验收入库，将直接用于对外销售。望秋公司账务处理如下：

1）发出加工材料时：

借：委托加工物资——冰晨公司   9 800.00

  贷：原材料——丙二醇   5 000.00

      ——棕榈酸   4 800.00

附原始凭证1张：领料单（见图3-56）。

领 料 单

用途：委托加工　　　　　　　　　2016 年 7 月 5 日　　　　　　　　领字第 301 号

材料名称	规格型号	单位	请领数量	实发数量	金额（元）
丙二醇		千克	200	200	5 000.00
棕榈酸		千克	200	200	4 800.00

仓库主管：陈伟峰　　　　复核：李源珍　　　　发料：刘江　　　　制单：谢丽敏

图 3-56　领料单

2）支付加工费、运费及相关税费：

委托加工物资＝8 000＋200＋10 028.4＝18 228.4（元）

借：委托加工物资——冰晨公司　　　　　　　　　　　　　　18 228.40

　　应交税费——应交增值税（进项税额）　　　　　　　　　1 382.00

　　　贷：银行存款　　　　　　　　　　　　　　　　　　　　　19 610.40

附原始凭证 4 张：增值税专用发票、代扣代缴消费税凭证（见图 3-57、图 3-58）和
运费增值税专用发票、支票存根（图略）。

广 东 省 增 值 税 专 用 发 票

4406281143　　　　　　　　　　　　　　　　　　　　　　No 351066001

开票日期：2016 年 07 月 20 日

购货单位	名　　称：广东望秋服饰有限公司 纳税人识别号：440106868268025 地址、电话：天河中路 2 号，86697584 开户行及账号：建行天河支行、11682683056	密码区	（略）

货物或应税劳务、服务名称	规格型号	单位	数量	单价	金　额	税率	税　额
加工费					8 000.00	17%	1 360.00
合　计					￥8 000.00		￥1 360.00

价税合计（大写）	⊗玖仟叁佰陆拾圆整	（小写）￥9 360.00

销货单位	名　　称：广东冰晨化妆品有限公司 纳税人识别号：440106258528008 地址、电话：晨晓路 122 号，86697624 开户行及账号：工行晨晓支行、29854683351	备注	

收款人：陈伟业　　复核：王晓明　　开票人：欧晓珊　　销货单位：（章）

第三联：发票联　购买方记账凭证

图 3-57　增值税专用发票

图 3-58　代扣代缴消费税凭证

3）加工完成收回并验收入库：

借：库存商品——润肤霜　　　　　　　　　　　　　　28 028.40

　　贷：委托加工物资——冰晨公司　　　　　　　　　　28 028.40

附原始凭证 1 张：完工产品入库单（见图 3-59）。

完工产品入库单

2016 年 7 月 20 日　　　　　　　　　　收字第 301 号

产品名称	规格型号	单位	应收数量	实收数量	金额（元）
润肤霜		批	1	1	28 028.40

仓库主管：陈伟峰　　　　复核：李源珍　　　　验收：刘江　　　　制单：谢丽敏

图 3-59　完工产品入库单

3.4.2　库存商品核算

1. 核算内容

库存商品，是指企业已完成全部生产过程并已验收入库、合乎标准规格和技术条件，可以按照合同规定的条件送交订货单位，或可以作为商品对外销售的产品以及外购或委托加工完成验收入库用于销售的各种商品。

库存商品具体包括有库存产成品、外购商品、存放在门市部准备出售的商品、发出展览的商品、寄存在外的商品、接受来料加工制造的代制品和为外单位加工修理的代修品等。

2. 账户设置

企业应设置"库存商品"账户，核算企业库存商品的增减变动及其结存情况。该账户属于资产类账户，借方登记已完成生产过程并已验收入库的产成品的实际成本，以及盘盈产成品的实际成本，贷方登记发出（售出）产成品的实际成本，以及结转计入"待处理财产损溢"账户的盘亏、毁损产成品的实际成本，期末余额在借方，表示企业各种库存商品的实际成本。

库存商品账户应按其品种、规格等设置明细分类账，进行明细分类核算。库存商品账户结构见图 3-60。

库存商品

期初：结存库存商品的实际成本	
本期：登记已完成生产过程并已验收入库的产成品的实际成本，以及盘盈产成品的实际成本	登记发出（售出）产成品的实际成本，以及结转计入"待处理财产损溢"账户的盘亏、毁损产成品的实际成本
期末：企业各种库存商品的实际成本	

图 3-60　库存商品账户结构

3. 会计核算

（1）产品完工验收入库核算

产品生产完成并验收入库时，应由生产车间按照交库数量填写"完工产品入库单"，交仓库点收数量并登记明细账。月末，根据完工产品入库单和成本计算资料，编制"完工产品入库汇总表"，按其实际成本，借记"库存商品"科目，贷记"生产成本——基本生产成本"科目。

例 3-25　广东望秋服饰有限公司 2016 年 7 月 31 日汇总编制本月完工产品入库汇总表，见表 3-8。

表 3-8　完工产品入库汇总表

2016 年 7 月 31 日　　　　　　　　　　　　　　　　　　单位：元

产品名称	单位	数量	单位成本	总成本
西服	套	650	126.00	81 900.00
休闲服	件	1 000	64.00	64 000.00
童装	套	2 200	38.00	83 600.00
合计	—	—	—	229 500.00

会计主管：陈利民　　　　　　　会计：李源珍　　　　　　　制单：朱玲玲

根据上述完工产品入库汇总表，望秋公司账务处理如下：

借：库存商品——西服　　　　　　　　　　　　　　　　　　　　　81 900.00

——休闲服		64 000.00
——童装		83 600.00
贷：生产成本——基本生产成本——西服		81 900.00
——休闲服		64 000.00
——童装		83 600.00

附原始凭证 4 张：完工产品入库汇总表（见表 3-8）和产品成本计算单（图略）。

（2）产品销售并发出核算

产品销售并发出时，应由仓库按照出库数量，填写产品出库单，并登记明细账。月末，根据产品出库单计列出库数量和库存商品明细账所列产品的实际单位成本，编制"产品发出汇总表"，结转已经实现销售的产品成本，借记"主营业务成本"科目，贷记"库存商品"科目。

例 3-26 广东望秋服饰有限公司 2016 年 7 月 31 日汇总编制本月已销产品发出汇总表，见表 3-9。

表 3-9　产品发出汇总表

用途：销售　　　　　　　　　2016 年 7 月 31 日　　　　　　　　　单位：元

产品名称	单位	数量	单位成本	总成本
西服	套	580	126.00	73 080.00
休闲服	件	860	64.00	55 040.00
童装	套	1 960	38.00	74 480.00
合计	—	—	—	202 600.00

会计主管：陈利民　　　　　　　会计：李源珍　　　　　　　制单：朱玲玲

根据上述已销产品发出汇总表，望秋公司账务处理如下：

借：主营业务成本——西服		73 080.00
——休闲服		55 040.00
——童装		74 480.00
贷：库存商品——西服		73 080.00
——休闲服		55 040.00
——童装		74 480.00

知识拓展 3-2 商品流通企业库存商品核算

附原始凭证若干张：产品发出汇总表（见表 3-9）和产品销售出库单（图略）。

3.5　存货清查与减值核算

3.5.1　存货清查核算

1. 核算内容

存货清查，是指通过对存货的实际盘点，确定存货的实有数量，并与账面结存数进行核对，从而确定存货实存数与账面结存数是否相符的一种专门方法。

存货清查的内容包括有核对存货的账存数和实存数，查明盘盈、盘亏存货的品种、规格和数量，查明变质、毁损、积压的品种、规格和数量。对于存货的盘盈、盘亏，应填写存货盘点报告（如实存账存对比表），及时查明原因，按规定程序报经股东大会、董事会或经理（厂长）会议批准。

2. 会计核算

企业发生存货盘盈、盘亏或毁损通过"待处理财产损溢"账户进行核算。

（1）存货盘盈核算

企业发生存货盘盈时，应按同类或类似存货的市场价格，借记"原材料""库存商品"等科目，贷记"待处理财产损溢——待处理流动资产损溢"科目；查明原因，报经批准后，借记"待处理财产损溢——待处理流动资产损溢"科目，贷记"管理费用"或"应付账款"等科目。

例 3-27 广东望秋服饰有限公司 2016 年 7 月 31 日对原材料进行盘点，盘盈棉布50 米，实际成本为 650 元，印花布 20 米，实际成本为 200 元，经查属于材料收发计量方面的错误，经批准冲减企业管理费用。望秋公司账务处理如下：

1）查明原因前，

借：原材料——棉布　　　　　　　　　　　　　　　　　　　　　　650.00

　　　　　——印花布　　　　　　　　　　　　　　　　　　　　　200.00

　　贷：待处理财产损溢——待处理流动资产损溢　　　　　　　　　850.00

附原始凭证 1 张：存货盘点报告单（见图 3-61）。

存货盘点报告单

2016 年 7 月 31 日　　　　　　　　　　　　　　单位：元

存货名称	规格型号	单位	数量		单价	盘盈		盘亏	
			账存	实存		数量	金额	数量	金额
棉布		米	1 000	1 050	15.00	50	650.00		
印花布		米	1 400	1 420	10.00	20	200.00		
合计	——		——	——	——	——	850.00		

仓库主管：陈伟峰　　　　　　　清查人：刘江　　　　　　　保管员：谢丽敏

图 3-61　存货盘点报告单

2）查明原因，报经批准后，

借：待处理财产损溢——待处理流动资产损溢　　　　　　　　　850.00

　　贷：管理费用　　　　　　　　　　　　　　　　　　　　　　850.00

附原始凭证 1 张：存货盘盈处理报告单（见图 3-62）。

存货盘盈处理报告单

2016 年 7 月 31 日

盘盈金额（元）	盘盈原因	处理方法
¥850.00	材料收发计量错误	冲减"管理费用"
单位领导意见： 同意 纪耀东	财会部意见： 同意 陈利民	董事会或主管部门意见 同意

图 3-62　存货盘盈处理报告单

（2）存货盘亏核算

企业发生存货盘亏或毁损时，应按其账面成本及时转销，借记"待处理财产损溢——待处理流动资产损溢"科目，贷记"原材料""库存商品""应交税费——应交增值税（进项税额转出）"（因管理不善造成被盗、丢失、霉烂变质的损失部分所含的进项税额应转出）等科目；待查明原因，报经批准处理后，根据造成盘亏或毁损的原因，分别进行核算处理。入库的残料价值，借记"原材料"等科目，应由保险公司和过失人赔偿的，借记"其他应收款"科目，扣除残料价值和保险公司、过失人的赔款后的净损失，属于定额内损耗或自然损耗以及因材料收发计量方面的错误而发生的损耗，借记"管理费用"科目，属于自然灾害等不可抗力造成的损失，借记"营业外支出"，贷记"待处理财产损溢——待处理流动资产损溢"科目。

例 3-28　广东望秋服饰有限公司 2016 年 7 月 31 日对原材料进行盘点，发现丝绸布短缺 100 米，单位成本为 30 元，锦纶布短缺 200 米，单位成本为 12 元，经查，丝绸布属于仓管谢丽敏管理不善毁损所致，应收过失人赔偿 500 元，锦纶布属于自然灾害损失，应收保险公司赔偿 1000 元。望秋公司账务处理如下：

1）查明原因前，

丝绸布盘亏＝100×30＝3 000 元

丝绸布进项税额转出＝3 000×17%＝510 元

锦纶布盘亏＝200×12＝2400 元

借：待处理财产损溢——待处理流动资产损溢		5 910.00
贷：原材料——丝绸布		3 000.00
——锦纶布		2 400.00
应交税费——应交增值税（进项税额转出）		510.00

附原始凭证 1 张：存货盘点报告单（见图 3-63）。

存货盘点报告单

2016 年 7 月 31 日　　　　　　　　　　　　　　　　　　单位：元

存货名称	规格型号	单位	数量		单价	盘盈		盘亏	
			账存	实存		数量	金额	数量	金额
丝绸布		米	700	600	30.00			100	3 000.00
锦纶布		米	1 000	800	12.00			200	2 400.00
合计		—	—	—	—			—	5 400.00

仓库主管：陈伟峰　　　　　清查人：刘江　　　　　保管员：谢丽敏

图 3-63　存货盘点报告单

2）查明原因，报经批准后，

$$管理费用 = 3000 \times （1+17\%）-500 = 3010 \ 元$$
$$营业外支出 = 2 \ 400 - 1 \ 000 = 1 \ 400 \ 元$$

借：其他应收款——谢丽敏　　　　　　　　　　　　　　　　　500.00

　　　　　　　——太平洋保险　　　　　　　　　　　　　　 1 000.00

　　管理费用　　　　　　　　　　　　　　　　　　　　　　 3 010.00

　　营业外支出　　　　　　　　　　　　　　　　　　　　　 1 400.00

　　贷：待处理财产损溢——待处理流动资产损溢　　　　　　　　　 5 910.00

附原始凭证 2 张：保险赔偿确认单和存货盘亏处理报告单（见图 3-64、图 3-65）。

关于保险赔偿确认函

广东望秋服饰有限公司：

贵单位于 7 月 31 日发生自然灾害，造成锦纶布受到损失，损失金额 2 400 元。按照双方签订的保险合同规定，我公司同意赔偿贵公司 1 000 元损失。

特此函告

中国太平洋财产保险公司

2016 年 7 月 31 日

图 3-64　保险赔偿确认单

存货盘亏处理报告单

2016 年 7 月 31 日

盘亏金额（元）	盘亏原因	处理方法
¥5 910.00	丝绸布属于仓管谢丽敏管理不善毁损所致，锦纶布属于自然灾害损失。	应收谢丽敏赔偿 500 元，3 010 元经批准列为管理费用，应收保险公司赔偿 1 000 元，其余计入营业外支出
单位领导意见： 同意 纪耀东	财会部意见： 同意 陈利民	董事会或主管部门意见： 同意

图 3-65　存货盘亏处理报告单

知识拓展 3-3　在产品清查结果处理

在产品清查工作应定期进行，也可以不定期轮流清查。对于没有建立在产品收发日常核算的车间，应当每月月末清查一次在产品，以取得在产品的实际盘存资料，用来计算产品成本。在产品盘存盈亏处理的核算，应在制造费用结账前进行。

清查结果，在产品发生盘盈的，按盘盈在产品成本（一般按定额成本计算），借记"生产成本——基本生产成本"科目，贷记"待处理财产损溢——待处理流动资产损溢"科目，经批准后转入"制造费用"科目；在产品发生盘亏或毁损的，借记"待处理财产损溢——待处理流动资产损溢"科目，贷记"生产成本——基本生产成本"科目；取得的残料，借记"原材料"等科目，贷记"待处理财产损溢——待处理流动资产损溢"科目，经批准处理时，应分别转入相应科目，其中由于车间管理不善造成的损失，转入"制造费用"科目。

3.5.2　存货减值核算

1. 核算内容

企业期末存货应按成本与可变现净值孰低法进行计价。成本与可变现净值孰低法是指期末存货按照成本与可变现净值两者之中较低者计价的方法，即当成本低于可变现净值时，期末存货按成本计价；当成本高于可变现净值时，期末存货按可变现净值计价。其中，成本是指期末存货的实际成本（历史成本）；可变现净值是指在日常活动中，存货的估计售价减去至完工时估计将要发生的成本、估计的销售费用以及相关税费后的金额。

存货存在下列情形之一的，通常表明存货发生减值（成本高于可变现净值），应当计提存货跌价准备。

1）该存货市价持续下跌，并且在可预见的未来无回升的希望。

2）企业使用该项原材料生产的产品的成本大于产品的销售价格。

3）企业因产品更新换代，原有库存原材料已不适应新产品的需要，而该原材料的市场价格又低于其账面成本。

4）因企业所提供的商品或劳务过时或消费者偏好改变而使市场需求发生变化，导致市场价格逐渐下跌。

5）其他足以证明该项存货实质上已经发生减值的情形。

2. 账户设置

（1）"资产减值损失"账户

"资产减值损失"账户，核算企业根据资产减值等准则计提各项资产减值准备（坏账准备、存货跌价准备、固定资产减值准备、无形资产减值准备等）所形成的损失。该账户属于损益类账户，借方登记企业计提各项资产减值准备（坏账准备、存货跌价准备、固定资产减值准备、无形资产减值准备等）所形成的损失，贷方登记企业计提各项资产减值损失准备后，相关资产的价值又得以恢复，应恢复的减值准备金额，以及期末转入

"本年利润"账户的减值损失余额，期末结转后，该账户没有余额。

"资产减值损失"账户应按资产减值损失的项目（坏账准备、存货跌价准备、固定资产减值准备、无形资产减值准备等）设置明细分类账，进行明细分类核算。资产减值损失账户结构见图 3-66。

资产减值损失

期初：无余额	
本期：登记企业计提各项资产减值准备（坏账准备、存货跌价准备、固定资产减值准备、无形资产减值准备等）所形成的损失	登记企业计提各项资产减值损失准备后，相关资产的价值又得以恢复，应恢复的减值准备金额，以及期末转入"本年利润"账户的减值损失余额
期末：无余额	

图 3-66　资产减值损失账户结构

（2）"存货跌价准备"账户

"存货跌价准备"账户，核算企业计提的存货跌价准备。该账户属于资产类账户，借方登记实际发生的存货跌价损失金额和冲减的存货跌价准备金额，贷方登记计提的存货跌价准备金额，期末余额一般在贷方，表示企业已计提但尚未转销的存货跌价准备。

存货跌价准备账户是有关存货类账户的备抵调整账户，有关存货类账户的期末借方余额减去存货跌价准备账户的期末贷方余额，即为该存货的期末实际价值。存货跌价准备账户结构见图 3-67。

存货跌价准备

	期初：已计提但尚未转销的存货跌价准备
本期：登记实际发生的存货跌价损失金额和冲减的存货跌价准备金额	登记计提的存货跌价准备金额
	期末：已计提但尚未转销的存货跌价准备

图 3-67　存货跌价准备账户结构

3. 会计核算

（1）存货跌价准备的计提（可变现净值低于成本）

当有迹象表明存货发生减值时，企业应于期末计算存货的可变现净值，计提存货跌价准备。具体计算公式为

$$期末应计提存货跌价准备＝存货成本－可变现净值$$
$$实际计提存货跌价准备＝期末应计提存货跌价准备$$
$$－计提前存货跌价准备账户贷方余额$$

其中，计提前存货跌价准备账户贷方余额即为已计提存货跌价准备的金额。

该计算公式用"T 字账"表示见图 3-68。

存货跌价准备计算
计提前存货跌价准备贷方余额
实际计提存货跌价准备金额
期末应计提存货跌价准备

图 3-68 存货跌价准备计算

若实际计提存货跌价准备的计算结果为正数，表示应计提存货跌价准备，按其金额，借记"资产减值损失"科目，贷记"存货跌价准备"科目。

若实际计提存货跌价准备的计算结果为负数，表示应冲减存货跌价准备，按其金额，借记"存货跌价准备"科目，贷记"资产减值损失"科目。

（2）存货跌价准备的转回（可变现净值高于成本）

当以前减记存货价值的影响因素已经消失，使得已计提跌价准备的存货的价值得以恢复，则应冲减跌价准备金额，但冲减金额以已计提存货跌价准备为限。具体计算公式为

存货跌价准备冲减数＝冲减前存货跌价准备账户贷方余额

（即已计提存货跌价准备的金额）

实际上存货跌价准备转回的计算公式也可利用存货跌价准备计提的计算公式来计算，计算过程如下：

期末应计提存货跌价准备＝0

实际计提存货跌价准备＝－计提前存货跌价准备账户贷方余额

例 3-29 广东望秋服饰有限公司 2013 年开始采用成本与可变现净值孰低法对存货进行期末计价。2013～2016 年年末丝绸布的成本与可变现净值资料见表 3-10。

表 3-10 丝绸布成本与可变现净值资料表

年度	成本（元）	可变现净值（元）
2013	21 500.00	20 000.00
2014	24 000.00	23 500.00
2015	26 500.00	25 600.00
2016	28 000.00	30 000.00

望秋公司期末计价有关计算及账务处理如下：

1）2013 年末（可变现净值低于成本），

期末应计提存货跌价准备＝21 500－20 000＝1 500 元

实际计提存货跌价准备＝1 500－0＝1 500 元

借：资产减值损失——计提存货跌价准备   1 500.00

  贷：存货跌价准备   1 500.00

附原始凭证 1 张：存货跌价准备计算表（见图 3-69）。

存货跌价准备计算表

2013 年 12 月 31 日　　　　　　　　　　　　　　单位：元

年度	成本	可变现净值	期末应计提数	已计提数	实际计提数
2013	21 500.00	20 000.00	1 500.00	0	1 500.00
合计	21 500.00	20 000.00	1 500.00	0	1 500.00

会计主管：陈利民　　　　　　　　会计：李源珍　　　　　　　　制单：朱玲玲

图 3-69　存货跌价准备计算表

2）2014 年末（可变现净值低于成本），

期末应计提存货跌价准备＝24 000−23 500＝500 元

计提前存货跌价准备账户贷方余额＝1 500 元

实际计提存货跌价准备＝500−1 500＝−1 000 元

借：存货跌价准备　　　　　　　　　　　　　　　　　　　　　1 000.00

　　贷：资产减值损失——计提存货跌价准备　　　　　　　　　　　　1 000.00

附原始凭证 1 张：存货跌价准备计算表（见图 3-70）。

存货跌价准备计算表

2014 年 12 月 31 日　　　　　　　　　　　　　　单位：元

年度	成本	可变现净值	期末应计提数	已计提数	实际计提数
2014	24 000.00	23 500.00	500.00	1 500.00	−1 000.00
合计	24 000.00	23 500.00	500.00	1 500.00	−1 000.00

会计主管：陈利民　　　　　　　　会计：李源珍　　　　　　　　制单：朱玲玲

图 3-70　存货跌价准备计算表

3）2015 年末（可变现净值低于成本），

期末应计提存货跌价准备＝26 500−25 600＝900 元

计提前存货跌价准备账户贷方余额＝500 元

实际计提存货跌价准备＝900−500＝400 元

借：资产减值损失——计提存货跌价准备　　　　　　　　　　　　　400.00

　　贷：存货跌价准备　　　　　　　　　　　　　　　　　　　　　　400.00

附原始凭证 1 张：存货跌价准备计算表（见图 3-71）。

存货跌价准备计算表

2015 年 12 月 31 日　　　　　　　　单位：元

年度	成本	可变现净值	期末应计提数	已计提数	实际计提数
2015	26 500.00	25 600.00	900.00	500.00	400.00
合计	26 500.00	25 600.00	900.00	500.00	400.00

会计主管：陈利民　　　　　　会计：李源珍　　　　　　　　制单：朱玲玲

图 3-71　存货跌价准备计算表

4）2016 年末（可变现净值高于成本），

期末应计提存货跌价准备＝0 元

计提前存货跌价准备账户贷方余额＝900 元

实际计提存货跌价准备＝0－900＝－900 元

借：存货跌价准备　　　　　　　　　　　　　　　　　　　　900.00

　　贷：资产减值损失——计提存货跌价准备　　　　　　　　　900.00

附原始凭证 1 张：存货跌价准备计算表（见图 3-72）。

存货跌价准备计算表

2016 年 12 月 31 日　　　　　　　　单位：元

年度	成本	可变现净值	期末应计提数	已计提数	实际计提数
2016	28 000.00	30 000.00	0	900.00	－900.00
合计	28 000.00	30 000.00	0	900.00	－900.00

会计主管：陈利民　　　　　　会计：李源珍　　　　　　　　制单：朱玲玲

图 3-72　存货跌价准备计算表

【要点回顾】

1. 存货，是指企业在日常经营活动中持有以备出售的产品或商品、处在生产过程中的在产品、在生产过程或提供劳务过程中耗用的材料或物料等。确认一项货物是否属于企业的存货，首先需要符合存货的概念；其次要满足存货确认的两个条件：一是该存货包含的经济利益很可能流入企业；二是该存货的成本能够可靠的计量。

2. 企业取得存货时，应当按其实际成本入账。存货的实际成本是指在取得存货的过程中发生的全部实际支出。存货取得的途径不同，其实际成本的构成也有所不同。企业取得存货的途径主要有购入、自制、委托加工、投资者投入和接受捐赠等。

3. 原材料，是指企业在生产过程中经过加工改变其形态或性质并构成产品主要实体的各种原料、主要材料和外购半成品，以及不构成产品实体但有助于产品形成的辅助材料。原材料的日常核算方法有两种：实际成本法核算和计划成本法核算。实际成本法核算是指原材料的日常收入、发出及结存，无论总分类核算，还是明细分类核算，全部按实际成本进行核算。计划成本法核算是指原材料的日常收入、发出及结存，无论总分类核算，还是明细分类核算，全部按计划成本进行核算。

4. 周转材料，是指企业能够多次使用，逐渐转移其价值但仍保持原有形态，不能确认为固定资产的材料。周转材料主要包括有低值易耗品和包装物。低值易耗品，是指不能作为固定资产的各种用具物品，如工具、管理用具、玻璃器皿以及在经营过程中周转使用的包装容器等。包装物，是指为包装本企业商品或产品而储备的各种包装物，如桶、箱、瓶、坛、袋等。

5. 委托加工物资，是指企业委托外单位加工的各种材料、商品等物资。委托加工物资一般应按实际成本计价核算，其实际成本包括有发出加工材料、半成品或商品的实际成本、支付的加工费用、应负担的往返运杂费以及相关税费（但不包括可以抵扣的增值税）。

6. 库存商品，是指企业已完成全部生产过程并已验收入库、合乎标准规格和技术条件，可以按照合同规定的条件送交订货单位，或可以作为商品对外销售的产品以及外购或委托加工完成验收入库用于销售的各种商品。库存商品具体包括有库存产成品、外购商品、存放在门市部准备出售的商品、发出展览的商品、寄存在外的商品、接受来料加工制造的代制品和为外单位加工修理的代修品等。

7. 存货清查，是指通过对存货的实际盘点，确定存货的实有数量，并与账面结存数进行核对，从而确定存货实存数与账面结存数是否相符的一种专门方法。存货清查的内容包括有核对存货的账存数和实存数，查明盘盈、盘亏存货的品种、规格和数量，查明变质、毁损、积压的品种、规格和数量。

8. 企业期末存货应按成本与可变现净值孰低法进行计价。成本与可变现净值孰低法是指期末存货按照成本与可变现净值两者之中较低者计价的方法，即当成本低于可变现净值时，期末存货按成本计价；当成本高于可变现净值时，期末存货按可变现净值计价。

第 4 章　应收款项核算

【目的要求】

1. 能掌握应收账款的确认及其核算。
2. 能叙述应收票据的概念及其分类。
3. 能掌握应收票据取得与收回票款核算。
4. 能掌握应收票据转让与贴现核算。
5. 能掌握预付账款发生与结算的核算。

6. 能叙述和列举其他应收款概念与内容。
7. 能掌握其他应收款的会计核算。
8. 能叙述和列举坏账的概念与条件。
9. 能掌握坏账准备计提的会计核算。

【重点难点】

1. 应收账款核算。
2. 应收票据取得核算。

3. 应收票据贴现核算。
4. 坏账准备计提核算。

【基础知识】

应收款项是指企业在日常生产经营过程中发生的各项债权，包括应收账款、应收票据、预付账款、其他应收款等。

4.1　应收账款核算

4.1.1　应收账款概述

1. 应收账款概念

应收账款是指企业因销售商品（产品）或提供劳务等经营活动，应向购货单位或接受劳务单位收取的款项。

2. 应收账款确认

应收账款是因企业销售商品或提供劳务等产生的债权，应当按照实际发生额入账，其入账价值包括销售商品或提供劳务的价款、增值税款及代购货单位垫付的包装费、运输费、装卸费等费用等。

3. 账户设置

企业应设置"应收账款"账户，核算企业应收账款的增减变动及其结存情况。该账户属于资产类账户，借方登记企业应收账款的增加，贷方登记企业应收账款的收回及确认的坏账损失，期末余额一般在借方，表示企业尚未收回的应收账款。如果期末余额在贷方，则表示企业预收的账款。

应收账款账户应按购货单位或接受劳务单位设置明细分类账，进行明细分类核算。应收账款账户结构见图 4-1。

应收账款	
期初：结存尚未收回的应收账款	
本期：登记企业应收账款的增加	登记企业应收账款的收回及确认的坏账损失
期末：企业尚未收回的应收账款	

图 4-1　应收账款账户结构

不单独设置"预收账款"账户的企业，其预收的账款也在"应收账款"账户核算。

4.1.2　应收账款核算

1. 没有销售折扣的情形

在没有销售折扣的情况下，企业发生的应收账款按应收的全部金额入账。

1）企业销售商品（产品）或提供劳务而产生应收账款时，借记"应收账款"科目，贷记"主营业务收入""其他业务收入""应交税费——应交增值税（销项税额）"等科目。

2）企业代购货单位垫付运输费、包装费、装卸费等费用时，借记"应收账款"科目，贷记"银行存款"等科目。

3）企业收回应收账款时，借记"银行存款"等科目，贷记"应收账款"科目。

例 4-1　广东望秋服饰有限公司 2016 年 8 月 2 日向广东恒盛服装有限公司销售针织衬衣一批，开出增值税专用发票一张，发票注明价款 50 000 元，增值税额 8 500 元，并以现金支付代垫运杂费及增值税额 133.2 元，产品已发出，已办妥委托收款手续。5 日接到银行收账通知，收到恒盛公司支付货款。望秋公司账务处理如下：

1）销售针织衬衣时，

借：应收账款——恒盛服装公司　　　　　　　　　　　　　　58 633.20

　　贷：主营业务收入——针织衬衣　　　　　　　　　　　　　　50 000.00

　　　　应交税费——应交增值税（销项税额）　　　　　　　　　 8 500.00

　　　　库存现金　　　　　　　　　　　　　　　　　　　　　　 133.20

附原始凭证 3 张：增值税专用发票记账联、支付证明和委托收款回单（见图 4-2～图 4-4）。

广东省增值税专用发票

4400041141

此联不作销货方扣税凭证使用

No 201604101

开票日期：2016 年 08 月 02 日

购货单位	名　　称：广东恒盛服装有限公司 纳税人识别号：440106695268028 地址、电话：广州芳村中路 8 号、73695652 开户行及账号：建行芳村支行、11652683082				密码区	（略）		
货物或应税劳务、服务名称	规格型号	单位	数量	单价	金额	税率	税额	
针织衬衣		件	1000	50.00	50 000.00	17%	5 850.00	
合　　计					¥50 000.00		¥5 850.00	
价税合计（大写）		⊗伍万捌仟伍佰圆整			（小写）¥58 500.00			
销货单位	名　　称：广东望秋服饰有限公司 纳税人识别号：440106868268025 地址、电话：广州天河中路 2 号、86697584 开户行及账号：建行天河支行、11682683056				备注			

收款人：李芬　　　　　复核：李源珍　　　　开票人：李欣　　　　　销货单位：（章）

第一联：记账联　销售方记账凭证

图 4-2　增值税专用发票记账联

支 付 证 明 单

2016 年 8 月 2 日　　　　　　　　　总第＿＿＿号

事由或品名	数量	单位	单价	金额							
				十	万	千	百	十	元	角	分
代垫运杂费及其增值税额			现金付讫				1	3	3	2	0
共计金额	零拾零万零仟壹佰叁拾叁元贰角零分			¥133.20							
受款人	广州市申通快递有限公司		未能取得单据原因	发票交广东恒盛服装公司							

部门主管：聂敏富　　　会计：李源珍　　　出纳：李芬　　　证明人：夏雨菲

图 4-3　运杂费支付证明

托收凭证（受理回单）　1

委托日期：2016 年 08 月 02 日

业务类型	委托收款（□邮划、☑电划）		托收承付（□邮划、□电划）			
付款人	全称	广东恒盛服装有限公司	收款人	全称	广东望秋服饰有限公司	
	账号	11652683082		账号	11682683056	
	地址	广东省广州市县	开户行 芳村支行	地址	广东省广州市县 中国建设银行股份有限公司	
金额	人民币（大写）	伍万捌仟陆佰叁拾叁元贰角整		亿千百十万千百十元角分 ¥ 5 8 6 3 3 2 0		
款项内容	销货款		托收凭据名称	发票、承运单	2016.08.02 2	
商品发运情况	已发运			合同全称 开讫章 100101		
备注：		款项收妥日期：年　月　日		(4)		
复核　记账				收款人开户银行签章		

此联作收款人开户银行给收款人的受理回单

图 4-4　委托收款受理回单

2）收到货款时，

借：银行存款　　　　　　　　　　　　　　　　　　　　　　　　58 633.20

　　贷：应收账款——恒盛服装公司　　　　　　　　　　　　　　　　58 633.20

附原始凭证 1 张：委托收款收账通知（见图 4-5）。

图 4-5　委托收款收账通知

2. 存在销售折扣的情形

销售折扣包括有商业折扣和现金折扣两种。

（1）商业折扣

商业折扣，是指企业为促进商品销售而在商品标价上给予的价格扣除。商业折扣是企业最常用的促销手段，它的特点是"薄利多销"。商业折扣通常用百分数表示，如 5%、10%等。

存在商业折扣时，企业应收账款应按净价法进行入账，即按扣除商业折扣后的实际售价作为应收账款的入账价值。

例 4-2　广东望秋服饰有限公司 2016 年 8 月 5 日向广州市友联服装公司销售针织套装 1 000 套，原价为 150 元/套，因一次性购买数量较多，公司决定给予友联公司 10%的折扣，产品已发出，货款已收妥，增值税率为 17%。望秋公司账务处理如下：

主营业务收入＝（150×90%）×1000＝135 000 元

增值税销项税额＝135 000×17%＝22 950 元

借：银行存款　　　　　　　　　　　　　　　　　　　　　　　157 950.00

　　贷：主营业务收入——针织套装　　　　　　　　　　　　　　135 000.00

　　　　应交税费——应交增值税（销项税额）　　　　　　　　　　22 950.00

附原始凭证 2 张：增值税专用发票记账联、银行进账单（见图 4-6、图 4-7）。

图 4-6　增值税专用发票记账联

图 4-7　银行进账单

（2）现金折扣

现金折扣，是指债权人为鼓励债务人在规定的期限内付款而向债务人提供的债务扣除。

存在现金折扣时，企业应收账款应按总价法进行入账，即按不扣除现金折扣的总售价金额作为应收账款的入账价值。现金折扣只有客户在折扣期内支付货款时，才予以确认。销售方给予客户的现金折扣，从融资角度分析，属于一种理财费用，会计上应当在其发生时，作为财务费用处理。

知识拓展 4-1 现金折扣的表示方法

现金折扣一般用符号"折扣率/付款期限"表示，如（2/10，1/20，n/30）表示：销售方允许客户最长的付款期限为 30 天，如果客户在 10 天内付款，销售方可按商品售价给予客户 2%的折扣；如果客户在 20 天内付款，销售方可按商品售价给予客户 1%的折扣；如果客户在 21 天至 30 天内付款，将不能享受现金折扣。

例4-3 广东望秋服饰有限公司 2016 年 8 月 8 日向广州市华谊百货公司销售针织衬衣一批，开出增值税专用发票，发票注明价款为 40 000 元，增值税额 6 800 元。产品已发出，货款尚未收到。经双方商定，公司同意给予华谊公司按不包含增值税的价款提供现金折扣，现金折扣条件为（2/10，1/20，n/30）。8 月 16 日，收到华谊公司支付购货款。望秋公司账务处理如下：

1）8 月 8 日销售商品，确认收入时，

借：应收账款——华谊百货公司　　　　　　　　　　　　　　46 800.00
　　贷：主营业务收入——针织衬衣　　　　　　　　　　　　　　40 000.00
　　　　应交税费——应交增值税（销项税额）　　　　　　　　　6 800.00

附原始凭证 1 张：增值税专用发票记账联（见图 4-8）。

图 4-8　增值税专用发票记账联

2）8 月 16 日收到货款时，

$$现金折扣＝40\,000×2\%＝800\ 元$$

借：银行存款　　　　　　　　　　　　　　　　　　　　　　46 000.00
　　财务费用　　　　　　　　　　　　　　　　　　　　　　　　800.00

　　贷：应收账款——华谊百货公司　　　　　　　　　　　　　　46 800.00

附原始凭证 2 张：银行进账单和现金折扣审批单（见图 4-9、图 4-10）。

图 4-9　银行进账单

图 4-10　现金折扣审批单

4.2　应收票据核算

4.2.1　应收票据概述

1. 应收票据概念

　　应收票据是指企业因销售商品、产品或提供劳务等而收到的商业汇票。商业汇票是一种由出票人签发的，委托付款人在指定日期无条件支付确定金额给收款人或者持票人的票据。

知识拓展 4-2　商业汇票的管理

企业应当设置"应收票据备查簿"，逐笔登记商业汇票的种类、号数和出票日期、票面金额、交易合同号和付款人、承兑人、背书人的姓名或单位名称、到期日、背书转让日、贴现日期、贴现率、贴现净额以及收款日期和收回金额、退票情况等资料。应收票据到期结清票款或退票后，应当在备查簿中予以注销。

2. 商业汇票类型

（1）商业承兑汇票和银行承兑汇票

根据承兑人的不同，商业汇票可分为商业承兑汇票和银行承兑汇票。

1）商业承兑汇票，是指由付款人签发并承兑，或由收款人签发交由付款人承兑的商业汇票。

2）银行承兑汇票，是指由在承兑银行开立存款账户的存款人（即出票人）签发，由承兑银行承兑的商业汇票。

（2）不带息商业汇票和带息商业汇票

根据票据是否带息，商业汇票可分为不带息商业汇票和带息商业汇票。

1）不带息商业汇票，是指商业汇票到期时，承兑人只按票据面值向收款人或持票人支付票据款的商业汇票。

知识拓展 4-3　商业汇票相关知识

2）带息商业汇票，是指商业汇票到期时，承兑人应按票据面值加上应计利息向收款人或持票人支付的商业汇票。

3. 商业汇票适用范围

在银行开立存款账户的法人以及其他组织之间，必须具有真实的交易关系或债权债务关系，才能使用商业汇票。商业承兑汇票的出票人，必须是在银行开立存款账户的法人以及其他组织，与付款人具有真实的委托付款关系，具有支付汇票金额的可靠资金来源。

4. 商业汇票结算

（1）商业承兑汇票结算

1）签发汇票。商业承兑汇票由出票人签发，出票人按收付双方签订的购销合同或协议填写商业汇票，并按规定盖章。

2）承兑。商业承兑汇票由付款人在商业承兑汇票的第二联正面签署"承兑"字样并加盖预留银行印鉴后交给收款人。

3）委托收款。收款人在提示付款期内委托银行收款时，在商业承兑汇票第二联背面加盖收款人公章后，连同已填写的"委托收款凭证"一并送交开户银行，开户银行审核签章后退回"委托收款凭证"的第一联作为收款凭证。

4）到期兑付。商业承兑汇票到期，付款人收到开户银行的付款通知，应在当日内通知银行付款，3日内未通知银行付款的，视同付款人承诺付款。

付款人无款支付或不足支付时，付款人开户银行填制付款人未付票款通知书，在委托收款凭证备注栏注明"付款人无款支付"字样，将未付票款通知书的第二、三联连同委托收款凭证第四联一并退回收款单位开户银行转交收款人。

（2）银行承兑汇票结算

1）签发汇票及承兑。出纳员填写银行承兑汇票，并将汇票的有关内容与交易合同进行核对，核对无误后填制"银行承兑协议"并加盖公章。经银行审查符合承兑条件的，即与承兑申请人签订承兑协议，并在汇票上盖章，将汇票和解讫通知书交承兑申请人转交收款人。

2）寄交汇票。付款单位按照交易合同规定，向供货方购货，将经过银行承兑后的汇票第二联（汇票联）、第三联（解讫通知联）寄交收款单位。

3）委托收款。汇票到期日，收款单位在银行承兑汇票第二联背书并加盖预留银行印鉴，并连同银行承兑汇票第三联、银行进账单一并送交开户银行，委托银行收款。

4）到期付款。承兑银行应在汇票到期日或到期日后的见票当日支付票款，出票人根据银行加盖办讫章后的对公客户付款通知书进行账务处理。

出票人于汇票到期日未能足额交存票款时，承兑银行除凭票向持票人无条件付款外，对出票人尚未支付的汇票金额转为逾期贷款，按照每天万分之五计收利息。

5. 账户设置

企业应设置"应收票据"账户，核算企业应收票据的增减变动及其结存情况。该账户属于资产类账户，借方登记企业取得应收票据的面值和计提的票据利息，贷方登记到期收回票款、背书转让或到期前向银行贴现的应收票据的票面余额或因承兑人到期无力支付而转出的应收票据面值及利息，期末余额一般在借方，表示企业持有的尚未到期的应收票据的面值及应计利息。

应收票据账户应按开出、承兑商业汇票的单位设置明细分类账，进行明细分类核算。应收票据账户结构见图4-11。

应收票据	
期初：结存尚未到期的应收票据的面值及应计利息 本期：登记企业取得应收票据的面值和计提的票据利息	登记到期收回票款、背书转让或到期前向银行贴现的应收票据的票面余额或因承兑人到期无力支付而转出的应收票据面值及利息
期末：企业持有的尚未到期的应收票据的面值及应计利息	

图 4-11 应收票据账户结构

4.2.2 应收票据核算

1. 应收票据取得与收回到期票款核算

（1）应收票据取得

1）企业销售商品、提供劳务等而收到已承兑的商业汇票时，借记"应收票据"科目，贷记"主营业务收入""其他业务收入""应交税费——应交增值税（销项税额）"等科目。

2）企业因债务人抵偿前欠货款而取得商业汇票时，借记"应收票据"科目，贷记"应收账款"科目。

例4-4 广东望秋服饰有限公司2016年8月9日向佛山市联华服装公司销售童装300套，开出增值税专用发票，发票注明价款为18 000元，增值税额3 060元。产品已发出，当日收到联华公司签发的为期3个月的银行承兑汇票一张。望秋公司账务处理如下：

借：应收票据——佛山联华公司　　　　　　　　　　　　　　21 060.00

　　贷：主营业务收入——童装　　　　　　　　　　　　　　18 000.00

　　　　应交税费——应交增值税（销项税额）　　　　　　　3 060.00

附原始凭证2张：增值税专用发票记账联和银行承兑汇票（见图4-12、图4-13）。

4400041141		广 东 省 增 值 税 专 用 发 票						No 201304104		
		此联不作报销 纳税 退税 凭证使用								
							开票日期：2016年08月09日			
购货单位	名　称：佛山市联华服装公司 纳税人识别号：440303468265426 地址、电话：佛山广佛路82号，36428265 开户行及账号：建行广佛支行、13282683047				密码区	（略）				
货物或应税劳务、服务名称	规格型号	单位	数量	单价	金　额		税率	税　额		
童装		套	300	60.00	18 000.00		17%	3 060.00		
合　计					¥18 000.00			¥3 060.00		
价税合计（大写）	⊗贰万壹仟零陆拾圆整				（小写）¥21 060.00					
销货单位	名　称：广东望秋服饰有限公司 纳税人识别号：440106868268025 地址、电话：广州天河中路2号，86697584 开户行及账号：建行天河支行、11682683056				备注					
收款人：	复核：李源珍		开票人：李欣				销货单位：（章）			

图4-12　增值税专用发票记账联

图 4-13　银行承兑汇票

（2）带息票据期末计息

企业收到带息应收票据，应于期末（通常指 6 月 30 日或 12 月 31 日）按规定计提票据利息，并增加应收票据的账面余额，同时冲减财务费用。应收票据期末计息有两种计算方法：

1）按月计算：应计利息＝票据面值×（年利率/12）×计息月数

2）按日计算：应计利息＝票据面值×（年利率/360）×计息日数

其中，计息日数在计算时按"算头不算尾"或"算尾不算头"的原则计算。

例 4-5　广东望秋服饰有限公司 2016 年 6 月 1 日向深圳市南华商场有限公司销售针织衬衣一批，开出增值税专用发票，发票注明价款为 30 000 元，增值税额 5 100 元。产品已发出，当日收到南华公司签发并承兑的、为期 3 个月、票面利率为 6%的商业承兑汇票一张，票面金额为 35 100 元。6 月 30 日进行期末计息。望秋公司账务处理如下：

1）6 月 1 日销售产品，收到商业承兑汇票时，

借：应收票据——深圳南华公司　　　　　　　　　　　　　　　　35 100.00

　　贷：主营业务收入——针织衬衣　　　　　　　　　　　　　　　　30 000.00

　　　　应交税费——应交增值税（销项税额）　　　　　　　　　　　　5 100.00

附原始凭证 2 张：增值税专用发票记账联和商业承兑汇票（见图 4-14、图 4-15）。

广东省增值税专用发票

4400041141　　　　　　　　　　　　　　　　　　　　　　No 201304105

此联不作报销税款抵扣凭证使用

开票日期：2016 年 06 月 01 日

购货单位	名　　　称：深圳市南华商场有限公司 纳税人识别号：440206638268287 地址、电话：深圳农林路 36 号，68695236 开户行及账号：工行农林支行、12942683172	密码区	（略）

货物或应税劳务、服务名称	规格型号	单位	数量	单价	金　额	税率	税　额
针织衬衣		件	600	50.00	30 000.00	17%	5 100.00
合　计					¥30 000.00		¥5 100.00

价税合计（大写）	⊗叁万伍仟壹佰圆整	（小写）¥35 100.00

销货单位	名　　　称：广东望秋服饰有限公司 纳税人识别号：440106868268025 地址、电话：广州天河中路 2 号，86697584 开户行及账号：建行天河支行、11682683056	备注	

收款人：　　　复核：李源珍　　　开票人：李欣　　　销货单位：（章）

第一联：记账联　销售方记账凭证

图 4-14　增值税专用发票记账联

商业承兑汇票　　　2

出票日期（大写）：贰零壹陆年零陆月零壹日　　　汇票号码：0136345

付款人	全　称	深圳市南华商场有限公司	收款人	全　称	广东望秋服饰有限公司		
	账　号	12942683172		账　号	11682683056		
	开户银行	工行农林支行		开户银行	建行天河支行	行号	00486

出票金额	人民币（大写）	叁万伍仟壹佰元整	亿	千	百	十	万	千	百	十	元	角	分
						¥	3	5	1	0	0	0	0

汇票到期日（大写）	贰零壹陆年玖月零壹日	付款人开户行	行号	01349
交易合同号码	T04228		地址	深圳农林路 36 号

本汇票已经承兑，到期无条件支付票款，票面利率为6%。 张林华 深圳南华商场有限公司财务专用章 承兑人签章 承兑日期：2016 年 6 月 1 日	本汇票请予以承兑于到期日付款，票面利率为6%。 张林华 深圳南华商场有限公司财务专用章 出票人签章

此联持票人开户行随托收凭证寄付款人开户行作借方凭证附件

图 4-15　商业承兑汇票

2）6 月 30 日期末计息时，

$$计息月数＝1 个月$$

$$应收票据利息＝35\,100×（6\%/12）×1＝175.5（元）$$

借：应收票据——深圳南华公司　　　　　　　　　　　　　　175.50

　　贷：财务费用　　　　　　　　　　　　　　　　　　　　　　　175.50

附原始凭证 1 张：应收票据期末计息单（见图 4-16）。

应收票据期末计息单

2016 年 6 月 30 日　　　　　　　　　　　单位：元

计息项目	起息日	结息日	计息月数	票据面值	年利率	利息
应收票据期末计息	2016.6.1	2016.6.30	1	35 100.00	6.0%	175.50
合计（大写）	人民币壹佰柒拾伍元伍角整					¥175.50

会计主管：陈利民　　　　　　　会计：李源珍　　　　　　制单：朱玲玲

图 4-16　应收票据期末计息单

（3）到期收回票据款

1）到期收回不带息票据款时，按票面金额（面值），借记"银行存款"科目，贷记"应收票据"科目。

到期收回带息票据款时，按实际收到金额，借记"银行存款"科目，按应收票据的账面余额（包括期末计息部分），贷记"应收票据"科目，按其差额（未计提利息部分），贷记"财务费用"科目。

2）商业承兑汇票到期，承兑人违约拒付或无力支付票款，企业收到银行退回的商业承兑汇票、委托收款凭证、未付票款通知书或拒绝付款证明等，按应收票据的账面余额（尚未计提的利息不再计提），借记"应收账款"科目，贷记"应收票据"科目。

例 4-6　广东望秋服饰有限公司 2016 年 6 月 7 日向深圳市联谊百货公司销售西服 200 套，开出增值税专用发票，发票注明价款为 40 000 元，增值税额 6 800 元。产品已发出，当日收到联谊公司签发并承兑的、为期 3 个月、票面利率为 6% 的商业承兑汇票一张，票面金额为 46 800 元。6 月 30 日进行期末计息。9 月 7 日收到票据款。望秋公司账务处理如下：

1）6 月 7 日销售产品，收到商业承兑汇票时：

借：应收票据——深圳联谊公司　　　　　　　　　　　　　　46 800.00

　　贷：主营业务收入——西服　　　　　　　　　　　　　　　40 000.00

　　　　应交税费——应交增值税（销项税额）　　　　　　　　6 800.00

附原始凭证 2 张：增值税专用发票记账联和商业承兑汇票（见图 4-17、图 4-18）。

图 4-17 增值税专用发票记账联

4400041141		广东增值税票监制发票 此联不作报销、扣税凭证使用				No 201304106

开票日期：2016 年 06 月 07 日

购货单位	名　　称：深圳市联谊百货公司 纳税人识别号：440206658168062 地址 、电话：深圳香梅路 52 号，63495268 开户行及账号：建行香梅支行、12682683346	密码区	（略）

货物或应税劳务、服务名称	规格型号	单位	数量	单价	金　额	税率	税　额
西服		套	200	200.00	40 000.00	17%	6 800.00
合　计					¥40 000.00		¥6 800.00

价税合计（大写）	⊗肆万陆仟捌佰圆整	（小写）¥46 800.00

销货单位	名　　称：广东望秋服饰有限公司 纳税人识别号：440106868268025 地址 、电话：广州天河中路 2 号，86697584 开户行及账号：建行天河支行、11682683056	备注

收款人：　　　复核：李源珍　　　开票人：李欣　　　销货单位：（章）

第一联：记账联 销售方记账凭证

图 4-17 增值税专用发票记账联

商业承兑汇票　　　　2

出票日期（大写）：贰零壹陆年零陆月零柒日　　　汇票号码：0136631

付款人	全　　称	深圳市联谊百货公司	收款人	全　　称 ，	广东望秋服饰有限公司		
	账　　号	12682683346		账　　号	11682683056		
	开户银行	建行香梅支行		开户银行	建行天河支行	行号	00486

出票金额	人民币 （大写）	肆万陆仟捌佰元整	亿	千	百	十	万	千	百	十	元	角	元
					¥	4	6	8	0	0	0	0

汇票到期日 （大写）	贰零壹陆年玖月零柒日	付款人 开户行	行号	01254
交易合同号码	T00402		地址	深圳香梅路 52 号

本汇票已经承兑，到期无条件支付票款，票面利率为 6%。

林强华　深圳联谊百货有限公司 财务专用章 承兑人签章

承兑日期：2016 年 6 月 7 日

本汇票请予以承兑于到期日付款，票面利率为 6%。

林强华　深圳联谊百货有限公司 财务专用章 出票人签章

此联持票人开户行随托收凭证寄付款人开户行作借方凭证附件

图 4-18 商业承兑汇票

2）6 月 30 日期末计息时：

计息天数＝30－7＝23（天）

应收票据利息＝46 800×（6%/360）×23＝179.4（元）

借：应收票据——深圳联谊公司　　　　　　　　　　　　　179.40

　　贷：财务费用　　　　　　　　　　　　　　　　　　　179.40

附原始凭证 1 张：应收票据期末计息单（见图 4-19）。

应收票据期末计息单

2016 年 6 月 30 日　　　　　　　　　　　　　单位：元

计息项目	起息日	结息日	计息天数	票据面值	年利率	利息
应收票据期末计息	2016.6.7	2016.6.30	23	46 800.00	6.0%	179.40
合计（大写）	人民币壹佰柒拾玖元肆角整					¥179.40
会计主管：陈利民		会计：李源珍		制单：朱玲玲		

图 4-19　应收票据期末计息单

3）9 月 7 日，票据到期收到票据款时：

未计提票据利息天数＝31＋31＋7＝69（天）

未计提票据利息＝46 800×（6%/360）×69＝538.2（元）

借：银行存款　　　　　　　　　　　　　　　　　　　47 517.60

　　贷：应收票据——深圳联谊公司　　　　　　　　　　46 979.40

　　　　财务费用　　　　　　　　　　　　　　　　　　538.20

附原始凭证 1 张：委托收款收账通知（见图 4-20）。

托收凭证（收账通知）　　4　　付款期限 2016 年 09 月 10 日

委托日期：2016 年 09 月 07 日

业务类型		委托收款（□邮划、☑电划）			托收承付（□邮划、□电划）						
付款人	全　称	深圳市联谊百货公司			收款人	全　称	广东望秋服饰有限公司				
	账　号	12682683346				账　号	11682683056				
	地　址	广东省深圳 市县	开户行	香梅支行		地　址	广东省广州 市县	开户行	天河支行		
金额	人民币（大写）	肆万柒仟伍佰壹拾柒元陆角整			亿 千 百 十 万 千 百 十 元 角 分 ¥ 4 7 5 1 7 6 0						
款项内容	商业承兑汇票款		托收凭据名　称	商业承兑汇票	证张数		1				
商品发运情况		已发运			合同名称号码						
备注：		款项收妥日期：									
	复核　记账		2016 年 9 月 7 日		收款人开户银行签章						

（此联作收款人开户银行给收款人的收账通知）

中国建设银行股份有限公司
广州天河支行
2016.09.07
办讫章
（4）

图 4-20　委托收款收账通知

4）若 9 月 7 日，票据到期无法收到票据款时：

借：应收账款——深圳联谊公司   46 979.40

   贷：应收票据——深圳联谊公司   46 979.40

附原始凭证 2 张：未付票款通知书和委托收款凭证（见图 4-21、图 4-22）。

支付结算	通　知 查 询 查 复	（第 3 联）

主送：深圳市联谊百货公司

抄送：广东望秋服饰有限公司　　　　填发日期：2016 年 09 月 07 日

结算种类	商业承兑汇票	凭证号码	0136631
凭证日期	2016 年 06 月 07 日	凭证金额	肆万陆仟捌佰元整
付款人名称	深圳市联谊百货公司	收款人名称	广东望秋服饰有限公司
付款人账号	12682683346		11682683056

通知（或查询查复）事由

　　付款人无款支付。

中国建设银行股份有限公司
广州天河支行
2016.09.07
办讫章

填发银行签章　　　　复核　　经办

此联是开户银行交给收款人的通知

图 4-21　未付票款通知书

托收凭证（收账通知）　4

委托日期：2016 年 09 月 07 日

付款期限 2016 年 9 月 10 日

	业务类型	委托收款（□邮划、☑电划）		托收承付（□邮划、□电划）					

付款人	全　称	深圳市联谊百货公司		收款人	全　称	广东望秋服饰有限公司			
	账　号	12682683346			账　号	11682683056			
	地　址	广东省 深圳　市县	开户行 香梅支行		地　址	广东省 广州　市县	开户行 天河支行		

金额	人民币 （大写）	肆万柒仟伍佰壹拾柒元陆角整	亿 千 百 十 万 千 百 十 元 角 分

款项内容	商业承兑汇票款	托收凭据名　称	商业承兑汇票	附寄单证张数

商品发运情况	已发运	合同名称

备注：
　　付款人无款支付。

款项收妥日期：
　　　年　月　日

中国建设银行股份有限公司
广州天河支行
2016.09.07
办讫章
（4）

复核　记账　　　　　　　　　　　　　　收款人开户银行签章

此联作收款人开户银行给收款人的收账通知

图 4-22　委托收款凭证

2. 应收票据转让核算

根据《支付结算办法规定》，企业可以将持有的未到期的商业汇票进行背书转让，用以购买所需物资或偿还债务。背书，是指在票据背面或者粘单上记载有关事项并签章的票据行为。

企业将持有的商业汇票背书转让以取得所需物资时，按应计入取得物资成本的金额，借记"在途物资"或"原材料""库存商品"等科目，按增值税专用发票注明的可抵扣的增值税额，借记"应交税费——应交增值税（进项税额）"科目，按商业汇票的票面金额，贷记"应收票据"科目，如有差额，借记或贷记"银行存款"等科目。

例 4-7　广东望秋服饰有限公司 2016 年 8 月 8 日向珠海市丰华印染有限公司采购印花布一批，取得增值税专用发票，发票注明价款为 10 000 元，增值税额 1 700 元。公司将一张由广州市友联服装公司 7 月 1 日签发的、为期 3 个月、票面金额为 12 000 元的、不带息的商业承兑汇票进行背书转让，以抵付该批印花布的价税款。印花布已验收入库，同时收到差额款 300 元存入银行。望秋公司账务处理如下：

借：原材料——印花布　　　　　　　　　　　　　　　　　10 000.00
　　应交税费——应交增值税（进项税额）　　　　　　　　 1 700.00
　　银行存款　　　　　　　　　　　　　　　　　　　　　　 300.00
　　贷：应收票据——广州友联公司　　　　　　　　　　　 12 000.00

附原始凭证 4 张：增值税专用发票、收据、银行进账单（见图 4-23～图 4-25）和收料单（图略）。

图 4-23　增值税专用发票

收 据　　　　　　　　　　　　　　№ 0040011

2016 年 8 月 8 日

今收到　<u>广东望秋服饰有限公司交来商业承兑汇票一张，票面金额 12 000 元，报付印花带的价税款。</u>

金额（大写）：零拾壹万贰仟零佰零拾零元零角零分（¥12 000.00）

会计主管：　　　　　复核：李富明　　　　收款人：陈盛丰　　　　单位盖章

第二联　交顾客

图 4-24　收据

中国建设银行进账单（回　单）　　　　1

2016 年 08 月 08 日

出票人	全　称	珠海市丰华印染有限公司	收款人	全　称	广东望秋服饰有限公司
	账　号	16682683352		账　号	11682683056
	开户银行	工行景山支行		开户银行	中国建设银行股份有限公司广州天河支行

金额	人民币（大写）	叁佰元整			亿	千	百	十	万	千	百	十	元	角	分
										¥	3	0	0	0	0

票据种类	支票	票据张数	壹
票据号码	22613046		

复核　　　记账

开户银行盖章

此联是开户银行交给持（出）票人的回单

图 4-25　银行进账单

3. 应收票据贴现核算

（1）票据贴现概念

应收票据贴现，是指持票人因急需资金，将未到期的商业汇票背书后转让给银行，银行受理后，从票面金额中扣除按银行规定的贴现率计算确定的贴现利息后，将余额付给贴现企业的业务。应收票据贴现实质上是一种特殊的短期银行借款。

（2）票据贴现计算

票据贴现款（贴现所得）＝票据到期值－贴现利息

票据到期值＝票据面值＋票据到期利息

票据到期利息＝票据面值×票面利率×票据期限

贴现利息＝票据到期值×贴现率×贴现期

其中：贴现率，是指银行计算贴现利息的利率，由银行统一规定；贴现期，按银行规定，通常是指从贴现日起至票据到期前一日止的实际天数。无论商业汇票的到期日是按日计算还是按月计算，贴现期一律按实际贴现天数（一般是算头不算尾）计算。

（3）票据贴现核算

1）不带息票据贴现。

不带息商业汇票向银行贴现，应按实际收到的贴现款，借记"银行存款"科目，按支付给银行的贴现利息，借记"财务费用"科目，按应收票据的票面金额（面值），贷记"应收票据"科目（银行无追索权情况下）或"短期借款"科目（银行有追索权情况下）。

知识拓展 4-4　银行是否享有追索权

1. 不享有追索权的情形。企业与银行签订的协议中规定，在贴现的商业汇票到期而债务人未能按期偿还时，申请贴现的企业不负有任何偿还责任，即银行不享有追索权，应视同出售商业汇票进行会计处理。

2. 享有追索权的情形。企业与银行签订的协议中规定，在贴现的商业汇票到期而债务人未能按期偿还时，申请贴现的企业负有向银行还款的责任，即银行享有追索权，应视同以商业汇票为质押取得银行借款。

例 4-8　广东望秋服饰有限公司 2016 年 8 月 12 日将一张由佛山市联华服装公司 7 月 12 日签发的、为期 4 个月、票面金额为 58 500 元的、不带息的银行承兑汇票向银行申请贴现（银行享有追索权），银行规定贴现率为 8%。望秋公司账务处理如下：

① 票据贴现计算：

贴现天数（8 月 12 日至 11 月 12 日）＝（31-12）＋30＋31＋12＝92（天）

贴现利息＝58 500×（8%/360）×92＝1 196（元）

贴现款＝58 500－1 196＝57 304（元）

② 账务处理：

借：银行存款 57 304.00

　　财务费用 1 196.00

　　贷：短期借款 58 500.00

附原始凭证 1 张：贴现凭证收账通知（见图 4-26）。

贴现凭证（收账通知）

2016 年 08 月 12 日　　　　　　　　　　凭证编号：006597

申请人	全　称	广东望秋服饰有限公司	贴现汇票	种类	银行承兑汇票
	账号地址	11682683056		出票日	2016 年 07 月 12 日
	开户银行	建行天河支行		到期日	2016 年 11 月 12 日

汇票金额	人民币（大写）	伍万捌仟伍佰元整			千	百	十	万	千	百	十	元	角	分
							¥	5	8	5	0	0	0	0

年贴现率	8%	贴现利息	¥1 196.00	贴现金额	¥57 304.00

汇票承兑人：佛山建行广佛支行　　开户行　广州天河支行　　账号

中国建设银行股份有限公司
广州天河支行
2016.08.12
办讫章
(4)

科目（付）
对方科目（收）

备注：贴现款已存入你单位账户。

银行盖章：
2016 年 8 月 12 日　　　　　　复　核　　　　　　记　账

此联是贴现银行交贴现申请单位的收账通知

图 4-26　贴现凭证收账通知

2）带息票据贴现。

企业将未到期的带息商业汇票向银行贴现，应按实际收到的贴现款，借记"银行存款"科目，按应收票据的账面价值（即账面余额，包括已计提的票据利息），贷记"应收票据"科目（银行无追索权情况下）或"短期借款"科目（银行有追索权情况下），按其差额，借记或贷记"财务费用"科目。

例 4-9　广东望秋服饰有限公司 2016 年 8 月 16 日将一张由广东恒康贸易公司 6 月 16 日签发的、为期 5 个月、利率为 9.6%、票面金额为 35 100 元的商业承兑汇票向银行申请贴现（银行不享有追索权），银行规定贴现率为 8%。望秋公司账务处理如下：

① 票据贴现计算：

票据到期利息＝35 100×（9.6%/12）×5＝1 404（元）

票据到期值＝35 100＋1 404＝36 504（元）

贴现天数（8 月 16 日至 11 月 16 日）＝（31－16）＋30＋31＋16＝92（天）

贴现利息＝36 504×（8%/360）×92＝746.30（元）

贴现款＝36 504－746.30＝35 757.70（元）

② 账务处理：

借：银行存款　　　　　　　　　　　　　　　　　　35 757.70

　　贷：应收票据——广东恒康公司　　　　　　　　　　35 100.00

　　　　财务费用　　　　　　　　　　　　　　　　　　657.70

附原始凭证 1 张：贴现凭证（见图 4-27）。

贴现凭证（收账通知）

2016 年 08 月 16 日　　　　　　　　凭证编号：006897

申请人	全　称	广东望秋服饰有限公司	贴现汇票	种类	商业承兑汇票
	账号地址	11682683056		出票日	2016 年 06 月 16 日
	开户银行	建行天河支行		到期日	2016 年 11 月 16 日

汇票金额	人民币（大写）	叁万伍仟壹佰元整	千	百	十	万	千	百	十	元	角	分
						¥	3	5	1	0	0	0	0

年贴现率	8%	贴现利息	¥746.30	贴现金额	¥35 757.70

汇票承兑人：广东恒康贸易公司		账号	11382683725

中国建设银行股份有限公司
开户行　广州建行
广州天河支行
2016.08.16
办讫章
(4)

| 备注：贴现款已存入你单位账户。 | | 科目（付）　 | |
| | | 对方科目（收）　 | |

银行盖章： 2016 年 8 月 16 日		复　核　　　　记　账

此联是贴现银行交贴现申请单位的收账通知

图 4-27　贴现凭证收账通知

4.3　其他流动资产核算

4.3.1　预付账款核算

1. 预付账款概念

预付账款，是指企业按照购货合同规定预先支付给供货单位的款项。预付账款是企业的短期债权。企业预付货款后，有权要求供应商按照购货合同条款发货。

2. 账户设置

企业应设置"预付账款"账户，核算企业预付账款的增减变动及其结余情况。该账户属于资产类账户，借方登记企业预付或补付的款项，贷方登记企业收到采购货物时按发票金额转销的预付账款、退回或转出的预付款，期末余额一般在借方，表示企业已预付的款项。若出现贷方余额，表示企业应补付的款项。

预付账款账户应按供货单位设置明细分类账，进行明细分类核算。预付账款账户结构见图 4-28。

	预付账款	
期初：结存的预付账款		
本期：登记企业预付或补付的款项	登记企业收到采购货物时按发票金额转销的预付账款、退回或转出的预付款	
期末：企业已预付的款项		

图 4-28　预付账款账户结构

预付账款情况不多的企业，可以不设置"预付账款"账户，而直接通过"应付账款"账户核算。

3. 会计核算

（1）预付货款

企业根据购货合同的规定向供货单位预付货款时，借记"预付账款"科目，贷记"银行存款"科目。

（2）收到采购物资结算凭证

企业收到所购物资结算凭证时，应按发票等结算凭证的金额，借记"在途物资"或"原材料""库存商品""应交税费——应交增值税（进项税额）"等科目，贷记"预付账款"科目。

（3）补付或收回多余款项

1）当预付账款小于购入物资所需支付的金额时，应按不足部分补付货款，借记"预付账款"科目，贷记"银行存款"科目。

2）当预付账款多于购入物资所需支付的金额时，企业应按实收退回的多余款项，借记"银行存款"科目，贷记"预付账款"科目。

（4）无法收回预付账款或所购物资

企业的预付账款，如有确凿证据表明其不符合预付账款性质，或者供货单位破产、撤销等原因已无望再收到所购货物和退款，应将原计入预付账款的金额转入"其他应收款"账户。企业应按预计不能收到所购货物和退款的预付账款账面余额，借记"其他应收款"科目，贷记"预付账款"科目。

例 4-10　广东望秋服饰有限公司 2016 年 8 月 12 日根据棉布采购合同向珠海市丰华印染有限公司预付货款 20 000 元，款项已汇出；8 月 24 日收到丰华公司发来的棉布和增值税专用发票，发票注明价款为 30 000 元，增值税额 5 100 元，棉布已验收入库，同时补付不足货款。望秋公司账务处理如下：

1）根据合同预付货款时，

借：预付账款——丰华印染公司　　　　　　　　　　　　　　　　20 000.00
　　贷：银行存款　　　　　　　　　　　　　　　　　　　　　　　　20 000.00
附原始凭证 1 张：电汇凭证回单（见图 4-29）。

图 4-29　电汇回单

2）收到采购货物和结算凭证时，

借：原材料——棉布　　　　　　　　　　　　　　　　　　　　　　　30 000.00

　　应交税费——应交增值税（进项税额）　　　　　　　　　　　　　　5 100.00

　　　贷：预付账款——丰华印染公司　　　　　　　　　　　　　　　　35 100.00

附原始凭证 2 张：增值税专用发票和收料单（见图 4-30、图 4-31）。

图 4-30　增值税专用发票

收 料 单

2016 年 8 月 24 日 收字第 号

材料名称	规格型号	单位	应收数量	实收数量	金额（元）
棉布		米	2 000	2 000	30 000.00

仓库主管：陈伟峰　　复核：　　验收：李明秀　　收料：蔡晓波　　制单：蔡晓波

图 4-31　收料单

3）补付货款时，

借：预付账款——丰华印染公司 15 100.00

贷：银行存款 15 100.00

附原始凭证 1 张：电汇凭证回单（见图 4-32）。

电 汇 凭 证（回单） 1　No 006840002

第 0402 号　　　　　委托日期　　　　2016 年 08 月 24 日

汇款人	全　称	广东望秋服饰有限公司	收款人	全　称	珠海市丰华印染有限公司	
	账　号或住址	11682683056		账　号或住址	16682683352	
	汇出地点	广东省广州	汇出行名称	建行天河支行	汇入地点	广东珠海	汇入行名称	景山支行

金额	人民币（大写）	壹万伍仟壹佰元整	千	百	十	万	千	百	十	元	角	分
						¥				0	0	0

汇款用途：补付货款

上列款项已根据委托办理，如需查询，请持此回单来行面谈

中国建设银行股份有限公司
广州吞河支行
2016.08.24
办讫章
(4)

（汇出行盖章）

此联汇出行给汇款人的回单

图 4-32　电汇回单

4.3.2　其他应收款核算

1. 其他应收款内容

　　其他应收款，是指企业发生的除应收票据、应收账款、预付账款等经营活动以外的其他各种应收或暂付的款项。其他应收款的内容主要包括：

　　1）预付给企业内部各部门或个人使用的备用金。

　　2）应收的各种罚款、赔款。

　　3）应收出租包装物的租金。

　　4）存出的保证金，如支付租入包装物的押金。

　　5）应向职工收回的各种代垫款项，如为职工垫付的房租、水电费等。

6）其他各种应收、暂付的款项。

2. 账户设置

企业应设置"其他应收款"账户，核算企业其他应收款的增减变动及其结余情况。该账户属于资产类账户，借方登记企业发生的各种其他应收款项，贷方登记企业收到的其他应收款项和结转情况，期末余额一般在借方，表示企业尚未收回的其他应收款项。

其他应收款账户应按其他应收款的项目和对方单位或个人设置明细分类账户，进行明细分类核算。其他应收款账户结构见图4-33。

其他应收款

期初：结存尚未收回的其他应收款	
本期：登记企业发生的各种其他应收款项	登记企业收到的其他应收款项和结转情况
期末：企业尚未收回的其他应收款	

图 4-33　其他应收款账户结构

3. 会计核算

（1）一般其他应收款核算

一般情况下，企业发生各种其他应收或暂付款项时，应借记"其他应收款"科目，贷记"银行存款""库存现金"等科目；收回或结转其他应收款项时，借记"管理费用""库存现金"等科目，贷记"其他应收款"科目。

例4-11　广东望秋服饰有限公司 2016 年 8 月 22 日因自然灾害造成材料毁损，按保险合同规定，应由太平洋保险公司赔偿损失，保险公司已确认赔偿损失 20 000 元，赔偿款尚未收到。望秋公司账务处理如下：

借：其他应收款——太平洋保险公司　　　　　　　　　　　　　　20 000.00

　　贷：待处理财产损溢——待处理流动资产损溢　　　　　　　　　　20 000.00

附原始凭证 1 张：保险赔偿确认单（见图4-34）。

关于保险赔偿确认函

广东望秋服饰有限公司：

　　贵单位于 8 月 22 日发生自然灾害，造成材料毁损，损失金额 20 000 元。按照双方签订的保险合同规定，我公司同意赔偿贵公司 20 000 元损失。

特此函告

中国太平洋财产保险公司
2016 年 8 月　日

图 4-34　保险赔偿确认单

例4-12　广东望秋服饰有限公司 2016 年 8 月 15 日向广州市石油公司购入燃料柴油，借用石油公司油桶，以银行存款支付油桶押金 1 200 元；8 月 30 日，如数退回石油公司油桶，收回押金 1 200 元。望秋公司账务处理如下：

1）支付油桶押金时，

借：其他应收款——广州石油公司   1 200.00
   贷：银行存款   1 200.00

附原始凭证 1 张：支票存根（图略）

2）收回油桶押金时，

借：银行存款   1 200.00
   贷：其他应收款——广州石油公司   1 200.00

附原始凭证 1 张：银行进账单（见图 4-35）。

中国建设银行进账单 （回单）   1

2016 年 08 月 30 日

出票人	全 称	广州市石油公司	收款人	全 称	广东望秋服饰有限公司
	账 号	11682643358		账 号	11682683056
	开户银行	中行芳村支行		开户银行	建行天河支行

金额	人民币（大写）	壹仟贰佰元整	亿 千 百 十 万 千 百 十 元 角 分
			￥ 1 2 0 0 0 0

票据种类	支票	票据张数	壹
票据号码	32213041		

复核   记账

中国建设银行股份有限公司
广州天河支行
2016.08.30
办讫章
(4)
开户银行盖章

此联是开户银行交给持（出）票人的回单

图 4-35 银行进账单

（2）备用金核算

备用金是企业拨付给企业内部各部门或职工个人作为零星开支的备用款项。对于备用金，一般应通过"其他应收款——备用金"账户进行核算。企业拨付给各部门或个人备用金时，借记"其他应收款"科目，贷记有关科目；备用金报销时，按使用部门的不同，借记有关成本费用科目，贷记"其他应收款"科目。

备用金制度有两种类型：非定额备用金制度和定额备用金制度。

1）非定额备用金制度。

非定额备用金制度，也称借款报账制，是指用款单位或个人需要使用备用金时，按需要逐次借用和报销的制度。这种制度方便灵活，但将增加备用金日常核算的工作量。

例 4-13 广东望秋服饰有限公司采购员王涛 2016 年 8 月 18 日外出采购，预借差旅费 2 000 元，财务部门以现金支付；8 月 22 日，出差归来，报销差旅费 1 800 元，交还多余款 200 元。望秋公司账务处理如下：

① 预借差旅费时，

借：其他应收款——王涛   2 000.00
   贷：库存现金   2 000.00

附原始凭证 1 张：借据（见图 4-36）。

<table>
<tr><td colspan="5" align="center">借 据</td><td>No 0001045</td></tr>
<tr><td colspan="6" align="center">2016 年 8 月 18 日</td></tr>
<tr><td>借款人</td><td colspan="2" align="center">王涛</td><td>借款事由</td><td colspan="2" align="center">外出采购</td></tr>
<tr><td>借款金额</td><td colspan="5">人民币（大写）：零拾零万贰仟零佰零拾零元零角零分　￥2 000.00</td></tr>
<tr><td rowspan="2">负责人审批</td><td colspan="3">同意
张敏辉</td><td colspan="2" align="center">现金付讫</td></tr>
<tr></tr>
<tr><td colspan="6">会计主管：陈利民　　复核：李源珍　　出纳：李芬　　签收：王涛</td></tr>
</table>

图 4-36　借据

② 报销并退还多余款时，

借：管理费用　　　　　　　　　　　　　　　　　　　　　　　1 800.00
　　　库存现金　　　　　　　　　　　　　　　　　　　　　　　200.00
　　　贷：其他应收款——王涛　　　　　　　　　　　　　　　　　　2 000.00

附原始凭证若干张：差旅费报销单、收款收据（见图 4-37、图 4-38）和差旅费原始单据（图略）。

差旅费报销单

2016 年 8 月 22 日　　　　　　附原始单据 9 张

出差人	王涛	出差事由	外出采购	
项目	单据张数	金额（元）	出差补贴（元）	
火车票、汽车票	2	540.00	出差地点	
飞机票、轮船票			出差时间	
市内交通费	6	12.00	出差天数	
食宿费	1	1 188.00	补贴标准	
其他			补贴金额	
小计	9	￥1 800.00	小计	
合计	人民币壹仟捌佰元整		￥1 800.00	
单位领导审批：同意 纪耀东		部门主管审批：同意 张敏辉		
会计主管：陈利民　　复核：李源珍　　出纳：李芬　　出差人：王涛				

图 4-37　差旅费报销单

收 据   No 0001348

2016 年 8 月 22 日

今收到   采购员王涛交还多余的借款 200 元。

_____

_____

金额（大写）：零拾零万零仟贰佰零拾零元零角零分（￥200.00

现金收讫

广东望秋服饰有限公司
440106868268025
收款专用章
单位盖章

第三联 记账

会计主管：陈利民   复核：李源珍   收款人：李芬

图 4-38 收款收据

2）定额备用金制度。

定额备用金制度，是指根据用款单位的实际需要，由财会部门会同有关用款部门核定备用金定额并拨付款项，同时规定其用途和报销期限，待用款单位实际支用后，凭有效单据向财会部门报销，财会部门再根据报销数额用现金补足备用金定额的制度。

这种方法便于企业对备用金的使用进行控制，并可减少财会部门的日常核算工作。一般适用于有经常性费用开支的内部用款单位。

例 4-14   广东望秋服饰有限公司对行政办公室实行定额备用金制度，核定的备用金定额为 3 000 元。2016 年 8 月 5 日以现金拨付定额备用金；8 月 30 日，行政办公室报销日常办公用品购置费 2 460 元，财会部门审核有关单据后，同意报销，并以现金补足定额。望秋公司账务处理如下：

① 8 月 5 日拨付定额备用金时，

借：其他应收款——行政办公室   3 000.00

　　贷：库存现金   3 000.00

附原始凭证 1 张：备用金申请表（见图 4-39）。

备 用 金 申 请 表   No 0001046

申请部门：行政办公室   2016 年 8 月 5 日

申请人	梁峰	申请事由	行政办公室定额备用金
申请金额	人民币（大写）：零拾零万叁仟零佰零拾零元零角零分 ￥3 000.00		
负责人审批	同意 张敏辉		现金付讫

会计主管：陈利民   复核：李源珍   出纳：李芬   签收：梁峰

第三联 记账

图 4-39 备用金申请表

② 8 月 30 日报销并补足定额时，

借：管理费用   2 460.00

　　贷：库存现金   2 460.00

附原始凭证若干张：费用报销单（见图 4-40）和费用原始单据（图略）。

费用报销单

2016 年 8 月 30 日　　　　　　　　附原始单据 6 张

报销部门	行政办公室	报销人	梁峰
费用项目	单据张数	金额（元）	备注
购置办公用品	6	2 460.00	
			现金付讫
合计	6	¥2 460.00	
金额（大写）	人民币贰仟肆佰陆拾元整		
单位领导审批：同意		部门主管审批：同意	
纪耀东		张敏辉	
会计主管：陈利民　　　复核：李源珍　　　　出纳：李芬　　　领款人：梁峰			

图 4-40　费用报销单

4.4　坏账准备核算

4.4.1　坏账及其确认

坏账是指企业因购货人拒付、破产、死亡等原因而无法收回或收回可能性很小的应收款项。企业由于发生坏账而产生的损失，称为坏账损失。一般而言，企业应收款项符合下列条件之一时，应确认为坏账。

1）债务人死亡或破产，其破产财产或遗产清偿后，仍然无法收回的；

2）因债务单位撤销、资不抵债或现金流量严重不足，确实无法收回的；

3）因发生严重自然灾害导致债务单位停产而在短期内无法偿付债务，确实不能收回的；

4）债务人逾期未履行其偿债义务超过 3 年，并有足够的证据表明无法收回或收回可能性很小的。

4.4.2　坏账准备核算

1. 核算方法

企业应收款项的坏账准备应采用备抵法进行核算。备抵法是指采用一定的方法按期估计坏账损失，形成坏账准备，当某一应收款项全部或部分被确认为坏账时，根据其金额冲减坏账准备，同时转销相应的应收款项的一种方法。

2. 账户设置

企业应设置"坏账准备"账户，核算应收款项的坏账准备的计提、转销等情况。该账户是应收款项的备抵账户，贷方登记当期计提的坏账准备金额和已核销又予以收回的坏账，借方登记实际发生的坏账损失和转回多计提的坏账准备金额，期末余额一般在贷方，表示企业已计提但尚未转销的坏账准备。坏账准备账户结构见图 4-41。

坏账准备

本期：登记实际发生的坏账损失和转回多计提的坏账准备金额	期初：已计提的坏账准备
	登记当期计提的坏账准备金额和已核销又予以收回的坏账
	期末：已计提但尚未转销的坏账准备

图 4-41　坏账准备账户结构

3. 应收款项减值确认

企业应当在资产负债表日对应收款项的账面价值进行核查，有客观证据表明该应收款项发生减值的，应当确认其减值损失，计提坏账准备。应收款项发生减值的客观证据，主要包括有：

1）债务人发生严重财务困难；

2）债务人违反合同条款，如发生违约或逾期等；

3）债权人出于经济或法律等方面因素的考虑，对发生财务困难的债务人做出让步；

4）债务人很可能倒闭或进行其他财务重组；

5）债务人支付能力逐步恶化，或债务人所在国家或地区失业率提高、担保物在其所在地区的价格明显下降、所处行业不景气等；

6）其他表明应收款项发生减值的客观证据。

4.4.3　坏账准备计提

备抵法下，企业应当根据实际情况合理估计当期坏账损失金额。企业估计坏账损失，计提坏账准备的方法有：应收款项余额百分比法、账龄分析法、销货百分比法、个别认定法等。企业可以根据具体情况，自行选择确定计提方法，方法一经确定，不得随意变更。

1. 应收款项余额百分比法

应收款项余额百分比法，是指根据会计期末应收款项的余额与估计的坏账率，计算当期应估计的坏账损失，计提坏账准备的方法。企业可以根据以往的资料，结合实际情况估计坏账率，确定坏账准备计提比例，一般为 3‰～5‰。

（1）当期实际计提坏账准备的计算

当期应计提坏账准备（坏账准备账户期末余额）＝当期应收款项的期末余额
×计提比例

当期实际计提坏账准备＝当期应计提坏账准备－坏账准备计提前该账户的贷方余额

其中：

坏账准备计提前该账户的贷方余额＝该账户期初贷方余额＋计提前的贷方发生额
－计提前的借方发生额

当期实际计提坏账准备的计算公式用 T 字账表示如图 4-42 所示。

坏账准备

本期：计提前借方发生额	期初贷方余额
	计提前贷方发生额
	当期实际计提坏账准备
	期末余额（当期应计提坏账准备）

图 4-42　当期实际计提坏账准备的计算

上述公式（1）中计算数额（当期实际计提坏账准备）为正数，则表示应计提坏账准备；如果计算数额为负数，表示应冲减多提的坏账准备；如果计算数额为 0，表示不需要计提坏账准备。

（2）会计核算

1）企业提取坏账准备时，借记"资产减值损失"科目，贷记"坏账准备"科目；冲减多提坏账准备时，作相反会计分录。

2）企业确实无法收回的应收款项，按管理权限报经批准后作为坏账核销时，借记"坏账准备"科目，贷记"应收账款""其他应收款"等科目。

3）企业已确认坏账并转销的应收款项以后又收回的，应按实际收回金额，借记"应收账款""其他应收款"等科目，贷记"坏账准备"科目；同时，借记"银行存款"科目，贷记"应收账款""其他应收款"等科目。

例 4-15　广东望秋服饰有限公司 2013 年 1 月 1 日起采用应收款项余额百分比法计算企业应计提的坏账准备，企业确定的坏账准备计提比例为 5‰，2013 年年末应收账款余额为 2 000 000 元；2014 年没有发生坏账，年末应收账款余额为 1 800 000 元；2015 年 8 月 20 日确认广州市友联服装公司的应收账款无法收回，经批准确认发生坏账 5 000 元，2015 年末应收账款余额为 2 500 000 元；2016 年 5 月 26 日收回上年已核销的坏账中的 2 000 元，2016 年末应收账款余额为 2 200 000 元。望秋公司账务处理如下：

1）2013 年末计提坏账准备时，

$$当期应计提坏账准备＝2\,000\,000×5‰＝10\,000（元）$$
$$当期实际计提坏账准备＝10\,000－0＝10\,000（元）$$

借：资产减值损失——计提坏账准备　　　　　　　　　　　　　　10 000.00
　　贷：坏账准备　　　　　　　　　　　　　　　　　　　　　　　　10 000.00

附原始凭证 1 张：坏账准备计提表（见图 4-43）。

坏账准备计提表
2013 年 12 月 31 日　　　　　　　　　　　　　　　　　单位：元

年份	应收账款余额	计提比例	当期应计提	计提前余额	当期实际计提
2013	2 000 000.00	5‰	10 000.00	0	10 000.00

会计主管：陈利民　　　　　　会计：李源珍　　　　　　制单：朱玲玲

图 4-43　坏账准备计提表

2）2014 年末计提坏账准备时，

当期应计提坏账准备＝1 800 000×5‰＝9 000（元）

坏账准备计提前该账户的贷方余额＝10 000（元）

当期实际计提坏账准备＝9 000－10 000＝－1 000（元）

借：坏账准备　　　　　　　　　　　　　　　　　　　　　　　1 000.00

　　贷：资产减值损失——计提坏账准备　　　　　　　　　　　　　　　1 000.00

附原始凭证 1 张：坏账准备计提表（见图 4-44）。

坏账准备计提表

2014 年 12 月 31 日　　　　　　　　　　　　　　　　单位：元

年份	应收账款余额	计提比例	当期应计提	计提前余额	当期实际计提
2014	1 800 000.00	5‰	9 000.00	10 000.00	－1 000.00

会计主管：陈利民　　　　　　　会计：李源珍　　　　　　　制单：朱玲玲

图 4-44　坏账准备计提表

3）2015 年 8 月 20 日确认发生坏账时，

借：坏账准备　　　　　　　　　　　　　　　　　　　　　　　5 000.00

　　贷：应收账款——广州友联公司　　　　　　　　　　　　　　　　5 000.00

附原始凭证 1 张：坏账损失确认报告单（见图 4-45）。

坏账损失确认报告单

2015 年 8 月 20 日

应收款单位	损失金额（元）	原因
广州市友联服装公司	¥5 000.00	公司经营亏损
单位领导意见： 同意 纪耀东	财会部意见： 同意 陈利民	董事会或主管部门意见： 同意

图 4-45　坏账损失确认报告单

4）2015 年末计提坏账准备时，

当期应计提坏账准备＝2 500 000×5‰＝12 500（元）

坏账准备计提前该账户的贷方余额＝9 000－5 000＝4 000（元）

当期实际计提坏账准备＝12 500－4 000＝8 500（元）

借：资产减值损失——计提坏账准备　　　　　　　　　　　　　8 500.00

　　贷：坏账准备　　　　　　　　　　　　　　　　　　　　　　　8 500.00

附原始凭证 1 张：坏账准备计提表（见图 4-46）。

坏账准备计提表

2015 年 12 月 31 日

单位：元

年份	应收账款余额	计提比例	当期应计提	计提前余额	当期实际计提
2015	2 500 000.00	5‰	12 500.00	4 000.00	8 500.00

会计主管：陈利民　　　　　　会计：李源珍　　　　　　制单：朱玲玲

图 4-46　坏账准备计提表

5）2016 年 5 月 26 日收回已核销的坏账时，

1/2 转回已冲减的坏账准备，

借：应收账款——广州友联公司　　　　　　　　　　　　　　　　2 000.00

　　贷：坏账准备　　　　　　　　　　　　　　　　　　　　　　　　2 000.00

附原始凭证 1 张：已转销坏账收回报告单（见图 4-47）。

已转销坏账收回报告单

2016 年 5 月 26 日

应收款单位	转回金额（元）	
广州市友联服装公司	¥2 000.00	公司经营状况好转
单位领导意见： 同意 纪耀东	财会部意见： 同意 陈利民	董事会主管部门意见：

图 4-47　已转销坏账收回报告单

2/2 实际收到货款时，

借：银行存款　　　　　　　　　　　　　　　　　　　　　　　　2 000.00

　　贷：应收账款——广州友联公司　　　　　　　　　　　　　　　　2 000.00

附原始凭证 1 张：银行进账单（见图 4-48）。

中国建设银行进账单（回　单）　　　　1

2016 年 05 月 26 日

出票人	全称	广州市友联服装公司	收款人	全称	广东望秋服饰有限公司
	账号	11642683985		账号	11682683056
	开户银行	建行小北支行		开户银行	建行天河支行
金额	人民币（大写）	贰仟元整			亿 千 百 十 万 千 百 十 元 角 分 ¥ 2 0 0 0 0
票据种类	支票	票据张数	壹		
票据号码		17614064			
复核		记账			

此联是开户银行交给持（出）票人的回单

中国建设银行股份有限公司
广州天河支行
2016.05.26
办讫章
(2)
开户银行盖章

图 4-48　银行进账单

6）2016 年末计提坏账准备时，

当期应计提坏账准备＝2 200 000×5‰＝11 000（元）

坏账准备计提前该账户的贷方余额＝12 500＋2 000＝14 500（元）

当期实际计提坏账准备＝11 000－14 500＝－3 500（元）

借：坏账准备 3 500.00

　贷：资产减值损失——计提坏账准备 3 500.00

附原始凭证 1 张：坏账准备计提表（见图 4-49）。

坏账准备计提表

2016 年 12 月 31 日　　　　　　　　　　　　　单位：元

年份	应收账款余额	计提比例	当期应计提	计提前余额	当期实际计提
2016	2 200 000.00	5‰	11 000.00	14 500.00	－3 500.00

会计主管：陈利民　　　　　　会计：李源珍　　　　　　制单：朱玲玲

图 4-49　坏账准备计提表

2. 账龄分析法

账龄分析法，是指根据应收款项账龄的长短来估计坏账的方法。其中，账龄是指顾客所欠账款逾期的时间。虽然应收款项能否及时收回或收回多少，不一定完全取决于时间的长短，但一般来说，账款拖欠的时间越长，发生坏账的可能性越大。

采用账龄分析法，应先将企业的应收款项按账龄分类排列，分别估计不同账龄的坏账损失，然后汇总形成坏账损失估计金额。具体计算公式为

当期应计提坏账准备（坏账准备账户期末余额）＝∑某种账龄应收款项期末余额

×该账龄的坏账损失率

当期实际计提坏账准备＝当期应计提坏账准备－坏账准备计提前该账户的贷方余额

账龄分析法的账务处理与应收款项余额百分比法基本相同。

例 4-16　佳倍实业有限公司采用账龄分析法计算企业应计提的坏账准备。2014 年年末估计坏账损失前，"坏账准备"账户有贷方余额为 20 000 元，2014 年年末应收账款账龄及估计坏账损失比例如表 4-1 所示。

表 4-1　2014 年年末应收账款账龄分析表

应收账款账龄	应收账款金额（元）	估计坏账损失率（%）	估计坏账金额（元）
未到期	400 000	1	4 000
过期 3 个月以上	100 000	2	2 000
过期 3～6 个月	80 000	3	2 400
过期 6～12 个月	120 000	4	4 800
过期 1 年以上	50 000	5	2 500
破产或追诉中	10 000	50	5 000
合计	760 000.00	—	20 700.00

2015 年 6 月 24 日确认深圳市联华实业公司的应收账款无法收回，经批准确认发生

坏账 10 000 元，2015 年年末应收账款账龄及估计坏账损失比例如表 4-2 所示。

表 4-2　2015 年年末应收账款账龄分析表

应收账款账龄	应收账款金额（元）	估计坏账损失率（%）	估计坏账金额（元）
未到期	500 000	1%	5 000
过期 3 个月以上	120 000	2%	2 400
过期 3~6 个月	60 000	3%	1 800
过期 6~12 个月	100 000	4%	4 000
过期 1 年以上	60 000	5%	3 000
破产或追诉中	—	50%	—
合计	840 000.00	—	16 200.00

2016 年 7 月 21 日收回上年已核销的坏账中的 8 000 元，2016 年年末应收账款账龄及估计坏账损失比例如表 4-3 所示。

表 4-3　2016 年年末应收账款账龄分析表

应收账款账龄	应收账款金额（元）	估计坏账损失率（%）	估计坏账金额（元）
未到期	600 000	1	6 000
过期 3 个月以上	200 000	2	4 000
过期 3~6 个月	40 000	3	1 200
过期 6~12 个月	60 000	4	2 400
过期 1 年以上	80 000	5	4 000
破产或追诉中	—	50	—
合计	980 000.00	—	17 600.00

根据以上资料，核算该公司各年的坏账准备。佳倍公司账务处理如下：

1）2014 年末计提坏账准备时，

当期应计提坏账准备＝20 700（元）

坏账准备计提前该账户的贷方余额＝20 000（元）

当期实际计提坏账准备＝20 700－20 000＝700（元）

借：资产减值损失——计提坏账准备　　　　　　　　　700.00
　　贷：坏账准备　　　　　　　　　　　　　　　　　　　700.00

2）2015 年 6 月 24 日确认发生坏账时，

借：坏账准备　　　　　　　　　　　　　　　　　10 000.00
　　贷：应收账款——深圳联华公司　　　　　　　　　10 000.00

3）2015 年末计提坏账准备时，

当期应计提坏账准备＝16 200 元

坏账准备计提前该账户的贷方余额＝20 700－10 000＝10 700 元

当期实际计提坏账准备＝16 200－10 700＝5 500 元

借：资产减值损失——计提坏账准备　　　　　　　5 500.00
　　贷：坏账准备　　　　　　　　　　　　　　　　　5 500.00

4）2016 年 7 月 21 日收回已转销的坏账时，

1/2 转回已冲减的坏账准备，

借：应收账款——深圳联华公司   8 000.00
  贷：坏账准备   8 000.00

2/2 实际收到货款时，

借：银行存款   8 000.00
  贷：应收账款——深圳联华公司   8 000.00

5）2016 年末计提坏账准备时，

当期应计提坏账准备＝17 600（元）

坏账准备计提前该账户的贷方余额＝16 200＋8 000＝24 200（元）

当期实际计提坏账准备＝17 600－24 200＝－6 600（元）

借：坏账准备   6 600.00
  贷：资产减值损失——计提坏账准备   6 600.00

3. 销货百分比法

销货百分比法，也称赊销百分比法，是指根据企业赊销金额的一定比例估计坏账损失的方法。

各期按当期赊销金额的一定比例估计坏账损失，是因为应收账款的坏账，只与赊销有关，而与现销无关。赊销业务越多，赊销金额越大，发生坏账的可能性也就越大。因此，企业可以根据历史经验估计发生坏账占赊销金额的比例，并按此比例估计各期赊销金额中可能发生的坏账。

销货百分比法的账务处理与应收款项余额百分比法基本相同。

4. 个别认定法

个别认定法是指逐项认定每笔应收款项发生坏账的可能性并计提坏账准备的方法。

在采用应收款项余额百分比法、账龄分析法等方法时，如果某项应收款项的收回可能性与其他各项应收款项存在明显的差别（如债务单位所处的特定地区等），导致该项应收款项如果按照与其他应收款项同样的方法计提坏账准备，将无法真实地反映其可收回金额的，可对该项应收款项采用个别认定法计提坏账准备。

在同一会计期间内运用个别认定法计提坏账准备的应收款项，应从采用其他方法计提坏账准备的应收款项中剔除。个别认定法的账务处理与应收款项余额百分比法基本相同。

【要点回顾】

1. 应收账款，是指企业因销售商品（产品）或提供劳务等经营活动，应向购货单位或接受劳务单位收取的款项。应收账款是因企业销售商品或提供劳务等产生的债权，应当按照实际发生额入账，其入账价值包括销售商品或提供劳务的价款、增值税款及代购货单位垫付的包装费、运输费、装卸费等费用等。

2. 应收票据，是指企业因销售商品、产品或提供劳务等而收到的商业汇票。根据承兑人的不同，商业汇票可分为商业承兑汇票和银行承兑汇票。根据票据是否带息，商业汇票可分为不带息商业汇票和带息商业汇票。

3. 在银行开立存款账户的法人以及其他组织之间，必须具有真实的交易关系或债权债务关系，才能使用商业汇票。根据《银行支付结算办法》，企业可以将持有的未到期的商业汇票进行背书转让，用以购买所需物资或偿还债务。应收票据贴现，是指持票人因急需资金，将未到期的商业汇票背书后转让给银行，银行受理后，从票面金额中扣除按银行规定的贴现率计算确定的贴现利息后，将余额付给贴现企业的业务。

4. 预付账款，是指企业按照购货合同规定预先支付给供货单位的款项。预付账款是企业的短期债权。企业预付货款后，有权要求供应商按照购货合同条款发货。其他应收款，是指企业发生的除应收票据、应收账款、预付账款等经营活动以外的其他各种应收或暂付的款项。

5. 坏账，是指企业因购货人拒付、破产、死亡等原因而无法收回或收回可能性很小的应收款项。企业由于发生坏账而产生的损失，称为坏账损失。

6. 企业应当在资产负债表日对应收款项的账面价值进行核查，有客观证据表明该应收款项发生减值的，应当确认其减值损失，计提坏账准备。企业应收款项的坏账准备应采用备抵法进行核算。备抵法下，企业应当根据实际情况合理估计当期坏账损失金额。企业估计坏账损失，计提坏账准备的方法有：应收款项余额百分比法、账龄分析法、销货百分比法、个别认定法等。

第 5 章　金融资产核算

【目的要求】

1. 能叙述和列举金融资产的概念与分类。
2. 能掌握交易性金融资产取得与出售核算。
3. 能掌握交易性金融资产应收股利或利息核算。
4. 能掌握交易性金融资产期末公允价值变动核算。
5. 能叙述长期股权投资概念及其核算方法种类。

【重点难点】

1. 交易性金融资产取得核算。
2. 交易性金融资产出售核算。
3. 交易性金融资产期末公允价值变动核算。

【基础知识】

5.1　金融资产概述

5.1.1　金融资产概念

金融资产，通常是指企业的下列资产：库存现金、银行存款、应收账款、应收票据、贷款、股权投资、债权投资等。

5.1.2　金融资产分类

我国企业会计准则规定，企业应当结合自身业务特点和风险管理要求，将取得的金融资产在初始确认时分为以下几类。

1. 以公允价值计量且其变动计入当期损益的金融资产

以公允价值计量且其变动计入当期损益的金融资产可以进一步分为交易性金融资产和直接指定为以公允价值计量且其变动计入当期损益的金融资产。

其中，交易性金融资产，主要是指企业为了近期内出售以交易为目的而持有的金融资产。如企业从二级市场购入的、以赚取差价为目的的股票、债券、基金等。

2. 持有至到期投资

持有至到期投资，是指到期日固定、回收金额固定或可确定，且企业有明确意图和能力持有至到期的非衍生金融资产。持有至到期投资，主要是指债权性投资，如企业从二级市场上购入的固定利率国债、金融债券、企业债券等。

3. 贷款和应收款项

贷款和应收款项，是指在活跃市场中没有报价、回收金额固定或可确定的非衍生金融资产。贷款和应收款项泛指一类金融资产，主要是指金融企业发放的贷款和其他债权，但不限于金融企业发放的贷款和其他债权。

4. 可供出售金融资产

可供出售金融资产，主要是指在活跃市场上有报价，持有意图不明确（持有期限不确定），且对上市公司不具有控制、共同控制或重大影响的金融资产。如企业从二级市场上购入的持有意图不明确的股票、债券等。

知 识 拓 展　5-1
衍生金融资产与
非衍生金融资产

5.2　交易性金融资产核算

5.2.1　账户设置

为了核算交易性金融资产的取得、收取现金股利或利息、处置等业务，企业应当设置"交易性金融资产""公允价值变动损益""投资收益""应收股利""应收利息"等账户。

1. "交易性金融资产"账户

交易性金融资产账户，核算企业以交易为目的所持有的债券投资、股票投资、基金投资等交易性金融资产的公允价值。该账户属于资产类账户，借方登记交易性金融资产的取得成本、资产负债表日其公允价值高于账面余额的差额等，贷方登记企业出售交易性金融资产时结转的成本和公允价值变动损益以及资产负债表日其公允价值低于账面余额的差额等，期末余额一般在借方，表示企业结存交易性金融资产的公允价值。

该账户应按交易性金融资产的类别和品种，分别设置"成本""公允价值变动"等明细分类账，进行明细分类核算。交易性金融资产账户结构见图 5-1。

交易性金融资产	
期初：结存交易性金融资产的公允价值	
本期：登记交易性金融资产的取得成本、资产负债表日其公允价值高于账面余额的差额等	登记企业出售交易性金融资产时结转的成本和公允价值变动损益以及资产负债表日其公允价值低于账面余额的差额等
期末：结存交易性金融资产的公允价值	

图 5-1　交易性金融资产账户结构

2. "公允价值变动损益"账户

公允价值变动损益账户，核算企业交易性金融资产等公允价值变动而形成的应计入当期损益的利得或损失。该账户属于损益类账户，借方登记资产负债表日企业持有的交易性金融资产等的公允价值小于账面余额的差额，贷方登记资产负债表日企业持有的交易性金融资产等的公允价值大于账面余额的差额。

出售交易性金融资产时，应将该账户的余额转入"投资收益"账户，结转后该账户应无余额。公允价值变动损益账户结构见图 5-2。

公允价值变动损益	
本期：登记资产负债表日企业持有的交易性金融资产等的公允价值小于账面余额的差额	期初：未结转的公允价值变动损益 登记资产负债表日企业持有的交易性金融资产等的公允价值大于账面余额的差额
	期末：未结转的公允价值变动损益

图 5-2　公允价值变动损益账户结构

3. "投资收益"账户

投资收益账户，核算企业持有交易性金融资产期间内取得的投资收益以及处置交易性金融资产等实现的投资收益或投资损失。该账户属于损益类账户，借方登记企业出售交易性金融资产等发生的投资损失，贷方登记企业出售交易性金融资产等实现的投资收益。

期末应将该账户的余额转入"本年利润"账户，结转后该账户应无余额。投资收益账户结构见图 5-3。

投资收益	
本期：登记企业出售交易性金融资产等发生的投资损失以及期末转入"本年利润"账户的投资收益	期初：无余额 登记企业出售交易性金融资产等实现的投资收益以及期末转入"本年利润"账户的投资损失
	期末：无余额

图 5-3　投资收益账户结构

4. "应收股利"账户

应收股利账户，核算企业因投资而应收取的现金股利或利润。该账户属于资产类账户，借方登记企业应收未收的现金股利或利润，贷方登记企业实际收到的现金股利或利润，期末余额一般在借方，表示企业尚未收回的现金股利或利润。

该账户应按被投资单位设置明细分类账，进行明细分类核算。应收股利账户结构见图 5-4。

应收股利

期初：尚未收回的现金股利或利润	
本期：登记企业应收未收的现金股利或利润	登记企业实际收到的现金股利或利润
期末：尚未收回的现金股利或利润	

图 5-4　应收股利账户结构

5. "应收利息"账户

应收利息账户，核算企业因债券投资而应收取的债券利息。该账户属于资产类账户，借方登记企业应收未收的债券利息，贷方登记企业实际收回的债券利息，期末余额一般在借方，表示企业尚未收回的债券利息。

该账户应按被投资单位设置明细分类账，进行明细分类核算。应收利息账户结构见图 5-5。

应收利息

期初：尚未收回的债券利息	
本期：登记企业应收未收的债券利息	登记企业实际收到的债券利息
期末：尚未收回的债券利息	

图 5-5　应收利息账户结构

5.2.2　会计核算

1. 交易性金融资产取得核算

企业取得交易性金融资产时，应当按照该金融资产取得时的公允价值作为初始确认金额，计入"交易性金融资产——成本"账户。取得交易性金融资产所支付价款中包含了已宣告但尚未发放的现金股利或已到付息期但尚未领取的债券利息的，应当单独确认为应收项目，计入"应收股利"或"应收利息"账户。

企业取得交易性金融资产所发生的相关交易费用（包括支付给代理机构、咨询公司、券商等的手续费、佣金及其他必要支出），应当在其发生时计入"投资收益"账户。

例 5-1　广东望秋服饰有限公司 2016 年 7 月 4 日以交易为目的从二级市场购入中粮生化股票 10 000 股，每股市价 8.20 元，另支付交易手续费等相关费用 180 元。中粮生化公司于 6 月 28 日宣告每 10 股派发现金股利 2 元，该现金股利将按 7 月 8 日的股东名册发放。望秋公司购入股票时账务处理如下：

应收股利＝10 000×（2/10）＝2 000（元）
交易性金融资产成本＝10 000×8.2－2 000＝80 000（元）

借：交易性金融资产——成本（中粮生化股票）		80 000.00
应收股利——中粮生化公司		2 000.00
投资收益		180.00
贷：其他货币资金——存出投资款		82 180.00

附原始凭证 3 张：委托买入交割单、分红派息实施公告和应收股利计算表（见

图 5-6～图 5-8）。

委托买入交割单

买卖类别：买入	成交日期：2016.07.04
股东代码：00145865	股东姓名：望秋服饰有限公司
证券代码：000930	合同号码：0006392
证券名称：中粮生化	委托时间：13：25：20
成交号码：00025823	成交时间：13：36：23
成交价格：8.20	上次余额：0 股
成交股数：10 000	本次余额：10 000 股
成交金额：82 000.00	手续费：80.00
过户费：100.00	印花税：0.00
其他收费：0.00	收付金额：82 180.00

广发证券股份有限公司
广州天河营业部
2016.07.04
结算章
(1)

图 5-6　委托买入交割单

中粮生化 2015 年度分红派息实施公告

中粮生化（000930）2015 年度权益分派方案为：每 10 股派 2 元人民币现金。

股权登记日：2016 年 7 月 8 日，除息日：2016 年 7 月 11 日。

本公司此次委托中国结算深圳分公司代派的股息将于 2016 年 7 月 11 日通过股东托管证券公司（或其他托管机构）直接划入其资金账户。

中粮生化股份有限公司

2016 年 6 月 28 日

图 5-7　分红派息实施公告

应收股利计算表

2016 年 7 月 4 日　　　　　　　　　　　　　　单位：元

项目	股份数	股利分配率	应分得股利
应收股利	10 000	0.2	2 000.00
合计	10 000	0.2	¥2 000.00

会计主管：陈利民　　　　　会计：李源珍　　　　　制表：朱玲玲

图 5-8　应收股利计算表

例 5-2　广东望秋服饰有限公司 2016 年 7 月 5 日以交易为目的从二级市场购入中信

国安公司 2013 年 1 月 1 日发行的 5 年期企业债券 500 份，每份市价 112 元。该债券年利率为 10%，每份债券面值为 100 元，半年计息一次，每年 7 月 10 日和下年 1 月 10 日付息，到期偿还本金。购入时另支付交易手续费等相关费用 160 元。望秋公司购入债券时账务处理如下：

$$应收利息＝（500×100）×10\%×（6/12）＝2\,500（元）$$
$$交易性金融资产成本＝500×112-2500＝53\,500（元）$$

借：交易性金融资产——成本（国安债券）　　　　　　　　　53 500.00
　　应收利息——中信国安公司　　　　　　　　　　　　　　2 500.00
　　投资收益　　　　　　　　　　　　　　　　　　　　　　　160.00
　　贷：其他货币资金——存出投资款　　　　　　　　　　　56 160.00

附原始凭证 3 张：委托买入交割单、债券付息实施公告和应收利息计算表（见图 5-9～图 5-11）。

委托买入交割单

买卖类别：买入	成交日期：2016.07.05
股东代码：00145865	股东姓名：望秋服饰有限公司
证券代码：115002	合同号码：0006395
证券名称：国安债券	委托时间：14：25：20
成交号码：0003126	成交时间：14：36：23
成交价格：112.00	上次余额：0 份
成交份数：500	本次余额：500 份
成交金额：56 000.00	手续费：60.00
过户费：100.00	印花税：0.00
其他收费：0.00	收付金额：56 160.00

广发证券股份有限公司
广州天河营业部
2016.07.05
结算章
(1)

图 5-9　委托买入交割单

中信国安债券 2016 年上半年付息实施公告

　　国安债券（115002）债券年利率为 10%，每份债券面值为 100 元，半年计息一次，2016 年度上半年债券利息将于 2016 年 7 月 12 日支付。

　　本公司此次委托中国结算深圳分公司代派的债券利息将于 2016 年 7 月 12 日通过股东托管证券公司（或其他托管机构）直接划入其资金账户。

中信国安股份有限公司
2016 年 7 月 4 日

图 5-10　债券付息实施公告

应收利息计算表
2016 年 7 月 5 日
单位：元

计息项目	计提基数	月利率	计息期限（月）	利息额
应收利息	50 000	10%/12	6	2 500.00
合计	¥50 000.00	10%/12	6	¥2 500.00

会计主管：陈利民　　　　　会计：李源珍　　　　　制表：朱玲玲

图 5-11　应收利息计算表

2. 应收股利或利息核算

1）企业持有交易性金融资产期间对于被投资单位宣告发放的现金股利或企业在资产负债表日按分期付息、一次还本债券的票面利率计算的利息收入，应当确认为应收项目，借记"应收股利"或"应收利息"科目，贷记"投资收益"科目。

2）企业收到现金股利或利息时，借记"其他货币资金——存出投资款"科目，贷记"应收股利"或"应收利息"科目。

例 5-3　承例 5-1 资料，广东望秋服饰有限公司 2016 年 7 月 11 日收到中粮生化公司发放的现金股利 2 000 元。望秋公司账务处理如下：

借：其他货币资金——存出投资款　　　　　　　　　　　　　2 000.00
　　贷：应收股利——中粮生化公司　　　　　　　　　　　　　　2 000.00

附原始凭证 1 张：中国建设银行收款通知单（见图 5-12）。

中国建设银行对公客户收款通知单

币别：人民币　　　　2016 年 07 月 11 日　　　　交易种类：转账收入

付款人	全　称	中国证券登记结算公司	收款人	全　称	广东望秋服饰有限公司
	账　号	102246636129		账　号	11682683569
	开户行	建行深圳市深南路支行		开户行	建行广州市天河支行
大写金额	（人民币）贰仟元整				¥2 000.00
上述款项已收入你单位存款账户 11682683569。					

中国建设银行股份有限公司
广州天河支行
2016.07.11
办讫章
（银行盖章）
(2)

此联为收款人收款通知

会计主管：　　　　复核：　　　　记账：

图 5-12　收款通知单

知识拓展 5-2　证券市场基础知识

例 5-4　承例 5-2 资料，广东望秋服饰有限公司 2016 年 7 月 12 日收到中信国安公司发放的债券利息 2 500 元。望秋公司账务处理如下：

借：其他货币资金——存出投资款　　　　　　　　　　　　　　　2 500.00
　　贷：应收股利——中信国安公司　　　　　　　　　　　　　　　　　 2 500.00

附原始凭证 1 张：中国建设银行收款通知单（见图 5-13）。

中国建设银行对公客户收款通知单

币别：人民币　　　　　　2016 年 07 月 12 日　　　　　交易种类：转账收入

付款人	全　称	中国证券登记结算公司	收款人	全　称	广东望秋服饰有限公司	此联为收款人收款通知
	账　号	102246636129		账　号	11682683569	
	开户行	建行深圳市深南路支行		开户行	建行广州市天河支行	
大写金额	（人民币）贰仟伍佰元整			中国建设银行股份有限公司 广州天河支行 2016.07.12 办讫章 (2)		
上述款项已收入你单位存款账户 11682683569。						
会计主管：		复核：			记账：	

图 5-13　收款通知单

3. 期末公允价值变动核算

企业应在资产负债表日按照公允价值对交易性金融资产进行计量，并将公允价值与账面余额之间的差额计入当期损益。

1）当期末交易性金融资产的公允价值大于其账面余额时，借记"交易性金融资产——公允价值变动"科目，贷记"公允价值变动损益"科目。

2）当期末交易性金融资产的公允价值小于其账面余额时，借记"公允价值变动损益"科目，贷记"交易性金融资产——公允价值变动"科目。

例 5-5　承例 5-1 资料，2016 年 7 月 31 日中粮生化每股市价为 7.5 元。望秋公司账务处理如下：

$$公允价值变动损益 = 10\,000 \times 7.5 - 80\,000 = -5\,000（元）$$

借：公允价值变动损益——中粮生化　　　　　　　　　　　　　　5 000.00
　　贷：交易性金融资产——公允价值变动（中粮生化）　　　　　　　　 5 000.00

附原始凭证 1 张：公允价值变动损益计算表（见图 5-14）。

公允价值变动损益计算表

2016 年 7 月 31 日　　　　　　　　　　　　　　　单位：元

证券名称	成本	购买数量（股）	每股市价	公允价值变动损益
中粮生化	80 000.00	10 000	7.50	−5 000.00

会计主管：陈利民　　　　　　会计：李源珍　　　　　　制单：朱玲玲

图 5-14　公允价值变动损益计算表

例 5-6　承例 5-2 资料，2016 年 7 月 31 日国安债券每份市价为 115 元。望秋公司账务处理如下：

$$公允价值变动损益＝500×115−53\,500＝4\,000（元）$$

借：交易性金融资产——公允价值变动（国安债券）　　　　　　4 000.00

　　贷：公允价值变动损益——国安债券　　　　　　　　　　　　　　4 000.00

附原始凭证 1 张：公允价值变动损益计算表（见图 5-15）。

公允价值变动损益计算表

2016 年 7 月 31 日　　　　　　　　　　　　　　　单位：元

证券名称	成本	购买数量（份）	每份市价	公允价值变动损益
国安债券	53 500.00	500	115.00	4 000.00

会计主管：陈利民　　　　　　会计：李源珍　　　　　　制单：朱玲玲

图 5-15　公允价值变动损益计算表

4. 交易性金融资产出售核算

1）企业出售交易性金融资产应按实际收到的金额，借记"其他货币资金——存出投资款""银行存款"等科目，按该金融资产的账面余额，贷记"交易性金融资产"科目，按其差额，贷记或借记"投资收益"科目。

2）企业还应将该金融资产的公允价值变动损益转出，借记或贷记"公允价值变动损益"科目，贷记或借记"投资收益"科目。

例 5-7　承例 5-1、例 5-5 资料，广东望秋服饰有限公司 2016 年 8 月 12 日通过二级市场出售所持有的中粮生化股票 10 000 股，每股价格为 9.25 元，另支付交易手续费等相关费用 200 元。望秋公司账务处理如下：

1）出售中粮生化股票，收到价款时，

$$实际收到金额＝10\,000×9.25−200＝92\,300（元）$$

$$交易性金融资产（中粮生化成本）（借方）＝80\,000（元）$$

$$交易性金融资产（中粮生化公允价值变动）（贷方）＝5\,000（元）$$

借：其他货币资金——存出投资款　　　　　　　　　　　　　92 300.00

　　交易性金融资产——公允价值变动（中粮生化）　　　　　　5 000.00

　　贷：交易性金融资产——成本（中粮生化）　　　　　　　　　80 000.00

投资收益　　　　　　　　　　　　　　　　　　　　　　　17 300.00

附原始凭证 1 张：委托卖出交割单（见图 5-16）。

图 5-16　委托卖出交割单

2）结转中粮生化股票公允价值变动损益时，

　　　　公允价值变动损益（中粮生化）（借方）＝5 000（元）

借：投资收益　　　　　　　　　　　　　　　　　　　　　5 000.00

　　贷：公允价值变动损益——中粮生化　　　　　　　　　　　　5 000.00

附原始凭证 1 张：内部转账单（见图 5-17）。

内部转账单

2016年8月12日　　　　　　　　　　　　　　转字第502号

摘要	结转科目			转入科目		
	总账科目	明细科目	金额（元）	总账科目	明细科目	金额（元）
结转公允价值变动损益	公允价值变动损益	中粮生化	5 000.00	投资收益		5 000.00
合计			￥5 000.00			￥5 000.00

会计主管：陈利民　　　　　　　　会计：李源珍　　　　　　　　制表：朱玲玲

图 5-17　内部转账单

例 5-8　承例 5-2、例 5-6 资料，广东望秋服饰有限公司 2016 年 8 月 16 日通过二级市场出售所持有的中信国安债券 500 份，每份价格为 116 元，另支付交易手续费等相关费用 180 元。望秋公司账务处理如下：

1）出售中信国安债券，收到价款时，

　　　　　　　实际收到金额＝500×116－180＝57 820（元）

交易性金融资产（国安债券成本）（借方）＝53 500（元）

交易性金融资产（国安债券公允价值变动）（借方）＝4 000（元）

借：其他货币资金——存出投资款　　　　　　　　　　　　　　57 820.00

　　贷：交易性金融资产——成本（国安债券）　　　　　　　　53 500.00

　　　　　　　　　　——公允价值变动（国安债券）　　　　　　4 000.00

　　　　投资收益　　　　　　　　　　　　　　　　　　　　　　320.00

附原始凭证 1 张：委托卖出交割单（见图 5-18）。

委托卖出交割单

买卖类别：卖出	成交日期：2016.08.16
股东代码：00145865	股东姓名：望秋服饰有限公司
证券代码：115002	合同号码：0006534
证券名称：国安债券	委托时间：14：26：20
成交号码：00029123	成交时间：14：26：29
成交价格：116.00	上次余额：500 份
成交份数：500	本次余额：0 份
成交金额：58 000.00	手续费：80.00
过户费：100.00	印花税：0.00
其他收费：0.00	收付金额：57 820.00

（广发证券股份有限公司 广州天河营业部 2016.08.16 结算章 (1)）

图 5-18　委托卖出交割单

2）结转中信国安债券公允价值变动损益时，

公允价值变动损益（国安债券）（贷方）＝4 000（元）

借：公允价值变动损益——国安债券　　　　　　　　　　　　4 000.00

　　贷：投资收益　　　　　　　　　　　　　　　　　　　　4 000.00

附原始凭证 1 张：内部转账单（见图 5-19）。

内部转账单

2016年8月16日　　　　　　　　　　　　　　　　转字第505号

摘要	结转科目			转入科目		
	总账科目	明细科目	金额（元）	总账科目	明细科目	金额（元）
结转公允价值变动损益	公允价值变动损益	国安债券	4 000.00	投资收益		4 000.00
合计			¥4 000.00			¥4 000.00

会计主管：陈利民　　　　　　会计：李源珍　　　　　　制表：朱玲玲

图 5-19　内部转账单

5.3　长期股权投资核算

5.3.1　长期股权投资概述

1. 长期股权投资概念

长期股权投资，是指投资方对被投资单位实施控制、重大影响的权益性投资，以及对其合营企业的权益性投资。

控制，是指有权决定一个企业的财务和经营政策，并能据以从该企业的经营活动中获取利益。投资企业能够对被投资单位实施控制的，被投资单位为其子公司。

重大影响，是指投资方对被投资单位的财务和经营政策有参与决策的权力，但并不能够控制或者与其他方一起共同控制这些政策的制定。投资方能够对被投资单位施加重大影响的，被投资单位为其联营企业。

共同控制，是指按照合同约定对某项经济活动所共有的控制，仅在与该项经济活动相关的重要财务和经营决策需要分享控制权的投资方一致同意时存在。投资企业与其他方对被投资单位实施共同控制的，被投资单位为其合营企业。

2. 长期股权投资核算方法

（1）成本法

成本法，是指投资取得时按实际成本计价，在投资持有期间除追加投资、收回投资、计提长期股权投资减值等情形外，长期股权投资的账面价值一般应保持不变的核算方法。即采用成本法核算的长期股权投资应当按照初始投资成本计价。追加或收回投资应当调整长期股权投资的成本。被投资单位宣告分派的现金股利或利润，应当确认为当期投资收益。投资方能够对被投资单位实施控制的长期股权投资，即企业对子公司的长期股权投资应当采用成本法核算。

（2）权益法

权益法，是指投资取得时按实际成本计价，在投资持有期间需要根据投资企业享有被投资单位所有者权益份额的变动对长期股权投资的账面价值进行调整的核算方法。投资方对联营企业和合营企业的长期股权投资采用权益法核算。

3. 账户设置

企业应设置"长期股权投资"账户，核算企业持有的采用成本法和权益法核算的长期股权投资。该账户属于资产类账户，借方登记长期股权投资取得时的成本以及采用权益法核算时按被投资单位实现的净利润等计算的应分享的份额，贷方登记收回长期股权投资的价值或采用权益法核算时被投资单位宣告分派现金股利或利润时企业按持股比例计算应享有的份额，及按被投资单位发生的净亏损等计算的应分担的份额，期末余额一般在借方，表示企业持有的长期股权投资的价值。

该账户应按长期股权投资的类别或品种，分别设置"成本"、"损益调整"、"其他权益变动"等明细分类账，进行明细分类核算。长期股权投资账户结构见图5-20。

长期股权投资

期初：持有的长期股权投资的价值	
本期：登记长期股权投资取得时的成本以及采用权益法核算时按被投资单位实现的净利润等计算的应分享的份额	登记收回长期股权投资的价值或采用权益法核算时被投资单位宣告分派现金股利或利润时企业按持股比例计算应享有的份额，及按被投资单位发生的净亏损等计算的应分担的份额
期末：持有的长期股权投资的价值	

图5-20 长期股权投资账户结构

5.3.2 成本法核算

1. 长期股权投资取得核算

企业以支付现金、非现金资产方式取得长期股权投资时，应按照实际支付的价款（包括与取得长期股权投资直接相关的费用、税金及其他必要支出）扣除已宣告但尚未支付的现金股利或利润，作为初始投资成本，借记"长期股权投资"科目，按实际支付价款中包含的已宣告但尚未支付的现金股利或利润，借记"应收股利"科目，按实际支付的价款，贷记"银行存款"、"其他货币资金"等科目。

例5-9 广东望秋服饰有限公司2014年1月6日从二级市场购买华诚股份有限公司股票20 000股作为长期投资，每股价格9.63元，另支付手续费等相关费用300元。望秋公司购入股票时账务处理如下：

长期股权投资（华诚股份成本）＝20 000×9.63＋300＝192 900（元）

借：长期股权投资——成本（华诚股份）　　　　　　　　192 900.00
　　贷：其他货币资金——存出投资款　　　　　　　　　　192 900.00

例5-10 广东望秋服饰有限公司2014年4月11日从二级市场购买华信高科股份有限公司股票50 000股作为长期投资，每股价格7.15元，另支付手续费等相关费用500元。华信高科公司于4月5日宣告每10股派发2元现金股利，该现金股利将按4月12日的股东名册发放。望秋公司购入股票时账务处理如下：

应收股利（华信高科公司）＝50 000×（2/10）＝10 000（元）

长期股权投资（华信高科成本）＝（50 000×7.15－10 000）＋500＝348 000（元）

借：长期股权投资——成本（华信高科）　　　　　　　　348 000.00
　　　应收股利——华信高科公司　　　　　　　　　　　　10 000.00
　　贷：其他货币资金——存出投资款　　　　　　　　　　358 000.00

2. 应收现金股利或利润核算

采用成本法核算的长期股权投资，持有期间被投资单位宣告发放现金股利或利润时，投资企业应按应享有的部分确认为当期投资收益，但投资企业确认的投资收益仅限于所获得的被投资单位在接受投资后产生的累积净利润的分配额。

一般情况下，投资企业在取得投资当年从被投资单位分得的现金股利或利润应作为投资成本的收回，即应冲减长期股权投资的初始成本，原因是被投资单位当年分配的往往是以前年度实现的利润。

投资企业按应享有的、确认为当期投资收益的部分，借记"应收股利"科目，贷记"投资收益"科目。

例 5-11　承例 5-9 资料，2014 年 4 月 16 日华诚股份公司宣告 2013 年度利润分配方案，当年实现净利润 500 万元，决定每 10 股派发现金股利 5 元。望秋公司账务处理如下：

　　　　　冲减长期股权投资的初始成本＝20 000×（5/10）＝10 000（元）

借：应收股利——华诚公司　　　　　　　　　　　　　　　　　10 000.00

　　贷：长期股权投资——成本（华诚股份）　　　　　　　　　　　　10 000.00

例 5-12　承例 5-9、例 5-11 资料，2015 年 6 月 20 日华诚股份公司宣告 2014 年度利润分配方案，当年实现净利润 600 万元，决定每 10 股派发现金股利 6 元。望秋公司账务处理如下：

　　　　　投资收益＝20 000×（6/10）＝12 000（元）

借：应收股利——华诚公司　　　　　　　　　　　　　　　　　12 000.00

　　贷：投资收益　　　　　　　　　　　　　　　　　　　　　　　12 000.00

3. 长期股权投资出售核算

企业出售长期股权投资时，应按实际收到的金额，借记"银行存款"等科目，按原已计提的减值准备，借记"长期股权投资减值准备"科目，按该项长期股权投资的账面余额，贷记"长期股权投资（成本）"科目，按其差额，借记或贷记"投资收益"科目。

例 5-13　承例 5-9、例 5-11 资料，2016 年 3 月 22 日广东望秋服饰有限公司通过二级市场出售所持有的华诚股份公司全部股票，每股成交价为 15.2 元，另支付手续费等相关费用 450 元。该项长期股权投资没有计提减值准备。望秋公司账务处理如下：

　　　　　实际收到价款＝20 000×15.2－450＝303 550（元）

　　　　　长期股权投资账面余额＝192 900－10 000＝182 900（元）

　　　　　投资收益＝303 550－182 900＝120 650（元）

借：其他货币资金——存出投资款　　　　　　　　　　　　　　303 550.00

　　贷：长期股权投资——成本（华诚股份）　　　　　　　　　　　182 900.00

　　　　投资收益　　　　　　　　　　　　　　　　　　　　　　120 650.00

5.3.3　权益法核算

1. 长期股权投资取得核算

1）企业以支付现金、非现金资产方式取得长期股权投资，长期股权投资的初始投资成本大于投资时应享有被投资单位可辨认净资产公允价值份额的，不调整已确认的初始投资成本，按实际支付的价款，借记"长期股权投资——成本"科目，贷记"银行存款"等科目。

2）长期股权投资的初始投资成本小于投资时应享有被投资单位可辨认净资产公允价值份额的，按投资时应享有被投资单位可辨认净资产公允价值份额，借记"长期股权投资——成本"科目，按实际支付的价款，贷记"银行存款"等科目，按其差额，贷记"营业外收入"科目。

例5-14　广东望秋服饰有限公司2014年6月12日以银行存款购买育源股份有限公司股票100 000股，作为长期投资，占育源公司股份总额的40%，每股价格为6元，另支付手续费等相关费用900元。2014年6月11日育源公司所有者权益账面价值（与其公允价值不存在差异）为1 600 000元。望秋公司账务处理如下：

初始投资成本＝100 000×6＋900＝600 900（元）

育源公司所有者权益的40%＝1 600 000×40%＝640 000（元）

营业外收入＝640 000－600 900＝39 100（元）

借：长期股权投资——成本（育源股份）　　　　　　　　640 000.00

　　贷：银行存款　　　　　　　　　　　　　　　　　　600 900.00

　　　　营业外收入　　　　　　　　　　　　　　　　　　39 100.00

例5-15　广东望秋服饰有限公司2014年7月20日以银行存款购买荣盛股份有限公司股票50 000股，作为长期投资，占荣盛公司股份总额的30%，每股价格为8元，另支付手续费等相关费用600元。2014年7月19日荣盛公司所有者权益账面价值（与其公允价值不存在差异）为1 200 000元。望秋公司账务处理如下：

初始投资成本＝50 000×8＋600＝400 600（元）

荣盛公司所有者权益的30%＝1 200 000×30%＝360 000（元）

借：长期股权投资——成本（荣盛股份）　　　　　　　　400 600.00

　　贷：银行存款　　　　　　　　　　　　　　　　　　400 600.00

2. 长期股权投资账面价值调整核算

（1）持有期间被投资单位发生净损益和其他综合收益

持有期间投资方应当按照应享有或应分担的被投资单位实现的净损益和其他综合收益的份额，分别确认投资收益和其他综合收益，同时调整长期股权投资的账面价值。

投资企业在确认应享有被投资单位的净利润时，应以取得投资时被投资单位各项可辨认资产等的公允价值为基础，对被投资单位的净利润进行调整后确认。根据被投资单位调整后的净利润计算应享有的份额，借记"长期股权投资——损益调整"科目，贷记"投资收益"科目。被投资单位发生净亏损，则作相反会计分录，冲减长期股权投资账面价值，冲减金额以长期股权投资账面价值减记为零为限。

例5-16　承例5-14资料，2014年育源股份有限公司实现净利润300 000元（与其公允价值不存在差异）。望秋公司账务处理如下：

长期股权投资损益调整＝300 000×40%＝120 000（元）

借：长期股权投资——损益调整（育源股份）　　　　　　120 000.00

　　　　贷：投资收益　　　　　　　　　　　　　　　　　　　　　　　120 000.00

　　例 5-17　承例 5-15 资料，2014 年荣盛股份有限公司发生净亏损 100 000 元（与其公允价值不存在差异）。望秋公司账务处理如下：

$$长期股权投资损益调整＝（-100 000）×30\%＝-30 000（元）$$

　　借：投资收益　　　　　　　　　　　　　　　　　　　　　　　　30 000.00

　　　　贷：长期股权投资——损益调整（荣盛股份）　　　　　　　　　　30 000.00

知识拓展 5-3　其他综合收益

　　综合收益，是指企业在某一期间除与所有者以其所有者身份进行的交易之外的其他交易或事项所引起的所有者权益变动。综合收益总额项目反映净利润和其他综合收益扣除所得税影响后的净额相加后的合计金额。

　　其他综合收益，是指企业根据其他会计准则规定未在当期损益中确认的各项利得和损失，主要包括按照权益法核算的在被投资单位以后会计期间在满足规定条件时将重分类进损益的其他综合收益中所享有的份额、可供出售金融资产公允价值变动形成的利得或损失、持有至到期投资重分类为可供出售金融资产形成的利得或损失等。

　　（2）持有期间被投资单位所有者权益发生其他变动

　　在持股比例不变的情况下，被投资单位发生除净损益、其他综合收益和利润分配之外的所有者权益的其他变动，企业应按持股比例计算应享有的份额，借记或贷记"长期股权投资——其他权益变动"科目，贷记或借记"资本公积——其他资本公积"科目。

　　3. 应收现金股利或利润核算

　　1）被投资单位宣告发放现金股利或利润时，投资企业计算应分得的部分，借记"应收股利"科目，贷记"长期股权投资——损益调整"科目。

　　2）被投资单位分派股票股利，投资企业不进行账务处理，但应在备查簿中登记增加的股份数，以反映股份的变动情况。

　　例 5-18　承例 5-14、例 5-16 资料，2015 年 4 月 28 日育源股份有限公司宣告 2014 年度利润分配方案，决定每 10 股派发现金股利 5 元。望秋公司账务处理如下：

$$应收股利＝100 000×（5/10）＝50 000（元）$$

　　借：应收股利——育源股份　　　　　　　　　　　　　　　　　　　50 000.00

　　　　贷：长期股权投资——损益调整（育源股份）　　　　　　　　　　50 000.00

　　4. 长期股权投资出售核算

　　企业出售长期股权投资时，应按实际收到的金额，借记"银行存款"等科目，按原已计提的减值准备，借记"长期股权投资减值准备"科目，按该项长期股权投资的账面余额（包括成本、损益调整和其他权益变动明细账余额），贷记"长期股权投资"科目，按其差额，借记或贷记"投资收益"科目。同时，还应结转原计入资本公积（其他资本公积）的相关金额，借记或贷记"资本公积——其他资本公积"科目，贷记或借记"投资收益"科目。

例 5-19　承例 5-14、例 5-16、例 5-18 资料，2016 年 7 月 28 日广东望秋服饰有限公司将其持有的育源股份有限公司全部股票，以每股 9 元的价格出售给广东明德投资有限公司，另支付手续费等相关费用 1 350 元，款项已收存银行。该项长期股权投资没有计提减值准备。望秋公司账务处理如下：

$$实际收到价款 = 100\ 000 \times 9 - 1\ 350 = 898\ 650（元）$$
$$长期股权投资账面余额 = 640\ 000 + 120\ 000 - 50\ 000 = 710\ 000（元）$$
$$投资收益 = 898\ 650 - 710\ 000 = 188\ 650（元）$$

借：银行存款	898 650.00
贷：长期股权投资——成本（育源股份）	640 000.00
——损益调整（育源股份）	70 000.00
投资收益	188 650.00

知识拓展 5-4　长期股权投资减值

企业长期股权投资在资产负债表日存在可能发生减值的迹象时，其可收回金额低于账面价值的，应当将该长期股权投资的账面价值减记至可收回金额，减记的金额确认为减值损失，计入当期损益，同时计提相应的资产减值准备。

企业计提长期股权投资减值准备，应当设置"长期股权投资减值准备"账户进行核算。企业按应减记的金额，借记"资产减值损失——计提长期股权投资减值准备"科目，贷记"长期股权投资减值准备"科目。

长期股权投资减值损失一经确认，在以后会计期间不得转回。

【要点回顾】

1. 我国企业会计准则规定，企业应当结合自身业务特点和风险管理要求，将取得的金融资产在初始确认时分为以下几类：以公允价值计量且其变动计入当期损益的金融资产、持有至到期投资、贷款和应收款项、可供出售金融资产。

2. 企业取得交易性金融资产时，应当按照该金融资产取得时的公允价值作为初始确认金额，计入"交易性金融资产——成本"账户。取得交易性金融资产所支付价款中包含了已宣告但尚未发放的现金股利或已到付息期但尚未领取的债券利息的，应当单独确认为应收项目，计入"应收股利"或"应收利息"账户。企业取得交易性金融资产所发生的相关交易费用（包括支付给代理机构、咨询公司、券商等的手续费、佣金及其他必要支出），应当在其发生时计入"投资收益"账户。

3. 企业出售交易性金融资产应按实际收到的金额，借记"其他货币资金——存出投资款"、"银行存款"等科目，按该金融资产的账面余额，贷记"交易性金融资产"科目，按其差额，贷记或借记"投资收益"科目。同时还应将该金融资产的公允价值变动损益转出，借记或贷记"公允价值变动损益"科目，贷记或借记"投资收益"科目。

4. 企业应在资产负债表日按照公允价值对交易性金融资产进行计量，并将公允价值与账面余额之间的差额计入当期损益。①当期末交易性金融资产的公允价值大于其账面余额时，借记"交易性金融资产——公允价值变动"科目，贷记"公允价值变动损益"科目。②当期末交易性金融资产的公允价值小于其账面余额时，借记"公允价值变动损益"科目，贷记"交易性金融资产——公允价值变动"科目。

5. 长期股权投资是指投资方对被投资单位实施控制、重大影响的权益性投资，以及对其合营企业的权益性投资。企业应设置"长期股权投资"账户，核算企业持有的采用成本法和权益法核算的长期股权投资。

第6章 固定资产核算

【目的要求】

1. 能叙述固定资产的概念及其特征。
2. 能叙述和列举固定资产的分类。
3. 能掌握固定资产购进的核算。
4. 能掌握固定资产建造的核算。
5. 能掌握固定资产折旧计算与核算。
6. 能掌握固定资产经营租赁的核算。
7. 能掌握固定资产后续支出核算。
8. 能掌握固定资产处置与清查核算。

【重点难点】

1. 固定资产购进核算。
2. 固定资产建造核算。
3. 固定资产折旧计算。
4. 固定资产处置核算。
5. 固定资产清查核算。

【基础知识】

6.1 固定资产概述

6.1.1 固定资产及其确认

1. 固定资产概念

固定资产，是指为生产产品、提供劳务、出租或经营管理而持有的、使用寿命超过一个会计年度的有形资产。

从这一概念可以看出，作为企业的固定资产具有以下三个特征：

1）固定资产是为生产产品、提供劳务、出租或经营管理而持有。其中，出租的固定资产是指用以出租的机器设备类固定资产，不包括以经营租赁方式出租的建筑物，后者属于企业的投资性房地产，不属于固定资产。

2）固定资产使用寿命超过一个会计年度。表明固定资产属于长期资产，随着使用和磨损，通过计提折旧方式逐渐减少其账面价值。

3）固定资产为有形资产。固定资产具有实物特征，将固定资产与无形资产区别开来。

2. 固定资产确认

符合固定资产概念的资产，要确认为企业的固定资产，还需要同时满足以下两个条件：

1）与该固定资产有关的经济利益很可能流入企业。

2）该固定资产的成本能够可靠地计量。

判断某项固定资产所包含的经济利益是否很可能流入企业，主要依据与该固定资产所有权相关的风险和报酬是否转移到了企业。通常，只要与固定资产所有权相关的风险和报酬已转移到企业，即使没有所有权也应确认为企业的固定资产，如融资租入固定资产。

> **知识拓展 6-1　与固定资产所有权相关的风险和报酬**
>
> 与固定资产所有权相关的风险，是指由于经营情况变化造成的相关收益的变动，以及由于资产闲置、技术陈旧等原因造成的损失。
>
> 与固定资产所有权相关的报酬，是指在固定资产使用寿命内直接使用该固定资产而获得的收入，以及处置该固定资产所实现的利得等。

6.1.2　固定资产分类

企业的固定资产种类繁多，在实际工作中为了满足固定资产日常管理和会计核算的需要，可以按不同的标准予以分类。

1. 按经济用途分类

固定资产按经济用途，可分为生产经营用固定资产和非生产经营用固定资产两类。

1）生产经营用固定资产。指直接用于企业的生产经营活动中的固定资产，如厂房、机器设备等。

2）非生产经营用固定资产。指不直接用于企业的生产经营活动中的固定资产，如办公楼、食堂、职工宿舍等。

2. 按使用情况分类

固定资产按使用情况，可分为使用中的固定资产、未使用的固定资产和不需用的固定资产三种。

1）使用中的固定资产。指正在使用中的生产用和非生产用固定资产以及因季节性停工而暂停使用的固定资产和企业正在经营性出租中的固定资产。

2）未使用的固定资产。指已完工尚未交付使用的固定资产、购入的尚未使用的固定资产，以及因改扩建等原因而暂停使用的固定资产。

3）不需用的固定资产。指企业多余或不适用的固定资产。

3. 按所有权分类

固定资产按所有权，可分为自有的固定资产和租入的固定资产两种。

1）自有的固定资产。指固定资产的所有权属于本企业的固定资产。

2）租入的固定资产。指固定资产的所有权不属于本企业的固定资产。

4. 综合分类

固定资产按经济用途和使用情况进行综合分类，可分为：

1）生产经营用固定资产。

2）非生产经营用固定资产。

3）经营租赁租出固定资产。

4）未使用的固定资产。

5）不需用的固定资产。

6）土地。指过去已经估价单独入账的土地。因征地而支付的补偿费，应计入与土地有关的房屋、建筑物的价值内，不单独作为土地价值入账。企业取得的土地使用权，应作为无形资产管理，不作为固定资产。

7）融资租入固定资产。指企业以融资租赁方式租入的固定资产，在租赁期内，应视同自有固定资产进行管理。

6.1.3　固定资产初始计量

企业固定资产应当按照实际成本进行初始计量。由于企业取得固定资产的途径和方式不同，其入账成本也有所不同。

1. 外购固定资产入账成本

外购固定资产，应按实际支付的购买价款、进口关税等相关税费以及为使固定资产达到预定可使用状态前所发生的可归属于该资产的运输费、装卸费、安装费和专业人员服务费等，作为入账成本，但不包括一般纳税人企业购进机器设备等生产经营用固定资产所支付的增值税进项税额。

知识拓展 6-2　固定资产可抵扣进项税额的规定

根据财税〔2008〕170 号文件规定：自 2009 年 1 月 1 日起，增值税一般纳税人购进、接受捐赠、接受实物投资或者自制（包括改扩建、安装）机器、机械、运输工具以及其他与生产、经营有关的设备、工具、器具等固定资产发生的进项税额，可凭增值税专用发票、海关进口增值税专用缴款书和运输费用发票从销项税额中抵扣，其进项税额应当计入"应交税费——应交增值税（进项税额）"账户，但房屋、建筑物等不动产以及纳税人自用的应纳消费税的摩托车、汽车、游艇，其进项税额不得从销项税额中抵扣。

财政部、国家税务总局发布《关于在全国开展交通运输业和部分现代服务业营业税改征增值税试点税收政策的通知》财税〔2013〕37 号文，自 2013 年 8 月 1 日起，原增值税一般纳税人（指按照《中华人民共和国增值税暂行条例》(以下称《增值税暂行条例》)缴纳增值税的纳税人）自用的应征消费税的摩托车、汽车、游艇，其进项税额准予从销项税额中抵扣。

根据《财政部国家税务总局关于全面推开营业税改征增值税试点的通知》（财税〔2016〕36 号），增值税一般纳税人 2016 年 5 月 1 日后取得并在会计制度上按固定资产核算的不动产，以及

2016 年 5 月 1 日后发生的不动产在建工程，其进项税额分 2 年从销项税额中抵扣，第一年抵扣比例为 60%，第二年抵扣比例为 40%。其中，60% 的部分于取得扣税凭证的当期从销项税额中抵扣；40% 的部分为待抵扣进项税额，于取得扣税凭证的当月起第 13 个月从销项税额中抵扣。

2. 自行建造固定资产入账成本

自行建造固定资产，应按建造该项固定资产达到预定可使用状态前所发生的必要支出，作为入账成本。

3. 改扩建固定资产入账成本

改扩建固定资产，应按原固定资产的账面价值加上由于改扩建而使该项固定资产达到预定可使用状态前所发生的必要支出（不含按规定可以抵扣的增值税），减去改扩建过程中发生的变价收入和被替换部分的账面价值后的金额，作为入账成本。

4. 投资者投入固定资产入账成本

投资者投入固定资产，应按投资合同或协议约定的价值，作为入账成本，但合同或协议约定价值不公允的除外。

5. 融资租入固定资产入账成本

融资租入固定资产，应按租赁开始日租赁资产公允价值与最低租赁付款额现值两者中较低者，加上初始直接费用（指租赁谈判和签订租赁合同过程中发生的租赁手续费、律师费、差旅费、印花税等）后的金额，作为入账成本。

6. 接受捐赠固定资产入账成本

接受捐赠固定资产，应按不同情况分别确定其入账成本。

1）捐赠方提供了有关凭据的，应按凭据上标明的金额加上应当支付的相关税费，作为入账成本。

2）捐赠方没有提供有关凭据的，应按同类或类似固定资产的市场价格，加上应当支付的相关税费，作为入账成本。

7. 盘盈固定资产入账成本

盘盈固定资产，应按同类或类似固定资产的市场价格，减去按该项固定资产的新旧程度估计的折旧后的余额，作为入账成本。

6.2 固定资产购建核算

6.2.1 购建核算账户设置

企业固定资产购建的核算，一般需要设置"固定资产""在建工程"和"工程物资"等账户。

1. "固定资产" 账户

固定资产账户核算企业固定资产原始价值增减变化及其结存情况。该账户属于资产类账户，借方登记企业增加固定资产的原价，贷方登记企业减少固定资产的原价，期末余额在借方，表示企业期末固定资产的账面原价。

该账户应按固定资产类别和项目设置明细分类账，进行明细分类核算。固定资产账户结构见图 6-1。

固定资产	
期初：期初固定资产的账面原价	
本期：登记增加固定资产的原价	登记减少固定资产的原价
期末：期末固定资产的账面原价	

图 6-1 固定资产账户结构

2. "在建工程" 账户

在建工程账户核算企业基建、更新改造等在建工程发生的支出。该账户属于资产类账户，借方登记企业各项在建工程发生的实际支出，包括领用工程物资、职工薪酬、安装设备、安装成本、出包工程价款和基建管理费等，贷方登记完工工程转出的成本，期末余额在借方，表示企业尚未达到预定可使用状态的在建工程的成本。

该账户按建筑工程、安装工程、在安装设备、待摊支出以及单项工程等设置明细分类账，进行明细分类核算。在建工程账户结构见图 6-2。

在建工程	
期初：期初在建工程的成本	
本期：登记企业各项在建工程发生的实际支出	登记完工工程转出的成本
期末：期末尚未达到预定可使用状态的在建工程的成本	

图 6-2 在建工程账户结构

3. "工程物资" 账户

工程物资账户核算企业为在建工程而准备的各种物资的实际成本。该账户属于资产类账户，借方登记企业购入工程物资的实际成本，贷方登记企业领用工程物资的实际成本，期末余额在借方，表示企业为在建工程准备、尚未领用的各种物资的成本。该账户可按专用材料、专用设备、工器具等设置明细分类账，进行明细分类核算。工程物资账户结构见图6-3。

工程物资	
期初：期初为在建工程准备而结存尚未领用的各种物资的成本	
本期：登记企业购入工程物资的实际成本	登记企业领用工程物资的实际成本
期末：期末为在建工程准备、尚未领用的各种物资的成本	

图 6-3　工程物资账户结构

6.2.2　固定资产购进核算

1. 购进不需安装固定资产核算

不需安装固定资产，是指企业购进后不需要安装就可直接交付使用的固定资产。企业购进不需安装固定资产，应按实际支付的购买价款、相关税费、使固定资产达到预定可使用状态前所发生的可归属于该项固定资产的运输费、装卸费和专业人员服务费等，作为固定资产成本，借记"固定资产"科目，贷记"银行存款"等科目。一般纳税人企业购进机器设备等固定资产的进项税额可在销项税额中抵扣，不计入固定资产的成本。

例 6-1　广东望秋服饰有限公司 2016 年 7 月 12 日向珠海缝纫设备制造有限公司购入不需安装的电动缝纫机 10 台，取得增值税专用发票，发票注明价款 240 000 元，增值税额 40 800 元，运费增值税专用发票注明运杂费 2 000 元，增值税 220 元，设备已交付使用，款项已通过银行汇出。望秋公司账务处理如下：

借：固定资产——电动缝纫机　　　　　　　　　　　　　　242 000.00
　　应交税费——应交增值税（进项税额）　　　　　　　　 41 020.00
　　贷：银行存款　　　　　　　　　　　　　　　　　　　283 020.00

附原始凭证 4 张：增值税专用发票、运费增值税专用发票、电汇回单和固定资产验收单（见图 6-4～图 6-7）。

4205241141

广东增值税专用发票

广东省
国家税务总局监制

No 420066201

开票日期：2016 年 07 月 12 日

购货单位	名　　称：	广东望秋服饰有限公司				密码区	（略）		
	纳税人识别号：	440106868268025							
	地址、电话：	天河中路 2 号，86697584							
	开户行及账号：	建行天河支行、11682683056							

货物或应税劳务、服务名称	规格型号	单位	数量	单价	金　额	税率	税　　额
电动缝纫机		台	10	24 000.00	240 000.00	17%	40 800.00
合　　计					¥240 000.0		¥40 800.00

价税合计（大写）	⊗贰拾捌万零捌佰圆整	（小写）¥280 800.00

销货单位	名　　称：	珠海缝纫设备制造有限公司	备注	珠海缝纫设备制造有限公司 440606258268341 发票专用章
	纳税人识别号：	440606258268341		
	地址、电话：	横琴中路 12 号，88695423		
	开户行及账号：	建行横琴支行、16682683058		

收款人：陈丰　　　复核：陈材栋　　　开票人：王晓敏　　　销货单位：（章）

第三联：发票联 购买方记账凭证

图 6-4　增值税专用发票

4405048149

广东增值税专用发票

广东省
国家税票总局监制

No 440558901

开票日期：2016 年 07 月 12 日

购货单位	名　　称：	广东望秋服饰有限公司				密码区	（略）		
	纳税人识别号：	440106868268025							
	地址、电话：	天河中路 2 号，86697584							
	开户行及账号：	建行天河支行、11682683056							

货物或应税劳务、服务名称	规格型号	单位	数量	单价	金　额	税率	税　　额
运费					2 000.00	11%	220.00
合　　计					¥2 000.00		¥220.00

价税合计（大写）	⊗贰仟贰佰贰拾圆整	（小写）¥2 220.00

销货单位	名　　称：	珠海顺通快递有限公司	备注	珠海顺通快递有限公司 缝纫机 10 台 440606273526876 发票专用章
	纳税人识别号：	440606273526876		
	地址、电话：	横琴东路 212 号，88885423		
	开户行及账号：	中行横琴支行、16634683056		

收款人：　　　复核：李海东　　　开票人：陈晓琳　　　销货单位：（章）

第三联：发票联 购买方记账凭证

图 6-5　运费增值税专用发票

电 汇 凭 证（回单）　　1　　No 006890601

第 0601 号　　　　　　　委托日期 2016 年 7 月 12 日

汇款人	全　称	广东望秋服饰有限公司				收款人	全　称	珠海缝纫设备制造有限公司				
	账　号或住址	11682683056					账　号或住址	16682683058				
	汇出地点	广东省广州	汇出行名称	建行天河支行			汇入地点	广东珠海	汇入行名称	建行横琴支行		
金额	人民币（大写）	贰拾捌万叁仟零贰拾元整					千 百 十 万 千 百 十 元 角 分 ¥ 2 8 3 0 2 0 0 0					
汇款用途：　支付设备款												
上列款项已根据委托办理，如需查询，请持此回单来行面谈												

中国建设银行股份有限公司
广州天河支行
2016.07.12
办讫章
（4）　（汇出行盖章）

此联汇出行给汇款人的回单

（备注说明：运费由珠海缝纫设备制造有限公司代垫）

图 6-6　电汇回单

固定资产验收单

验收日期 2016 年 7 月 12 日　　　　　　　编号：06001

固定资产管理部门	项目名称	电动缝纫机	电 动 机			
	型　号		总 功 率			
	规　格		出厂编号		生产日期	2016.5.16
	制 造 厂	珠海缝纫公司	自重量		始用日期	2016.7.12
	尺　寸		使用部门	成衣车间	施工工号	
	随　机　附　件					
	名称	型号规格	数量	名称	型号规格	数量
	说明书		装箱单		图纸	
	合格证		精度单		资料验收人	
	设备类别		使用年限			
	精度等级		分类划级			
财务部门	设备费用	242 000 元	安装及其他费			
	原值合计	242 000 元	资产来源	购进		
验收意见	验收合格			验收人：陈忠和		
部门签名	使用部门	周涛南	固定资产管理部门	李清	财务部门	陈利民

图 6-7　固定资产验收单

2. 购进需要安装固定资产核算

需要安装固定资产，是指不能直接交付使用，必须经过安装调试后才能投入使用的固定资产。企业购进需要安装的固定资产，应按实际支付的购买价款、运输费、装卸费、相关税费等，借记"在建工程"科目，贷记"银行存款"等科目；支付安装费时，借记"在建工程"科目，贷记"银行存款"等科目；安装完毕达到预定可使用状态时，按其实际成本，借记"固定资产"科目，贷记"在建工程"科目。

例 6-2　广东望秋服饰有限公司 2016 年 8 月 16 日向佛山星辰设备制造有限公司购入需要安装的全自动绣花机 1 台，取得增值税专用发票，发票注明价款 600 000 元，增值税额 102 000 元，运费增值税专用发票注明运杂费 2 500 元，增值税额 275 元，款项已支付。8 月 26 日，设备安装完工交付使用，支付安装费 1 800 元，增值税额 198 元。望秋公司账务处理如下：

1）8 月 16 日购进设备时，

借：在建工程——在安装设备（全自动绣花机）　　　　　　　　　602 500.00
　　应交税费——应交增值税（进项税额）　　　　　　　　　　　102 275.00
　　　贷：银行存款　　　　　　　　　　　　　　　　　　　　　　704 775.00

附原始凭证 4 张：增值税专用发票、运费增值税专用发票、设备入库单（见图 6-8～图 6-10）和支票存根（图略）。

广东省增值税专用发票								
4402241381							No 440266201	
						开票日期：2016 年 08 月 16 日		
购货单位	名　　称：广东望秋服饰有限公司 纳税人识别号：440106868268025 地址、电话：天河中路 2 号，86697584 开户行及账号：建行天河支行、11682683056					密码区	（略）	
货物或应税劳务、服务名称	规格型号	单位	数量	单价	金额	税率	税额	
全自动绣花机		台	1	600 000	600 000.00	17%	102 000.00	
合　计					¥600 000.00		¥102 000.00	
价税合计（大写）	⊗柒拾万贰仟圆整				（小写）¥702 000.00			
销货单位	名　　称：佛山星辰设备制造有限公司 纳税人识别号：440206258262047 地址、电话：南海路 128 号，53695423 开户行及账号：工行南海支行、36534183058					备注		
收款人：陈林峰　　复核：罗承南　　开票人：李晓敏　　销货人（章）								

图 6-8　增值税专用发票

4403048162

广东省增值税专用发票

No 440258601

开票日期：2016 年 08 月 16 日

购货单位	名　　称：广东望秋服饰有限公司 纳税人识别号：440106868268025 地址、电话：天河中路 2 号、86697584 开户行及账号：建行天河支行、11682683056	密码区	（略）

货物或应税劳务、服务名称	规格型号	单位	数量	单价	金　额	税率	税　额
运费					2 500.00	11%	275.00
合　　计					¥2 500.00		¥275.00

价税合计（大写）	⊗贰仟柒佰柒拾伍圆整	¥2 775.00

销货单位	名　　称：佛山快通货运有限公司 纳税人识别号：440206273526037 地址、电话：南海路 78 号、53695555 开户行及账号：工行南海支行、36534183976	货物：绣花机 1 台 440206273526037 发票专用章

收款人：　　　复核：郑琳　　　开票人：陈红娜　　　销货单位：（章）

图 6-9　运费增值税专用发票

设备入库单

2016 年 8 月 16 日　　　　第 0601 号

设备名称	规格	型号	数量	供应单位	验收部门	金额（元）
绣花机			1	佛山星辰	设备部	602 500.00

仓库主管：陈伟峰　　　复核：李源珍　　　验收：刘江　　　制单：谢丽敏

图 6-10　设备入库单

2）8 月 26 日支付安装费时，

借：在建工程——在安装设备（全自动绣花机）　　　　　　1 800.00
　　应交税费——应交增值税（进项税额）　　　　　　　　　198.00
　　贷：银行存款　　　　　　　　　　　　　　　　　　　　　　1 998.00

附原始凭证 3 张：设备出库单、增值税专用发票（见图 6-11、图 6-12）和支票存根
（图略）。

设备出库单

2016 年 8 月 18 日　　　　第 0061 号

设备名称	规格	型号	数量	供应单位	验收部门	金额（元）
绣花机			1	佛山星辰	设备部	602 500.00

仓库主管：陈伟峰　　　复核：李源珍　　　发料：刘江　　　制单：谢丽敏

图 6-11　设备出库单

图 6-12　增值税专用发票

3）设备安装完工达到预定可使用状态时，

借：固定资产——全自动绣花机 604 300.00

贷：在建工程——在安装设备（全自动绣花机） 604 300.00

附原始凭证 1 张：固定资产验收单（图略）。

6.2.3　固定资产建造核算

企业自行建造固定资产主要有自营和出包两种方式，由于建设方式的不同，其会计核算也有所不同。

1. 自营方式建造固定资产核算

自营方式建造固定资产，是指企业自行组织工程物资采购、自行组织施工人员施工的建筑工程和安装工程。自营方式建造固定资产，主要通过"工程物资""在建工程"、"固定资产"等账户进行账务处理。

1）购入工程物资时，借记"工程物资""应交税费"等科目，贷记"银行存款"等科目。领用工程物资时，借记"在建工程"科目，贷记"工程物资"科目。

2）在建工程领用本企业原材料时，借记"在建工程"科目，贷记"原材料"等科目；领用本企业生产的产品时，借记"在建工程"科目，贷记"库存商品""应交税费——应交增值税（销项税额）"等科目。

3）自营工程发生其他费用（如计算分配工程人员工资等），借记"在建工程"科目，贷记"银行存款""应付职工薪酬"等科目。

4）在建工程在试运行过程中形成的产品、副产品对外销售或转为库存商品，借记"银行存款""库存商品"等科目，贷记"在建工程""应交税费"等科目。

5）自营工程达到预定可使用状态时，按其成本，借记"固定资产"科目，贷记"在建工程"科目。

6）工程完工后剩余的工程物资转作本企业存货，借记"原材料"等科目，贷记"工程物资"科目。

例 6-3 广东望秋服饰有限公司为自建一条成衣生产线，购入生产线设备与材料 360 000 元，增值税额 61 200 元，领用生产用印花布 1 000 米，实际成本为 10 000 元，计算并分配工程人员工资 16 000 元，工程完工并达到预定可使用状态，支付施工管理费 9 800 元，增值税额 1 078 元。望秋公司账务处理如下：

1）购入生产线设备与材料时，

借：工程物资——生产线设备与材料   360 000.00
     应交税费——应交增值税（进项税额）   61 200.00
  贷：银行存款   421 200.00

附原始凭证 3 张：增值税专用发票、工程物资入库单（见图 6-13、图 6-14）和支票存根（图略）。

图 6-13 增值税专用发票

工程物资入库单

2016 年 9 月 20 日 第 0602 号

设备名称	规格	型号	数量	供应单位	验收部门	金额（元）
生产线设备与材料				佛山星辰	设备部	360 000.00

仓库主管：陈伟峰 复核：李源珍 验收：刘江 制单：谢丽敏

图 6-14 工程物资入库单

2）领用生产线设备与材料时，

借：在建工程——成衣生产线 360 000.00

贷：工程物资——生产线设备与材料 360 000.00

附原始凭证 1 张：工程物资出库单（见图 6-15）。

工程物资出库单

2016 年 9 月 24 日 第 0062 号

设备名称	规格	型号	数量	供应单位	验收部门	金额（元）
生产线设备与材料				佛山星辰	设备部	360 000.00

仓库主管：陈伟峰 复核：李源珍 发料：刘江 制单：谢丽敏

图 6-15 工程物资出库单

3）领用生产用印花布时，

借：在建工程——成衣生产线 10 000.00

贷：原材料——印花布 10 000.00

附原始凭证 1 张：领料单（见图 6-16）。

领 料 单

用途：建造生产线 2016 年 9 月 26 日 领字第 061 号

材料名称	规格型号	单位	请领数量	实发数量	金额（元）
印花布		米	1 000	1 000	10 000.00

仓库主管：陈伟峰 复核：李源珍 发料：刘江 制单：谢丽敏

图 6-16 领料单

4）分配工程人员工资时，

借：在建工程——成衣生产线 16 000.00

贷：应付职工薪酬——工资 16 000.00

附原始凭证 1 张：工资计算表（见图 6-17）。

职工工资计算表

2016 年 09 月 　　　　　　　　　　　　　　单位：元

部门	计时工资	计件工资	奖金	津贴	应付工资
生产线建设工程	16 000.00	—	—	—	16 000.00
合计	16 000.00				16 000.00

会计主管：陈利民　　　　会计：李源珍　　　　制单：朱玲玲

图 6-17　工资计算表

5）支付施工管理费时，

借：在建工程——成衣生产线　　　　　　　　　　　　　　9 800.00

　　应交税费——应交增值税（进项税额）　　　　　　　　1 078.00

　　　贷：银行存款　　　　　　　　　　　　　　　　　　　　　10 878.00

附原始凭证 2 张：增值税专用发票（见图 6-18）和支票存根（图略）。

图 6-18　增值税专用发票

6）达到预定可使用状态时，

借：固定资产——成衣生产线　　　　　　　　　　　　　395 800.00

　　贷：在建工程——成衣生产线　　　　　　　　　　　　　　　395 800.00

附原始凭证 1 张：固定资产验收单（图略）。

2. 出包方式建造固定资产核算

出包方式建造固定资产，是指企业通过招标方式将工程项目发包给建造承包商，由建造承包商组织施工的建筑工程和安装工程。出包方式建造固定资产的核算主要包括有：

1）企业以出包方式建造固定资产，按规定向承建企业预付工程价款时，借记"预付账款"科目，贷记"银行存款"科目。

2）按工程进度结算工程进度款时，借记"在建工程""应交税费"等科目，贷记"预付账款""银行存款"等科目。

3）工程完工，按合同规定补付工程款时，借记"在建工程""应交税费"等科目，贷记"银行存款"科目。

4）工程达到预定可使用状态时，结转工程成本，借记"固定资产"科目，贷记"在建工程"科目。

例6-4　广东望秋服饰有限公司2016年6月将仓库建造工程出包给广东诚泰建筑工程公司承建，按合同约定向诚泰建筑工程公司预付工程款800 000元，2016年9月工程完工并达到预定可使用状态，根据有关结算单据，补付工程款865 000元。望秋公司账务处理如下：

1）预付工程款时，

借：预付账款——诚泰建筑公司　　　　　　　　　　　　　　　　800 000.00

　　贷：银行存款　　　　　　　　　　　　　　　　　　　　　　　　800 000.00

附原始凭证2张：收款收据（见图6-19）和支票存根（图略）。

收　据　　　No 0001302

2016 年 6 月 10 日

今收到　广东望秋服饰有限公司预付的仓库建造工程款800 000元。

金额（大写）：捌拾零万零仟零佰零拾零元零角零分　（¥800 000.00）

第一联 付款方记账

会计主管：黄林娜　　复核：徐欣燕　　收款人：徐媛　　单位盖章

图 6-19　收款收据

2）工程完工结算并补付工程款时，

借：在建工程——仓库工程　　　　　　　　　　　　　　　　　1 500 000.00

　　应交税费——应交增值税（进项税额）　　　　　　　　　　　　99 000.00

　　　　　　　——待抵扣进项税额　　　　　　　　　　　　　　　66 000.00

　　贷：预付账款——诚泰建筑公司　　　　　　　　　　　　　　　800 000.00

　　　　银行存款　　　　　　　　　　　　　　　　　　　　　　　865 000.00

附原始凭证3张：增值税专用发票、工程竣工验收决算报告（见图6-20、图6-21）和支票存根（图略）。

广东省增值税专用发票

4401048562

No 014023206

开票日期：2016 年 09 月 21 日

购货单位	名　　　称：广东望秋服饰有限公司 纳税人识别号：440106868268025 地址、电话：天河中路 2 号，86697584 开户行及账号：建行天河支行、11682683056				密码区	（略）		

货物或应税劳务、服务名称	规格型号	单位	数量	单价	金　　额	税率	税　　额
建造工程费					1 500 000.00	11%	165 000.00
合　　计					¥1 500 000.00		¥165 000.00

价税合计（大写）	⊗壹佰陆拾陆万伍仟圆整	¥

销货单位	名　　　称：广东诚泰建筑工程公司 纳税人识别号：440106868223518 地址、电话：天河东路 102 号，86697777 开户行及账号：工行天河支行、11685483236		备注	仓库所在地 440106868223518 天河中路 2 号

收款人：徐媛　　　　复核：杨琳　　　　开票人：徐欣燕　　　　销货单位：（章）

图 6-20　增值税专用发票

工程竣工验收决算报告

编号：00261　　　　　2016 年 9 月 21 日　　　　　单位：元

项目 名称	工程 批准号	工程 预算数	工程 决算数	其中： 设备费	材料 费用	工资 费用	其他 直接费	施工 管理费
仓库工程			1 500 000		800 000	500 000	60 000	140 000
合计			1 500 000		800 000.00	500 000.00	60 000.00	140 000.00

资产名称	规格	型号	单位	施工单位（盖章） 负责人：李信泰	委托单位（盖章） 负责人：纪耀东
				使用部门（盖章） 负责人：陈伟峰	财务部门（盖章） 负责人：陈利民

图 6-21　工程竣工验收决算报告

3）工程完工达到预定可使用状态时，

借：固定资产——仓库　　　　　　　　　　　　　　　1 500 000.00

　　贷：在建工程——仓库工程　　　　　　　　　　　　　1 500 000.00

附原始凭证 1 张：固定资产验收单（图略）。

知识拓展 6-3　不动产进项税额分期抵扣暂行办法

6.3　固定资产折旧核算

6.3.1　固定资产折旧概述

1. 折旧影响因素

固定资产折旧是指在固定资产预计使用寿命内，按照确定的方法对应计提折旧额进行系统分摊。即将固定资产的取得成本在其使用寿命内进行合理分摊，使之与各期的收入相配比，以正确确认企业的损益。影响固定资产折旧的因素主要有：

1）固定资产原价。指固定资产的原值（成本）。

2）固定资产使用寿命。指固定资产的预计使用年限，或者该固定资产所能生产产品或提供劳务的数量。

3）固定资产折旧方法。指固定资产折旧额计算的方法。

4）固定资产预计净残值。指假定固定资产预计使用寿命已满并处于使用寿命终了时的预期状态，企业目前从该项固定资产处置中获得的扣除预计处置费用后的金额。

2. 计提折旧范围

（1）计提折旧项目范围

1）应计提折旧的固定资产。

① 生产经营用固定资产；

② 非生产经营用固定资产；

③ 经营租出固定资产；

④ 融资租入固定资产；

⑤ 季节性、大修理停用固定资产；

⑥ 不需用固定资产；

⑦ 已达到预定可使用状态但尚未办理竣工决算的固定资产。

2）不应计提折旧的固定资产。

① 已提足折旧仍然继续使用的固定资产；

② 单独计价入账的土地；

③ 已全额计提减值准备的固定资产；

④ 提前报废固定资产，不再补提折旧。

（2）计提折旧时间范围

1）当月增加的固定资产，当月不提折旧，从下月开始计提折旧；

2）当月减少的固定资产，当月照提折旧，从下月开始不提折旧。

知识拓展 6-4　固定资产减值准备

固定资产减值是指固定资产发生损坏、技术陈旧或者其他经济原因，导致其可收回金额低于其账面价值的差额。企业应在资产负债表日对固定资产进行检查，如发现存在以下情况，应当计算固定资产的可收回金额，以确定资产是否已经发生减值：①固定资产市价大幅度下跌，其跌幅大大高于因时间推移或正常使用而预计的下跌，并且预计在暂时不可能恢复；②企业所处经营环境，如技术、市场、经济或法律环境，或者产品营销市场重大变化，并对企业产生负面影响；③同期市场利率等大幅度提高，进而很可能影响企业计算固定资产可收回金额的折现率，并导致固定资产可收回金额大幅度降低；④固定资产陈旧过时或发生实体损坏等；⑤固定资产预计使用方式发生重大不利变化，如企业计划终止或重组该资产所属的经营业务、提前处置资产等情形，从而对企业产生负面影响；⑥其他有可能表明资产已发生减值的情况。

如果固定资产存在减值迹象（固定资产的可收回金额低于其账面价值），应当按可收回金额低于其账面价值的差额计提减值准备，并计入当期损益。在计提减值准备时，借记"资产减值损失——固定资产减值损失"科目，贷记"固定资产减值准备"科目。固定资产减值损失一经确认，在以后的会计期间，若表明固定资产发生减值的迹象全部或部分消失，已经计提的减值准备不得转回。

6.3.2　固定资产折旧方法

固定资产折旧方法包括有年限平均法、工作量法、双倍余额递减法和年数总和法，其中，年限平均法和工作量法属于直线折旧法，双倍余额递减法和年数总和法属于快速折旧法。企业应当根据与固定资产有关的经济利益的预期实现方式，合理选择固定资产折旧方法，折旧方法一经选定，不得随意变更。

1. 年限平均法

年限平均法，又称直线法，是指将固定资产的应计提折旧额在固定资产预计使用寿命内进行平均分摊的一种方法。应计提折旧额指应当计提折旧的固定资产原值扣除其预计净残值后的金额。年限平均法计算公式为

$$年折旧额 = \frac{固定资产原值 - 预计净残值}{预计使用年限} = \frac{固定资产原值 \times (1 - 预计净残值率)}{预计使用年限}$$

$$月折旧额 = 年折旧额 / 12$$

实际工作中，每月应计提的折旧额一般是根据固定资产的原值乘以月折旧率计算确定的。其计算公式为

$$年折旧率 = \frac{1 - 预计净残值率}{预计使用年限} \times 100\%$$

$$月折旧率 = 年折旧率 / 12$$

$$月折旧额 = 固定资产原值 \times 月折旧率$$

例 6-5　广东望秋服饰有限公司 2012 年 9 月投入使用的生产大楼原值为 1 500 000

元，预计使用寿命为 16 年，该资产预计净残值率为 4%，采用年限平均法计算 2012 年、2016 年折旧额。计算过程如下：

$$年折旧率＝\frac{1-4\%}{16}\times100\%＝6\%$$

$$月折旧率＝6\%/12＝0.5\%$$

$$月折旧额＝1\,500\,000\times0.5\%＝7\,500\ 元$$

$$2012\ 年折旧额（应计折旧月份为\ 10\sim12\ 月）＝7\,500\times3＝22\,500\ 元$$

$$2016\ 年折旧额（应计折旧月份为\ 1\sim12\ 月）＝7\,500\times12＝90\,000\ 元$$

2. 工作量法

工作量法，是指根据实际工作量计提固定资产折旧额的一种方法。其计算公式为

$$单位工作量折旧额＝\frac{固定资产原值-预计净残值}{预计总工作量}$$

$$＝\frac{固定资产原值\times（1-预计净残值率）}{预计总工作量}$$

某项固定资产月折旧额＝该项固定资产当月实际工作量×单位工作量折旧额

例 6-6 广东望秋服饰有限公司 2015 年 6 月购买一辆运货卡车，原值为 500 000 元，预计净残值率为 3%，预计总行驶里程为 500 000 公里，2016 年 9 月行驶 4 000 公里，采用工作量法计算 2016 年 9 月的折旧额。计算过程如下：

$$单位里程折旧额＝\frac{500\,000\times（1-3\%）}{500\,000}＝0.97元/公里$$

$$2016\ 年\ 9\ 月折旧额＝4\,000\times0.97＝3\,880\ 元$$

3. 双倍余额递减法

双倍余额递减法，是指在不考虑固定资产预计净残值的情况下，根据每年年初固定资产净值和双倍的直线折旧法折旧率计算固定资产折旧额的一种方法。采用该方法计提固定资产折旧，一般应在固定资产使用寿命到期前两年内，将固定资产账面净值扣除预计净残值后的净值平均摊销。其计算公式为

$$年折旧率＝\frac{2}{预计使用年限}\times100\%$$

$$年折旧额＝固定资产期初账面净值\times年折旧率$$

例 6-7 广东望秋服饰有限公司 2012 年 5 月购进全自动缝纫机一台，原值为 300 000 元，预计使用寿命为 5 年，预计净残值率为 3%，采用双倍余额递减法计算各年应计折旧额。计算过程如下（见表 6-1）：

$$年折旧率＝2/5＝40\%$$

$$预计净残值＝300\,000\times3\%＝9\,000\ 元$$

表 6-1　各年折旧额计算表（双倍余额递减法）　　　　单位：元

折旧年度	期初账面净值	年折旧率	年折旧额	月折旧额	期末账面净值	会计年度折旧额	
						会计年度	年折旧额
第 1 年	300 000	40%	120 000	10 000	180 000	2012.6～12	70 000
						2013.1～5	50 000
第 2 年	180 000	40%	72 000	6 000	108 000	2013.6～12	42 000
						2014.1～5	30 000
第 3 年	108 000	40%	43 200	3 600	64 800	2014.6～12	25 200
						2015.1～5	18 000
第 4 年	64 800	—	27 900	2 325	36 900	2015.6～12	16 275
						2016.1～5	11 625
第 5 年	36 900	—	27 900	2 325	9 000	2016.6～12	16 275
						2017.1～5	11 625

4. 年限总和法

年限总和法，是指将固定资产的原值减去预计净残值后的净额作为折旧基数，乘以一个逐年递减的分数计算各期固定资产折旧额的一种方法。其计算公式为

$$年折旧率 = \frac{尚可使用年限}{预计使用年限的年数总和}$$

$$年折旧额 = （固定资产原值—预计净残值）\times 年折旧率$$

例 6-8　广东望秋服饰有限公司 2012 年 8 月购进电脑绣花机一台，原值为 280 000元，预计使用寿命为 5 年，预计净残值为 10 000 元，采用年数总和法计算各年应计折旧额。计算过程如下（见表 6-2）：

$$原值—预计净残值 = 280\ 000 - 10\ 000 = 270\ 000（元）$$

表 6-2　各年折旧额计算表（年数总和法）　　　　单位：元

折旧年度	尚可使用年限	原值-净残值	年折旧率	年折旧额	月折旧额	会计年度折旧额	
						会计年度	年折旧额
第 1 年	5	270 000	5/15	90 000	7 500	2012.9～12	30 000
						2013.1～8	60 000
第 2 年	4	270 000	4/15	72 000	6 000	2013.9～12	24 000
						2014.1～8	48 000
第 3 年	3	270 000	3/15	54 000	4 500	2014.9～12	18 000
						2015.1～8	36 000
第 4 年	2	270 000	2/15	36 000	3 000	2015.9～12	12 000
						2016.1～8	24 000
第 5 年	1	270 000	1/15	18 000	1 500	2016.9～12	6 000
						2017.1～8	12 000

6.3.3 固定资产折旧核算

1. 账户设置

企业应设置"累计折旧"账户核算固定资产折旧的增减变动及其结余情况。该账户属于资产类账户，是固定资产账户的备抵调整账户，贷方登记企业按月计提的固定资产折旧，借方登记处置固定资产转出的累计折旧，期末余额在贷方，表示企业固定资产的累计折旧额。

该账户可按固定资产的类别和项目设置明细分类账，进行明细分类核算。累计折旧账户结构见图 6-22。

累计折旧

本期：登记处置固定资产转出的累计折旧	期初：已计提固定资产的累计折旧额 登记企业按月计提的固定资产折旧
	期末：已计提固定资产的累计折旧额

图 6-22　累计折旧账户结构

2. 会计核算

企业应按月计提折旧，计提的折旧应计入"累计折旧"账户，并根据其用途计入相关资产的成本或当期损益，其中：车间固定资产折旧计入"制造费用"账户，行政管理部门（厂部）固定资产折旧，计入"管理费用"账户，专设销售机构固定资产折旧，计入"销售费用"账户，经营租出固定资产折旧，计入"其他业务成本"账户，用于研究开发无形资产的固定资产折旧，计入"研发支出"账户。

例 6-9　广东望秋服饰有限公司 2016 年 8 月计提折旧情况见表 6-3。

表 6-3　固定资产折旧计算表

2016 年 8 月 31 日　　　　　　　　　　　　　单位：元

使用部门	资产种类	月初原值	月折旧率	月折旧额
生产车间	设备	2 292 800.00	0.8%	18 342.40
	房屋	2 398 400.00	0.35%	8 394.40
管理部门	设备	48 800.00	0.75%	366.00
	房屋	200 000.00	0.25%	500.00
合计		4 940 000.00	—	27 602.80

望秋公司账务处理如下：

借：制造费用　　　　　　　　　　　　　　　　　　26 736.80

　　管理费用　　　　　　　　　　　　　　　　　　　　866.00

　　贷：累计折旧　　　　　　　　　　　　　　　　27 602.80

附原始凭证 1 张：固定资产折旧计算表（见表 6-3）。

6.4 固定资产租赁核算

6.4.1 固定资产租赁概述

租赁，是指在约定的期间内，出租人将资产使用权让与承租人，以获取租金的协议。租赁的主要特征是，在租赁期内转移资产的使用权，而不是转移资产的所有权，这种转移是有偿的，取得使用权以支付租金为代价。

固定资产租赁，按其性质可分为经营租赁固定资产与融资租赁固定资产两种。满足下列标准之一的，就应认定为融资租赁，否则，就应认定为经营租赁。

1）在租赁期届满时，租赁资产的所有权转移给承租人。

2）承租人有购买租赁资产的选择权，所订立的购买价款预计将远低于行使选择权时租赁资产的公允价值。

3）即使资产的所有权不转移，但租赁期占租赁资产使用寿命的大部分（通常占租赁开始日租赁资产使用寿命的 75% 及以上）。

4）承租人租赁开始日的最低租赁付款额的现值，几乎相当于租赁开始日租赁资产公允价值。

5）租赁资产性质特殊，如果不作较大改造，只有承租人才能使用。

6.4.2 经营租赁固定资产核算

1. 账户设置

企业对经营租入固定资产发生的改良支出（如改装、装修、改建等支出），应列为"长期待摊费用"进行核算。长期待摊费用，是指企业已经发生的，但应由本期和以后各期负担的，摊销期限在 1 年以上的各项费用。长期待摊费用本质上不属于资产，但由于它一般数额较大，受益期限较长，所以将其列为资产项目，在受益期内转销或分期摊销。

此时，企业应设置"长期待摊费用"账户，核算企业长期待摊费用的发生及其转销或摊销情况。该账户属于资产类账户，借方登记企业发生的各项长期待摊费用，贷方登记企业转销或分期摊销的长期待摊费用，期末余额一般在借方，表示企业尚未转销或摊销的长期待摊费用。

长期待摊费用账户应按费用项目设置明细分类账，进行明细分类核算。长期待摊费用账户结构见图 6-23。

长期待摊费用	
期初：期初尚未转销或摊销的长期待摊费用	
本期：登记企业发生的各项长期待摊费用	登记企业转销或分期摊销的长期待摊费用
期末：期末尚未转销或摊销的长期待摊费用	

图 6-23 长期待摊费用账户结构

2. 会计核算

（1）经营租入固定资产核算

在经营租赁下，承租人不能将租赁资产资本化，一般只可将支付或应付的租金在租赁期内按直线法计入相关资产成本或当期损益；其他方法更为系统合理的，也可以采用其他方法。承租人对经营租入的固定资产列为代管物资，在固定资产备查簿中进行登记。租入固定资产的核算主要包括：

1）经营租入固定资产时，承租人发生的初始直接费用（指在租赁谈判和签订合同过程中发生的可直接归属于租赁项目的费用，包括租赁手续费、律师费、差旅费、印花税等），应当计入当期损益，借记"管理费用"等科目，贷记"银行存款"科目。

2）企业经营租入固定资产所支付的押金，应在"其他应收款——存出保证金"账户进行核算，支付时，借记"其他应收款——存出保证金"科目，贷记"银行存款"科目。

3）企业对经营租入固定资产发生的改良支出（如改装、装修、改建等支出），先通过"在建工程"账户归集工程成本，工程完工转入"长期待摊费用"账户，在租赁期限内平均摊销，借记"制造费用""管理费用"等科目，贷记"长期待摊费用"科目。

4）承租人确认的租金费用，应按租入固定资产使用部门或用途，计入相关成本费用账户，其中属于生产车间使用的，计入"制造费用"账户；属于行政管理部门使用的，计入"管理费用"账户；属于专设销售机构使用的，计入"销售费用"账户；属于研究开发无形资产使用的，计入"研发支出"账户。

> ### 知识拓展6-5 长期待摊费用内容
>
> 1）开办费。指企业在筹建期间发生的，除应计入有关财产物资价值外的各项费用，包括筹建期间人员的工资、办公费、培训费、差旅费、印刷费、律师咨询费、注册登记费以及不应计入固定资产价值的借款费用等。
>
> 2）经营租入固定资产改良支出。指承租人对其以经营租赁方式租入的固定资产进行延长其寿命或效用的改装、翻修、改建等支出。
>
> 3）预付租入资产租金。指企业因临时性需要租入资产，预付1年以上的租金费用。
>
> 4）已提足折旧的固定资产改建支出。指企业对已提足折旧的固定资产进行改扩建而发生的支出。
>
> 5）其他长期待摊费用。

例6-10 广东望秋服饰有限公司2016年7月因季节性生产需要，从广州海跃纺织设备公司租入全自动绣花机一台，价值650 000元，租入时支付律师费等相关直接费用1 500元、增值税额90元。租赁合同约定租期为3个月，每月租金为25 000元、增值税额4 250元，并于每月16日支付。望秋公司账务处理如下：

1）租入时支付律师费等相关直接费用，

借：管理费用	1 500.00
应交税费——应交增值税（进项税额）	90.00
贷：银行存款	1 590.00

附原始凭证2张：增值税专用发票（见图6-24）和支票存根（图略）。

4401265343

广东增值税专用发票

No 201307105

开票日期：2016 年 07 月 05 日

购货单位	名　称：	广东望秋服饰有限公司			密码区	（略）			
	纳税人识别号：	440106868268025							
	地址 、电话：	广州天河中路 2 号，86697584							
	开户行及账号：	建行天河支行、11682683056							

货物或应税劳务、服务名称	规格型号	单位	数 量	单 价	金 额	税率	税 额
律师咨询费				1 500.00	1 500.00	6%	90.00
合　计					¥1 500.00		¥90.00

价税合计（大写）	⊗壹仟伍佰玖拾圆整	（小写）¥1 590.00

销货单位	名　称：	广州市智道律师事务所	备注
	纳税人识别号：	440106868532603	
	地址 、电话：	广州中山路 116 号，88349999	
	开户行及账号：	中行中山支行、11687561462	

收款人：李东红　　复核：何耀阳　　开票人：王晓珊　　销货单位：（章）

图 6-24　增值税专用发票

2）租入绣花机，登记"经营租入固定资产备查簿"，不作账务处理。

3）每月 16 日支付租金时，

借：制造费用　　　　　　　　　　　　　　　　　　　　25 000.00

　　应交税费——应交增值税（进项税额）　　　　　　　 4 250.00

　　　贷：银行存款　　　　　　　　　　　　　　　　　　　　29 250.00

附原始凭证 2 张：增值税专用发票（见图 6-25）和支票存根（图略）。

4401235306

广东增值税专用发票

No 201307116

开票日期：2016 年 07 月 16 日

购货单位	名　称：	广东望秋服饰有限公司			密码区	（略）			
	纳税人识别号：	440106868268025							
	地址 、电话：	广州天河中路 2 号，86697584							
	开户行及账号：	建行天河支行、11682683056							

货物或应税劳务、服务名称	规格型号	单位	数 量	单 价	金 额	税率	税 额
设备租金		月	1	25 000.00	25 000.00	17%	4 250.00
合　计					¥25 000.00		¥4 250.00

价税合计（大写）	⊗贰万玖仟贰佰伍拾圆整	（小写）¥29 250.00

销货单位	名　称：	广州海跃纺织设备公司	备注
	纳税人识别号：	440106868531465	
	地址 、电话：	广州花都新华路 15 号，63756678	
	开户行及账号：	工行新华支行、11681356493	

收款人：黎红娜　　复核：苏志文　　开票人：李丽　　销货单位：（章）

图 6-25　增值税专用发票

例6-11 广东望秋服饰有限公司2016年8月9日在广州市越秀中路租入铺面一间，创办望秋服饰越秀专卖店，租赁期2年，从承租日开始，公司出包给广东诚泰建筑工程公司对该铺面进行装修，8月31日工程完工，支付出包工程款120 000元，增值税税率为11%。望秋公司账务处理如下：

1）支付出包工程款时，

借：在建工程——装修工程 　　　　　　　　　　　　　　　　　　120 000.00

　　应交税费——应交增值税（进项税额）　　　　　　　　　　　　7 920.00

　　　　　　——待抵扣进项税额　　　　　　　　　　　　　　　　5 280.00

　　贷：银行存款 　　　　　　　　　　　　　　　　　　　　　　133 200.00

附原始凭证2张：增值税专用发票（见图6-26）和支票存根（图略）。

4401048562	广东增值税专用发票				No 014023201			
					开票日期：2016年08月31日			
购货单位	名　　称：广东望秋服饰有限公司 纳税人识别号：440106868268025 地址、电话：天河中路2号，86697584 开户行及账号：建行天河支行、11682683056					密码区	（略）	
货物或应税劳务、服务名称	规格型号	单位	数量	单价	金　额	税率	税　额	
装修工程费					120 000.00	11%	13 200.00	
合　计					¥120 000.00		¥13 200.00	
价税合计（大写）	⊗壹拾叁万叁仟贰佰圆整					（小写）¥133 200.00		
销货单位	名　　称：广东诚泰建筑工程公司 纳税人识别号：440106868223518 地址、电话：天河东路102号，86697777 开户行及账号：工行天河支行、11685483236							

收款人：徐媛　　复核：杨琳　　开票人：徐欣燕　　销货单位：（章）

图6-26　增值税专用发票

2）装修完工结转工程成本时，

借：长期待摊费用——租入固定资产改良支出 　　　　　　　　　120 000.00

　　贷：在建工程——装修工程 　　　　　　　　　　　　　　　　120 000.00

附原始凭证1张：工程竣工验收单（见图6-27）。

3）每月摊销租入固定资产改良支出时，

每月摊销额＝120 000/（2×12）＝5 000（元）

借：管理费用　　　　　　　　　　　　　　　　　　　　　　　　　5 000.00

　　贷：长期待摊费用——租入固定资产改良支出　　　　　　　　　　　　　5 000.00

附原始凭证 1 张：租入固定资产改良支出摊销计算表（见图 6-28）。

工程竣工验收决算报告

编号：00171　　　　　　　2016 年 8 月 31 日　　　　　　　　单位：元

项目名称	工程批准号	工程预算数	工程决算数	其中：设备费	材料费用	工资费用	其他直接费	施工管理费
装修工程			120 000.00		70 000	3 0000	8 000	12 000
			120 000.00					
合计					70 000.00	30 000.00	8 000.00	12 000.00

资产名称	规格		单价		施工单位（盖章） 负责人：李信泰		委托单位（盖章） 负责人：纪耀东	
					使用部门（盖章） 负责人：陈桂佳		财务部门（盖章） 负责人：陈利民	

图 6-27　工程竣工验收决算报告

租入固定资产改良支出摊销计算表

2016 年 9 月 30 日　　　　　　　　　　　　单位：元

项目	摊销金额	摊销年限	摊销方法	月摊销额	累计摊销
租入固定资产改良支出	120 000.00	2	直线法	5 000.00	5 000.00
合计	120 000.00	—		5 000.00	5 000.00

会计主管：陈利民　　　　　　　　会计：李源珍　　　　　制单：朱玲玲

图 6-28　租入固定资产改良支出摊销计算表

（2）经营租出固定资产核算

经营租赁下，租出的固定资产仍然属于出租方，出租方应将它作为自身的资产在资产负债表中列示，账面不能减少该资产价值。租出固定资产的核算主要包括有：

1）收到承租人支付的固定资产押金时，按其实际金额，借记"银行存款"科目，贷记"其他应付款"科目。

2）出租人收到并确认租赁收入时，应借记"银行存款"科目，贷记"其他业务收入"科目，按增值税专用发票注明的增值税额，贷记"应交税费——应交增值税（销项税额）"科目。

3）出租固定资产计提折旧时，应借记"其他业务成本"科目，贷记"累计折旧"科目。

4）出租人为出租固定资产发生的直接费用，应借记"其他业务成本"科目，贷记"银行存款"科目。

例 6-12　广东望秋服饰有限公司 2016 年 9 月出租暂时闲置的厂房一间，价值 300 000 元，租赁期为 3 个月，每月 18 日收取租金，每月租金为 20 000 元，增值税税率为 11%。该厂房按年限平均法计提折旧，月折旧率为 0.5%。望秋公司账务处理如下：

1）出租厂房时，

借：固定资产——出租固定资产 300 000.00

    贷：固定资产——不需用固定资产 300 000.00

附原始凭证 1 张：固定资产出租申请单（见图 6-29）。

固定资产出租申请单

2016 年 9 月 1 日

设备名称	规格型号	单位	数量	资产情况				备注
				已用年限	原值(元)	已提折旧	净值(元)	
厂房		间	1	8	300 000	144 000	156 000	
出租单位				出租意见				
			使用 部门	技术 鉴定小组	设备 负责人	财务 负责人	企业 负责人	主管 部门
			同意	同意	同意	同意		
				陈忠和	李清	陈利民	纪耀东	

图 6-29 固定资产出租申请单

2）每月 18 日收取租金时，

借：银行存款 22 200.00

    贷：其他业务收入 20 000.00

        应交税费——应交增值税（销项税额） 2 200.00

附原始凭证 2 张：增值税专用发票（见图 6-30）和银行进账单（图略）。

广 东 增值税 专用 发 票

4400041141 No 201304605

此联不作报销使用

开票日期：2016 年 09 月 18 日

购货单位	名 称：广东林菲服饰有限公司 纳税人识别号：440106698268287 地址、电话：广州天河中路 16 号，86697578 开户行及账号：建行天河支行、11683683649					密码区	（略）		
货物或应税劳务、服务名称	规格型号	单位	数量	单价	金额		税率	税额	
出租厂房		间	1	20 000.00	20 000.00		11%	2 200.00	
合 计					¥20 000.00			¥2 200.00	
价税合计（大写）	⊗贰万贰仟贰佰圆整					（小写）¥22 200.00			
销货单位	名 称：广东望秋服饰有限公司 纳税人识别号：440106868268025 地址、电话：广州天河中路 2 号，86697584 开户行及账号：建行天河支行、11682683056					备注	厂房所在地： 天河中路 2 号		

收款人：李欣   复核：李源珍   开票人：李欣   销货单位：（章）

第一联：记账联 销售方记账凭证

图 6-30 增值税专用发票记账联

3）月末计提折旧时，

借：其他业务成本 1 500.00

贷：累计折旧 1 500.00

附原始凭证 1 张：折旧计算表（见图 6-31）。

折旧计算表

2016 年 9 月 30 日　　　　　　　　　　　　单位：元

使用部门或用途	固定资产	月初原值	月折旧率	月折旧额
出租	厂房	300 000.00	0.5%	1 500.00
合计	-	300 000.00	-	1 500.00

会计主管：陈利民　　　　　　会计：李源珍　　　　　　制单：朱玲玲

图 6-31　折旧计算表

6.4.3　融资租赁固定资产核算

1. 融资租入固定资产核算

融资租入固定资产的所有权虽然不属于租入企业，但按资产确认条件，租入企业应将它视同自有资产进行核算与管理。融资租入固定资产的核算主要包括：

1）融资租入固定资产时，在租赁期开始日，企业按应计入固定资产成本的金额（租赁开始日租赁资产公允价值与最低租赁付款额现值两者中较低者，加上初始直接费用），借记"在建工程"或"固定资产"科目，按最低租赁付款额，贷记"长期应付款——应付融资租赁款"科目，按发生的初始直接费用，贷记"银行存款"科目，按其差额，借记"未确认融资费用"科目。

2）按期支付融资租入固定资产租赁费时，一方面应减少长期应付款，借记"长期应付款——应付融资租赁款""应交税费"等科目，贷记"银行存款"科目；另一方面应同时将未确认融资费用按一定的方法确认为当期费用，借记"财务费用"科目，贷记"未确认融资费用"科目。

3）对于融资租入固定资产，企业应计提租入固定资产折旧，采用的方法与自有固定资产的折旧政策相同，按其使用部门或用途，借记"制造费用""管理费用"等科目，贷记"累计折旧"科目。

2. 融资租出固定资产核算

融资租出固定资产的核算主要包括：

1）融资租出固定资产时，在租赁期开始日，企业应将应收融资租赁款（包括出租人发生的初始直接费用）、未担保余值（指租赁资产余值中扣除就出租人而言的担保余值以后的资产余值）之和与其现值的差额确认为未实现融资收益，借记"长期应收款——应收融资租赁款"科目，贷记"银行存款""融资租赁资产""未实现融资收益"等科目。

2）按期收取融资租出固定资产租赁费时，按收到的租赁费，借记"银行存款"科目，贷记"长期应收款——应收融资租赁款"科目；同时，确认每期的租赁收入，借记

"未实现融资收益"等科目，贷记"租赁收入""应交税费"等科目。

6.5 固定资产后续支出核算

6.5.1 固定资产后续支出概述

固定资产后续支出，是指固定资产使用过程中发生的更新改造支出、修理费用等。

后续支出的处理原则是：符合固定资产确认条件（资本化后续支出）的，应当计入固定资产成本，同时将被替换部分的账面价值扣除；不符合固定资产确认条件（费用化后续支出）的，应当计入当期损益。

6.5.2 资本化后续支出核算

企业对原有固定资产的更新改造、装修工程等支出，一般属于资本化后续支出。资本化后续支出通过"在建工程"账户核算。

固定资产发生可资本化的后续支出时，企业应将该固定资产的原价、已计提的折旧和减值准备等转销，将固定资产的账面净值转入"在建工程"账户，并停止计提折旧。待更新改造等工程完工并达到预定可使用状态时，再从"在建工程"账户转为"固定资产"账户，并按重新确定的使用寿命、预计净残值和折旧方法计提折旧。

例 6-13 广东望秋服饰有限公司 2016 年 7 月 12 日将本企业第一成衣车间出包给广东诚泰建筑公司进行改扩建，厂房原价 560 000 元，已提折旧 260 000 元，没有减值准备，出包改建工程发生费用共计 375 000 元，增值税税率为 11%，9 月 26 日工程完工达到预定可使用状态。望秋公司账务处理如下：

1）车间厂房转为改扩建工程时，

借：在建工程——成衣车间改扩建 300 000.00
　　累计折旧 260 000.00
　　贷：固定资产——厂房 560 000.00

附原始凭证 1 张：固定资产更新改造申请单（见图 6-32）。

固定资产更新改造申请单

使用部门：成衣车间　　　　　　　2016 年 7 月 12 日

设备名称	规格型号	单位	数量	资产情况				备注
				已用年限	原值(元)	已提折旧	净值(元)	
车间改建		间	1	8	560 000	260 000	300 000	
改造单位				更新改造意见				
				使用部门	技术鉴定小组	设备负责人	财务负责人	企业负责人	主管部门
				同意	同意	同意	同意	同意	
				周涛南	陈忠和	李清	陈利民	纪耀东	

图 6-32　固定资产更新改造申请单

2）支付改扩建工程费用时，

借：在建工程——成衣车间改扩建　　　　　　　　　　　　　375 000.00
　　应交税费——应交增值税（进项税额）　　　　　　　　　 24 750.00
　　　　　　　——待抵扣进项税额　　　　　　　　　　　　 16 500.00
　　贷：银行存款　　　　　　　　　　　　　　　　　　　　416 250.00

附原始凭证 1 张：增值税专用发票（见图 6-33）和支票存根（图略）。

4401048562	广东增值税专用发票					No 014023224		
						开票日期：2016 年 09 月 26 日		
购货单位	名　称：广东望秋服饰有限公司 纳税人识别号：440106868268025 地址、电话：天河中路 2 号，86697584 开户行及账号：建行天河支行、11682683056				密码区	（略）		
货物或应税劳务、服务名称	规格型号	单位	数量	单价	金　额	税率	税　额	
改建工程费					375 000.00	11%	41 250.00	
合　计					¥375 000.00		¥41 250.00	
价税合计（大写）	⊗肆拾壹万陆仟贰佰伍拾圆整							
销货单位	名　称：广东诚泰建筑工程公司 纳税人识别号：440106868223518 地址、电话：天河东路 102 号，86697777 开户行及账号：工行天河支行、11685483236				备注	厂商所在地： 天河中路 2 号 440106868223518		
收款人：徐媛	复核：杨琳	开票人：徐欣燕			销货单位：（章）			

图 6-33　增值税专用发票

3）工程完工达到预定可使用状态时，

借：固定资产——厂房　　　　　　　　　　　　　　　　　　675 000.00
　　贷：在建工程——成衣车间改扩建　　　　　　　　　　　675 000.00

附原始凭证 2 张：工程竣工验收决算报告（见图 6-34）和固定资产验收单（图略）。

工程竣工验收决算报告

编号：00262　　　　　　　　2016 年 9 月 26 日　　　　　　　　单位：元

项目名称	工程批准号	工程预算数	工程决算数	其中：设备费	材料费用	工资费用	其他直接费	施工管理费
车间改扩建			675 000.00		230 000.00	120 000.00	9 000.00	16 000.00
			675 000.00					
合计			675 000.00		230 000.00	120 000.00	9 000.00	16 000.00
资产名称	规格	新增固定资产	单价		施工单位（盖章） 负责人：李信泰		委托单位（盖章） 负责人：纪耀东	
					使用部门（盖章） 负责人：周涛南		财务部门（盖章） 负责人：陈利民	

图 6-34　工程竣工验收决算报告

6.5.3 费用化后续支出核算

企业对原有固定资产进行维护、维修等支出，不论是大修，还是中小修理，一般属于费用化后续支出。费用化后续支出在发生时应直接计入当期损益。

企业生产车间（生产部门）和行政管理部门等发生的固定资产修理费等后续支出，计入"管理费用"账户；与专设销售机构相关的固定资产修理费等后续支出，计入"销售费用"账户。

例 6-14 广东望秋服饰有限公司 2016 年 7 月 20 日请广州市益丰修配公司对一台电动缝纫机进行修理，支付修理费用 1 600 元、增值税额 272 元。望秋公司账务处理如下：

```
借：管理费用                                              1 600.00
    应交税费——应交增值税（进项税额）                       272.00
    贷：银行存款                                          1 872.00
```

附原始凭证 2 张：增值税专用发票发票联（见图 6-35）和支票存根（图略）。

图 6-35　增值税专用发票发票联

6.6　固定资产处置与清查核算

6.6.1　固定资产处置核算

1. 账户设置

固定资产处置包括有固定资产的出售、报废、毁损等。企业处置固定资产应通过"固定资产清理"账户核算。

固定资产清理账户核算企业因出售、报废、毁损等原因而转出的固定资产的净值及其在清理过程中发生的清理费用和清理收入。该账户属于资产类账户，借方登记转出的固定资产净值、清理过程中应支付的相关税费以及结转的清理净收益，贷方登记出售固定资产的价款、残料收入以及结转的清理净损失，该账户期末结转后无余额。固定资产清理账户结构见图 6-36。

固定资产清理

期初：无余额	
本期：登记转出的固定资产净值、清理过程中应支付的相关税费以及结转的清理净收益	登记出售固定资产的价款、残料收入以及结转的清理净损失
期末：无余额	

图 6-36　固定资产清理账户结构

2. 会计核算

企业处置固定资产的会计核算主要包括有以下几个环节：

1）固定资产转入清理。按固定资产账面价值（净值），借记"固定资产清理"科目，按已计提的累计折旧，借记"累计折旧"科目，按已计提的减值准备，借记"固定资产减值准备"科目，按固定资产账面原值（原价），贷记"固定资产"科目。

2）发生清理费用及相关费用。按清理过程中发生的有关清理费用及相关费用，借记"固定资产清理""应交税费"科目，贷记"银行存款"等科目。

3）取得出售固定资产价款、残料价值或变卖收入和保险赔款。按实际收到的价款、残料价值或变价收入和保险赔款，借记"银行存款""原材料""其他应收款"等科目，贷记"固定资产清理"科目，并按出售固定资产收入计算的应交增值税额，贷记"应交税费——应交增值税（销项税额）"科目。

4）结转清理净损益。

① 结转固定资产处置的净收益，按"固定资产清理"账户的贷方余额，借记"固定资产清理"科目，贷记"营业外收入——处置非流动资产利得"科目。

② 结转固定资产处置的净损失，按"固定资产清理"账户的借方余额，属于生产经营期间正常的处置损失，借记"营业外支出——处置非流动资产损失"科目，贷记"固定资产清理"科目；属于自然灾害等非正常原因造成的损失，借记"营业外支出——非常损失"科目，贷记"固定资产清理"科目。

知识拓展 6-6　固定资产处置税金的处理

1）企业处置已用（已计提折旧）的固定资产（非不动产），应当区分不同情况确认增值税。

① 处置资产为 2009 年以后购入或自制的，按照企业适用的增值税税率计算缴纳增值税。

② 处置资产为 2009 年以前购入或自制的，但是已纳入增值税试点的，按照企业适用的增值税税率计算缴纳增值税。

③ 处置资产为 2009 年以前购入或自制的，但是未纳入增值税试点的，按照 4%的征收率减半计算缴纳增值税。

④ 处置资产为 2009 年以前购入或自制的，虽然已纳入增值税试点，但处置的资产为试点之前购置的，按照 4% 的征收率减半计算缴纳增值税。

2）企业处置已用（已计提折旧）的不动产，应当区分不同情况预征增值税。

① 一般纳税人销售其 2016 年 4 月 30 日前取得的不动产（不含自建），适用一般计税方法计税的，以取得的全部价款和价外费用为销售额计算应纳税额。上述纳税人应以取得的全部价款和价外费用减去该项不动产购置原价或者取得不动产时的作价后的余额，按照 5% 的预征率在不动产所在地预缴税款后，向机构所在地主管税务机关进行纳税申报。

② 一般纳税人销售其 2016 年 4 月 30 日前自建的不动产，适用一般计税方法计税的，应以取得的全部价款和价外费用为销售额计算应纳税额。纳税人应以取得的全部价款和价外费用，按照 5% 的预征率在不动产所在地预缴税款后，向机构所在地主管税务机关进行纳税申报。

③ 一般纳税人销售其 2016 年 5 月 1 日后取得（不含自建）的不动产，应适用一般计税方法，以取得的全部价款和价外费用为销售额计算应纳税额。纳税人应以取得的全部价款和价外费用减去该项不动产购置原价或者取得不动产时的作价后的余额，按照 5% 的预征率在不动产所在地预缴税款后，向机构所在地主管税务机关进行纳税申报。

④ 一般纳税人销售其 2016 年 5 月 1 日后自建的不动产，应适用一般计税方法，以取得的全部价款和价外费用为销售额计算应纳税额。纳税人应以取得的全部价款和价外费用，按照 5% 的预征率在不动产所在地预缴税款后，向机构所在地主管税务机关进行纳税申报。

例 6-15 广东望秋服饰有限公司 2016 年 7 月 24 日出售一台闲置不用的 2008 年 8 月购置的绣花机，原值为 160 000 元，已计提折旧 120 000 元，用银行存款支付清理费用 1 000 元（适用增值税税率为 11%），出售价款 45 000 元、增值税 900 元，已存入银行。望秋公司账务处理如下：

1）固定资产转入清理时，

借：固定资产清理　　　　　　　　　　　　　　　　　　　　　　　　　40 000.00
　　累计折旧　　　　　　　　　　　　　　　　　　　　　　　　　　　120 000.00
　　贷：固定资产——绣花机　　　　　　　　　　　　　　　　　　　　　160 000.00

附原始凭证 1 张：固定资产处置清理单（见图 6-37）。

固定资产处置清理单

使用部门：　　　　　　　　　　2016 年 7 月 24 日

设备名称	规格型号	单位	数量	资产情况				备注
				已用年限	原值（元）	已提折旧	净值（元）	
绣花机		台	1	6	160 000.00	120 000.00	40 000.00	
处置单位			处置意见					
			使用部门	技术鉴定小组	设备负责人	财务负责人	企业负责人	主管部门
			同意	同意	同意	同意		
				陈忠和	李清	陈利民	纪耀东	

图 6-37　固定资产处置清理单

2）收到出售价款时，

$$销项税额＝45\ 000×（4\%/2）＝900（元）$$

借：银行存款	45 900.00
贷：固定资产清理	45 000.00
应交税费——应交增值税（销项税额）	900.00

附原始凭证 2 张：增值税专用发票（见图 6-38）和银行进账单（图略）。

广 东 省 增 税 专用 发 票

4400041141　　　　　　　　　　　　　　　　　　　No 201342061

此联不作报销、抵扣税凭证使用

开票日期：2016 年 07 月 24 日

购货单位	名　　　称：广东巴巴狗服装有限公司					密码区	（略）		
	纳税人识别号：440102565268021								
	地址 、 电话：广州越秀南路 18 号、65695652								
	开户行及账号：建行越秀支行、28152683084								
货物或应税劳务、服务名称	规格型号	单位	数 量	单 价	金　　额	税率	税　　额		
绣花机		台	1	45 000.00	45 000.00	2%	900.00		
合　　计					¥45 000.00		¥900.00		
价税合计（大写）	⊗肆万伍仟玖佰圆整				（小 写）　¥45 900.00				
销货单位	名　　　称：广东望秋服饰有限公司					备注			
	纳税人识别号：440106868268025								
	地址 、 电话：广州天河中路 2 号、86697584								
	开户行及账号：建行天河支行、11682683056								

收款人：李芬　　　　复核：李源珍　　　　开票人：李欣　　　　销货单位：（章）

第一联：记账联　销售方记账凭证

图 6-38　增值税专用发票记账联

3）支付清理费用时，

借：固定资产清理	1 000.00
应交税费——应交增值税（进项税额）	110.00
贷：银行存款	1 110.00

附原始凭证 2 张：增值税专用发票（见图 6-39）和支票存根（图略）。

图 6-39 增值税专用发票

4）结转清理净损益时，

借：固定资产清理　　　　　　　　　　　　　　　　　　　　　　4 000.00

　　贷：营业外收入——处置非流动资产利得　　　　　　　　　　　　　　4 000.00

附原始凭证 1 张：内部转账单（见图 6-40）。

内部转账单

2016 年 7 月 24 日　　　　　　　　　　　　　转字第 601 号

摘要	结转科目			转入科目		
	总账科目	明细科目	金额（元）	总账科目	明细科目	金额（元）
结转清理净损益	固定资产清理		4 000.00	营业外收入	处置非流动资产利得	4 000.00
合计			¥4 000.00			¥4 000.00

会计主管：陈利民　　　　　　　　　会计：李源珍　　　　　　　　制表：朱玲玲

图 6-40 内部转账单

例 6-16　广东望秋服饰有限公司 2016 年 7 月 29 日由于性能原因出售一台 2010 年 4 月购置的全自动缝纫机，原值为 200 000 元，已计提折旧 100 000 元，用银行存款支付清理费用 1 600 元（适用增值税税率为 11%），取得不含税价款 120 000 元，增值税税率 17%，款项已存入银行。望秋公司账务处理如下：

1）固定资产转入清理时，

借：固定资产清理　　　　　　　　　　　　　　　　　　　　　100 000.00

　　累计折旧　　　　　　　　　　　　　　　　　　　　　　　100 000.00

　　贷：固定资产——缝纫机　　　　　　　　　　　　　　　　　　200 000.00

附原始凭证 1 张：固定资产处置清理单（见图 6-41）。

固定资产处置清理单

使用部门：　　　　　　　　　　2016 年 7 月 29 日

设备名称	规格型号	单位	数量	资产情况				备注
				已用年限	原值（元）	已提折旧	净值（元）	
缝纫机		台	1	4	200 000.00	100 000.00	100 000.00	
处置单位				处置意见				
			使用部门	技术鉴定小组	设备负责人	财务负责人	企业负责人	主管部门
			同意	同意	同意	同意	同意	
				陈忠和	李清	陈利民	纪耀东	

图 6-41　固定资产处置清理单

2）收到出售价款时，

销项税额＝120000×17%＝20 400（元）

借：银行存款　　　　　　　　　　　　　　　　　　　　　　　140 400.00

　　贷：固定资产清理　　　　　　　　　　　　　　　　　　　　120 000.00

　　　　应交税费——应交增值税（销项税额）　　　　　　　　　　20 400.00

附原始凭证 2 张：增值税专用发票（见图 6-42）和银行进账单（图略）。

广东增值税专用发票

此联不作报销纳税凭证使用

4400041141　　　　　　　　　　　　　　　No 201342062

开票日期：2016 年 07 月 29 日

购货单位	名　称：广东枫叶服装有限公司 纳税人识别号：440102565268058 地址、电话：广州芳村中路 18 号，75695636 开户行及账号：建行芳村支行，79152683024	密码区	（略）

货物或应税劳务、服务名称	规格型号	单位	数量	单价	金　额	税率	税　额
缝纫机		台	1	120 000	120 000.00	17%	20 400.00
合　计					¥120 000.00		¥20 400.00

价税合计（大写）	⊗壹拾肆万零肆佰圆整	（小写）¥140 400.00

销货单位	名　称：广东望秋服饰有限公司 纳税人识别号：440106868268025 地址、电话：广州天河中路 2 号，86697584 开户行及账号：建行天河支行，11682683056	备注

收款人：李芬　　　　复核：李源珍　　　　开票人：李欣　　　　销货单位：（章）

第一联：记账联　销售方记账凭证

图 6-42　增值税专用发票记账联

3）支付清理费用时，

借：固定资产清理 1 600.00

应交税费——应交增值税（进项税额） 176.00

贷：银行存款 1 776.00

附原始凭证 2 张：增值税专用发票（见图 6-43）和支票存根（图略）。

广东增值税专用发票								
4401678563							No 410256026	
						开票日期：2016 年 07 月 29 日		
购货单位	名　称：广东望秋服饰有限公司 纳税人识别号：440106868268025 地址、电话：天河中路 2 号、86697584 开户行及账号：建行天河支行、11682683056					密码区	（略）	
货物或应税劳务、服务名称	规格型号	单位	数量	单价	金　额	税率	税　额	
工程清理费					1 600.00	11%	176.00	
合　计					¥1 600.00		¥176.00	
价税合计（大写）	⊗壹仟柒佰柒拾陆圆整							
销货单位	名　称：广东致泰工程有限公司 纳税人识别号：440106368223802 地址、电话：中山大道中 102 号、85597788 开户行及账号：工行中山支行、11664583239					备注		
收款人：李欣媛　　复核：杨珊　　开票人：徐燕　　销货单位：（章）								

图 6-43　增值税专用发票

4）结转清理净损益时，

借：固定资产清理 18 400.00

贷：营业外收入——处置非流动资产利得 18 400.00

附原始凭证 1 张：内部转账单（见图 6-44）。

内部转账单

2016 年 7 月 29 日　　　　　　　　　　　转字第 602 号

摘要	结转科目			转入科目		
	总账科目	明细科目	金额（元）	总账科目	明细科目	金额（元）
结转清理净损益	固定资产清理		18 400.00	营业外收入	处置非流动资产利得	18 400.00
合计			¥18 400.00			¥18 400.00
会计主管：陈利民　　　　会计：李源珍　　　　制表：朱玲玲						

图 6-44　内部转账单

例 6-17　广东望秋服饰有限公司 2016 年 8 月 12 日因自然灾害毁损一座仓库，该仓库原价为 260 000 元，已计提折旧 180 000 元，用银行存款支付清理费用 24 000 元（适用增值税税率为 11%），确认由保险公司赔偿 50 000 元，赔偿款尚未收到，其残料已入库，估计价值 18 000 元。望秋公司账务处理如下：

1）固定资产转入清理时，

借：固定资产清理　　　　　　　　　　　　　　　　　　　　　　80 000.00

　　累计折旧　　　　　　　　　　　　　　　　　　　　　　　　180 000.00

　　　贷：固定资产——仓库　　　　　　　　　　　　　　　　　260 000.00

附原始凭证 1 张：固定资产处置清理单（见图 6-45）。

固定资产处置清理单

使用部门：仓管部　　　　　　　　2016 年 8 月 12 日

设备名称	规格型号	单位	数量	资产情况				备注
				已用年限	原值（元）	已提折旧	净值（元）	
仓库		座	1	7	260 000.00	180 000.00	80 000.00	
处置单位				处置意见				
			使用部门	技术鉴定小组	设备负责人	财务负责人	企业负责人	主管部门
			同意	同意	同意	同意	同意	
			陈伟峰	陈忠和	李清	陈利民	纪耀东	

图 6-45　固定资产处置清理单

2）支付清理费用时，

借：固定资产清理　　　　　　　　　　　　　　　　　　　　　　24 000.00

　　应交税费——应交增值税（进项税额）　　　　　　　　　　　2 640.00

　　　贷：银行存款　　　　　　　　　　　　　　　　　　　　　26 640.00

附原始凭证 2 张：增值税专用发票（见图 6-46）和支票存根（图略）。

广东省增值税专用发票

4401678563　　　　　　　　　　　　　　　　　　　No 410256124

开票日期：2016 年 08 月 12 日

购货单位	名　　称：广东望秋服饰有限公司 纳税人识别号：440106868268025 地址、电话：天河中路 2 号、86697584 开户行及账号：建行天河支行、11682683056				密码区	（略）		
货物或应税劳务、服务名称	规格型号	单位	数量	单价	金额	税率	税额	
工程清理费					24 000.00	11%	2 640.00	
合　　计					¥24 000.00		¥2 640.00	
价税合计（大写）	⊗贰万陆仟陆佰肆拾圆整							
销货单位	名　　称：广东致泰工程有限公司 纳税人识别号：440106368223802 地址、电话：中山大道中 102 号、85597788 开户行及账号：工行中山支行、11664583239				备注			

收款人：李欣媛　　复核：杨珊　　开票人：徐燕　　　销货单位：（章）

图 6-46　增值税专用发票

3）残料入库时，

借：原材料　　　　　　　　　　　　　　　　　　　　　　　　18 000.00

　　贷：固定资产清理　　　　　　　　　　　　　　　　　　　　　　　18 000.00

附原始凭证 1 张：收料单（见图 6-47）。

收 料 单

2016 年 8 月 12 日　　　　　　　　　　收字第 601 号

材料名称	规格型号	单位	应收数量	实收数量	金额（元）
仓库残料					18 000.00

仓库主管：陈伟峰　　　　复核：　　　　验收：李明秀　　　收料：蔡晓波　　　制单：蔡晓波

图 6-47　收料单

4）确认保险公司赔偿款时，

借：其他应收款——太平洋保险　　　　　　　　　　　　　　　50 000.00

　　贷：固定资产清理　　　　　　　　　　　　　　　　　　　　　　　50 000.00

附原始凭证 1 张：保险赔偿确认单（见图 6-48）。

关于保险赔偿确认函

广东望秋服饰有限公司：

　　贵单位于 8 月 12 日发生自然灾害，造成仓库受到损失，损失金额 80 000 元。按我公司的保险合同规定，我公司同意赔偿贵公司 50 000 元损失。

　　特此函告

中国太平洋财产保险公司

2016 年 8 月 12 日

图 6-48　保险赔偿确认单

5）结转清理净损益时，

借：营业外支出——非常损失　　　　　　　　　　　　　　　　36 000.00

　　贷：固定资产清理　　　　　　　　　　　　　　　　　　　　　　　36 000.00

附原始凭证 1 张：内部转账单（见图 6-49）。

内部转账单

2016 年 8 月 12 日　　　　　　　　　　转字第 603 号

摘要	结转科目			转入科目		
	总账科目	明细科目	金额（元）	总账科目	明细科目	金额（元）
结转清理净损益	固定资产清理		36 000.00	营业外支出	非常损失	36 000.00
合计			¥36 000.00			¥36 000.00

会计主管：陈利民　　　　　　会计：李源珍　　　　　　制表：朱玲玲

图 6-49　内部转账单

6.6.2 固定资产清查核算

企业应定期或者至少于每年年末对固定资产进行清查盘点，以保证固定资产核算的真实性，充分挖掘企业现有固定资产的潜力。在固定资产清查过程中，如果发现盘盈、盘亏的固定资产，应填制固定资产盘盈盘亏报告表。固定资产清查的损溢，应及时查明原因，并根据企业的管理权限，经股东大会或董事会或经理（厂长）会议或类似机构批准后，在期末结账前处理完毕。

1. 固定资产盘盈核算

企业在财产清查中盘盈固定资产，应作为前期差错处理，通过"以前年度损益调整"账户核算。

1）盘盈时，按盘盈固定资产的重置价值减去估计价值损耗（估计折旧）后的余额，借记"固定资产"科目，贷记"以前年度损益调整"科目。

2）报经审批处理时，按盘盈固定资产的净值，借记"以前年度损益调整"科目，按应调整增加的应交所得税，贷记"应交税费——应交所得税"科目，按其余额计算应调整增加的盈余公积，贷记"盈余公积——法定盈余公积"科目，按其差额，贷记"利润分配——未分配利润"科目。

例 6-18　广东望秋服饰有限公司 2016 年 7 月 31 日在财产清查中，发现盘盈电动缝纫机一台，其重置价值为 24 000 元，有 8 成新，估计折旧为 4 800 元。望秋公司账务处理如下：

1）盘盈固定资产时，

盘盈固定资产净值＝24 000—4 800＝19 200（元）

借：固定资产——电动缝纫机　　　　　　　　　　　　　　19 200.00

贷：以前年度损益调整　　　　　　　　　　　　　　19 200.00

附原始凭证 1 张：固定资产清查报告单（见图 6-50）。

固定资产清查报告单

2016 年 7 月 31 日　　　　　　　　　　　　　单位：元

资产名称	单位	数量		盘盈			盘亏		
		账存	实存	数量	原值	折旧	数量	原值	折旧
电动缝纫机	台	11	12	1	24 000.00	4 800.00			
合计	台	11	12	1	24 000.00	4 800.00	—	—	—

仓库主管：陈伟峰　　　　　清查人：刘江　　　　　保管员：谢晓娜

图 6-50　固定资产清查报告单

2）报经批准，调整所得税款和留存收益时，

应交所得税＝19 200×25%＝4 800（元）

计提盈余公积＝（19 200－4 800）×10%＝1 440（元）

未分配利润＝19 200－4 800－1 440＝12 960（元）

借：以前年度损益调整　　　　　　　　　　　　　　　　　19 200.00

　　贷：应交税费——应交所得税　　　　　　　　　　　　　4 800.00

　　　　盈余公积——法定盈余公积　　　　　　　　　　　　1 440.00

　　　　利润分配——未分配利润　　　　　　　　　　　　　12 960.00

附原始凭证 1 张：固定资产盘盈处理报告单（见图 6-51）。

固定资产盘盈处理报告单

2016 年 7 月 31 日

盘盈金额（元）	盘盈原因	处理方法
¥19 200.00	无法查明原因	按会计制度规定予以处理
单位领导意见： 同意 纪耀东	财会部意见： 同意 陈利民	董事会或主管部门意见： 同意

图 6-51　固定资产盘盈处理报告单

2. 固定资产盘亏核算

企业在财产清查中盘亏固定资产，应通过"待处理财产损溢——待处理非流动资产损溢"账户核算。

1）盘亏时，按盘亏固定资产的账面价值（净值），借记"待处理财产损溢——待处理非流动资产损溢"科目，按已计提折旧额，借记"累计折旧"科目，按盘亏固定资产的原始价值，贷记"固定资产"科目。

2）报经审批处理时，按可收回的保险赔偿或过失人赔偿，借记"其他应收款"科目，按盘亏固定资产的净值，贷记"待处理财产损溢——待处理非流动资产损溢"科目，按其差额，借记"营业外支出——盘亏损失"科目。

例 6-19　广东望秋服饰有限公司 2016 年 9 月 30 日在财产清查中，发现盘亏电动绣花机一台，其原值为 25 000 元，已计提折旧为 18 000 元。经批准，该盘亏固定资产作为营业外支出处理。望秋公司账务处理如下：

1）盘亏固定资产时，

借：待处理财产损溢——待处理非流动资产损溢　　　　　　7 000.00

　　累计折旧　　　　　　　　　　　　　　　　　　　　　18 000.00

　　贷：固定资产——电动绣花机　　　　　　　　　　　　25 000.00

附原始凭证 1 张：固定资产清查报告单（见图 6-52）。

固定资产清查报告单

2016 年 9 月 30 日 单位：元

资产名称	单位	数量		盘盈			盘亏		
		账存	实存	数量	原值	折旧	数量	原值	折旧
电动绣花机	台	15	14				1	25 000	18 000
合计	台	15	14	—	—		1	25 000	18 000

仓库主管：陈伟峰 清查人：刘江 保管员：谢晓娜

图 6-52 固定资产清查报告单

2）报经批准，计入营业外支出时，

借：营业外支出——盘亏损失 7 000.00
　　贷：待处理财产损溢——待处理非流动资产损溢 7 000.00

附原始凭证 1 张：固定资产盘亏处理报告单（见图 6-53）。

固定资产盘亏处理报告单

2016 年 9 月 30 日

盘亏金额（元）	盘亏原因	处理方法
￥7 000.00	无法查明原因	作为营业外支出处理
单位领导意见： 同意 纪耀东	财会部意见： 同意 陈利民	董事会或主管部门意见： 同意

图 6-53 固定资产盘亏处理报告单

【要点回顾】

1. 固定资产，是指为生产产品、提供劳务、出租或经营管理而持有的、使用寿命超过一个会计年度的有形资产。判断某项固定资产所包含的经济利益是否很可能流入企业，主要依据与该固定资产所有权相关的风险和报酬是否转移到了企业。

2. 企业固定资产购建的核算，一般需要设置"固定资产""在建工程""工程物资"等账户。不需安装固定资产，是指企业购进后不需要安装就可直接交付使用的固定资产。需要安装固定资产，是指不能直接交付使用，必须经过安装调试后才能投入使用的固定资产。自营方式建造固定资产，是指企业自行组织工程物资采购、自行组织施工人员施工的建筑工程和安装工程。出包方式建造固定资产，是指企业通过招标方式将工程项目发包给建造承包商，由建造承包商组织施工的建筑工程和安装工程。

3. 固定资产折旧，是指在固定资产预计使用寿命内，按照确定的方法对应计提折旧额进行系统分摊。固定资产折旧方法包括有年限平均法、工作量法、双倍余额递减法和年数总和法，其中，年限平均法和工作量法属于直线折旧法，双倍余额递减法和年数总和法属于快速折旧法。企业应当根据与固定资产有关的经济利益的预期实现方式，合理选择固定资产折旧方法，折旧方法一经选定，不得随意变更。

4. 租赁，是指在约定的期间内，出租人将资产使用权让与承租人，以获取租金的协议。租赁的主要特征是，在租赁期内转移资产的使用权，而不是转移资产的所有权，这种转移是有偿的，取得使用权以支付租金为代价。固定资产租赁，按其性质可分为经营租赁固定资产与融资租赁固定资产两种。

5. 固定资产后续支出，是指固定资产使用过程中发生的更新改造支出、修理费用等。后续支出的处理原则是：符合固定资产确认条件（资本化后续支出）的，应当计入固定资产成本，同时将被替换部分的账面价值扣除；不符合固定资产确认条件（费用化后续支出）的，应当计入当期损益。

6. 固定资产处置包括有固定资产的出售、报废、毁损等。企业处置固定资产应通过"固定资产清理"账户核算。企业在财产清查中盘盈固定资产，应作为前期差错处理，通过"以前年度损益调整"账户核算。企业在财产清查中盘亏固定资产，应通过"待处理财产损溢——待处理非流动资产损溢"账户核算。

第 7 章　无形资产核算

![目的要求图标]**【目的要求】**

1. 能叙述无形资产的特征与内容。
2. 能分析和掌握无形资产初始计量。
3. 能掌握无形资产取得的核算。
4. 能掌握无形资产摊销的核算。
5. 能掌握无形资产出租的核算。
6. 能掌握无形资产处置的核算。

【重点难点】

1. 无形资产取得核算。
2. 无形资产摊销核算。
3. 无形资产处置核算。

【基础知识】

7.1　无形资产概述

7.1.1　无形资产及其特征

无形资产是指企业拥有或者控制的没有实物形态的可辨认非货币性资产。相对于其他资产，无形资产具有以下特征：

1）不具有实物形态。无形资产通常表现为某种权利、某项技术或是某种获取超额利润的综合能力，它们不具有实物形态，如土地使用权、非专利技术等。

2）具有可辨认性。指无形资产能够从企业中分离或划分出来，并能单独用于出售或转让等。商誉，因其不具有可辨认性，所以不列为无形资产。

3）属于非货币性长期资产。指无形资产能在较长时期内为企业带来经济利益，但所带来的经济利益具有不确定性。

7.1.2　无形资产的内容

无形资产通常包括有专利权、非专利技术、商标权、著作权、特许权、土地使用权等。

1. 专利权

专利权指国家专利主管机关依法授予发明创造专利申请人，对其发明创造在法定期限内所享有的专有权利，包括发明专利权、实用新型专利权和外观设计专利权。

2. 非专利技术

非专利技术，也称专有技术，指不为外界所知、在生产经营活动中已采用了的、不享有法律保护的、可以带来经济效益的各种技术和诀窍。非专利技术一般包括有工业专有技术、商业贸易专有技术、管理专有技术等。

3. 商标权

商标是指用来辨认特定的商品或劳务的标记。商标权，指专门在某类指定的商品或产品上使用的特定的名称或图案的权利。

4. 著作权

著作权，又称版权，指作者对其创作的文学、科学和艺术作品依法享有的某些特殊权利。著作权包括有作品署名权、发表权、修改权和保护作品完整权等。

5. 特许权

特许权，又称经营特许权、专营权，指企业在某一地区经营或销售某种特定商品的权利或是一家企业接受另一家企业使用其商标、商号、技术秘密等的权利。

6. 土地使用权

土地使用权指国家准许某企业在一定期间内对国有土地享有开发、利用、经营的权利。

7.1.3 无形资产初始计量

企业取得无形资产，应按实际成本计价入账。不同的取得方式，其成本构成不尽相同。无形资产取得方式主要包括有外购、投资者投入、自行研究开发、接受捐赠等。

1. 外购无形资产入账成本

外购无形资产，应按取得时实际支付的价款（包括购买价款、相关税费以及直接归属于该资产达到预定用途的其他支出）入账。

2. 投资者投入无形资产入账成本

企业接受投资者投入无形资产，应按投资合同或协议约定的价值入账，但合同或协议约定价值不公允的除外。

3. 自行研究开发无形资产入账成本

自行研究开发无形资产，应以开发阶段符合资本化条件的支出入账。

4. 接受捐赠无形资产入账成本

接受捐赠无形资产的入账成本应分情况而定。有凭据的，按凭据上标明的金额加上应支付的相关税费入账；没有凭据的，按其市价或同类、类似无形资产的市价入账。

7.2　无形资产核算

7.2.1　无形资产账户设置

1. "无形资产"账户

无形资产账户核算企业无形资产的增减变动及其结余情况。该账户属于资产类账户，借方登记取得无形资产的价值（成本），贷方登记处置无形资产的价值（成本），期末余额在借方，表示企业现有无形资产的价值（成本）。

该账户应按无形资产项目或类别设置明细分类账，进行明细分类核算。无形资产账户结构见图 7-1。

无形资产	
期初：期初无形资产的账面价值	
本期：登记取得无形资产的价值	登记处置无形资产的价值
期末：期末无形资产的账面价值	

图 7-1　无形资产账户结构

2. "累计摊销"账户

累计摊销账户核算无形资产摊销的增减变动及其结余情况。该账户属于资产类账户，是无形资产账户的备抵调整账户，贷方登记按月计提的无形资产摊销，借方登记处置转出的无形资产的累计摊销额，期末余额在贷方，表示企业无形资产的累计摊销额。

累计摊销账户可按无形资产项目或类别设置明细分类账，进行明细分类核算。累计摊销账户结构见图 7-2。

累计摊销	
	期初：期初无形资产的累计摊销额
登记处置转出的无形资产的累计摊销额	本期：登记按月计提的无形资产摊销
	期末：期末无形资产的累计摊销额

图 7-2　累计摊销账户结构

3. "研发支出"账户

研发支出账户核算企业自行研究开发无形资产发生的支出。该账户属于成本类账户，借方登记自行研究开发无形资产发生的研发支出，贷方登记研发项目形成无形资产转出的资本化支出和按期转出研发项目的费用化支出，期末余额在借方，表示企业正在进行研究开发项目满足资本化条件的支出。

研发支出账户应按研究开发项目，并分别按"费用化支出"与"资本化支出"设置明细分类账，进行明细分类核算。研发支出账户结构见图7-3。

研发支出	
期初：期初结存正在进行研究开发项目满足资本化条件的支出	
本期：登记自行研究开发无形资产发生的研发支出	登记研发项目形成无形资产转出的资本化支出和按期转出研发项目的费用化支出
期末：期末结存正在进行研究开发项目满足资本化条件的支出	

图7-3　研发支出账户结构

7.2.2　无形资产取得核算

1. 外购无形资产核算

企业外购无形资产，应按实际支付的价款，借记"无形资产"科目，按增值税专用发票注明的增值税额，借记"应交税费——应交增值税（进项税额）"科目，贷记"银行存款"等科目。

例7-1　广东望秋服饰有限公司2016年8月1日因生产童装需要，向广州市服饰设计研究所购入童装设计专利权一项，支付转让费90 000元、增值税额5 400元，支付注册登记及手续费3 600元。望秋公司账务处理如下：

借：无形资产——童装设计专利　　　　　　　　　　　　　　　　　93 600.00

　　应交税费——应交增值税（进项税额）　　　　　　　　　　　　　5 400.00

　　贷：银行存款　　　　　　　　　　　　　　　　　　　　　　　　99 000.00

附原始凭证4张：专利权转让增值税发票、行政事业性收费收据、无形资产入账单（见图7-4～图7-6）和支票存根（图略）。

图7-4　专利权转让增值税发票

广东省行政事业性收费统一票据

缴款单位：广东望秋服饰有限公司　　　　2016 年 8 月 1 日　　　　编号：AB02358026

单位代码	项目编码	项目名称	计量单位	计费数量	收费标准	金额（元）
002431	02020110803	注册登记费				3 600.00

合计人民币（大写）：零拾零万叁仟陆佰零拾零元零角零分　¥3 600.00

缴款通知书编号	002080346	收款方式	柜台	备注	

收款单位（盖章）：　　　　　开票人：朱丽璇　　　　　收款人：陈纯燕

图 7-5　行政事业性收费票据

无形资产入账单

2016 年 8 月 1 日

名称	使用部门	单位	数量	资产情况		
				预计使用年限	原值(元)	取得方式
童装设计专利权		项	1	5	3 600.00	购入

会计主管：陈利民　　　　　会计：李源珍　　　　　制单：朱玲玲

图 7-6　无形资产入账单

2. 自行研究开发无形资产核算

自行研究开发无形资产的支出，包括研究阶段和开发阶段发生的支出。

1）研究阶段发生的支出全部费用化，计入发生当期损益，借记"管理费用"科目，贷记"银行存款""原材料""应付职工薪酬"等科目。

2）开发阶段发生的支出，通过"研发支出"账户进行核算。

① 研发支出的归集：开发阶段发生的支出，未满足资本化条件的，借记"研发支出——费用化支出"科目，满足资本化条件的，借记"研发支出——资本化支出"科目，贷记"银行存款""原材料""应付职工薪酬"等科目。

② 研发支出的结转：期末（月末）结转费用化支出，借记"管理费用"科目，贷记"研发支出——费用化支出"科目；研发项目达到预定用途形成无形资产的，应按"研发支出——资本化支出"账户的余额，借记"无形资产"科目，贷记"研发支出——资本化支出"科目。

3）无法区分是研究阶段还是开发阶段支出的，应将所发生的研发支出全部费用化，计入当期损益（管理费用）。

例 7-2　广东望秋服饰有限公司 2016 年 9 月 1 日开始自行研究开发一项休闲服设计

专利技术，在研究开发过程中，发生材料费 14 700 元，其中领用棉布 500 米、锦纶 400 米、涤纶 400 米，人工费 18 000 元，以及用银行存款支付其他费用 5 300 元。10 月 20 日专利技术研发成功，向专利局注册，支付专利注册登记及手续费 16 000 元，律师咨询费 4 000 元、增值税 240 元。望秋公司账务处理如下：

　　1）9 月研发过程中发生费用化支出时，

```
借：研发支出——费用化支出                    38 000.00
    贷：原材料——棉布                              7 500.00
            ——锦纶                              4 800.00
            ——涤纶                              2 400.00
        应付职工薪酬——工资                       18 000.00
        银行存款                                  5 300.00
```

　　附原始凭证 4 张：领料单、支付证明（见图 7-7、图 7-8）和工资结算汇总表、支票存根（图略）。

领　料　单

用途：研究开发休闲服专利技术　　　2016 年 9 月 1 日　　　　　领字第 071 号

材料名称	规格型号	单位	请领数量	实发数量	金额（元）
棉布		米	500	500	7 500.00
锦纶		米	400	400	4 800.00
涤纶		米	400	400	2 400.00
合计		—	—	—	¥14 700.00

仓库主管：陈伟峰　　　复核：李源珍　　　发料：刘江　　　制单：谢丽敏

图 7-7　领料单

支 付 证 明 单

2016 年 9 月 25 日

事由或品名	数　量	单位	单价	金　额							
				十	万	千	百	十	元	角	分
研究开发费						5	3	0	0	0	0

共计金额	零拾 零万 伍仟 叁佰 零拾 零元 零角 零分		¥5 300.00	
受款人		未能取得单据原因	日常小额耗用	

会计主管：陈利民　　　会计：李源珍　　　出纳：李芬　　　证明人：纪耀东

图 7-8　支付证明

2）9 月 30 日，结转费用化研发支出时，

借：管理费用　　　　　　　　　　　　　　　　　　　　　　　38 000.00

　　贷：研发支出——费用化支出　　　　　　　　　　　　　　　　　38 000.00

附原始凭证 1 张：费用化研发支出转销单（见图 7-9）。

费用化研发支出转销单

2016 年 9 月 30 日

转销金额（元）	转销原因	处理方法
¥38 000.00	按国家有关制度处理	计入管理费用
单位领导意见： 同意 纪耀东	财会部意见： 同意 陈利民	董事会或主管部门意见： 同意

图 7-9　费用化研发支出转销单

3）10 月 20 日，研发成功，发生符合资本化条件的支出时，

借：研发支出——资本化支出　　　　　　　　　　　　　　　　20 000.00

　　应交税费——应交增值税（进项税额）　　　　　　　　　　　　240.00

　　贷：银行存款　　　　　　　　　　　　　　　　　　　　　　20 240.00

附原始凭证 3 张：行政事业性收费收据、律师咨询费增值税发票（见图 7-10、图 7-11）
和支票存根（图略）。

广东省行政事业性收费统一票据

缴款单位：广东望秋服饰有限公司　　　　　2017 年 9 月 20 日　　　　　编号：AB02358032

单位代码	项目编码	项目名称	计量单位	计费数量	收费标准	金额（元）
002431	02020110820	注册登记费				16 000.00
合计人民币	壹万陆仟零佰零拾零元零角零分 ¥16 000.00					
缴款通知书编号	002080361	收款方式	柜台	备注		
收款单位（盖章）：		开票人：朱丽璇		收款人：陈纯燕		

图 7-10　行政事业性收费票据

图 7-11　律师咨询费增值税发票

4）研发项目达到预定用途形成无形资产时，

借：无形资产——休闲服设计专利权　　　　　　　　　　　　　20 000.00
　　贷：研发支出——资本化支出　　　　　　　　　　　　　　　　20 000.00

附原始凭证 1 张：无形资产入账单（见图 7-12）。

无形资产入账单
2016 年 10 月 20 日

名称	使用部门	单位	数量	资产情况		
				预计使用年限	原值（元）	取得方式
休闲服设计专利权		项	1	5	20 000.00	自行研发

会计主管：陈利民　　　　　会计：李源珍　　　　　制单：朱玲玲

图 7-12　无形资产入账单

知识拓展 7-1　开发阶段有关支出资本化的条件

研究是指为获取新的技术和知识等进行的有计划的调查研究活动；开发是指在进行商业性生产或使用前，将研究成果或其他知识应用于某项计划或设计，以生产出新的或具有实质性改进的材料、装置、产品等。

在开发阶段，判断可以将有关支出资本化确认为无形资产，必须同时满足下列条件：

1）完成该无形资产以使其能够使用或出售在技术上具有可行性；

2）具有完成该无形资产并使用或出售的意图；

3）无形资产产生经济利益的方式，包括能够证明运用该无形资产生产的产品存在市场或无形资产自身存在市场，无形资产将在内部使用的，应当证明其有用性；

4）有足够的技术、财务资源和其他资源支持，以完成该无形资产的开发，并有能力使用或出售该无形资产；

5）归属于该无形资产开发阶段的支出能够可靠地计量。

3. 投资者投入无形资产核算

企业接受投资者投入无形资产，应按投资合同或协议约定价值，借记"无形资产"科目，贷记"实收资本"科目。若双方协议无形资产的价值与其在资本（股本）中所拥有的份额有差额的，差额部分计入"资本公积"账户。

例 7-3 广东望秋服饰有限公司 2016 年 8 月 14 日接受广东佳信投资有限公司投入的专利权一项，投资协议约定，该专利权价值为 360 000 元，按比例确认的资本额为 180 000 元。望秋公司账务处理如下：

借：无形资产——专利权　　　　　　　　　　　　　　360 000.00
　　贷：实收资本——广东佳信公司　　　　　　　　　　180 000.00
　　　　资本公积　　　　　　　　　　　　　　　　　　180 000.00

附原始凭证 2 张：无形资产入账单（见图 7-13）和投资协议（图略）。

无形资产入账单
2016 年 8 月 14 日

名称	使用部门	单位	数量	资产情况		
				预计使用年限	原值(元)	取得方式
专利权		项	1	8	360 000.00	投资者投入

会计主管：陈利民　　　　会计：李源珍　　　　制单：朱玲玲

图 7-13　无形资产入账单

4. 接受捐赠无形资产核算

企业接受捐赠无形资产，应按规定确认的入账价值（包括接受捐赠而支付的相关税费），借记"无形资产"科目，贷记"营业外收入"科目。

例 7-4 广东望秋服饰有限公司 2016 年 8 月 16 日接受广州服饰设计研究所捐赠的一项 DFC 西服专利技术，广州服饰设计研究所提供的凭据注明该专利技术价值为 64 000 元。望秋公司账务处理如下：

借：无形资产——DFC 西服专利技术   64 000.00
  贷：营业外收入   64 000.00

附原始凭证 2 张：专利价值评估证明和无形资产入账单（见图 7-14、图 7-15）。

专利技术价值评估证明

  DFC 西服设计专利技术是广州市服饰设计研究所自主研发的一项专利技术，该技术于 2016 年 1 月研发成功，于 2016 年 6 月成功申报专利权，成果编号为 GBJL2011062100985，该专利经我中心鉴定评估，其价值为 64 000 元，特此证明！

广东省专利技术鉴定评估中心

2016 年 8 月 12 日

图 7-14 专利价值评估证明

无形资产入账单

2016 年 8 月 16 日

名称	使用部门	单位	数量	资产情况		
				预计使用年限	原值（元）	取得方式
西服专利技术		项	1	5	64 000.00	捐赠

会计主管：陈利民   会计：李源珍   制单：朱玲玲

图 7-15 无形资产入账单

7.2.3 无形资产摊销核算

  企业应于取得无形资产时分析判断其使用寿命。使用寿命有限的无形资产应当在其预计使用寿命期内进行摊销。使用寿命不确定的无形资产不需要进行摊销。

  1. 摊销方法与摊销金额

  无形资产摊销方法包括有直线法、生产总量法等。企业选择无形资产的摊销方法，应当反映与该项无形资产有关的经济利益预期的实现方式。无法可靠确定预期实现方式的，应当采用直线法进行摊销。无形资产应摊销金额为其成本扣除预计残值后的金额。使用寿命有限的无形资产的残值一般为零。

  2. 摊销起止时间与期限

  无形资产应当自可供使用（即其达到预定用途）当月起开始摊销，处置当月开始不再摊销。无形资产摊销期限为其预计使用寿命。预计使用寿命由企业根据有关规定，结合企业具体情况加以确定。

3. 会计核算

企业应当按月对无形资产进行摊销。企业自用的无形资产，其摊销金额计入管理费用；出租的无形资产，其摊销金额计入其他业务成本；某项无形资产包含的经济利益通过所生产的产品或其他资产实现的，其摊销金额应当计入相关资产成本。

例 7-5　广东望秋服饰有限公司 2016 年 8 月 31 日计提本月无形资产摊销额。无形资产摊销计算见表 7-1。

表 7-1　无形资产摊销计算表

2016 年 8 月 31 日　　　　　　　　　　　　单位：元

项目	取得时间	入账价值	摊销年限	摊销方法	月摊销额	累计摊销
童装设计专利	2016.8.1	93 600	5	直线法	1 560	1 560
西服专利技术	2016.8.16	64 000	5	直线法	1 060	1 060
童装商标权	2014.6.5	180 000	8	直线法	1 875	50 625
工作服设计专利	2013.1.10	36 600	5	直线法	610	26 840
专利权	2016.8.14	360 000	8	直线法	3 750	3 750
合计	—	734 200.00	—	—	8 855.00	83 835.00

会计主管：陈利民　　　　　会计：李源珍　　　　　制单：朱玲玲

望秋公司账务处理如下：

借：管理费用　　　　　　　　　　　　　　　　　　　　　8 855.00
　　贷：累计摊销——童装设计专利　　　　　　　　　　　　1 560.00
　　　　　　　　——西服专利技术　　　　　　　　　　　　1 060.00
　　　　　　　　——童装商标权　　　　　　　　　　　　　1 875.00
　　　　　　　　——工作服设计专利　　　　　　　　　　　　610.00
　　　　　　　　——专利权　　　　　　　　　　　　　　　3 750.00

附原始凭证 1 张：无形资产摊销计算表（见表 7-1）。

7.2.4　无形资产出租核算

无形资产出租，是指转让无形资产的使用权（不包括土地使用权）。出租无形资产取得的租金收入属于与企业日常活动相关的其他经营活动取得的收入，在满足收入准则规定的确认标准的情况下，应确认相关的收入及成本。

1）取得无形资产出租收入时，应按其实际金额，借记"银行存款"科目，贷记"其他业务收入"科目，按增值税专用发票注明的增值税额，贷记"应交税费——应交增值税（销项税额）"科目。

2）摊销出租无形资产成本以及发生相关支出时，借记"其他业务成本"科目，贷记"累计摊销""银行存款"等科目。

例 7-6　广东望秋服饰有限公司 2016 年 11 月 1 日向枫林服饰有限公司出租一项专利权，当月 15 日收到出租收入 12 000 元、增值税额 720 元，存入银行。该项专利权 11 月应计摊销 3 750 元，城市维护建设税税率 7%，教育费附加率 3%。望秋公司账务处理如下：

1）取得无形资产出租收入时，

借：银行存款　　　　　　　　　　　　　　　　　　　　　　　　　　　12 720.00

　　贷：其他业务收入——出租专利权　　　　　　　　　　　　　　　　12 000.00

　　　　应交税费——应交增值税（销项税额）　　　　　　　　　　　　　720.00

附原始凭证 2 张：增值税专用发票记账联（见图 7-16）和银行进账单（图略）。

		广 东 增 值 税 专 用 发 票				№ 246842023		
4400041140		此联不作报销、扣税凭证使用						
						开票日期：2016 年 11 月 15 日		

购货单位	名　　称：广州枫林服饰有限公司 纳税人识别号：44010628691032 地址、电话：广州市北京路 163 号，88566525 开户行及账号：建行北京路支行、11682642612				密码区	（略）		
货物或应税劳务、服务名称	规格型号	单位	数量	单价	金额	税率	税额
出租专利权		项	1	12 000.00	12 000.00	6%	720.00
合　　计					¥12 000.00		¥720.00
价税合计（大写）	⊗壹万贰仟柒佰贰拾圆整				（小写）　¥12 720.00		
销货单位	名　　称：广东望秋服饰有限公司 纳税人识别号：440106868268025 地址、电话：广州天河中路 2 号，86697584 开户行及账号：建行天河支行、11682683056				备注			

| 收款人：李芬 | 复核：李源珍 | 开票人：李欣 | 销货单位：（章） |

第一联：记账联　销售方记账凭证

图 7-16　增值税专用发票记账联

2）计算应交城市维护建设税、教育费附加等税费时，

借：营业税金及附加　　　　　　　　　　　　　　　　　　　　　　　　72.00

　　贷：应交税费——应交城市维护建设税　　　　　　　　　　　　　　50.40

　　　　　　　　——应交教育费附加　　　　　　　　　　　　　　　　21.60

附原始凭证 1 张：税费计算表（见图 7-17）。

税费计算表

2016 年 11 月 15 日 单位：元

税（费）种	计税基数	税（费）率	税（费）额	备注
城市维护建设税	720	7%	50.40	
教育费附加	720	3%	21.60	
合计	—	—	72.00	

会计主管：陈利民 会计：李源珍 制单：朱玲玲

图 7-17 税费计算表

3）计提无形资产摊销额时，

借：其他业务成本 3 750.00

贷：累计摊销 3 750.00

附原始凭证 1 张：无形资产摊销计算表（见图 7-18）。

无形资产摊销计算表

2016 年 11 月 30 日 单位：元

项目	取得时间	入账价值	摊销年限	摊销方法	月摊销额
专利权	2016.8.14	360 000.00	8	直线法	3 750.00
合计	—	360 000.00	—	—	3 750.00

会计主管：陈利民 会计：李源珍 制单：朱玲玲

图 7-18 无形资产摊销计算表

7.2.5 无形资产处置核算

无形资产处置，主要包括无形资产出售和无形资产报废。

1. 无形资产出售核算

无形资产出售，是指转让无形资产所有权（包括土地使用权）。企业出售无形资产时，应将所取得的价款与该项无形资产账面价值的差额作为资产处置利得或损失，计入营业外收入或营业外支出。

出售无形资产时，企业应按实际收到的金额，借记"银行存款"科目，按已计提的累计摊销额，借记"累计摊销"科目，按已计提的减值准备，借记"无形资产减值准备"科目，按应支付的相关税费，贷记"应交税费"科目，按无形资产账面成本，贷记"无形资产"科目，按其差额，贷记"营业外收入——处置非流动资产利得"科目或借记"营业外支出——处置非流动资产损失"科目。

知识拓展 7-2   无形资产减值准备

无形资产减值是指无形资产可收回金额低于其账面价值的差额。企业应在资产负债表日对无形资产的账面价值进行核查，判断其是否存在减值迹象。如果发现无形资产存在减值迹象，应对无形资产的可收回金额进行估计，并将该无形资产可收回金额低于其账面价值的部分（减值）确认为资产减值损失，计入当期损益并计提相应无形资产减值准备，借记"资产减值损失——计提无形资产减值准备"科目，贷记"无形资产减值准备"科目。无形资产减值损失一经确认，在以后会计期间不得转回。

例 7-7   广东望秋服饰有限公司 2016 年 9 月 5 日将其拥有的童装商标权转让给广东皮皮熊服饰有限公司，取得收入 260 000 元、增值税额 15 600 元，存入银行。该商标权账面成本为 180 000 元，已计提摊销额 50 625 元，无减值准备，城市维护建设税税率 7%，教育费附加率 3%。望秋公司账务处理如下：

借：银行存款　　　　　　　　　　　　　　　　　　　275 600.00
　　累计摊销　　　　　　　　　　　　　　　　　　　　50 625.00
　　贷：无形资产——童装商标权　　　　　　　　　　　180 000.00
　　　　应交税费——应交增值税（销项税额）　　　　　　15 600.00
　　　　　　　　——应交城市维护建设税　　　　　　　　1 092.00
　　　　　　　　——应交教育费附加　　　　　　　　　　　468.00
　　　　营业外收入——处置非流动资产利得　　　　　　　129 065.00

附原始凭证 4 张：无形资产处置单、增值税专用发票记账联、税费计算表（见图 7-19～图 7-21）和银行进账单（图略）。

无形资产处置单

2016 年 9 月 5 日

名称	使用部门	单位	数量	资产情况			备注
				已用年限	原值(元)	已计摊销	净值(元)	
童装商标			1	2	180 000	50 625	129 375	出售
处置单位			处置意见				
		管理部门	财务负责人		企业负责人	
		同意	同意		同意	
		张敏辉	陈利民		纪耀东	
	单位签章					

图 7-19　无形资产处置单

广 东 增 值 税 专 用 发 票

4400041140　　　　　　　　　　　　　　　　　　　№ 246842016

此联不作报销　扣税凭证使用

开票日期：2016 年 09 月 05 日

购货单位	名　　　称：	广东皮皮熊服饰有限公司					密码区		（略）		第一联：记账联 销售方记账凭证
	纳税人识别号：	44010834691030									
	地址、电话：	广州花都新华路 37 号，66966525									
	开户行及账号：	农行花都支行、11623142619									
货物或应税劳务、服务名称	规格型号	单位	数量	单价	金　　额	税率	税　　额				
童装商标权		项	1	260 000.00	260 000.00	6%	15 600.00				
合　　计					¥260 000.00		¥15 600.00				
价税合计（大写）	⊗贰拾柒万伍仟陆佰圆整				（小写）¥275 600.00						
销货单位	名　　　称：	广东望秋服饰有限公司					备注				
	纳税人识别号：	440106868268025									
	地址、电话：	广州天河中路 2 号，86697584									
	开户行及账号：	建行天河支行、11682683056									

收款人：李芬　　　复核：李源珍　　　开票人：李欣　　　销货单位：（章）

图 7-20　增值税专用发票记账联

税费计算表

2016 年 9 月 5 日　　　　　　　　　　　　　单位：元

税（费）种	计税基数	税（费）率	税（费）额	备注
城市维护建设税	15 600	7%	1 092.00	
教育费附加	15 600	3%	468.00	
合计	—	—	1 560.00	

会计主管：陈利民　　　　会计：李源珍　　　　制单：朱玲玲

图 7-21　税费计算表

2. 无形资产报废核算

无形资产报废，即指无形资产转销。如果无形资产预期不能为企业带来经济利益，不再符合无形资产的定义，应将其转销。

无形资产转销时，应按其已计提的累计摊销额，借记"累计摊销"科目，按已计提的减值准备，借记"无形资产减值准备"科目，按其账面成本，贷记"无形资产"科目，按其差额，借记"营业外支出"科目。

例 7-8　广东望秋服饰有限公司的工作服设计专利预计不能为企业带来经济利益，公司决定转销其成本，该专利账面成本为 36 600 元，已计提摊销额 26 840 元，无减值准备。望秋公司账务处理如下：

借：累计摊销　　　　　　　　　　　　　　　　　　　　　　　　26 840.00

　　营业外支出　　　　　　　　　　　　　　　　　　　　　　　　　9 760.00
　　　　贷：无形资产——工作服设计专利　　　　　　　　　　　　　36 600.00
　　附原始凭证 1 张：无形资产处置单（见图 7-22）。

无形资产处置单

2016 年 9 月 16 日

名称	使用部门	单位	数量	资产情况				备注
				已用年限	原值(元)	已计摊销	净值(元)	
工作服设计专利			1	4	36 600	26 840	9 760	报废
处置单位	单位签章		处置意见					
			管理部门		财务负责人		企业负责人	
			同意		同意		同意	
			张敏辉		陈利民		纪耀东	

图 7-22　无形资产处置单

【要点回顾】

　　1. 无形资产，是指企业拥有或者控制的没有实物形态的可辨认非货币性资产。无形资产通常包括有专利权、非专利技术、商标权、著作权、特许权、土地使用权等。

　　2. 企业取得无形资产，应按实际成本计价入账。不同的取得方式，其成本构成不尽相同。无形资产取得方式主要包括有外购、投资者投入、自行研究开发、接受捐赠等。企业外购无形资产，应按实际支付的价款，借记"无形资产"等科目，贷记"银行存款"等科目。

　　3. 自行研究开发无形资产的支出，包括研究阶段和开发阶段发生的支出。①研究阶段发生的支出全部费用化，计入发生当期损益，借记"管理费用"科目，贷记"银行存款"、"原材料"、"应付职工薪酬"等科目。②开发阶段发生的支出，通过"研发支出"账户进行核算。

　　4. 企业接受投资者投入无形资产，应按投资合同或协议约定价值，借记"无形资产"科目，贷记"实收资本"科目。若双方协议无形资产的价值与其在资本（股本）中所拥有的份额有差额的，差额部分计入"资本公积"账户。企业接受捐赠无形资产，应按规定确认的入账价值（包括接受捐赠而支付的相关税费），借记"无形资产"科目，贷记"营业外收入"科目。

　　5. 企业应于取得无形资产时分析判断其使用寿命。使用寿命有限的无形资产应当在其预计使用寿命期内进行摊销。使用寿命不确定的无形资产不需要进行摊销。无形资产摊销方法包括有直线法、生产总量法等。无形资产应当自可供使用（即其达到预定用途）当月起开始摊销，处置当月开始不再摊销。

　　6. 无形资产出租，是指转让无形资产（不包括土地使用权）的使用权。出租无形资产取得的租金收入属于与企业日常活动相关的其他经营活动取得的收入，在满足收入准则规定的确认标准的情况下，应确认相关的收入及成本。

7. 无形资产处置，主要包括无形资产出售和无形资产报废。企业出售无形资产时，应将所取得的价款与该项无形资产账面价值的差额作为资产处置利得或损失，计入营业外收入或营业外支出。无形资产转销时，应按其已计提的累计摊销额，借记"累计摊销"科目，按已计提的减值准备，借记"无形资产减值准备"科目，按其账面成本，贷记"无形资产"科目，按其差额，借记"营业外支出"科目。

第8章　职工薪酬核算

【目的要求】

1. 能叙述职工薪酬的概念及内容。
2. 能正确进行职工工资的计算。
3. 能掌握工资计算分配与发放核算。
4. 能掌握职工福利费支出与分配核算。
5. 能掌握社会保险费和住房公积金核算。
6. 能掌握工会经费和职工教育经费核算。
7. 能掌握非货币性职工薪酬核算。

【重点难点】

1. 职工工资的计算。
2. 工资分配与发放核算。
3. 社会保险费核算。
4. 非货币性职工薪酬核算。

【基础知识】

8.1　职工薪酬概述

8.1.1　职工薪酬构成

职工薪酬是指企业为获得职工提供的服务或解除劳动关系而给予的各种形式的报酬或补偿。企业提供给职工配偶、子女、受赡养人、已故员工遗属及其他受益人等的福利，也属于职工薪酬。职工薪酬包括短期薪酬、离职后福利、辞退福利和其他长期职工福利。

1. 短期薪酬

短期薪酬是指企业在职工提供相关服务的年度报告期间结束后十二个月内需要全部予以支付的职工薪酬，因解除与职工的劳动关系给予的补偿除外。短期薪酬具体包括：职工工资、奖金、津贴和补贴，职工福利费，医疗保险费、工伤保险费和生育保险费等社会保险费，住房公积金，工会经费和职工教育经费，短期带薪缺勤，短期利润分享计划，非货币性福利以及其他短期薪酬。

1）职工工资。职工工资可分为计时工资、计件工资、加班加点工资等。计时工资指按计时工资标准（包括地区生活费补贴）和工作时间支付给职工个人的劳动报酬。计件工资指对已做工作按计件单价计算支付的劳动报酬。加班加点工资指按规定支付给职工的休息日或法定节假日加班的工资和延长工作时间的加点工资。特殊情况下支付的工资指根据国家法律、法规和政策规定，因病假、工伤、产假、计划生育假、婚丧假、探亲假、定期休假（带薪休假）、停工学习、执行社会义务等原因，按计时工资标准或计件工资标准的一定比例支付给职工的工资以及附加工资和保留工资等。

2）奖金。指为鼓励职工的生产积极性，更好地完成生产任务而给予的一种物质奖励，其实质是企业支付给职工的超额劳动报酬，如生产奖、节约奖、劳动竞赛奖等。

3）津贴补贴。津贴主要是指为补偿职工特殊或额外的劳动消耗和其他原因而支付给职工的津贴，如高温作业津贴、夜班津贴等；补贴是指为了保证职工工资水平不受物价变动影响而支付给职工的物价补贴，如粮差补贴、副食品补贴等。

4）职工福利费。指企业用于改善职工生活条件和医疗等方面的支出和费用。职工福利费主要包括职工因公负伤赴外地就医路费、职工生活困难补助、未实行医疗统筹企业职工医疗费用，以及按规定发生的其他职工福利支出。

知识拓展 8-1　交通补贴不能直接计入工资总额核算

按照国家统计局关于工资总额组成的规定，交通补贴不属于工资总额范围内。交通补贴在国家规定标准范围内支付的，应计入"管理费用——交通费"科目；超过国家规定标准支出的部分，应计入"应付职工薪酬——职工福利费"科目。

5）社会保险费。指企业根据国家有关规定按工资总额的一定比例为职工缴纳的社会保障费用。企业为职工缴纳的社会保险费一般应包括基本养老保险费、基本医疗保险费、失业保险费、工伤保险费和生育保险费等五种。企业按照年金计划规定为职工缴纳的补充养老保险费以及以购买商业保险形式提供给职工的各种保险待遇也属于职工薪酬。

6）住房公积金。指按照国务院《住房公积金管理条例》的规定，企业单位和职工本人按工资总额的同比例向住房公积金管理机构缴存的住房公积金。

知识拓展 8-2　企业年金与企业年金基金

7）工会经费和职工教育经费。工会经费，是指企业根据国家有关规定，按职工工资总额的一定比例提取并拨交工会使用的一项专门经费；职工教育经费，是指企业按工资总额的一定比例提取的专门用于职工文化教育、专业技术培训学习方面的一项专门经费。

8）带薪缺勤。指企业支付工资或提供补偿的职工缺勤，包括年休假、病假、短期伤残、婚假、产假、丧假、探亲假等。

9）利润分享计划。指因职工提供服务而与职工达成的基于利润或其他经营成果提供薪酬的协议。

10）非货币性福利。指企业以非货币形式向职工提供的福利。通常包括企业以自产的产品或外购商品发放给职工作为福利，向职工无偿提供自己拥有的资产或租赁资产供职工无偿使用，为职工无偿提供诸如医疗保健等服务等等。

11）其他短期薪酬。指其他与获得职工提供的服务而发生的相关支出。

2. 离职后福利

离职后福利，是指企业为获得职工提供的服务而在职工退休或与企业解除劳动关系后，提供的各种形式的报酬和福利，短期薪酬和辞退福利除外。

3. 辞退福利

辞退福利，是指企业在职工劳动合同到期之前解除与职工的劳动关系，或者为鼓励职工自愿接受裁减而给予职工的补偿。

4. 其他长期职工福利

其他长期职工福利，是指除短期薪酬、离职后福利、辞退福利之外所有的职工薪酬，包括长期带薪缺勤、长期残疾福利、长期利润分享计划等。

8.1.2 职工工资计算的原始记录

企业应按劳动工资和社会保障制度的规定，根据原始记录计算职工的工资。职工工资计算的原始记录主要有工资卡片、考勤记录、产量记录等三种。

1. 工资卡片

工资卡片，主要记录职工的工资级别和工资标准，反映每个职工的基本情况，如职务、参加工作时间、工资级别、工资标准、工资调整情况以及有关津贴等。工资卡片一般格式如表 8-1 所示。

表 8-1 职工工资卡片

姓名		性别		毕业院校		
部门		职务(岗位)			出生年月	
职称		学历			进本单位时间	
工资级别（标准）	基本工资	单位计时工资		单位计件工资	津贴	补贴
项　目	调整时间	金　额		项　目	调整时间	金　额
基本工资						
津贴						
补贴						

2. 考勤记录

考勤记录，是记录和反映每个职工出勤与缺勤情况的原始记录。它是计算计时工资的主要依据。考勤记录应由各车间、班组和部门负责人或考勤员逐日登记、定期汇总并经单位负责人审查签章后，送财会部门据以计算应付工资。考勤记录一般格式如表 8-2 所示。

表 8-2　考勤记录表

年　　　月　　　日

职工编号	姓名	出勤	病假	事假	旷工	公假	工伤	其他假	迟到	早退	加班	实际出勤	备注

3. 产量记录

产量记录，是反映职工或生产小组在出勤时间内完成产品和耗用工时的原始记录。它是计算计件工资的主要依据。产量记录一般格式如表 8-3 所示。

表 8-3　产量记录表

职工编号		姓名		日期		
机号	产品名称	规格型号	实际产量	等级		备注

8.1.3　职工工资计算方法

职工工资的计算包括应付工资的计算和实发工资的计算两项内容。实行计时工资制的企业，应按照职工的计时工资标准和工作时间计算应付给职工的工资；实行计件工资制的企业，应按照计件工资标准和职工完成工作的数量计算职工的工资。

1. 计时工资制下职工工资的计算

（1）应付工资的计算

应付工资＝月基本工资＋加班工资＋津贴补贴＋奖金－缺勤应扣工资

其中：

1）加班工资＝日工资×加班天数×加班工资发放比例＋小时工资×加点时数×加时工资发放比例

2）缺勤应扣工资＝日工资×旷工天数＋日工资×事假天数+日工资×病假天数×病假扣款比例

3）日工资的计算。

日工资的计算有两种方法：按月平均法定工作天数（20.83 天）计算和按每月固定 30 天计算。

① 按月平均法定工作天数（20.83 天）计算（出勤期间双休日、节假日不算工资，缺勤期间的双休日、节假日不扣工资）。

$$日工资＝月基本工资/20.83$$

$$小时工资＝日工资/8（每天工作 8 小时）$$

其中：

$$月平均法定工作天数（20.83）＝[365－52×2（1 年 52 周，每周休息 2 天）$$

$$－11（法定节假日）]/12$$

② 按每月固定 30 天计算（出勤期间双休日、节假日计算工资，缺勤期间的双休日、节假日应扣工资）。

$$日工资＝月基本工资/30$$

例 8-1 广东望秋服饰有限公司对管理部门工作人员实行计时工资制度。李源珍是财务部会计，月基本工资为 1 800 元，岗位津贴为 180 元，月度奖为 120 元，每周工作 5 天。2016 年 8 月，李源珍同志请事假 2 天（其中 1 天为双休日），病假 1 天，病假扣款比例为 10%，法定节假日加班 1 天，双休日加班 2 天（无法安排调休）。李源珍同志 8 月份应付工资的计算过程为：

（1）按月平均法定工作天数（20.83 天）计算

$$日工资＝1 800/20.83＝86.414（元）$$

$$加班工资＝1×86.414×300%＋2×86.414×200%＝604.898（元）$$

$$缺勤应扣工资＝1（双休日请事假不应扣工资）×86.414＋1×86.414×10%＝95.055（元）$$

$$应付工资＝1800＋604.898＋180＋120－95.055＝2 609.84（元）$$

（2）按每月固定 30 天计算

$$日工资＝1 800/30＝60（元）$$

$$加班工资＝1×60×300%＋2×60×200%＝420（元）$$

$$缺勤应扣工资＝2（双休日请事假应扣工资）×60＋1×60×10%＝126（元）$$

$$应付工资＝1 800＋420＋180＋120－126＝2 394（元）$$

知识拓展 8-3　节假日加班工资发放比例与缺勤扣款比例的规定

1. 节假日加班工资发放比例的规定

按照国家有关规定，企业安排劳动者在法定标准时间以外工作的，应当按照下列规定支付加班工资：

1）在日法定标准工作时间外延长工作时间的，按照不低于小时工资基数的 150% 支付加班工资；

2）在休息日安排工作的，应当安排同等时间的补休，不能安排补休的，按照不低于日或小时工资基数的 200% 支付加班工资；

3）在法定节假日安排工作的，应当按照不低日或小时工资基数的 300% 支付加班工资。

2. 缺勤扣款比例的规定

1）对于旷工和事假缺勤的，应按 100%扣发缺勤日的全部工资；

2）对于因公负伤、探亲假、婚丧假、产假等缺勤的，应视同出勤，不扣工资；

3）对于病假缺勤的，应根据国家规定按病假期限和工龄的长短扣发缺勤日一定比例的工资。6 个月以内病假期间工资的扣款比例见表 8-4。

表 8-4　6 个月以内病假期间工资的应发与扣款比例规定

职工工龄	不满 2 年	2~4 年	4~6 年	6~8 年	8 年以上
应发病假工资比例	60%	70%	80%	90%	100%
应扣病假工资比例	40%	30%	20%	10%	0

（2）实发工资的计算

$$实发工资＝应付工资－各种代扣代垫款$$

其中，代扣款主要是指社会保险费与住房公积金中应由职工个人负担的部分以及个人所得税等；代垫款主要是指企业为职工垫付的应由职工个人承担的房租、水电费等款项。

1）社会保险费个人缴款计算。

社会保险费包括有基本养老保险费、基本医疗保险费、失业保险费、工伤保险费和生育保险费等五种，其中基本养老保险费、基本医疗保险费和失业保险费由单位和个人共同缴费，工伤保险费和生育保险费由单位缴费。社会保险费个人缴款部分由所在单位从职工工资中代扣代缴。其计算公式为：

$$基本养老、医疗、失业保险个人缴费＝缴费工资×个人缴费比例$$

例 8-2　广东望秋服饰有限公司会计李源珍 2016 年度的月缴费工资为 1 980 元，基本养老保险个人缴费比例为 8%，基本医疗保险个人缴费比例为 2%，失业保险个人缴费比例为 1%。李源珍同志 8 月份社会保险费个人缴费（代扣款）的计算过程为：

$$基本养老保险个人缴费＝1 980×8\%＝158.4（元）$$

$$基本医疗保险个人缴费＝1 980×2\%＝39.6（元）$$

$$失业保险个人缴费＝1 980×1\%＝19.8（元）$$

$$社会保险费个人缴费（代扣款）＝158.4＋39.6＋19.8＝217.8（元）$$

2）住房公积金个人缴款计算。

住房公积金由职工个人和所在单位共同缴存，专户存储于所在地住房公积金管理委员会指定的受委托银行。职工个人缴存的住房公积金和职工所在单位为职工缴存的住房公积金归职工个人所有，通过所在地的公积金管理中心批准，可用于职工购买、建造、翻修、大修自主住房。住房公积金的月缴存额为职工本人上一年度月平均工资（新职工个人当月工资）乘以职工住房公积金缴存比例。公积金缴存比例由各地人民政府确定，一般为 5%～20%。住房公积金个人缴存额计算公式为

$$住房公积金个人缴存额＝月缴存基数×个人缴费比例$$

例 8-3　广东望秋服饰有限公司会计李源珍 2016 年度的月缴费工资为 1 980 元，住

房公积金个人缴存比例为 8%。李源珍同志 8 月份住房公积金个人缴存（代扣款）的计算为

$$住房公积金个人缴存（代扣款）＝1\,980×8\%＝158.4（元）$$

3）个人所得税计算。

个人所得税，是对我国公民、居民来源于我国境内外的一切所得和非我国居民来源于我国境内的所得征收的一种税。个人所得税由支付个人应纳税所得的单位扣缴，单位应于每月计算职工工资、薪金时，计算每一职工的个人所得税额，并在纳税期限内履行扣缴义务。职工工资、薪金所得应纳税额的计算公式为

$$应交个人所得税＝应纳税所得额×适用税率－速算扣除数$$

2. 计件工资制下职工工资的计算

（1）应付工资的计算

$$应付工资＝应付计件工资＋津贴补贴＋奖金＋其他工资$$

其中：应付计件工资是根据当月产量记录中的产品数量和规定的计件单价计算的工资。应付计件工资按计算对象不同，可分为个人计件工资和集体计件工资两种。

1）个人计件工资计算。

个人计件工资，是指根据每一职工本月完成的产量和规定的计件单价计算的工资。其计算公式为

$$应付个人计件工资＝\sum[（合格品数量＋料废品数量）×计件单价]$$

其中，料废品数量，是指生产过程中因材料不合格而造成的废品（料废）数量。对于因职工生产过失而造成的废品（工废），不计付工资。

为了简化计算工作，企业也可以将每一职工完成的各种产品产量，按定额工时折算成定额总工时，再乘以规定的小时工资计算计件工资。其计算公式为

$$应付个人计件工资＝\sum[（合格品数量＋料废品数量）×定额工时×小时工资]$$

例 8-4 广东望秋服饰有限公司对生产车间工人实行计件工资制度。成衣车间工人李佳 2016 年 8 月生产休闲服 165 件，每件计价 14 元。经检验，发现有 5 件为不合格品，其中料废 3 件，工废 2 件，其余均为合格品。李佳同志 8 月份应付计件工资的计算为：

$$应付个人计件工资＝（165－2）×14＝2282（元）$$

2）集体计件工资计算。

集体计件工资，是指根据某一集体（班组）本月共同完成的产量和规定的计件单价计算的工资。集体计件工资的计算分两步进行：第一步是计算集体计件工资总额，方法同个人计件工资；第二步是将集体计件工资总额在集体内部成员之间，按每人的工资标准和该月实际工作时间的比例进行分配。具体计算公式为

$$应付集体计件工资＝\sum[（合格品数量＋料废品数量）×计件单价]$$

$$计件工资分配标准＝\sum（小时工资标准×实际工作时间）$$

$$计件工资分配率＝应付集体计件工资/计件工资分配标准$$

某工人应分配计件工资＝（该工人小时工资标准×实际工作时间）×计件工资分配率

例 8-5　广东望秋服饰有限公司西服生产车间第一班组，由 3 人组成，2016 年 8 月共生产西服 216 套，每套计价 31 元。经检验，发现工废 1 套，其余均为合格品。该班组各成员的出勤时间和工资标准如表 8-5 所示。

表 8-5　集体计件工资分配计算表

班组：西服第一班组　　　　　　　　2016 年 8 月　　　　　　　　单位：元

姓名	小时工资	实际工时	分配标准	分配率	个人应分配工资
王丽丽	6.60	225	1 485.00	1.462	2 171.07
李燕虹	7.20	218	1 569.60	1.462	2 294.76
蔡湘萍	6.80	221	1 502.80	1.462	2 197.09
合计	—	—	4 557.40	1.462	6 662.92

8 月份各工人应付计件工资的计算过程为

应付集体计件工资＝（216－1）×31＝6 665（元）

计件工资分配标准＝6.60×225＋7.20×218＋6.80×221＝4 557.4（元）

计件工资分配率＝6 665/4 557.4＝1.462（元）

王丽丽应分配计件工资＝1 485×1.462＝2 171.07（元）

李燕虹应分配计件工资＝1 569.6×1.462＝2 294.76（元）

蔡湘萍应分配计件工资＝1 502.8×1.462＝2 197.09（元）

（2）实发工资的计算

实发工资＝应付工资－各种代扣代垫款

计件工资制下各种代扣代垫款的计算与计时工资制下相同。

例 8-6　广东望秋服饰有限公司成衣车间工人陈丹玲 2016 年 8 月生产休闲服 146件，每件计价 14 元，经检验，全部合格，获得月度奖 120 元。陈丹玲 2016 年度社会保险费月缴费工资为 1680 元，基本养老保险个人缴款比例为 8%，基本医疗保险个人缴款比例为 2%，失业保险个人缴款比例为 1%。陈丹玲同志 2016 年 8 月实发工资计算过程为

应付个人计件工资＝146×14＝2 044（元）

应付工资＝2 044＋120＝2 164（元）

社会保险费代扣款＝1 680×8%＋1 680×2%＋1 680×1%＝184.8（元）

本月收入＝2 164－184.8＝1 979.2（元）（没有达到起征点，不应缴个人所得税）

实发工资＝2 164－184.8＝1 979.2（元）

8.2 职工薪酬核算

8.2.1 工资结算凭证与账户设置

1. 工资结算凭证

（1）工资结算表

职工工资的结算，通常通过编制"工资结算表"来进行。工资结算表，俗称工资单，是根据职工的考勤记录、产量记录、工资标准、奖金、津贴等原始凭证逐一计算每一职工的应付工资、代扣代垫款和实发工资。

工资结算表一般分车间、部门进行编制。工资结算表通常是一式三份，一份由劳动工资部门存查；一份按每一职工裁成"工资条"，连同工资一起发给职工，以便核对；一份在发放工资时由职工签章后，作为工资核算的凭证，并据以进行工资的明细分类核算。工资结算表一般格式如表8-6所示。

表8-6 工资结算表

年 月 单位：元

编号	姓名	日工资	计时工资	计件工资	奖金	加班工资	津贴补贴		缺勤扣款				应付工资	代扣款			代垫款			实发工资
							夜班津贴	岗位补贴	事假天数	事假扣款	病假天数	病假扣款		住房公积金	社会保险费	个人所得税	水费	电费	房租	
合计																				

（2）工资结算汇总表

企业应根据各车间、部门的工资结算表汇总编制整个企业的工资结算汇总表，并据以进行应付职工薪酬的分类核算。工资结算汇总表一般格式如表8-7所示。

表8-7 工资结算汇总表

年 月 单位：元

车间或部门	计时工资	计件工资	奖金	加班工资	津贴补贴		缺勤扣款		应付工资	代扣款			代垫款			实发工资
					夜班津贴	岗位补贴	事假扣款	病假扣款		住房公积金	社会保险费	个人所得税	水费	电费	房租	
合计																

2. 账户设置

企业应设置"应付职工薪酬"账户，核算企业职工薪酬的结算和分配情况。该账户属于负债类账户，贷方登记已分配计入有关成本费用项目的职工薪酬的数额，借方登记实际发放职工薪酬的数额和各种扣还的代扣代垫款，期末余额一般在贷方，表示企业应付未付的职工薪酬。

应付职工薪酬账户应按"工资""职工福利""社会保险费""住房公积金""工会经费""职工教育经费""非货币性福利"等项目设置明细分类账，进行明细分类核算。应付职工薪酬账户结构见图 8-1。

应付职工薪酬	
	期初：应付未付的职工薪酬
本期：登记实际发放职工薪酬的数额和各种扣还的代扣代垫款	登记已分配计入有关成本费用项目的职工薪酬的数额
	期末：应付未付的职工薪酬

图 8-1　应付职工薪酬账户结构

8.2.2　应付职工薪酬核算

1. 工资计算分配与发放核算

（1）工资计算分配核算

企业应于月份终了，计算本月应付职工工资，并按工资发生的部门或用途进行分配，计入相关资产成本或当期损益，其中：

1）基本生产车间直接从事产品生产工人的工资，计入"生产成本——基本生产成本"账户，借记"生产成本——基本生产成本"科目，贷记"应付职工薪酬——工资"科目。

2）辅助生产车间生产工人的工资，计入"生产成本——辅助生产成本"账户，借记"生产成本——辅助生产成本"科目，贷记"应付职工薪酬——工资"科目。

3）企业生产车间管理人员的工资，计入"制造费用"账户，借记"制造费用"科目，贷记"应付职工薪酬——工资"科目。

4）企业行政管理人员及 6 个月以上病假人员的工资，计入"管理费用"账户，借记"管理费用"科目，贷记"应付职工薪酬——工资"科目。

5）企业专设销售机构的人员工资，计入"销售费用"账户，借记"销售费用"科目，贷记"应付职工薪酬——工资"科目。

6）应由在建工程、研发支出负担的人员工资，计入"在建工程"、"研发支出"账户，借记"在建工程"、"研发支出"科目，贷记"应付职工薪酬——工资"科目。

例 8-7　广东望秋服饰有限公司 2016 年 8 月应付工资总额为 88 500 元，工资结算汇总如表 8-8 所示。

表 8-8　工资结算汇总表

2016 年 8 月　　　　　　　　　　　　　　　　　　　　　　单位：元

部门或用途		基本工资	工资性津贴补贴	奖金	应付工资	代扣款			实发工资
						社会保险费	住房公积金	个人所得税	
生产工人	西服	14 150.00	960.00	1 680.00	16 790.00	1 846.90	1 343.20	83.95	13 515.95
	休闲服	11 710.00	680.00	1 380.00	13 770.00	1 514.70	1 101.60	68.85	11 084.85
	童装	19 230.00	1 230.00	2 270.00	22 730.00	2 500.30	1 818.40	113.65	18 297.65
车间管理		7 250.00	460.00	890.00	8 600.00	946.00	688.00	43.00	6 923.00
行政管理		6 780.00	420.00	760.00	7 960.00	875.60	636.80	39.80	6 407.80
销售人员		14 230.00	1 790.00	2 630.00	18 650.00	2 051.50	1 492.00	93.25	15 013.25
合计		73 350.00	5 540.00	9 610.00	88 500.00	9 735.00	7 080.00	442.50	71 242.50

会计主管：陈利民　　　　　会计：李源珍　　　　　制单：朱玲玲

望秋公司根据工资结算汇总表进行工资费用的分配，账务处理如下：

借：生产成本——基本生产成本——西服　　　　　　　　16 790.00
　　　　　　　　　　　　　　——休闲服　　　　　　　　13 770.00
　　　　　　　　　　　　　　——童装　　　　　　　　　22 730.00
　　制造费用　　　　　　　　　　　　　　　　　　　　　8 600.00
　　管理费用　　　　　　　　　　　　　　　　　　　　　7 960.00
　　销售费用　　　　　　　　　　　　　　　　　　　　　18 650.00
　　贷：应付职工薪酬——工资　　　　　　　　　　　　　　　88 500.00

附原始凭证 1 张：工资费用分配汇总表（见图 8-2）。

工资费用分配汇总表

2016 年 8 月　　　　　　　　　　　　　　　　　单位：元

应借科目		生产工人	车间管理	行政管理	销售人员	合计
生产成本	西服	16 790.00				16 790.00
	休闲服	13 770.00				13 770.00
	童装	22 730.00				22 730.00
制造费用			8 600.00			8 600.00
管理费用				7 960.00		7 960.00
销售费用					18 650.00	18 650.00
合计		53 290.00	8 600.00	7 960.00	18 650.00	88 500.00

会计主管：陈利民　　　　　会计：李源珍　　　　　制单：朱玲玲

图 8-2　工资费用分配汇总表

（2）工资发放核算

1）企业发放工资前，应根据"工资结算表"中的实发工资额，按规定手续向银行提取现金，借记"库存现金"科目，贷记"银行存款"科目。

2）按"工资结算表"实际发放工资时，按实发工资额，借记"应付职工薪酬——工资"科目，贷记"库存现金"科目；若发放工资款项通过银行转账方式直接转入职工银行账户，则借记"应付职工薪酬——工资"科目，贷记"银行存款"科目。

知识拓展 8-4　代领工资的账务处理

如果个别职工未领取工资，由财务部门代领，代领的工资计入"其他应付款"账户，借记"应付职工薪酬——工资"科目，贷记"其他应付款——代领工资"科目；实际支付代领工资时，借记"其他应付款——代领工资"科目，贷记"库存现金"科目。

3）代扣应由职工个人负担的社会保险费、住房公积金和个人所得税等，按实际代扣金额，借记"应付职工薪酬——工资"科目，贷记"其他应付款——代扣社会保险费（或代扣住房公积金）""应交税费——应交个人所得税"科目。

4）扣还代垫款，如职工借款、代垫水电费、房租等，按实际扣还金额，借记"应付职工薪酬——工资"科目，贷记"其他应收款"科目。

例 8-8　承例 8-7，广东望秋服饰有限公司 2016 年 8 月工资结算汇总如表 8-8 所示。企业通过银行转账方式发放当月工资，并扣还代扣代垫款。望秋公司账务处理如下：

1）按实发工资额开出转账支票，实际发放工资时，

借：应付职工薪酬——工资　　　　　　　　　　　　　　　　　71 242.50
　　贷：银行存款　　　　　　　　　　　　　　　　　　　　　　71 242.50

附原始凭证 3 张：工资结算汇总表（见表 8-8）和工资结算表、支票存根（图略）。

2）结转各种代扣代垫款时，

借：应付职工薪酬——工资　　　　　　　　　　　　　　　　　17 257.50
　　贷：其他应付款——代扣社会保险费　　　　　　　　　　　　9 735.00
　　　　　　　　　　——代扣住房公积金　　　　　　　　　　　7 080.00
　　应交税费——应交个人所得税　　　　　　　　　　　　　　　　442.50

附原始凭证 1 张：代扣代垫款汇总表（见图 8-3）。

代扣代垫款汇总表

2016 年 8 月　　　　　　　　　　　　　　　　　　单位：元

部门或用途		基本养老保险	基本医疗保险	失业保险	社会保险费小计	住房公积金	个人所得税	合计
生产工人	西服	1 343.20	335.80	167.90	1 846.90	1 343.20	83.95	3 274.05
	休闲服	1 101.60	275.40	137.70	1 514.70	1 101.60	68.85	2 685.15
	童装	1 818.40	454.60	227.30	2 500.30	1 818.40	113.65	4 432.35

图 8-3　代扣代垫款汇总表

部门或用途	基本养老保险	基本医疗保险	失业保险	社会保险费小计	住房公积金	个人所得税	合计
车间管理	688.00	172.00	86.00	946.00	688.00	43.00	1 677.00
行政管理	636.80	159.20	79.60	875.60	636.80	39.80	1 552.20
销售人员	1 492.00	373.00	186.50	2 051.50	1 492.00	93.25	3 636.75
合计	7 080.00	1 770.00	885.00	9 735.00	7 080.00	442.50	17 257.50

会计主管：陈利民　　　　会计：李源珍　　　　制单：朱玲玲

图 8-3　代扣代垫款汇总表（续）

2. 职工福利费支出与分配核算

（1）职工福利费支出核算

企业向职工食堂、职工医院、生活困难职工等支付职工福利费时，按其实际支付金额，借记"应付职工薪酬——职工福利"科目，贷记"库存现金""银行存款"等科目。

例 8-9　广东望秋服饰有限公司 2016 年 8 月 10 日以现金支付给职工张虹玲生活困难补助 600 元。望秋公司账务处理如下：

借：应付职工薪酬——职工福利　　　　　　　　　　　　　　　　600.00
　　贷：库存现金　　　　　　　　　　　　　　　　　　　　　　　　600.00

附原始凭证 1 张：支付证明（见图 8-4）。

支 付 证 明 单

2016 年 8 月 10 日　　　　　　　　　　总第＿＿＿号

事由或品名	数　量	单位	单价	金　额						
				十	万	千	百	十	元	角	分
生活困难补助	现金付讫					6	0	0	0	0
共计金额　零拾零万零仟陆佰零拾零元零角零分				¥600.00						
受款人	张虹玲	未能取得单据原因		支付给职工个人						

部门主管：聂敏富　　　会计：李源珍　　　出纳：李芬　　　证明人：夏雨菲

图 8-4　支付证明

（2）职工福利费分配核算

月末，企业应按部门或用途对所发生的职工福利费进行分配。分配职工福利费时，借记"生产成本""制造费用""管理费用""销售费用""在建工程"等科目，贷记"应付职工薪酬——职工福利"科目。

例 8-10　广东望秋服饰有限公司 2016 年 8 月职工福利费分配汇总如表 8-9 所示。

表 8-9 职工福利费分配汇总表

2016 年 8 月   单位：元

应借科目		报销医药费	探亲路费	独生子女费	生活困难补助	合计
生产成本	西服	268.00		120.00		388.00
	休闲服	196.00		180.00	600.00	976.00
	童装	160.00		160.00	400.00	720.00
制造费用		76.00	180.00	40.00		296.00
管理费用		92.00	326.00	20.00		438.00
销售费用		246.00		60.00		306.00
合计		1 038.00	506.00	580.00	1 000.00	3 124.00

会计主管：陈利民   会计：李源珍   制单：朱玲玲

望秋公司根据职工福利费分配汇总表进行职工福利费的分配，账务处理如下：

借：生产成本——基本生产成本——西服   388.00
　　　　　　　　　　　　　——休闲服   976.00
　　　　　　　　　　　　　——童装   720.00
　　制造费用   296.00
　　管理费用   438.00
　　销售费用   306.00
　　贷：应付职工薪酬——职工福利   3 124.00

附原始凭证 1 张：职工福利费分配汇总表（见表 8-9）。

3. 社会保险费和住房公积金核算

企业应按规定计提每月应缴纳的社会保险费和住房公积金。由企业负担的社会保险费和住房公积金，应在职工为其提供服务的会计期间，按照部门或用途进行分配，借记"生产成本""制造费用""管理费用""销售费用""在建工程"等科目，贷记"应付职工薪酬——社会保险费（或住房公积金）"科目；由职工个人负担的社会保险费和住房公积金，在发放工资时代扣，计入"其他应付款——社会保险费（或住房公积金）"账户，由企业一并缴纳。

例 8-11 广东望秋服饰有限公司 2016 年 8 月以当月应付工资额为基数计算应缴纳的社会保险费和住房公积金，社会保险费和住房公积金计提如表 8-10 所示。职工个人负担部分在发放工资时代扣，由企业一并缴纳。

表 8-10　社会保险费与住房公积金计提表

2016 年 8 月　　　　　　　　　　　　　　　　　单位：元

部门或用途		计提基数	基本养老保险费		基本医疗保险费		失业保险费		生育保险费	工伤保险费	社会保险费合计		住房公积金	
			单位20%	个人8%	单位8%	个人2%	单位2%	个人1%	(单位0.6%)	(单位0.4%)	单位	个人	单位8%	个人8%
生产工人	西服	16 790	3 358	1 343.2	1 343.2	335.8	335.8	167.9	100.74	67.16	5 204.9	1 846.9	1 343.2	1 343.2
	休闲服	13 770	2 754	1 101.6	1 101.6	275.4	275.4	137.7	82.62	55.08	4 268.7	1 514.7	1 101.6	1 101.6
	童装	22 730	4 546	1 818.4	1 818.4	454.6	454.6	227.3	136.38	90.92	7 046.3	2 500.3	1 818.4	1 818.4
车间管理		8 600	1 720	688	688	172	172	86	51.6	34.4	2 666	946	688	688
行政管理		7 960	1 592	636.8	636.8	159.2	159.2	79.6	47.76	31.84	2 467.6	875.6	636.8	636.8
销售人员		18 650	3 730	1 492	1 492	373	373	186.5	111.9	74.6	5 781.5	2 051.5	1 492	1 492
合计		88 500	17 700	7 080	7 080	1 770	1 770	885	531	354	27 435	9 735	7 080	7 080

会计主管：陈利民　　　　　　会计：李源珍　　　　　　制单：朱玲玲

望秋公司账务处理如下：

1）企业计提社会保险费和住房公积金（单位负担部分）时，

借：生产成本——基本生产成本——西服　　　　　　　　　　6 548.10

　　　　　　　　　　　　　　——休闲服　　　　　　　　　5 370.30

　　　　　　　　　　　　　　——童装　　　　　　　　　　8 864.70

　　制造费用　　　　　　　　　　　　　　　　　　　　　3 354.00

　　管理费用　　　　　　　　　　　　　　　　　　　　　3 104.40

　　销售费用　　　　　　　　　　　　　　　　　　　　　7 273.50

　　贷：应付职工薪酬——社会保险费　　　　　　　　　　27 435.00

　　　　　　　　　　——住房公积金　　　　　　　　　　　7 080.00

附原始凭证 1 张：社会保险费和住房公积金计提表（见表 8-10）。

2）企业上缴本期应缴的社会保险费和住房公积金时，

借：应付职工薪酬——社会保险费　　　　　　　　　　　27 435.00

　　　　　　　　——住房公积金　　　　　　　　　　　　7 080.00

　　其他应付款——代扣社会保险费　　　　　　　　　　　9 735.00

　　　　　　　——代扣住房公积金　　　　　　　　　　　7 080.00

　　贷：银行存款　　　　　　　　　　　　　　　　　　51 330.00

附原始凭证 2 张：社会保险费电子转账凭证、住房公积金汇缴书（见图 8-5、图 8-6）。

社会保险费电子转账凭证

日期：2016 年 08 月 31 日　　　　　　凭证号：05669081

付款人	全称	广东望秋服饰有限公司	收款人	全称	广州市社会保险管理中心
	账号	11682683056		账号	45016584625
	开户行	中国建设银行广州市天河支行		开户行	农业银行广州市东山支行
	行号			行号	

金额大写	叁万柒仟壹佰柒拾元整	￥37 170.00

摘要	养老小计：24 780.00　单位养老：17 700.00　个人养老：7 080.00 失业小计：2 655.00　单位失业：1 770.00　个人失业：885.00 工伤小计：354.00　单位工伤：354.00 生育小计：531.00　单位生育：531.00 医疗小计：8 850.00　单位医疗：7 080.00　个人医疗：1 770.00

备注	1.本凭证按《关于广州市财政、税务、国库、银行实现计算机联网后有关票据使用问题的通知》（穗财库[2001]1296 号）规定作为缴纳社保的会计核算凭证。 2.本凭证一式两联，第一联作开户银行的记账凭证，第二联交缴费单位作记账凭证。

中国建设银行股份有限公司　广州天河支行　2016.08.31　办讫章 (2)

银行盖章

复核：　　　　　记账：

第二联：缴费单位

图 8-5　社会保险费电子转账凭证

广州市住房公积金汇缴书

2016 年 8 月 31 日　　　　附变更清册　　　页

单位名称	广东望秋服饰有限公司			汇缴：	8 月
开户银行	建行广州市天河支行	账号	11682683056	汇缴：	58 人

汇缴金额	人民币（大写）壹万肆仟壹佰陆拾元整	千	百	十	万	千	百	十	元	角	分
					￥	1	4	1	6	0	0	0

上次汇缴		本次增加汇缴		本次减少汇缴		本次汇缴	
人数	金额	人数	金额	人数	金额	人数	金额
58	14 160.00					58	14 160.00

备注：	

中国建设银行股份有限公司　广州天河支行　2016.08.31　办讫章 (2)

银行盖章

第一联：银行盖章后交缴款单位

图 8-6　住房公积金汇缴书

4. 工会经费和职工教育经费核算

（1）工会经费核算

根据国家有关规定，企业每月应按职工工资总额的 2%计提工会经费，并拨付给企业工会使用。企业计提的工会经费，应计入相关资产的成本或当期损益。计提时，应按照部门或用途进行分配，借记"生产成本""制造费用""管理费用""销售费用""在建工程"等科目，贷记"应付职工薪酬——工会经费"科目；划拨工会经费时，借记"应付职工薪酬——工会经费"科目，贷记"银行存款"科目。

例 8-12　广东望秋服饰有限公司 2016 年 8 月职工工资总额为 88 500 元，工会经费计提比例为 2%，工会经费计提如表 8-11 所示。

表 8-11　工会经费计提表

2016 年 8 月　　　　　　　　　　　　　单位：元

部门或用途		计提基数	计提比例	计提金额	备注
生产工人	西服	16 790.00	2%	335.80	
	休闲服	13 770.00	2%	275.40	
	童装	22 730.00	2%	454.60	
车间管理		8 600.00	2%	172.00	
行政管理		7 960.00	2%	159.20	
销售人员		18 650.00	2%	373.00	
合计		88 500.00	2%	1 770.00	

会计主管：陈利民　　　　　会计：李源珍　　　　　制单：朱玲玲

望秋公司计提与划拨工会经费账务处理如下：

1）计提工会经费时，

借：生产成本——基本生产成本——西服　　　　　　　　335.80
　　　　　　　　　　　　　　——休闲服　　　　　　　275.40
　　　　　　　　　　　　　　——童装　　　　　　　　454.60
　　制造费用　　　　　　　　　　　　　　　　　　　　172.00
　　管理费用　　　　　　　　　　　　　　　　　　　　159.20
　　销售费用　　　　　　　　　　　　　　　　　　　　373.00
　　贷：应付职工薪酬——工会经费　　　　　　　　　　　　　1 770.00

附原始凭证 1 张：工会经费计提表（见表 8-11）。

2）划拨工会经费时，

借：应付职工薪酬——工会经费　　　　　　　　　　　1 770.00
　　贷：银行存款　　　　　　　　　　　　　　　　　　　　　1 770.00

附原始凭证 1 张：支票存根（图略）。

（2）职工教育经费核算

企业每月应按职工工资总额的 1.5% 计提职工教育经费。企业计提的职工教育经费，应计入相关资产的成本或当期损益。计提时，应按照部门或用途进行分配，借记"生产成本""制造费用""管理费用""销售费用""在建工程"等科目，贷记"应付职工薪酬——职工教育经费"科目；发生职工教育经费时，借记"应付职工薪酬——职工教育经费"科目，贷记"库存现金"、"银行存款"等科目。

例 8-13　广东望秋服饰有限公司 2016 年 8 月职工工资总额为 88 500 元，职工教育经费计提比例为 1.5%，职工教育经费计提如表 8-12 所示。当月车间技术员李福奇报销外出参加技能培训费用 1 600 元，增值税税率为 6%，以银行存款支付。

表 8-12　职工教育经费计提表

2016 年 8 月　　　　　　　　　　　　　　　　单位：元

部门或用途		计提基数	计提比例	计提金额	备注
生产工人	西服	16 790.00	1.5%	251.85	
	休闲服	13 770.00	1.5%	206.55	
	童装	22 730.00	1.5%	340.95	
车间管理		8 600.00	1.5%	129.00	
行政管理		7 960.00	1.5%	119.40	
销售人员		18 650.00	1.5%	279.75	
合计		88 500.00	1.5%	1 327.50	

会计主管：陈利民　　　　会计：李源珍　　　　制单：朱玲玲

望秋公司计提与发生职工教育经费账务处理如下：

1）计提职工教育经费时，

借：生产成本——基本生产成本——西服　　　　　　　　251.85

　　　　　　　　　　　　　——休闲服　　　　　　　　206.55

　　　　　　　　　　　　　——童装　　　　　　　　　340.95

　　制造费用　　　　　　　　　　　　　　　　　　　　129.00

　　管理费用　　　　　　　　　　　　　　　　　　　　119.40

　　销售费用　　　　　　　　　　　　　　　　　　　　279.75

　　　贷：应付职工薪酬——职工教育经费　　　　　　1 327.50

附原始凭证 1 张：职工教育经费计提表（见表 8-12）。

2）发生职工教育经费时，

借：应付职工薪酬——职工教育经费　　　　　　　　　1 600.00

　　应交税费——应交增值税（进项税额）　　　　　　　　96.00

　　　贷：银行存款　　　　　　　　　　　　　　　　1 696.00

附原始凭证 1 张：增值税专用发票（见图 8-7）和支票存根（图略）。

广东增值税专用发票

4401238569

No 121658018

开票日期：2016 年 08 月 25 日

购货单位	名　　称：广东望秋服饰有限公司					密码区	（略）		
	纳税人识别号：440106868268025								
	地址 、电话：天河中路 2 号，86697584								
	开户行及账号：建行天河支行、11682683056								

货物或应税劳务、服务名称	规格型号	单位	数量	单价	金　额	税率	税　额
培训费					1 600.00	6%	96.00
合　计					¥1 600.00		¥96.00

价税合计（大写）	⊗壹仟陆佰玖拾陆圆整	（小写）¥1 696.00

销货单位	名　　称：广州服装设计培训学校	备注
	纳税人识别号：440106868263410	
	地址 、电话：中山大道 88 号，86667888	
	开户行及账号：中行中山支行、11664583678	

广州服装设计培训学校
440106868263410
发票专用章

收款人：李燕　　　复核：　　　开票人：陈海虹　　　销货单位：（章）

第三联：发票联　购买方记账凭证

图 8-7　增值税专用发票

5. 非货币性职工薪酬核算

（1）以自产产品发放给职工作为福利

1）决定分发时，确认应付职工薪酬。企业以自产产品作为非货币性福利分发给职工，应当根据受益对象，按照产品的公允价值，确认应付职工薪酬，借记"生产成本""制造费用""管理费用""销售费用""在建工程"等科目，贷记"应付职工薪酬——非货币性福利"科目。

2）实际分发时，确认主营业务收入。实际分发时，企业应按分发产品的公允价值确认主营业务收入，借记"应付职工薪酬——非货币性福利"科目，贷记"主营业务收入""应交税费——应交增值税（销项税额）"等科目。

3）结转发放产品的成本。产品发出后，企业应按产品的实际成本，借记"主营业务成本"科目，贷记"库存商品"科目。

例 8-14　广东望秋服饰有限公司 2016 年 7 月 20 日决定将一批自产的西服以福利形式分发给职工，产品发放汇总如表 8-13 所示。西服每套成本为 126 元，市场价为 200元，增值税税率为 17%。

表 8-13　产品发放汇总表

2016 年 7 月 20 日　　　　　　　　　　　　　　　　　　单位：元

部门或用途		单位	分发数量	单价	金额	税率	税额	合计
生产工人	西服	套	12	200.00	2 400.00	17%	408.00	2 808.00
	休闲服	套	18	200.00	3 600.00	17%	612.00	4 212.00
	童装	套	16	200.00	3 200.00	17%	544.00	3 744.00
车间管理		套	4	200.00	800.00	17%	136.00	936.00
行政管理		套	2	200.00	400.00	17%	68.00	468.00
销售人员		套	6	200.00	1 200.00	17%	204.00	1 404.00
合计		套	58	200.00	11 600.00	17%	1 972.00	13 572.00

会计主管：陈利民　　　　　会计：李源珍　　　　　制单：朱玲玲

　　望秋公司账务处理如下：

　　1）决定分发时，确认应付职工薪酬，

　　借：生产成本——基本生产成本——西服　　　　　　　　　　2 808.00

　　　　　　　　　　　　　　　——休闲服　　　　　　　　　　4 212.00

　　　　　　　　　　　　　　　——童装　　　　　　　　　　　3 744.00

　　　　制造费用　　　　　　　　　　　　　　　　　　　　　　936.00

　　　　管理费用　　　　　　　　　　　　　　　　　　　　　　468.00

　　　　销售费用　　　　　　　　　　　　　　　　　　　　　1 404.00

　　　　贷：应付职工薪酬——非货币性福利　　　　　　　　　13 572.00

　　附原始凭证 1 张：产品发放汇总表（见表 8-13）。

　　2）实际分发时，确认主营业务收入，

　　借：应付职工薪酬——非货币性福利　　　　　　　　　　　13 572.00

　　　　贷：主营业务收入——西服　　　　　　　　　　　　　11 600.00

　　　　　　应交税费——应交增值税（销项税额）　　　　　　1 972.00

　　附原始凭证 1 张：产品发放清单（见图 8-8）。

产品发放清单

2016 年 7 月 20 日　　　　　　　　　　　　　　　　　　单位：元

编号	姓名	部门	发放产品	单位	数量	单价	金额	领用签名
1	聂敏富	管理部门	西服	套	1	200.00	200.00	聂敏富
2	李源珍	管理部门	西服	套	1	200.00	200.00	李源珍
3	陈丹玲	生产休闲服	西服	套	1	200.00	200.00	陈丹玲
……	……	……	……	……	……	……	……	……
58	李燕虹	生产西服	西服	套	1	200.00	200.00	李燕虹

单位负责人：纪耀东　　　会计主管：陈利民　　　会计：李源珍　　　制单：朱玲玲

图 8-8　产品发放清单

3）结转发放产品的成本，

借：主营业务成本——西服　　　　　　　　　　　　　　　　7 308.00

　　贷：库存商品——西服　　　　　　　　　　　　　　　　　　　7 308.00

附原始凭证 1 张：产品出库单（见图 8-9）。

产品出库单

2016 年 7 月 20 日　　　　　　　　　　　　第 0081 号

产品名称	规格	型号	单位	数量	单位成本	金额（元）
西服			套	58	126.00	7 308.00

仓库主管：陈伟峰　　　复核：李源珍　　　发货：刘江　　　制单：谢丽敏

图 8-9　产品出库单

（2）以外购商品发放给职工作为福利

1）购入商品时，应按商品购买价款和进项税额，借记"库存商品"科目，贷记"银行存款""应收账款"等科目。

2）决定分发时，确认应付职工薪酬。企业应根据受益对象，按照商品的价值（包括进项税额），确认应付职工薪酬，借记"生产成本""制造费用""管理费用""销售费用""在建工程"等科目，贷记"应付职工薪酬——非货币性福利"科目。

3）实际分发商品给职工时，应按商品的价值（包括进项税额），借记"应付职工薪酬——非货币性福利"科目，贷记"库存商品"科目。

例 8-15　广东望秋服饰有限公司 2016 年 8 月 16 日决定采购一批电炖锅以福利形式分发给职工，产品发放汇总如表 8-14 所示。电炖锅每个购买价为 160 元，增值税税率为 17%。

表 8-14　产品发放汇总表

2016 年 8 月 16 日　　　　　　　　　　　　单位：元

部门或用途		单位	分发数量	单价	金额	税率	税额	合计
生产工人	西服	个	12	160.00	1 920.00	17%	326.40	2 246.40
	休闲服	个	18	160.00	2 880.00	17%	489.60	3 369.60
	童装	个	16	160.00	2 560.00	17%	435.20	2 995.20
车间管理		个	4	160.00	640.00	17%	108.80	748.80
行政管理		个	2	160.00	320.00	17%	54.40	374.40
销售人员		个	6	160.00	960.00	17%	163.20	1 123.20
合计		个	58	160.00	9 280.00	17%	1 577.60	10 857.60

会计主管：陈利民　　　会计：李源珍　　　制单：朱玲玲

望秋公司账务处理如下：

1）购入电炖锅时，

借：库存商品——电炖锅　　　　　　　　　　　　　　　　10 857.60

　　贷：银行存款　　　　　　　　　　　　　　　　　　　　　　　10 857.60

　　附原始凭证 3 张：增值税专用发票、产品入库单（见图 8-10、图 8-11）和支票存根（图略）。

广 东 增 值 税 专 用 发 票

4401241231　　　　　　　　　　　　　　　　　　　№ 491023081

开票日期：2016 年 08 月 16 日

购货单位	名　　　称：广东望秋服饰有限公司
	纳税人识别号：440106868268025
	地址 、 电话：天河中路 2 号，86697584
	开户行及账号：建行天河支行、11682683056

密码区　　（略）

货物或应税劳务、服务名称	规格型号	单位	数量	单 价	金　额	税率	税　额
电炖锅		个	28	160.00	9 280.00	17%	1 577.60
合　　　计					¥9 280.00		¥1 577.60

价税合计（大写）	⊗壹万零捌佰伍拾柒圆陆角整	（小写）¥10 857.60

销货单位	名　　　称：广州市华谊百货公司
	纳税人识别号：440106458268326
	地址 、 电话：广州文德路 20 号，86495295
	开户行及账号：建行文德支行、11682533052

备注　广州市华谊百货公司 4401 0645 8268326 发票专用章

收款人：李清　　　复核：陈晓明　　　开票人：张敏敏　　　销货单位：（章）

第三联：发票联 购买方记账凭证

（图 8-10　增值税专用发票）

产 品 入 库 单

2016 年 8 月 16 日　　　　　　　　　　　　第 0801 号

产品名称	规格	型号	单位	数量	单价	金额（元）
电炖锅			个	58	187.20	10 857.60

仓库主管：陈伟峰　　　复核：李源珍　　　验收：刘江　　　制单：谢丽敏

图 8-11　产品入库单

　　2）决定分发时，确认应付职工薪酬，

　　借：生产成本——基本生产成本——西服　　　　　　　　　　　2 246.40

　　　　　　　　　　　　　　　　——休闲服　　　　　　　　　　3 369.60

　　　　　　　　　　　　　　　　——童装　　　　　　　　　　　2 995.20

　　　　制造费用　　　　　　　　　　　　　　　　　　　　　　　　748.80

　　　　管理费用　　　　　　　　　　　　　　　　　　　　　　　　374.40

　　　　销售费用　　　　　　　　　　　　　　　　　　　　　　1 123.20

　　　　　贷：应付职工薪酬——非货币性福利　　　　　　　　　10 857.60

附原始凭证 1 张：产品发放汇总表（见表 8-14）。

3）实际分发电炖锅时，

　　　　借：应付职工薪酬——非货币性福利　　　　　　　　　　10 857.60

　　　　　贷：库存商品——电炖锅　　　　　　　　　　　　　　10 857.60

附原始凭证 2 张：产品出库单和产品发放清单（见图 8-12、图 8-13）。

产品出库单

2016 年 8 月 16 日　　　　　　　　　　　　　　　第 0082 号

产品名称	规格	型号	单位	数量	单位成本	金额（元）
电炖锅			个	58	187.20	10 857.60

仓库主管：陈伟峰　　　复核：李源珍　　　发货：刘江　　　制单：谢丽敏

图 8-12　产品出库单

产品发放清单

2016 年 8 月 16 日　　　　　　　　　　　　　　　单位：元

编号	姓名	部门	发放产品	单位	数量	单价	金额	领用签名
1	聂敏富	管理部门	电炖锅	个	1	187.20	187.20	聂敏富
2	李源珍	管理部门	电炖锅	个	1	187.20	187.20	李源珍
3	陈丹玲	生产休闲服	电炖锅	个	1	187.20	187.20	陈丹玲
……	……	……	……	……	……	……	……	……
58	李燕虹	生产西服	电炖锅	个	1	187.20	187.20	李燕虹

单位负责人：纪耀东　　　会计主管：陈利民　　　会计：李源珍　　　制单：朱玲玲

图 8-13　产品发放清单

　　（3）将拥有的房屋等资产无偿提供给职工使用或租赁住房等资产供职工无偿使用

　　1）将拥有的房屋等资产无偿提供给职工使用，应根据受益对象，将该项住房每期应计提的折旧计入相关资产成本或当期损益，并确认应付职工薪酬，借记"生产成本""制造费用""管理费用""销售费用""在建工程"等科目，贷记"应付职工薪酬——非货币性福利"科目；同时，借记"应付职工薪酬——非货币性福利"科目，贷记"累计折旧"科目。

　　2）租赁住房等资产供职工无偿使用，应根据受益对象，将每期应付的租金计入相关资产成本或当期损益，并确认应付职工薪酬，借记"生产成本""制造费用""管理费用""销售费用""在建工程"等科目，贷记"应付职工薪酬——非货币性福利"科目；支付该项租赁资产的租金时，借记"应付职工薪酬——非货币性福利"科目，贷记"银行存款""库存现金"等科目。

【要点回顾】

1. 职工薪酬是指企业为获得职工提供的服务或解除劳动关系而给予的各种形式的报酬或补偿。职工薪酬包括短期薪酬、离职后福利、辞退福利和其他长期职工福利。

2. 企业应按劳动工资和社会保障制度的规定，根据原始记录计算职工的工资。职工工资计算的原始记录主要有工资卡片、考勤记录、产量记录等三种。

3. 职工工资的计算包括应付工资的计算和实发工资的计算两项内容。实行计时工资制的企业，应按照职工的计时工资标准和工作时间计算应付给职工的工资；实行计件工资制的企业，应按照计件工资标准和职工完成工作的数量计算职工的工资。

4. 职工工资的结算，通常通过编制"工资结算表"来进行。工资结算表一般分车间、部门进行编制。企业应根据各车间、部门的工资结算表汇总编制整个企业的工资结算汇总表，并据以进行应付职工薪酬的分类核算。

5. 企业应设置"应付职工薪酬"账户，核算企业职工薪酬的结算和分配情况。应付职工薪酬账户应按"工资""职工福利""社会保险费""住房公积金""工会经费""职工教育经费""非货币性福利"等项目设置明细分类账户，进行明细分类核算。

6. 应付职工薪酬核算主要包括工资计算分配与发放核算、职工福利费支出与分配核算、社会保险费和住房公积金核算、工会经费和职工教育经费核算、非货币性职工薪酬核算等。

第 9 章　流动负债核算

【目的要求】

1. 能叙述流动负债的概念。
2. 能掌握短期借款的会计核算。
3. 能掌握应付账款的会计核算。
4. 能掌握预收账款的会计核算。
5. 能掌握带息与不带息应付票据核算。
6. 能掌握一般纳税人企业应交增值税核算。
7. 能掌握应交消费税、城建税与教育费附加核算。
8. 能掌握其他应付款的会计核算。

【重点难点】

1. 短期借款核算。
2. 应付账款核算。
3. 带息应付票据核算。
4. 应交增值税核算。

【基础知识】

流动负债，是指将在一年内或者超过一年的一个营业周期内需要偿还的各种债务。流动负债主要包括短期借款、应付账款、预收账款、应付票据、应付利息、应付职工薪酬、应交税费、应付股利、其他应付款等。流动负债一般是以实际发生额计价。

9.1　短期借款核算

9.1.1　短期借款概述

1. 短期借款概念

短期借款，是指企业向银行或其他金融机构借入的期限在 1 年以下（含 1 年）的各种借款。短期借款一般是企业为维持正常的生产经营活动或为抵偿某项债务而借入的款项，主要包括临时借款（借款期通常在 3 个月内）和生产经营周转借款（借款期通常在 1 年以内）。

2. 账户设置

（1）"短期借款"账户

短期借款账户，核算企业短期借款的取得、偿还及其结存情况。该账户属于负债类账户，贷方登记企业取得短期借款的数额，借方登记企业偿还短期借款的本金，期末余额一般在贷方，表示企业尚未偿还的短期借款的本金。

短期借款账户应按借款种类和债权人设置明细分类账，进行明细分类核算。短期借款账户结构见图 9-1。

	短期借款
	期初：尚未偿还的短期借款的本金
本期：登记企业偿还短期借款的本金	登记企业取得短期借款的数额
	期末：尚未偿还的短期借款的本金

图 9-1　短期借款账户结构

（2）"应付利息"账户

应付利息账户，核算企业按照合同约定应支付的利息，包括短期借款、分期付息到期还本的长期借款、企业债券等应支付的利息。该账户属于负债类账户，贷方登记企业按合同约定的利率计算确定的应付利息的金额，借方登记企业实际支付的利息，期末余额一般在贷方，表示企业按照合同约定应支付但尚未支付的利息。

应付利息账户应按债权人设置明细分类账，进行明细分类核算。应付利息账户结构见图 9-2。

	应付利息
	期初：按照合同约定应支付但尚未支付的利息
本期：登记企业实际支付的利息	登记企业按合同约定的利率计算确定的应付利息的金额
	期末：企业按照合同约定应支付但尚未支付的利息

图 9-2　应付利息账户结构

9.1.2　短期借款核算

1. 取得短期借款

企业从银行或其他金融机构取得短期借款时，借记"银行存款"科目，贷记"短期借款"科目。

2. 计算并支付短期借款利息

1）按月计算并支付的，直接计入"财务费用"账户，借记"财务费用"科目，贷记"银行存款"科目。

2）按月计算，按季支付或到期还本付息的，应采用月末预提方式进行核算，月末预提时，借记"财务费用"科目，贷记"应付利息"科目。

3. 归还短期借款本息

短期借款到期偿还本金时，借记"短期借款"科目，贷记"银行存款"科目；按期支付利息时，借记"应付利息"科目，贷记"银行存款"科目。

例 9-1　广东望秋服饰有限公司 2016 年 6 月 1 日向建设银行借入一笔生产经营用短期借款，金额为 90 000 元，期限为 3 个月，年利率为 4%，借款协议约定，该笔借款到期一次还本付息。望秋公司账务处理如下：

1）取得短期借款时，

借：银行存款   90 000.00

  贷：短期借款   90 000.00

附原始凭证 1 张：借款转存凭证（见图 9-3）。

中国建设银行对公客户收款通知单

2016 年 6 月 1 日   交易种类：**生产周转贷款放款**

付款人	全　称	广东望秋服饰有限公司	收款人	全　称	广东望秋服饰有限公司
	账　号	11682683692		账　号	11682683056
	开户行	中国建设银行广州市分行		开户行	中国建设银行广州市天河支行

大写金额	（币种）人民币玖万元整	亿	千	百	十	万	千	百	十	元	角	分
						￥	9	0	0	0	0	0

中国建设银行股份有限公司
广州天河支行
2016.06.01
办讫章
(4)

合同号：**银借字第 001012 号**

上述贷款金额已转存入你单位 11682683056 存款户

备注：贷款期为 3 个月。

会计主管	复核	记账

此联为收款人收账通知

图 9-3 借款转存凭证

2）按月计提利息时，

$$每月利息＝90\,000\times（4\%/12）\times1＝300\ 元$$

借：财务费用   300.00

  贷：应付利息   300.00

附原始凭证 1 张：利息计提单（见图 9-4）。

利 息 计 提 单

2016 年 6 月 30 日   单位：元

计息项目	起息日	结息日	本金	年利率	利息
短期借款	2016.6.1	2016.6.30	90 000.00	4.0%	300.00
合计（大写）	人民币叁佰元整				￥300.00

会计主管：陈利民   会计：李源珍   制单：朱玲玲

图 9-4 利息计提单

3）到期还本付息时，

$$应付利息＝300×3＝900（元）$$

借：短期借款　　　　　　　　　　　　　　　　　　　　　　　　　90 000.00

　　应付利息　　　　　　　　　　　　　　　　　　　　　　　　　　 900.00

　　贷：银行存款　　　　　　　　　　　　　　　　　　　　　　　　90 900.00

附原始凭证 2 张：偿还贷款凭证和付息通知单（见图 9-5、图 9-6）。

图 9-5　偿还贷款凭证

图 9-6　付息通知单

9.2 应付及预收账款核算

9.2.1 应付账款核算

1. 应付账款概述

应付账款，是指企业因购买材料、商品或接受劳务供应等经营活动应支付的款项。

（1）应付账款确认

应付账款，一般应在与所购买材料、商品等物资所有权相关的主要风险和报酬已经转移，或者所接受的劳务已经接受时确认。在实际工作中，应区别情况处理：

1）在材料、商品等物资和发票等结算凭证同时到达的情况下，应付账款一般在所购物资验收入库后，根据发票等结算凭证所列金额入账。

2）在材料、商品等物资已经验收入库，但发票等结算凭证尚未到达的情况下，应付账款可暂不入账，待收到发票等结算凭证后再入账；若到月份终了仍未收到发票等结算凭证，应按估计价或计划价暂估入账，下月初再作相反的会计分录予以冲回，待以后收到发票等结算凭证时，再按具体情况处理。

（2）应付账款计量

应付账款一般应按实际应付金额（即发票等结算凭证记载的金额）计价入账。存在购货折扣的，则应区别情况处理：

1）系商业折扣的，应按扣除了商业折扣后的金额（净价）入账，即根据发票结算金额入账。

2）系现金折扣的，应先按发票上记载的应付金额入账，即不扣除现金折扣的金额（总价）入账，待实际发生现金折扣时，再将折扣金额冲减当期财务费用。

知识拓展 9-1 商业折扣与现金折扣

商业折扣，是指企业为促进商品销售而在商品标价上给予的价格扣除。现金折扣，是指债权人为鼓励债务人在规定的期限内付款而向债务人提供的债务扣除。

2. 账户设置

企业应设置"应付账款"账户，核算企业应付账款的发生、偿还、转销及结存情况。该账户属于负债类账户，贷方登记企业购买材料、商品等物资和接受劳务等而发生的应付账款，借方登记企业偿还的应付账款、开出商业汇票抵付的应付账款以及转销的无法支付的应付账款，期末余额一般在贷方，表示企业尚未支付的应付账款余额。

应付账款账户一般应按债权人设置明细分类账，进行明细分类核算。应付账款账户结构见图 9-7。

应付账款	
本期：登记企业偿还的应付账款、开出商业汇票抵付的应付账款以及转销的无法支付的应付账款	期初：尚未支付的应付账款余额 登记企业购买材料、商品等物资和接受劳务等而发生的应付账款
	期末：尚未支付的应付账款余额

图 9-7 应付账款账户结构

3. 会计核算

（1）发生应付账款

企业购入材料、商品等物资发生应付账款时，应根据发票等结算凭证记载的金额（或月末暂估金额），借记"在途物资""原材料""库存商品"等科目，按可抵扣的增值税税额，借记"应交税费——应交增值税（进项税额）"科目，按应付的金额，贷记"应付账款"科目。

企业接受供应单位提供劳务而发生应付账款时，应根据供应单位开出的发票等结算凭证，借记"生产成本""制造费用""管理费用"等科目，贷记"应付账款"科目。

例 9-2 广东望秋服饰有限公司 2016 年 9 月 6 日根据合同向浙江省嘉兴丝绸公司采购丝绸布一批，收到增值税专用发票一张，发票注明价款为 75 000 元，增值税税额 12 750 元，运费增值税专用发票一张，发票注明运杂费 750 元、增值税额 82.5 元（运费已由嘉兴丝绸公司垫付），款项尚未支付。双方购销合同约定，按不含税价款提供现金折扣，付款期限为 30 天，现金折扣条件为（2/10，1/20，n/30）。望秋公司账务处理如下：

借：原材料——丝绸布　　　　　　　　　　　　　　　　　　　75 750.00
　　应交税费——应交增值税（进项税额）　　　　　　　　　　　12 832.50
　　　贷：应付账款——嘉兴丝绸公司　　　　　　　　　　　　　　88 582.50

附原始凭证 3 张：增值税专用发票、运费增值税专用发票和收料单（见图 9-8～图 9-10）。

浙江增值税专用发票

2308241161

浙江省
国家税务总局监制

№ 230366901

开票日期：2016 年 09 月 06 日

购货单位	名　　称：广东望秋服饰有限公司 纳税人识别号：440106868268025 地址、电话：天河中路 2 号，86697584 开户行及账号：建行天河支行、11682683056			密码区	（略）		
货物或应税劳务、服务名称 丝绸	规格型号	单位 米	数量 2 500	单价 30.00	金　额 75 000.00	税率 17%	税　额 12 750.00
合　　计					¥75 000.00		¥12 750.00
价税合计（大写）	⊗捌万柒仟柒佰伍拾圆整				（小写）¥87 750.00		
销货单位	名　　称：浙江省嘉兴丝绸公司 纳税人识别号：280306868268036 地址、电话：越秀中路 9 号，62697283 开户行及账号：建行越秀支行、23658683034			备注	浙江省嘉兴丝绸公司 280306868268036 发票专用章		

收款人：李兴安　　复核：陈培和　　开票人：王敏发　　销货单位：（章）

第三联：发票联　购买方记账凭证

图 9-8　增值税专用发票

浙江增值税专用发票

2803235375

浙江省
国家税务总局监制

№ 280358991

开票日期：2016 年 09 月 06 日

购货单位	名　　称：广东望秋服饰有限公司 纳税人识别号：440106868268025 地址、电话：天河中路 2 号，86697584 开户行及账号：建行天河支行、11682683056			密码区	（略）		
货物或应税劳务、服务名称 运输	规格型号	单位	数量	单价	金　额 750.00	税率 11%	税　额 82.50
合　　计					¥750.00		¥82.50
价税合计（大写）	⊗捌佰叁拾贰圆伍角整				（小写）¥832.50		
销货单位	名　　称：浙江嘉兴货运有限公司 纳税人识别号：280306735268732 地址、电话：嘉兴市苏嘉路 82 号，86564696 开户行及账号：工行苏嘉支行、31673313569			备注	——广州 货物、布料 浙江嘉兴货运有限公司 280306735268732 发票专用章		

收款人：　　复核：江兴银　　开票人：宋萍平　　销货单位：（章）

第三联：发票联　购买方记账凭证

图 9-9　运费增值税专用发票

收　料　单

2016 年 9 月 6 日　　　　　　　　收字第 906 号

材料名称	规格型号	单位	应收数量	实收数量	金额（元）
丝绸		米	2 500	2 500	75 750.00

仓库主管：陈伟峰	复核：	验收：李明秀	收料：蔡晓波	制单：蔡晓波

图 9-10　收料单

（2）偿还应付账款

企业偿付应付账款或开出商业汇票抵付应付账款时，借记"应付账款"科目，贷记"银行存款""应付票据"等科目，若在折扣期内付款而获得现金折扣，应在偿付应付账款时冲减财务费用。

例 9-3　承例 9-2，广东望秋服饰有限公司采用电汇方式支付嘉兴丝绸公司采购货款。望秋公司账务处理如下：

1）若在 10 天内付款时，

$$现金折扣 = 75\,000 × 2\% = 1500（元）$$

借：应付账款——嘉兴丝绸公司　　　　　　　　　　　　88 582.50
　　贷：财务费用　　　　　　　　　　　　　　　　　　　　1 500.00
　　　　银行存款　　　　　　　　　　　　　　　　　　　87 082.50

附原始凭证 2 张：电汇凭证和现金折扣计算单（见图 9-11、图 9-12）。

电 汇 凭 证（回单）　1　№ 006840901

第 0912 号　　　　　委托日期　2016 年 09 月 15 日

汇款人	全　称	广东望秋服饰有限公司			收款人	全　称	浙江省嘉兴丝绸公司		
	账　号或住址	11682683056				账　号或住址	23658683034		
	汇出地点	广东省广州	汇出行名称	建行天河支行		汇入地点	浙江嘉兴	汇入行名称	建行越秀支行
金额	人民币（大写）	捌万柒仟零捌拾贰元伍角整			千 百		中国建设银行股份有限公司广州天河支行 2016.09.15 办讫章 (4) ￥8 7 0 8 2 5 0		
汇款用途：支付材料款									
上列款项已根据委托办理，如需查询，请持此回单来行面谈							（汇出行盖章）		

此联汇出行给给汇款人的回单

图 9-11　电汇回单

现金折扣计算单

2016 年 9 月 15 日   单位：元

供货单位	浙江省嘉兴丝绸公司		现金折扣条件	(2/10, 1/20, n/30)	
材料名称	采购时间	付款时间	不含税价款	折扣率	现金折扣
丝绸	2016.9.6	2016.9.15	75 000.00	2%	1 500.00
合计	—	—	¥75 000.00	2%	¥1 500.00

会计主管：陈利民   会计：李源珍   制表：朱玲玲

图 9-12 现金折扣计算单

2）若在 20 天内付款时，

$$现金折扣＝75\,000 \times 1\% ＝750（元）$$

借：应付账款——嘉兴丝绸公司   88 582.50
　　贷：财务费用   750.00
　　　　银行存款   87 832.50

附原始凭证 2 张：电汇凭证和现金折扣计算单（图略）。

3）若在 30 天内付款时，

借：应付账款——嘉兴丝绸公司   88 582.50
　　贷：银行存款   88 582.50

附原始凭证 1 张：电汇凭证（图略）。

（3）转销应付账款

对于确实无法支付的应付账款（如因债权人撤销等原因而产生无法支付的应付账款），企业应按其账面余额予以转销，计入营业外收入，借记"应付账款"科目，贷记"营业外收入"科目。

9.2.2 预收账款核算

1. 预收账款概念

预收账款，是指企业按照合同规定，向购货单位或接受劳务方预先收取的款项。它是供货方或提供劳务方预先向购货方或接受劳务方收取一部分货款或订金而形成的一项负债，该项负债需要企业在一定时间内提供货物或劳务偿付。

2. 账户设置

企业应设置"预收账款"账户，核算企业预收账款的取得及结算情况。该账户属于负债类账户，贷方登记企业收到购货方预付的货款及补付的货款，借方登记企业向购货方发货后冲销的预收账款数额和退回购货方多付账款的数额，期末余额一般在贷方，表示企业向购货方预收的但尚未向其发货的数额。期末如为借方余额，表示企业应收的款项。

预收账款账户应按购货单位设置明细分类账，进行明细分类核算。预收账款账户结构见图 9-13。

预收账款

本期：登记企业向购货方发货后冲销的预收账款数额和退回购货方多付账款的数额	期初：向购货方预收的但尚未向其发货的余额 登记企业收到购货方预付的货款及补付的货款
	期末：企业向购货方预收的但尚未向其发货的数额

图 9-13 预收账款账户结构

预收账款业务不多的企业，可以不设置"预收账款"账户，所发生的预收账款业务，通过"应收账款"账户进行核算。

3. 会计核算

1）企业预收购货单位的款项时，借记"银行存款"科目，贷记"预收账款"科目。

2）发出货物实现销售收入时，按售价和增值税额，借记"预收账款"科目，按实现的销售收入，贷记"主营业务收入"科目，按应交增值税额，贷记"应交税费——应交增值税（销项税额）"科目。

3）收到购货单位补付货款，借记"银行存款"科目，贷记"预收账款"科目；向购货单位退回其多付款项时，借记"预收账款"科目，贷记"银行存款"科目。

例 9-4 广东望秋服饰有限公司 2016 年 9 月 8 日与广东恒盛服装有限公司签订童装购销合同，当日收到恒盛公司预付订金 10 000 元。望秋公司账务处理如下：

借：银行存款 10 000.00
　　贷：预收账款——恒盛服装公司 10 000.00

附原始凭证 2 张：收款收据和银行进账单（见图 9-14、图 9-15）。

收　据　　No 0091325
2016 年 9 月 8 日

今收到　广东恒盛服装有限公司预付订金 10 000 元。

金额（大写）：零拾壹万零仟零佰零拾零元零角零分（￥10 000.00）

会计主管：陈利民　　复核：李源珍　　收款人：李芬

第三联 记账

图 9-14 收款收据

中国建设银行**进账单** （回 单） 1

2016 年 09 月 08 日

出票人	全 称	广东恒盛服装有限公司		收款人	全 称	广东望秋服饰有限公司										
	账 号	11652683082			账 号	11682683056									
	开户银行	建行芳村支行			开户银行										
金额	人民币（大写）	壹万元整				亿	千	百	十	万	千	百	十	元	角	分
										0	0	0	0		
	票据种类	支票	票据张数	壹												
	票据号码		29814062													
复核		记账						开户银行盖章								

中国建设银行股份有限公司
广州天河支行
2016.09.08
办讫章
(2)

此联是开户银行交给持（出）票人的回单

图 9-15 银行进账单

例 9-5　承例 9-4，广东望秋服饰有限公司 2016 年 10 月 10 日按合同约定向广东恒盛服装有限公司发出童装 400 套，开出增值税专用发票，发票注明价款 24 000 元，增值税额 4 080 元，当日收到恒盛公司补付货款 18 080 元。望秋公司账务处理如下：

1）发出童装，实现销售收入时，

借：预收账款——恒盛服装公司　　　　　　　　　　　　　　　28 080.00
　　贷：主营业务收入——童装　　　　　　　　　　　　　　　　24 000.00
　　　　应交税费——应交增值税（销项税额）　　　　　　　　　 4 080.00

附原始凭证 2 张：增值税专用发票记账联和产品出库单（见图 9-16、图 9-17）。

广 东 增值税专用发票

4400041141　　　　　此联不作报销、扣税凭证使用　　　　No 201342901

开票日期：2016 年 10 月 10 日

购货单位	名 称：广东恒盛服装有限公司 纳税人识别号：440106695268028 地址 、 电话：广州芳村中路 8 号，73695652 开户行及账号：建行芳村支行、11652683082					密码区	（略）		
货物或应税劳务、服务名称	规格型号	单位	数量	单价	金 额		税率	税 额	
童装		套	400	60.00	24 000.00		17%	4 080.00	
合 计					¥24 000.00			¥4 080.00	
价税合计（大写）	⊗贰万捌仟零捌拾圆整				（小写）¥28 080.00				
销货单位	名 称：广东望秋服饰有限公司 纳税人识别号：440106868268025 地址 、 电话：广州天河中路 2 号，86697584 开户行及账号：建行天河支行、11682683056					备注			
收款人：李芬		复核：李源珍		开票人：李欣			销货单位：（章）		

第一联：记账联 销售方记账凭证

图 9-16 增值税专用发票记账联

产品出库单

2016 年 10 月 10 日　　　　　　　　　　　第 0916 号

产品名称	规格	型号	单位	数量	单位成本	金额（元）
童装			套	400	36.00	14 400.00

仓库主管：陈伟峰　　　　复核：李源珍　　　　发货：刘江　　　　制单：谢丽敏

图 9-17　产品出库单

2）收到恒盛公司补付货款时，

借：银行存款　　　　　　　　　　　　　　　　　　　　18 080.00

　　贷：预收账款——恒盛服装公司　　　　　　　　　　　18 080.00

附原始凭证 1 张：银行进账单（见图 9-18）。

中国建设银行 **进账单**　　（回　单）　　　**1**

2016 年 10 月 10 日

出票人	全　称	广东恒盛服装有限公司	收款人	全　称	广东望秋服饰有限公司	
	账　号	11652683082		账　号	11682683056	
	开户银行	建行芳村支行		开户银行	建行天河支行	

金额	人民币（大写）	壹万捌仟零捌拾元整	亿	千	百	十	万	千	百	十	元	角	分
					¥	1	8	0	8	0	0	0	0

票据种类	支票	票据张数	壹
票据号码		29814069	

复核　　　　记账

中国建设银行股份有限公司

广州天河支行

2016.10.10

办讫章

(2)

开户银行盖章

此联是开户银行交给持（出）票人的回单

图 9-18　银行进账单

9.3　应付票据核算

9.3.1　应付票据概述

1. 应付票据概念

应付票据，是指企业购买材料、商品等物资和接受劳务供应等而开出、承兑的商业汇票。

商业汇票按承兑人的不同分为商业承兑汇票和银行承兑汇票两种；按是否带息分为带息商业汇票和不带息商业汇票两种。带息商业汇票有确定的票面利率，票据到期时除应支付票面金额，还应按票面利率计算支付利息。

2. 应付票据计价

应付票据，不论是不带息商业汇票，还是带息商业汇票，均应按票据面值（票面记载的金额）计价入账。

知识拓展 9-2 应付票据管理

为了加强对应付票据的管理，企业应设置"应付票据备查簿"，详细登记商业汇票的种类、号数和出票日期、到期日、票面金额、交易合同号和收款人姓名或单位名称以及付款日期和金额等资料。应付票据到期结清时，应当在备查簿内予以注销。

---

3. 账户设置

企业应设置"应付票据"账户，核算企业应付票据的发生、偿付及结存情况。该账户属于负债类账户，贷方登记开出、承兑商业汇票的面值及带息商业汇票的预提利息，借方登记企业到期支付（或结转）商业汇票的金额，期末余额一般在贷方，表示企业尚未到期的商业汇票的票面金额和应付未付的利息。

应付票据账户可按供货商（债权人）设置明细分类账，进行明细分类核算。应付票据账户结构见图 9-19。

应付票据	
	期初：结存尚未到期的商业汇票的票面金额和应付未付的利息
本期：登记企业到期支付（或结转）商业汇票的金额	登记开出、承兑商业汇票的面值及带息商业汇票的预提利息
	期末：企业尚未到期的商业汇票的票面金额和应付未付的利息

图 9-19 应付票据账户结构

9.3.2 应付票据核算

1. 不带息应付票据核算

（1）开出、承兑商业汇票

企业因购买材料、商品等物资和接受劳务供应等开出、承兑商业汇票时，应按其票面金额，借记"在途物资""原材料""库存商品""应交税费——应交增值税（进项税额）"等科目，贷记"应付票据"科目。

（2）到期支付票据款

应付票据到期，支付票据款时，应按应付票据账面余额，借记"应付票据"科目，贷记"银行存款"科目。

（3）到期无力支付票据款

应付商业承兑汇票到期，如企业无力支付票据款，应将应付票据的账面余额转作应付账款，借记"应付票据"科目，贷记"应付账款"科目。

应付银行承兑汇票到期，如企业无力支付票据款，应将应付票据的账面余额转作短期借款，借记"应付票据"科目，贷记"短期借款"科目。

例 9-6　广东望秋服饰有限公司 2016 年 9 月 9 日向广州顺棉布业有限公司采购棉布一批，收到增值税专用发票一张，发票注明价款 45 000 元，增值税额 7 650 元，棉布已验收入库。望秋公司向开户行申请签发一张面值 52 650 元、期限为 3 个月的银行承兑汇票结算货款，支付开户行承兑汇票承兑费 26.30 元。望秋公司账务处理如下：

1）支付银行承兑费时，

借：财务费用　　　　　　　　　　　　　　　　　　　　　　　26.30

　　贷：银行存款　　　　　　　　　　　　　　　　　　　　　　　26.30

附原始凭证 1 张：银行承兑费收费单（见图 9-20）。

中国建设银行邮电费、手续费、空白凭证收费单						
单位名称：广东望秋服饰有限公司		账号：11682683056		2016 年 09 月 09 日		
收取费用				购买凭证		
结算种类	笔数	类别	金额（元）	名称	数量	金额（元）
托收承付及委托收款	笔	手续费				
汇兑	笔	邮费				
银行汇票	笔	电费				
支票	笔	附加费				
承兑汇票	笔	承兑费	26.30			
合计（大写）		零仟零佰贰拾陆元叁角零分				
付款单位（经手人）签章：李芬						收款银行盖章

中国建设银行股份有限公司

广州天河支行

2016.09.09　¥26.30

办讫章

①此联由银行加盖章后交给付款人

图 9-20　银行承兑费收费单

2）开出银行承兑汇票结算货款时，

借：原材料——棉布　　　　　　　　　　　　　　　　　　45 000.00

　　应交税费——应交增值税（进项税额）　　　　　　　　 7 650.00

　　贷：应付票据——广州顺棉公司　　　　　　　　　　　　52 650.00

附原始凭证 3 张：增值税专用发票、收料单和银行承兑汇票存根（见图 9-21～图 9-23）。

广东增值税专用发票

4401241141

No 491043901

开票日期：2016 年 09 月 09 日

购货单位	名　　称：广东望秋服饰有限公司						密码区	（略）	
	纳税人识别号：440106868268025								
	地址、电话：天河中路 2 号，86697584								
	开户行及账号：建行天河支行、11682683056								
货物或应税劳务、服务名称	规格型号	单位	数量	单价	金　额	税率	税　额
棉布		米	3 000	15.00	45 000.00	17%	7 650.00
合　　计					¥45 000.00		¥7 650.00
价税合计（大写）	⊗伍万贰仟陆佰伍拾圆整				（小写）		
销货单位	名　　称：广州顺棉布业有限公司						备注		
	纳税人识别号：440105282268415								
	地址、电话：科华西路 216 号，28695284								
	开户行及账号：工行科华支行、11642685486								

收款人：展盛利　　复核：陈富明　　开票人：李少敏　　销货单位：（章）

第三联：发票联　购买方记账凭证

图 9-21　增值税专用发票

收 料 单

2016 年 9 月 9 日

收字第　　号

材料名称	规格型号	单位	应收数量	实收数量	金额（元）
棉布		米	3 000	3 000	45 000.00

仓库主管：陈伟峰　　复核：　　验收：李明秀　　收料：蔡晓波　　制单：蔡晓波

图 9-22　收料单

银行承兑汇票　　4

出票日期（大写）：贰零壹陆年零玖月零玖日　　　　汇票号码：0135896

出票人全称	广东望秋服饰有限公司	收款人	全　称	广州顺棉布业有限公司									
出票人账号	11682683056		账　号	11642685486									
付款行全称	建行天河支行		开户银行	工行科华支行	行号		00624						
出票金额	人民币（大写）伍万贰仟陆佰伍拾元整				亿	千	百	十	万	千	百	十	元	角	元
								¥	5	2	6	5	0	0	0
汇票到期日（大写）	贰零壹陆年壹拾贰月零玖日	付款行	行号	00486									
承兑协议编号	0040119432		地址	广州市天河路 2 号									

本汇票请你行承兑，此项汇票款我单位承兑协议于到期日前足额交存银行，到期请予以支付。

出票人（章）纪耀东
广东望秋服饰有限公司财务专用章

本汇票已承兑，到期由本行承付。

承兑行签章
承兑日期：2016.09.09

复核　记账

备注：

此联作为签发单位记账凭证附件

图 9-23　银行承兑汇票

例 9-7 承例 9-6，2016 年 12 月 9 日银行承兑汇票到期，广东望秋服饰有限公司支付票据款。望秋公司账务处理如下：

借：应付票据——广州顺棉公司 52 650.00
　　贷：银行存款 52 650.00

附原始凭证 1 张：付款通知单（见图 9-24）。

中 国 建 设 银 行 对 公 客 户 付 款 通 知 单

账别：人民币　　　　　　　　　2016 年 12 月 09 日　　　　　　　交易种类：支付票据款

付款人	全　称	广东望秋服饰有限公司	收款人	全　称	广州顺棉布业有限公司	此联为付款人付款通知
	账　号	11682683056		账　号	11642685486	
	开户行	建行天河支行		开户行	工行科华支行	
大写金额	（人民币）伍万贰仟陆佰伍拾元整				￥52 650.00	

上述款项已从你单位存款账户 11682683056 支付。

中国建设银行股份有限公司
广州天河支行
2016.12.09
办讫章
(2)
（银行盖章）

会计主管：　　　　　复核：　　　　　记账：

图 9-24　付款通知单

2. 带息应付票据核算

与不带息应付票据会计核算的不同之处是，企业开出、承兑的带息商业汇票，应于期末计算应付利息，计入当期财务费用，借记"财务费用"等科目，贷记"应付票据"科目。

例 9-8 广东望秋服饰有限公司 2016 年 9 月 1 日向珠海市丰华印染有限公司采购印花布一批，收到增值税专用发票一张，发票注明价款 60 000 元，增值税额 10 200 元，运费增值税专用发票一张，发票注明运杂费 600 元、增值税额 66 元（运费已由珠海丰华印染公司垫付），印花布已验收入库。望秋公司签发一张面值 70 866 元、期限为 2 个月、票面利率为 6% 的商业承兑汇票结算货款。望秋公司账务处理如下：

1）签发并承兑商业汇票结算货款时，

借：原材料——印花布 60 600.00
　　应交税费——应交增值税（进项税额） 10 266.00
　　贷：应付票据——丰华印染公司 70 866.00

附原始凭证 4 张：增值税专用发票、运费增值税专用发票、收料单和商业承兑汇票存根（见图 9-25～图 9-28）。

4406241141	广东增值税专用发票			No 491067906			

开票日期：2016 年 09 月 01 日

购货单位	名　　　称：广东望秋服饰有限公司 纳税人识别号：440106868268025 地址、电话：天河中路 2 号，86697584 开户行及账号：建行天河支行、11682683056				密码区	（略）	
货物或应税劳务、服务名称	规格型号	单位	数量	单价	金　额	税率	税　额
印花布		米	6 000	10.00	60 000.00	17%	10 200.00
合　　计					¥60 000.00		¥10 200.00
价税合计（大写）		⊗柒万零贰佰圆整			（小写）¥70 200.00		
销货单位	名　　　称：珠海市丰华印染有限公司 纳税人识别号：440606258268020 地址、电话：景山路 122 号，86697584 开户行及账号：工行景山支行、16682683352				备注		

收款人：陈盛丰　　复核：李富明　　开票人：王晓敏　　销货单位（章）

第三联：发票联　购买方记账凭证

图 9-25　增值税专用发票

4406235372	广东增值税专用发票			No 201658401			

开票日期：2016 年 09 月 01 日

购货单位	名　　　称：广东望秋服饰有限公司 纳税人识别号：440106868268025 地址、电话：天河中路 2 号，86697584 开户行及账号：建行天河支行、11682683056				密码区	（略）	
货物或应税劳务、服务名称	规格型号	单位	数量	单价	金　额	税率	税　额
运输					600.00	11%	66.00
合　　计					¥600.00		¥66.00
价税合计（大写）		⊗陆佰陆拾陆圆整			（小写）¥666.00		
销货单位	名　　　称：珠海快通货运有限公司 纳税人识别号：440606735268624 地址、电话：珠海市景山路 80 号，86697282 开户行及账号：交行景山支行、16658643031				备注		

收款人：蔡文燕　　复核：方姬文　　开票人：李晓红　　销货单位：（章）

第三联：发票联　购买方记账凭证

图 9-26　运费增值税专用发票

收料单

2016 年 9 月 1 日　　　　　　　　　　收字第　　号

材料名称	规格型号	单位	应收数量	实收数量	金额（元）
印花布		米	6 000	6 000	60 600.00

仓库主管：陈伟峰　复核：　　验收：李明秀　　收料：蔡晓波　　制单：蔡晓波

图 9-27　收料单

商业承兑汇票　　3

出票日期（大写）：贰零壹陆年零玖月零壹日　　　　汇票号码：0136395

付款人	全　称	广东望秋服饰有限公司	收款人	全　称	珠海市丰华印染有限公司												
	账　号	11682683056		账　号	16682683352												
	开户银行	建行天河支行		开户银行	工行景山支行	行号	00572										

出票金额	人民币（大写）	柒万零捌佰陆拾陆元整				亿	千	百	十	万	千	百	十	元	角	分
								¥	7	0	8	6	6	0	0

汇票到期日（大写）	贰零壹陆年壹拾壹月零壹日	付款人开户行	行号	00486
交易合同号码	T04826		地址	广州市天河中路 2 号

本汇票已经承兑，到期无条件支付票款，票面利率为 6%。

承　纪耀东　　广东望秋服饰有限公司财务专用章

2016 年 9 月 1 日

本汇票请予以承兑于到期日付款，票面利率为 6%。

纪耀东　　广东望秋服饰有限公司财务专用章

出票人签章

此联签发人（出票人）留存

图 9-28　商业承兑汇票存根联

2）月末（9 月、10 月末）计提票据应付利息时，

借：财务费用　　　　　　　　　　　　　　　　　　　　　　354.33

　　贷：应付票据——丰华印染公司　　　　　　　　　　　　　　354.33

附原始凭证 1 张：应付利息计算表（见图 9-29）。

应付利息计算表

2016 年 9 月 30 日　　　　　　　　　　单位：元

计息项目	计提基数	月利率	计息期限（月）	利息额
应付票据计息	70 866	6%/12	1	354.33
合计	¥70 866.00	-	-	¥354.33

会计主管：陈利民　　　会计：李源珍　　　制表：朱玲玲

图 9-29　应付利息计算表

例9-9 承例9-8，2016年11月1日商业承兑汇票到期，广东望秋服饰有限公司无力支付票据款。望秋公司账务处理如下：

借：应付票据——丰华印染公司　　　　　　　　　　　　　　　　71 574.66

　　贷：应付账款——丰华印染公司　　　　　　　　　　　　　　　71 574.66

附原始凭证1张：委托收款未付款通知联和未付票款通知书（见图9-30、图9-31）。

图9-30　委托收款未付款通知

图9-31　未付票款通知书

9.4 应交税费核算

9.4.1 应交税费概述

1. 应交税费概念

应交税费包括应交税金和应交费用两个部分。

应交税金是指企业按国家税法规定应该缴纳的各种税金。应交税金主要包括有增值税、消费税、城市维护建设税、土地增值税、资源税、房产税、土地使用税、印花税、耕地占用税、车船税、车辆购置税、企业所得税等。

应交费用，是指企业按国家或地方政府有关规定应缴纳的款项，如教育费附加、矿产资源补偿费、堤围防护费等。

2. 账户设置

企业应设置"应交税费"账户，核算各种税费的交纳情况。该账户属于负债类账户，贷方登记企业按规定计算结转应交的各种税费，借方登记企业实际交纳的各种税费和应抵扣的税金，期末余额一般在贷方，表示企业尚未交纳的各种税费；期末如为借方余额，表示企业多交或尚未抵扣的税费。

应交税费账户应按税费的种类设置明细分类账，进行明细分类核算。应交税费账户结构见图 9-32。

应交税费	
	期初：结存尚未交纳的各种税费
本期：登记企业实际交纳的各种税费和应抵扣的税金	登记企业按规定计算结转应交的各种税费额
	期末：企业尚未交纳的各种税费

图 9-32 应交税费账户结构

企业交纳的印花税、耕地占用税、车辆购置税、关税、契税等不需要预计应交数额的税金，不通过"应交税费"账户核算。

9.4.2 应交增值税核算

1. 应交增值税概述

（1）增值税概念

增值税是指以商品（含应税劳务、服务、无形资产、不动产）在流转过程中产生的增值额作为计税依据而征收的一种流转税。按照我国增值税条例的规定，增值税的纳税人是在我国境内销售货物、服务、无形资产、不动产，进口货物，或提供加工、修理修配劳务的企业单位和个人。增值税纳税人按照纳税人的经营规模及会计核算的健全程度，可分为一般纳税人和小规模纳税人两种。

（2）一般纳税人企业增值税账户设置

一般纳税人企业应当在"应交税费"账户下设置"应交增值税"、"未交增值税"、"预交增值税"、"待抵扣进项税额"、"待认证进项税额"、"待转销项税额"、"增值税留抵税额"、"简易计税"、"转让金融商品应交增值税"、"代扣代交增值税"等明细账户。

1）"应交税费——应交增值税"明细账户。

该明细账户核算企业应交增值税的发生、抵扣、交纳、退税及转出情况。该明细账户贷方登记企业销售货物或提供劳务应收取的增值税额、出口货物退税、转出不允许抵扣的进项税额及转出多交的增值税额，借方登记企业购进货物或接受劳务支付的进项税额、实际已缴纳本月的增值税额及转出未交的增值税额。月份终了，企业应将"应交增值税"明细账户的余额转入"未交增值税"明细账户，转出后"应交增值税"明细账户应无余额。

"应交增值税"应设置多栏式明细账户，借方设置有"进项税额""已交税金""转出未交增值税"等专栏，贷方设置有"销项税额""进项税额转出""转出多交增值税""出口退税"等专栏。应交增值税明细账格式如表 9-1 所示。

表 9-1 应交税费——应交增值税

年		摘要	月初余额	借方				贷方				借或贷	余额
月	日			进项税额	已交税金	转出未交增值税	出口抵减内销产品应纳税额	销项税额	进项税额转出	转出多交增值税	出口退税		
...													
合计													

2）"应交税费——未交增值税"明细账户。

"未交增值税"明细账户核算企业月份终了从"应交增值税"明细账户转入的当月未交或多交的增值税额以及本月交纳以前月份增值税的情况。该明细账户贷方登记月末转入未交的增值税额，借方登记上缴上期的增值税额及月末转入多交的增值税额，期末贷方余额表示企业尚未交纳的增值税额，如为借方余额则表示企业多交的增值税额。

2. 一般纳税人企业应交增值税核算

（1）进项税额核算

进项税额，是指企业购入货物、无形资产或不动产以及接受应税劳务或服务而支付的，准予从销项税额中抵扣的增值税额。进项税额核算应区分购入货物、接受应税劳务和接受投资等情况。

1）购入货物、无形资产或不动产。

企业购入货物、无形资产或不动产时，应根据增值税专用发票等结算凭证记载的应计入采购成本的金额，借记"在途物资"、"原材料"、"固定资产"、"在建工程"、"工程物资"等科目，按当月已认证的可抵扣增值税额，借记"应交税费——应交增值税（进项税额)"科目,按当月未认证的可抵扣增值税额,借记"应交税费——待认证进项税额"科目,按以后期间可抵扣的增值税额,借记"应交税费——待抵扣进项税额"(针对不动产)科目,按应付或实际支付的金额,贷记"应付账款"、"银行存款"等科目。

购入货物发生退货,如原增值税专用发票已做认证,应根据税务机关开具的红字增值税专用发票做相反的会计分录;如原增值税专用发票未做认证,应将发票退回并做相反的会计分录。

例 9-10　广东望秋服饰有限公司 2016 年 9 月 11 日根据采购合同向江苏省苏州市苏绣布业公司采购锦纶布一批,收到增值税专用发票一张,发票注明价款 36 000 元,增值税额 6 120 元,运费增值税专用发票一张,发票注明运输费 600 元、装卸费 120 元、增值税额 79.20 元(运费已由苏绣布业公司垫付),锦纶布已验收入库。结算凭证经审核无误,全额支付货款。望秋公司账务处理如下:

$$增值税进项税额 = 6\,120 + 79.2 = 6\,199.2（元）$$
$$锦纶布采购成本 = 36\,000 + 600 + 120 = 36\,720（元）$$

借:原材料——锦纶布　　　　　　　　　　　　　　　　　　36 720.00
　　应交税费——应交增值税(进项税额)　　　　　　　　　　6 199.20
　　贷:银行存款　　　　　　　　　　　　　　　　　　　　　42 919.20

附原始凭证 4 张:增值税专用发票、运费增值税专用发票、托收承付凭证和收料单(见图 9-33～图 9-36)。

图 9-33　增值税专用发票

江 苏 增 值 税 专 用 发 票　　№ 323658904

3206235372

开票日期：2016 年 09 月 11 日

购货单位	名　　称：广东望秋服饰有限公司					密码区	（略）	
	纳税人识别号：440106868268025							
	地址、电话：天河中路 2 号，86697584							
	开户行及账号：建行天河支行、11682683056							

货物或应税劳务、服务名称	规格型号	单位	数　量	单价	金　　额	税率	税　额
运费					720.00	11%	79.20
合　　计					¥720.00		¥79.20

价税合计（大写）	⊗柒佰玖拾玖圆贰角整	（小写）¥799.20

销货单位	名　　称：江苏通达货运有限公司		备注	
	纳税人识别号：320606735268762			
	地址、电话：苏州市吴中大道 62 号，86637696			
	开户行及账号：建行吴中支行、11673313989			

收款人：洪海波　　复核：黄素素　　开票人：李晓玉　　销货单位：（章）

第三联：发票联 购买方记账凭证

图 9-34　运费增值税专用发票

托收凭证（付款通知）　5

委托日期：2016 年 09 月 11 日　　付款期限 2016 年 9 月 14 日

业务类型	委托收款（□邮划、□电划）　托收承付（□邮划、☑电划）				
付款人	全　称	广东望秋服饰有限公司	收款人	全　称	江苏省苏州市苏绣布业公司
	账　号	11682683056		账　号	32682683058
	地　址	广东省　市 广州　　县	开户行 天河支行	地　址	江苏省 苏州 市　 县	开户行 建行 东湖支行

金额	人民币（大写）	肆万贰仟玖佰壹拾玖元贰角整	亿 千 百 十 万 千 百 十 元 角 分

款项内容	销货款	托收凭据名称	发票

商品发运情况	已发运	合同名称号码	JT00204

备注：

付款人开户银行收到日期
2016 年 9 月 11 日

复核：　记账：

款项支付日期：

2016 年 9 月 11 日

付款人开户银行盖章

中国建设银行股份有限公司
广州天河支行
2016.09.11
办讫章
（4）

此联作付款人开户银行给付款人按期付款通知

图 9-35　托收承付付款通知

收　料　单

2016 年 9 月 11 日　　　　　　　　　　　　收字第　　号

材料名称	规格型号	单位	应收数量	实收数量	金额（元）
锦纶		米	3 000	3 000	36 720.00

仓库主管：陈伟峰　　　复核：　　　验收：李明秀　　　收料：蔡晓波　　制单：蔡晓波

图 9-36　收料单

知识拓展 9-3　购进货物进项税额的特殊规定

1）根据增值税法规定，下列项目的进项税额不得从销项税额中抵扣，应计入所购货物或劳务的成本：

① 用于简易计税方法计税项目、免征增值税项目、集体福利或者个人消费的购进货物、加工修理修配劳务、服务、无形资产和不动产。其中涉及的固定资产、无形资产、不动产，仅指专用于上述项目的固定资产、无形资产（不包括其他权益性无形资产）、不动产。纳税人的交际应酬消费属于个人消费。

② 非正常损失的购进货物，以及相关的加工修理修配劳务和交通运输服务。

③ 非正常损失的在产品、产成品所耗用的购进货物（不包括固定资产）、加工修理修配劳务和交通运输服务。

④ 非正常损失的不动产，以及该不动产所耗用的购进货物、设计服务和建筑服务。

⑤ 非正常损失的不动产在建工程所耗用的购进货物、设计服务和建筑服务。纳税人新建、改建、扩建、修缮、装饰不动产，均属于不动产在建工程。

⑥ 购进的旅客运输服务、贷款服务、餐饮服务、居民日常服务和娱乐服务。

⑦ 财政部和国家税务总局规定的其他情形。

2）根据增值税法规定，企业购进免税农产品，无法取得增值税专用发票的，可以按照免税农产品的买价和规定的扣除率（13%）计算进项税额，准予从企业销项税额中抵扣。

2）接受应税劳务或服务。

企业接受应税劳务或服务，应按照增值税专用发票上记载的应计入加工、修理修配等劳务成本或者相关成本费用的金额，借记"生产成本""制造费用""委托加工物资""管理费用"等科目，按照增值税专用发票上注明的增值税额，借记"应交税费——应交增值税（进项税额）"科目，按应付或实际支付的金额，贷记"应付账款""银行存款"等科目。

例 9-11　广东望秋服饰有限公司 2016 年 9 月 12 日委托广州福泽修配有限公司修理全自动绣花机，收到福泽公司开具的增值税专用发票一张，发票注明修理费用 6 000 元，增值税额 1 020 元，款项以银行存款支付。望秋公司账务处理如下：

借：管理费用——修理费　　　　　　　　　　　　　　　　　　6 000.00
　　应交税费——应交增值税（进项税额）　　　　　　　　　　1 020.00

贷：银行存款   7 020.00

附原始凭证2张：增值税专用发票（见图9-37）和支票存根（图略）。

广 东 增 值 税 专 用 发 票								
4401241941								№ 421067201
						开票日期：2016 年 09 月 12 日		

购货单位	名　称：广东望秋服饰有限公司 纳税人识别号：440106868268025 地址 、 电话：天河中路 2 号，86697584 开户行及账号：建行天河支行、11682683056					密码区	（略）	
货物或应税劳务、服务名称	规格型号	单位	数 量	单 价	金　额		税率	税　额
修理费			1	6 000.00	6 000.00		17%	1 020.00
合　计					¥6 000.00			¥1 020.00
价税合计（大写）	⊗柒仟零贰拾圆整				（小写）¥7 020.00			
销货单位	名　称：广州福泽修配有限公司 纳税人识别号：440106254368027 地址 、 电话：福平路 135 号，86277585 开户行及账号：工行福平支行、16322683357					备注		
收款人：张泽盛	复核：李新华		开票人：王晓娜			销货单位		

图 9-37 增值税专用发票

3）接受投资。

企业接受投资转入的物资，应按收到增值税专用发票上注明的增值税额，借记"应交税费——应交增值税（进项税额）"科目，按确定的价值，借记"原材料""固定资产"等科目，按其在注册资本中所占有的份额，贷记"实收资本"科目，按其差额，贷记"资本公积"科目。

（2）进项税额转出核算

企业购进的货物发生非正常损失（因管理不善造成被盗、丢失、霉烂变质的损失）以及将购进货物改变用途（如用于简易计税方法计税项目、免征增值税项目、集体福利或者个人消费等），其进项税额应当转出，计入"待处理财产损溢""应付职工薪酬——职工福利"等账户。

例9-12 广东望秋服饰有限公司 2016 年 9 月 16 日因管理不善造成毁损棉布 1 200 米，实际成本 18 000 元，印花布 1 600 米，实际成本为 16 000 元。望秋公司账务处理如下：

进项税额转出＝（18 000＋16 000）×17%＝5 780 元

借：待处理财产损溢——待处理流动资产损溢   39 780.00

贷：原材料——棉布   18 000.00

        ——印花布   16 000.00

应交税费——应交增值税（进项税额转出）   5 780.00

附原始凭证 1 张：毁损清单（见图 9-38）。

毁损清单

2016 年 9 月 16 日　　　　　　　　　　　　　　单位：元

毁损物资名称	毁损数量	单位	单位成本	金额	税率	进项税额转出
棉布	1 200	米	15.00	18 000.00	17%	3 060.00
印花布	1 600	米	10.00	16 000.00	17%	2 720.00
合计	—			34 000.00	17%	5 780.00

会计主管：陈利民　　　　会计：李源珍　　　　制表：朱玲玲

图 9-38　毁损清单

（3）销项税额核算

销项税额，是指企业销售货物、无形资产或不动产以及提供应税劳务或服务而收到的增值税额。销项税额应区分不同情况进行核算。

1）销售货物、无形资产或不动产以及提供应税劳务或服务。

企业销售货物、无形资产或不动产以及提供应税劳务或服务，应按实现的销售收入和按规定收取的增值税额，借记"银行存款""应收账款"等科目，贷记"主营业务收入""其他业务收入""应交税费——应交增值税（销项税额）"等科目。

已销售货物发生销售退回，应根据有关原始凭证，作相反账务处理。

例 9-13　广东望秋服饰有限公司 2016 年 9 月 18 日向广州市华谊百货公司销售西服一批，开出增值税专用发票，发票注明价款 38 000 元，增值税额 6 460 元，产品已发出，货款尚未收到。望秋公司账务处理如下：

借：应收账款——华谊百货公司　　　　　　　　　　　44 460.00
　　贷：主营业务收入——西服　　　　　　　　　　　　38 000.00
　　　　应交税费——应交增值税（销项税额）　　　　　　6 460.00

附原始凭证 1 张：增值税专用发票记账联（见图 9-39）。

广东增值税专用发票

4400041141　　　　　　　　　　　　　No 201609112

此联不作报销、扣税凭证使用

开票日期：2016 年 09 月 18 日

购货单位	名　称：广州市华谊百货公司 纳税人识别号：440106458268326 地址、电话：广州文德路 20 号，86495295 开户行及账号：建行文德支行、11682533052	密码区	（略）

货物或应税劳务、服务名称	规格型号	单位	数量	单价	金　额	税率	税　额
西服		套	200	190.00	38 000.00	17%	6 460.00
合　计					¥38 000.00		¥6 460.00

价税合计（大写）	⊗肆万肆仟肆佰陆拾圆整	（小写）　¥44 460.00

销货单位	名　称：广东望秋服饰有限公司 纳税人识别号：440106868268025 地址、电话：广州天河中路 2 号，86697584 开户行及账号：建行天河支行、11682683056	备注	

收款人：李芬　　复核：李源珍　　开票人：李欣　　　销货单位：（章）

图 9-39　增值税专用发票记账联

2）货物用于固定资产建设——视同销售计税。

企业将自产或者委托加工收回的物资用于固定资产建设，视同销售计税。货物按成本结转，同时按货物的售价计算结转增值税销项税额，借记"在建工程"科目，贷记"库存商品""应交税费——应交增值税（销项税额）"等科目。

例9-14 广东望秋服饰有限公司2016年9月20日领用一批委托加工收回的钢构产品用于厂房改造，领用钢构产品20吨，每吨成本为4 800元，市场售价为6 000元，增值税率为17%。望秋公司账务处理如下：

$$增值税销项税额 = （6 000 \times 20） \times 17\% = 20 400 元$$

$$钢构产品成本 = 4 800 \times 20 = 96 000 元$$

借：在建工程——厂房改造   116 400.00

 贷：库存商品——钢构产品   96 000.00

   应交税费——应交增值税（销项税额）   20 400.00

附原始凭证1张：产品出库单（见图9-40）。

产品出库单

用途：用于厂房改造   2016年9月20日   第 0946 号

产品名称	规格型号	单位	数量	单位成本	金额（元）	销项税额
钢构产品		吨	20	4 800.00	96 000.00	20 400.00

仓库主管：陈伟峰   复核：李源珍   发货：刘江   制单：谢丽敏

图9-40 产品出库单

3）货物用于捐赠、职工生活福利、对外投资等——视同销售货物。

企业将自产、委托加工的货物用于捐赠、集体福利或者职工个人消费以及将自产、委托加工或购买的货物用于对外投资或者分配给股东（投资者）等，视同销售货物，应计算货物销售收入和结转货物成本。按货物销售价格（或公允价值），借记"营业外支出""应付职工薪酬——职工福利""应付股利""长期股权投资"等科目，贷记"主营业务收入""应交税费——应交增值税（销项税额）"等科目；同时，按货物成本，借记"主营业务成本"科目，贷记"库存商品"科目。

> **知识拓展9-4 视同销售商品的规定**
>
> 企业发生非货币性资产交换、偿债，以及将货物用于捐赠、赞助、集资、广告、样品、职工福利和利润分配，应当作为企业与外部发生的交易，属于收入实现的过程，视同销售商品，应确认销售商品收入。
>
> 企业在建工程、管理部门等内部部门领用所生产的产成品、原材料等，应当作为企业内部发生的经济事项，属于企业内部不同资产之间相互转换，不属于收入实现的过程，不确认收入，但应当按照成本进行结转。

例 9-15　广东望秋服饰有限公司 2016 年 9 月 25 日向中国红十字会捐赠 200 套自产的童装，单位成本为 36 元，市场售价为 60 元，增值税率为 17%。望秋公司账务处理如下：

1）对外捐赠时，

$$增值税销项税额＝（60×200）×17%＝2\ 040\ 元$$

借：营业外支出——公益捐赠支出　　　　　　　　　　　　　　　　14 040.00
　　贷：主营业务收入——童装　　　　　　　　　　　　　　　　　12 000.00
　　　　应交税费——应交增值税（销项税额）　　　　　　　　　　　2 040.00

附原始凭证 1 张：广东省接受社会捐赠专用收据（见图 9-41）。

广东省接受社会捐赠专用收据
2016 年 9 月 25 日

捐赠者	广东望秋服饰有限公司			货币种类	
捐赠项目	希望工程捐款				
项目（现款或实物）	单位	规格	数量	单价	金额（元）
童装	套		200	70.20	14 040.00
合计（大写）	零佰零拾壹万肆仟零佰肆拾零元零角零分（¥14 040.00）				

收款人：陈燕虹　　开票人：张纯丽　　收费单位（盖章）：

图 9-41　广东省接受社会捐赠专用收据

2）结转童装产品成本时，

$$童装产品成本＝36×200＝7\ 200\ 元$$

借：主营业务成本——童装　　　　　　　　　　　　　　　　　　7 200.00
　　贷：库存商品——童装　　　　　　　　　　　　　　　　　　　7 200.00

附原始凭证 1 张：产品出库单（见图 9-42）。

产品出库单
用途：公益捐赠　　　　2016 年 9 月 25 日　　　　第 0948 号

产品名称	规格	型号	单位	数量	单位成本	金额（元）
童装			套	200	36.00	7 200.00

仓库主管：陈伟峰　　复核：李源珍　　发货：刘江　　制单：谢丽敏

图 9-42　产品出库单

例 9-16　广东望秋服饰有限公司 2016 年 9 月 26 日以自产的西服一批对广东柏林服饰有限公司进行长期投资，开出增值税专用发票，发票注明价款为 100 000 元，增值税税率为17%。该批西服的成本为63 000元，产品已发出。望秋公司账务处理如下：

1）对外投资时，

$$增值税销项税额 = 100\ 000 \times 17\% = 17\ 000\ 元$$

借：长期股权投资——柏林服饰公司   117 000.00

    贷：主营业务收入——西服   100 000.00

          应交税费——应交增值税（销项税额）   17 000.00

附原始凭证2张：投资协议和增值税专用发票（见图9-43、图9-44）。

投资协议书

投出单位：广东望秋服饰有限公司

投入单位：广东柏林服饰有限公司

广东望秋服饰有限公司以自产的西服一批作为资本金投入广东柏林服饰有限公司，双方协议确定价值为100 000元，增值税17 000元，与其在注册资本中享有的份额相等。

广东望秋服饰有限公司   广东柏林服饰有限公司

                                              2016年9月26日

图9-43 投资协议书

广东增值税专用发票

4400041141   此联不作报销、扣税凭证使用   №201609142

开票日期：2016年09月26日

购货单位	名　　　称：广东柏林服饰有限公司 纳税人识别号：440103275268329 地址、电话：广州中山一路104号、86464292 开户行及账号：建行中一支行、11667333051	密码区	（略）

货物或应税劳务、服务名称	规格型号	单位	数量	单价	金　额	税率	税　额
西服		套	500	200.00	100 000.00	17%	17 000.00
合　计					¥100 000.00		¥17 000.00

价税合计（大写）	⊗壹拾壹万柒仟圆整	（小写）¥117 000.00

销货单位	名　　　称：广东望秋服饰有限公司 纳税人识别号：440106868268025 地址、电话：广州天河中路2号、86697584 开户行及账号：建行天河支行、11682683056	备注

收款人：李芬   复核：李源珍   开票人：李欣   销货单位：（章）

第一联：记账联 销售方记账凭证

图9-44 增值税专用发票记账联

2）结转西服成本时，

借：主营业务成本——西服　　　　　　　　　　　　　　　　　63 000.00

　　贷：库存商品——西服　　　　　　　　　　　　　　　　　　63 000.00

附原始凭证 1 张：产品出库单（见图 9-45）。

产品出库单

2016 年 9 月 26 日　　　　　　　　　　　　　　　　第　0949　号

产品名称	规格	型号	单位	数量	单位成本	金额（元）
西服			套	500	126.00	63 000.00

仓库主管：陈伟峰　　　复核：李源珍　　　发货：刘江　　　制单：谢丽敏

图 9-45　产品出库单

　　例 9-17　广东望秋服饰有限公司 2016 年 9 月 28 日以一批自产的休闲服分配给投资者，该批休闲服的成本为 33 600 元，市场售价为 54 000 元，增值税税率为 17%，产品已分发。各投资者分配比例及利润分配金额见表 9-2。

表 9-2　各投资者出资比例及股利分配金额计算表

2016 年 9 月 28 日　　　　　　　　　　　　　　　　单位：元

投资者名称	出资比例	利润分配金额	备注
联兴投资公司	19%	12 004.20	
新力投资公司	19%	12 004.20	
福海服饰有限公司	20%	12 636.00	
贝贝星童服公司	12%	7 581.60	
海派服饰设计公司	10%	6 318.00	
信丰投资公司	20%	12 636.00	
合计	100%	63 180.00	

会计主管：陈利民　　　　　会计：李源珍　　　　　制单：朱玲玲

　　根据表 9-2 的资料，望秋公司账务处理如下：

1）利润分配方案审议通过时，

利润分配金额＝54 000×（1＋17%）＝63 180 元

借：利润分配——应付投资者利润　　　　　　　　　　　　　63 180.00

　　贷：应付股利——联兴投资公司　　　　　　　　　　　　　12 004.20

　　　　　　　——新力投资公司　　　　　　　　　　　　　　12 004.20

　　　　　　　——福海服饰有限公司　　　　　　　　　　　　12 636.00

　　　　　　　——贝贝星童服公司　　　　　　　　　　　　　7 581.60

　　　　　　　——海派服饰设计公司　　　　　　　　　　　　6 318.00

　　　　　　　——信丰投资公司　　　　　　　　　　　　　　12 636.00

附原始凭证 2 张：利润分配决议（见图 9-46）和股利分配表（见表 9-2）。

望秋公司股东大会决议

经股东大会一致同意，形成决议如下：

经股东大会决议批准，望秋服饰有限公司决定按各投资者原出资比例，以一批自产的休闲服进行利润分配，该批休闲服的市场价值为 63 180 元。

广东望秋服饰有限公司

董事长：纪耀东

2016 年 9 月 28 日

图 9-46　利润分配决议

2）分配休闲服时，

$$增值税销项税额 = 54\,000 \times 17\% = 9\,180\ 元$$

借：应付股利——联兴投资公司	12 004.20
——新力投资公司	12 004.20
——福海服饰有限公司	12 636.00
——贝贝星童服公司	7 581.60
——海派服饰设计公司	6 318.00
——信丰投资公司	12 636.00
贷：主营业务收入——休闲服	54 000.00
应交税费——应交增值税（销项税额）	9 180.00

附原始凭证 1 张：产品发放汇总表和产品发放清单（见图 9-47、图 9-48）。

产品发放汇总表

2016 年 9 月 28 日　　　　　　　　　　　　　　　　单位：元

投资者名称	单位	分发数量	不含税单价	金额	税率	税额	合计
联兴投资公司	件	114	90.00	10 260.00	17%	1 744.20	12 004.20
新力投资公司	件	114	90.00	10 260.00	17%	1 744.20	12 004.20
福海服饰有限公司	件	120	90.00	10 800.00	17%	1 836.00	12 636.00
贝贝星童服公司	件	72	90.00	6 480.00	17%	1 101.60	7 581.60
海派服饰设计公司	件	60	90.00	5 400.00	17%	918.00	6 318.00
信丰投资公司	件	120	90.00	10 800.00	17%	1 836.00	12 636.00
合计	—	600	90.00	54 000.00	17%	9 180.00	63 180.00

会计主管：陈利民　　　　会计：李源珍　　　　制单：朱玲玲

图 9-47　产品发放汇总表

产品发放清单

2016 年 9 月 28 日　　　　　　　　　　单位：元

序号	投资者名称	发放产品	单位	数量	单价	金额	领用签名
1	联兴投资公司	休闲服	件	114	105.30	12 004.20	联兴公司
2	新力投资公司	休闲服	件	114	105.30	12 004.20	新力公司
3	福海服饰有限公司	休闲服	件	120	105.30	12 636.00	福海公司
4	贝贝星童服公司	休闲服	件	72	105.30	7 581.60	贝贝星公司
5	海派服饰设计公司	休闲服	件	60	105.30	6 318.00	海派公司
6	信丰投资公司	休闲服	件	120	105.30	12 636.00	信丰公司
	合计	—	—	600	105.30	63 180.00	—

单位负责人：纪耀东　　会计主管：陈利民　　会计：李源珍　　制单：朱玲玲

图 9-48　产品发放清单

3）结转休闲服成本时，

借：主营业务成本——休闲服　　　　　　　　　　33 600.00

　　贷：库存商品——休闲服　　　　　　　　　　　　　33 600.00

附原始凭证 1 张：产品出库单（见图 9-49）。

产品出库单

2016 年 9 月 28 日　　　　　　　第 0951 号

产品名称	规格	型号	单位	数量	单位成本	金额（元）
休闲服			件	600	56.00	33 600.00

仓库主管：陈伟峰　　　复核：李源珍　　　发货：刘江　　　制单：谢丽敏

图 9-49　产品出库单

（4）缴纳增值税核算

企业应按期计算当期应缴纳的增值税，其计算公式为

应交增值税＝当期销项税额－当期准予抵扣的进项税额

如果当期销项税额小于当期准予抵扣的进项税额而不足抵扣时，其不足部分（尚未抵扣部分）可结转到下期继续抵扣。

企业当月缴纳当月应交增值税税款时，借记"应交税费——应交增值税（已交税金）"科目，贷记"银行存款"科目。

企业当月缴纳以前月份未交增值税税款时，借记"应交税费——未交增值税"科目，贷记"银行存款"科目。

例 9-18　广东望秋服饰有限公司 2016 年 9 月 30 日以银行存款交纳当月增值税 25 000 元，上月增值税 6 164 元。望秋公司账务处理如下：

借：应交税费——应交增值税（已交税金）   25 000.00

            ——未交增值税   6 164.00

   贷：银行存款   31 164.00

附原始凭证 1 张：电子缴税凭证（见图 9-50）。

广州市电子缴税系统回单

纳税人名称：广东望秋服饰有限公司   纳税人编号：440106868268025

付款人名称	广东望秋服饰有限公司	收款人名称	广州市天河区国家税务局
付款人账号	11682683056	收款人账号	11672665072
付款人开户行	建行天河支行	收款人开户行	国家金库天河支库
款项内容	代扣（国税）税款	电子税票号	013262446
税种	所属期	纳税金额	中国建设银行股份有限公司
增值税	2016.08.01-2016.08.31	6 164.00	广州天河支行
增值税	2016.09.01-2016.09.30	25 000.00	2016.09.30
			办讫章
合计	—	¥31 164.00	(4)
人民币（大写）	叁万壹仟壹佰陆拾肆元整		
经办：	复核：	打印日期：2016.09.30	

图 9-50　电子缴税凭证

知识拓展 9-5　国家税务总局：增值税纳税申报表——本期抵扣进项税额明细

（5）转出多交增值税或未交增值税核算

月份终了，企业应计算当月应交而未交或多交的增值税，结转到"未交增值税"明细分类账户。

结转当月应交而未交的增值税时，借记"应交税费——应交增值税（转出未交增值税）"科目，贷记"应交税费——未交增值税"科目。

结转当月多交的增值税时，借记"应交税费——未交增值税"科目，贷记"应交税费——应交增值税（转出多交增值税）"科目。

例 9-19　广东望秋服饰有限公司 2016 年 9 月累计发生销项税额 62 543 元，进项税额 36 415 元，进项税额转出 5 780 元，当月已交增值税 25 000 元，计算并转出当月未交增值税。望秋公司账务处理如下：

本月应交增值税额＝62 543－（36 415－5 780）＝31 908 元

本月应交而未交增值税额＝31 908－25 000＝6 908 元

借：应交税费——应交增值税（转出未交增值税）   6 908.00

   贷：应交税费——未交增值税   6 908.00

附原始凭证 1 张：内部转账单（见图 9-51）。

内部转账单

2016 年 9 月 30 日　　　　　　　　　　　　　　　转字第 921 号

摘要	结转科目			转入科目		
	总账科目	明细科目	金额（元）	总账科目	明细科目	金额（元）
转出当月未交增值税	应交税费	应交增值税（转出未交增值税）	6 908.00	应交税费	未交增值税	6 908.00
合计			¥6 908.00			¥6 908.00

会计主管：陈利民　　　　　会计：李源珍　　　　　制表：朱玲玲

图 9-51　内部转账单

3. 小规模纳税企业应交增值税核算

（1）应交增值税额计算

小规模纳税企业应交增值税额应按不含税销售额和规定的增值税征收率（3%）计算确定。其计算公式为

$$应交增值税额＝不含税销售额×增值税征收率（3\%）$$
$$不含税销售额＝含税销售额／（1＋增值税征收率）$$

（2）账户设置

小规模纳税企业不享有进项税额的抵扣权，其购进货物、无形资产或不动产以及接受应税劳务或服务所支付的增值税，直接计入有关货物、无形资产、不动产、劳务或服务的成本。因此，小规模纳税企业只需在"应交税费"账户下设置"应交增值税"明细分类账户进行核算，不需要在"应交增值税"明细分类账户中设置专栏。

"应交税费——应交增值税"账户贷方登记小规模纳税企业应交纳的增值税，借方登记小规模纳税企业已交纳的增值税，期末贷方余额表示企业尚未交纳的增值税额，期末借方余额表示企业多交纳的增值税额。

9.4.3　应交消费税核算

1. 应交消费税概述

（1）消费税概念

消费税，是指在我国境内生产、委托加工和进口应税消费品的单位和个人，按其流转额计算交纳的一种流转税。

消费税有从价定率和从量定额两种征收方法。采取从价定率方法征收的消费税，以不含增值税的销售额为税基，按照税法规定的税率计算征收；采取从量定额方法征收的消费税，根据税法确定的企业应税消费品的数量和单位税额计算征收。

（2）账户设置

企业应在"应交税费"账户下设置"应交消费税"明细账户，核算企业应交消费税的发生、交纳情况。该明细账户贷方登记企业应交纳的消费税，借方登记企业已交纳的消费税，期末余额一般在贷方，表示企业尚未交纳的消费税。

2. 应交消费税核算

应交消费税应区分不同情况进行核算：

（1）销售应税消费品

企业生产销售应税消费品（如化妆品等）应交纳的消费税，计入"税金及附加"账户。按规定计算应交消费税时，借记"税金及附加"科目，贷记"应交税费——应交消费税"科目。

（2）自产自用应税消费品

企业将自产的应税消费品用于对外投资、在建工程、职工福利、捐赠等，除了按规定缴纳增值税外，还应计算缴纳消费税。按规定计算应交消费税时，借记"长期股权投资""在建工程""应付职工薪酬""营业外支出"等科目，贷记"应交税费——应交消费税"科目。

（3）委托加工应税消费品

委托加工应税消费品，应由受托方在向委托方交货时，代收代缴消费税。受托方代收代缴消费税款时，按其应交消费税额，借记"应收账款""银行存款"等科目，贷记"应交税费——应交消费税"科目。

（4）进口应税消费品

企业进口应税消费品在进口环节应交的消费税，计入该项应税消费品的成本，借记"在途物资"或"材料采购""原材料""固定资产"等科目，贷记"银行存款"科目。

9.4.4　其他税费核算

1. 应交城市维护建设税核算

（1）城市维护建设税概念

城市维护建设税，是指以增值税、消费税为计税依据征收的一种流转税。其纳税人为交纳增值税、消费税的单位和个人。城市维护建设税实行地区差别税率，市区为7%，县城、镇为5%，其他为1%。其计算公式为

$$应交城市维护建设税＝（应交增值税＋应交消费税）×适用税率$$

（2）会计核算

企业应交城市维护建设税，应通过"应交税费——应交城市维护建设税"账户核算。应交城市维护建设税应区分业务类型进行核算：

1）销售产品、销售材料、提供劳务和服务、资产租赁、代购代销、转让无形资产使用权等业务应交纳的城市维护建设税，应计入"税金及附加"账户。按规定计算应交城市维护建设税时，借记"税金及附加"科目，贷记"应交税费——应交城市维护建设

税"科目。

2）转让无形资产所有权应交纳的城市维护建设税，应在无形资产转销、结转损益时直接扣减，计入"应交税费——应交城市维护建设税"账户。

3）销售不动产（固定资产）应交纳的城市维护建设税，应计入"固定资产清理"账户，借记"固定资产清理"科目，贷记"应交税费——应交城市维护建设税"科目。

例 9-20 广东望秋服饰有限公司 2016 年 9 月应交增值税 31 908 元，城市维护建设税税率为 7%，计算并结转本月应交城市维护建设税。望秋公司账务处理如下：

本月应交城市维护建设税＝31 908×7%＝2 233.56（元）

借：营业税金及附加   2 233.56

    贷：应交税费——应交城市维护建设税   2 233.56

附原始凭证 1 张：税费计算表（见图 9-52）。

税费计算表

2016 年 9 月 30 日   单位：元

税（费）种	计税基数	税（费）率	税（费）额	备注
城市维护建设税	31 908.00	7%	2 233.56	
合计	¥31 908.00	—	¥2 233.56	

会计主管：陈利民   会计：李源珍   制单：朱玲玲

图 9-52 税费计算表

2. 应交教育费附加核算

（1）教育费附加概念

教育费附加，是指以增值税、消费税为计税依据，由税务机关负责征收的一项纳税附加费。教育费附加征收率为 3%。其计算公式为

应交教育费附加＝（应交增值税＋应交消费税）×征收率

（2）会计核算

企业应交教育费附加，应通过"应交税费——应交教育费附加"账户核算。应交教育费附加应区分业务类型进行核算：

1）销售产品和材料、提供劳务和服务、资产租赁、代购代销、转让无形资产等业务应交纳的教育费附加，应计入"税金及附加"账户。按规定计算应交教育费附加时，借记"税金及附加"科目，贷记"应交税费——应交教育费附加"科目。

2）转让无形资产所有权应交纳的教育费附加，应在无形资产转销、结转损益时直接扣减，计入"应交税费——应交教育费附加"账户。

3）销售不动产（固定资产）应交纳的教育费附加，应计入"固定资产清理"账户，借记"固定资产清理"科目，贷记"应交税费——应交教育费附加"科目。

例 9-21　广东望秋服饰有限公司 2016 年 9 月应交增值税 31 908 元，教育费附加征收率为 3%，计算并结转本月应交教育费附加。望秋公司账务处理如下：

本月应交教育费附加＝31 908×3%＝957.24 元

借：营业税金及附加　　　　　　　　　　　　　　　957.24

　　贷：应交税费——应交教育费附加　　　　　　　　　　957.24

附原始凭证 1 张：税费计算表（见图 9-53）。

税费计算表

2016 年 9 月 30 日　　　　　　　　　　　　单位：元

税（费）种	计税基数	税（费）率	税（费）额	备注
教育费附加	31 908.00	3%	957.24	
合计	¥31 908.00	—	¥957.24	

会计主管：陈利民　　　　　会计：李源珍　　　　制单：朱玲玲

图 9-53　税费计算表

3. 应交资源税核算

（1）资源税概念

资源税，是指对在我国境内开采矿产品或者生产盐的单位和个人征收的一种税。计征资源税的 21 种资源品目包括：铁矿、金矿、铜矿、铝土矿、铅锌矿、镍矿、锡矿、石墨、硅藻土、高岭土、萤石、石灰石、硫铁矿、磷矿、氯化钾、硫酸钾、井矿盐、湖盐、提取地下卤水晒制的盐、煤层（成）气、海盐。资源税自 2016 年 7 月 1 日起实行从价计征方式，在实施资源税从价计征改革的同时，将全部资源品目矿产资源补偿费费率降为零，停止征收价格调节基金，取缔地方针对矿产资源违规设立的各种收费基金项目。其计算公式为

应交资源税＝销售额×资源税税率

（2）会计核算

企业应交资源税，应通过"应交税费——应交资源税"账户核算。

企业对外销售应税产品应交纳的资源税，应计入"税金及附加"账户。按规定计算应交资源税时，借记"税金及附加"科目，贷记"应交税费——应交资源税"科目；企业自产自用应税产品应交纳的资源税，应计入"生产成本""制造费用"等账户，借记"生产成本""制造费用"等科目，贷记"应交税费——应交资源税"科目。

4. 应交房产税、土地使用税、车船税核算

（1）相关概念

1）房产税是指对在城市、县城、建制镇和工矿区征收的、由产权所有人缴纳的一

种税。房产税依据房产原值一次扣减 10%～30% 的余值计算缴纳；房产出租的，以房产租金收入为房产税计税依据。

2）土地使用税是指国家为了合理利用城镇土地，调节土地级差收入，提高土地使用效益，加强土地管理而征收的一种税。土地使用税以纳税人实际占用的土地面积为计税依据，按照规定税额计算征收。

3）车船税是指对拥有并使用车船的单位和个人征收的一种税。车船税以应税车船为征税对象，以征税对象的计量标准（辆、净吨位、载重吨等）为计税依据。

（2）会计核算

企业应交的房产税、土地使用税、车船税，应通过"应交税费——应交房产税（或应交土地使用税、应交车船税）"账户进行核算。

企业按规定计算应交的房产税（或土地使用税、车船税），应计入"税金及附加"账户，借记"税金及附加"科目，贷记"应交税费——应交房产税（或应交土地使用税、应交车船税）"科目。

5. 印花税核算

（1）印花税概念

印花税是指由纳税人根据规定自行计算应纳税额以购买并一次贴足印花税票的方法而缴纳的一种税。

一般情况下，企业需要预先购买印花税票，待发生应税行为时，再根据凭证的性质和规定的比例税率或按件计算应纳税额，将已购买的印花税票粘贴在应纳税凭证上，并在每枚税票的骑缝处盖戳注销或划销，办理定税手续。

（2）会计核算

企业缴纳印花税不会发生应付未付税款的情况，不需要预计应纳税金额，因此，企业缴纳印花税不需要通过"应交税费"账户核算。企业购买印花税票所缴纳的印花税直接计入"税金及附加"账户。企业购买印花税票（即缴纳印花税）时，借记"税金及附加"科目，贷记"银行存款"或"库存现金"科目。

9.5 其他流动负债核算

9.5.1 应付股利核算

1. 应付股利概念

应付股利是指企业根据股东大会或类似机构审议批准的利润分配方案确定分配给投资者的现金股利或利润。

2. 账户设置

企业应设置"应付股利"账户，核算企业确定或宣告支付但尚未实际支付的现金股利或利润。该账户属于负债类账户，贷方登记企业应支付的现金股利或利润，借方登记企业实际支付的现金股利或利润，期末余额一般在贷方，表示企业应付而未付的现金股利或利润。

应付股利账户应按投资者设置明细分类账，进行明细分类核算。应付股利账户结构见图9-54。

应付股利	
	期初：应付而未付的现金股利或利润
本期：登记企业实际支付的现金股利或利润	登记企业应支付的现金股利或利润
	期末：应付而未付的现金股利或利润

图9-54 应付股利账户结构

3. 会计核算

1）企业根据股东大会或类似机构审议批准的利润分配方案，确认应付给投资者的现金股利或利润时，借记"利润分配——应付现金股利或利润"科目，贷记"应付股利"科目。

2）企业向投资者实际支付现金股利或利润时，借记"应付股利"科目，贷记"银行存款"等科目。

知识拓展9-6 股票股利的核算

股份有限公司股利的支付存在多种形式，其中现金股利和股票股利是股利支付的两种基本形式。现金股利的分配通过"应付股利"账户进行核算。而股票股利的分配不通过"应付股利"账户核算。

企业经股东大会或类似机构决议，分配给投资者（股东）股票股利，应在办理增资手续后，借记"利润分配——转作资本的股利"科目，贷记"实收资本"（或"股本"）科目。

9.5.2 其他应付款核算

1. 其他应付款概念

其他应付款，是指企业除应付票据、应付账款、预收账款、应付职工薪酬、应交税费、应付股利等经营活动以外的各种其他应付、暂收的款项。其他应付款包括应付租入固定资产和包装物的租金，存入保证金（押金）等。

2. 账户设置

企业应设置"其他应付款"账户，核算企业其他应付款的增减变动及结存情况。该账户属于负债类账户，贷方登记企业发生的各种其他应付、暂收款项，借方登记企业偿还或转销的各种其他应付、暂收款项，期末余额一般在贷方，表示企业应付未付的其他应付款项。

其他应付款账户应按其他应付款项的种类和对方单位（或个人）设置明细分类账，

进行明细分类核算。其他应付款账户结构见图 9-55。

其他应付款	
	期初：应付未付的其他应付款项
本期：登记企业偿还或转销的各种其他应付、暂 收款项	登记企业发生的各种其他应付、暂收款项
	期末：应付未付的其他应付款项

图 9-55 其他应付款账户结构

3. 会计核算

1）企业发生各种其他应付、暂收款项时，借记"银行存款""管理费用""制造费用"等科目，贷记"其他应付款"科目。

2）企业支付或退回各种其他应付、暂收款项时，借记"其他应付款"科目，贷记"银行存款"等科目。

例 9-22 广东望秋服饰有限公司 2016 年 9 月 20 日在销售休闲服时，出借给广州市华谊百货公司一批包装物，收到包装物押金 2 000 元，存入银行。9 月 26 日如数收回包装物，全额退还押金。望秋公司账务处理如下：

1）收到押金时，

借：银行存款　　　　　　　　　　　　　　　　　　　　　　　　　2 000.00

　　贷：其他应付款——华谊百货公司　　　　　　　　　　　　　　　　　　2 000.00

附原始凭证 2 张：收款收据（见图 9-56）和银行进账单（图略）。

收　据　　　　　　　　　　No 0021325

2016 年 9 月 20 日

今收到　广州市华谊百货公司交来的包装物押金 2 000 元。

金额（大写）：零拾零万贰仟零佰零拾零元零角零分（￥2 000.00）

会计主管：陈利民　　复核：李源珍　　收款人：李芬

第三联　记账

图 9-56 收款收据

2）退还押金时，

借：其他应付款——华谊百货公司　　　　　　　　　　　　　　　　2 000.00

　　贷：银行存款　　　　　　　　　　　　　　　　　　　　　　　　　　2 000.00

附原始凭证 1 张：支票存根（图略）。

【要点回顾】

1. 流动负债，是指将在一年内或者超过一年的一个营业周期内需要偿还的各种债务。流动负债主要包括短期借款、应付账款、预收账款、应付票据、应付利息、应付职工薪酬、应交税费、应付股利、其他应付款等。流动负债一般是以实际发生额计价。

2. 短期借款，是指企业向银行或其他金融机构借入的期限在1年以下（含1年）的各种借款。短期借款一般是企业为维持正常的生产经营活动或为抵偿某项债务而借入的款项，主要包括临时借款（借款期通常在3个月内）和生产经营周转借款（借款期通常在1年以内）。

3. 应付账款，是指企业因购买材料、商品或接受劳务供应等经营活动应支付的款项。应付账款，一般应在与所购买材料、商品等物资所有权相关的主要风险和报酬已经转移，或者所接受的劳务已经接受时确认。应付账款一般应按实际应付金额（即发票等结算凭证记载的金额）计价入账。

4. 预收账款，是指企业按照合同规定，向购货单位或接受劳务方预先收取的款项。它是供货方或提供劳务方预先向购货方或接受劳务方收取一部分货款或订金而形成的一项负债，该项负债需要企业在一定时间内提供货物或劳务偿付。

5. 应付票据，是指企业购买材料、商品等物资和接受劳务供应等而开出、承兑的商业汇票。商业汇票按承兑人的不同分为商业承兑汇票和银行承兑汇票两种；按是否带息分为带息商业汇票和不带息商业汇票两种。应付票据，不论是不带息商业汇票，还是带息商业汇票，均应按票据面值（票面记载的金额）计价入账。

6. 增值税，是指以商品（含应税劳务、服务、无形资产、不动产）在流转过程中产生的增值额作为计税依据而征收的一种流转税。按照我国增值税法的规定，增值税的纳税人是在我国境内销售货物、服务、无形资产、不动产，进口货物，或提供加工、修理修配劳务的企业单位和个人。增值税纳税人按照纳税人的经营规模及会计核算的健全程度，可分为一般纳税人和小规模纳税人两种。一般纳税人企业应在"应交税费"账户下设置"应交增值税"和"未交增值税"两个明细账户。

7. 消费税，是指在我国境内生产、委托加工和进口应税消费品的单位和个人，按其流转额计算交纳的一种流转税。消费税有从价定率和从量定额两种征收方法。采取从价定率方法征收的消费税，以不含增值税的销售额为税基，按照税法规定的税率计算征收；采取从量定额方法征收的消费税，根据税法确定的企业应税消费品的数量和单位税额计算征收。

8. 应付股利，是指企业根据股东大会或类似机构审议批准的利润分配方案确定分配给投资者的现金股利或利润。其他应付款，是指企业除应付票据、应付账款、预收账款、应付职工薪酬、应交税费、应付股利等经营活动以外的各种其他应付、暂收的款项。其他应付款包括应付租入固定资产和包装物的租金，存入保证金（押金）等。

第 10 章　非流动负债核算

【目的要求】

1. 能叙述非流动负债的概念和计价。
2. 能叙述长期借款的概念及应用。
3. 能掌握长期借款的核算。
4. 能叙述应付债券的概念及适用。
5. 能列举和叙述债券发行的方式。

6. 能掌握应付债券的核算。
7. 能叙述长期应付款的概念及内容。
8. 能理解长期应付款的核算。
9. 能理解递延收益的概念及其核算。

【重点难点】

1. 长期借款利息计算。
2. 长期借款的核算。
3. 应付债券利息计算。

4. 债券利息调整核算。
5. 递延收益的核算。

【基础知识】

非流动负债，是指偿还期在一年或者超过一年的一个营业周期以上的负债。非流动负债是企业向债权人筹集的可供长期使用的资金，主要用于扩大生产经营规模。非流动负债包括长期借款、应付债券、长期应付款、递延收益等。非流动负债的初始计量一般是以实际发生额计价。

10.1　长期借款核算

10.1.1　长期借款概述

1. 长期借款概念

长期借款，是指企业向银行或其他金融机构借入的期限在 1 年以上（不含 1 年）的各种借款。长期借款一般用于企业固定资产的购建、改扩建工程、大修理工程、对外投资以及保持长期经营能力等方面。

2. 账户设置

企业应设置"长期借款"账户，核算企业长期借款的取得、偿还及结存情况。该账户属于负债类账户，贷方登记企业取得长期借款的本金及其应计利息，借方登记企业偿还长期借款的本息，期末余额一般在贷方，表示企业尚未偿还的长期借款的本息。

　　长期借款账户应按借款种类和债权人设置明细分类账，进行明细分类核算。长期借款账户结构图见图 10-1。

	长期借款	
		期初：尚未偿还的长期借款的本息
本期：登记企业偿还长期借款的本息		登记企业取得长期借款的本金及其应计利息
		期末：尚未偿还的长期借款的本息

图 10-1　长期借款账户结构

10.1.2　长期借款核算

1. 取得长期借款

　　企业从银行或其他金融机构取得长期借款时，借记"银行存款"科目，贷记"长期借款——本金"科目。

2. 发生长期借款利息

　　到期一次还本付息的长期借款的应付未付利息通过"长期借款——应计利息"账户核算；分期付息到期还本的长期借款的应付未付利息通过"应付利息"账户核算。

　　长期借款所发生的利息支出，应当按照权责发生制原则按期预提并计入有关成本费用。属于筹建期间的利息支出，计入管理费用；用于购建、改扩建固定资产的长期借款，在固定资产尚未达到预定可使用状态前所发生的符合资本化条件的利息支出，计入所购建或改扩建固定资产的价值；属于生产经营期间，不符合资本化条件的利息支出，计入财务费用。

3. 归还长期借款本息

　　长期借款到期偿还本金时，借记"长期借款——本金"科目，贷记"银行存款"科目；按期支付利息时，借记"应付利息"或"长期借款——应计利息"科目，贷记"银行存款"科目。

　　例 10-1　广东望秋服饰有限公司为建造生产大楼 2014 年 1 月 2 日向建设银行借入一笔基建借款，金额为 200 000 元，期限为 3 年，年利率为 7.2%，借款协议约定，该笔借款单利计息、到期一次还本付息。该生产大楼于 2015 年 1 月 2 日完工并达到预定可使用状态。望秋公司账务处理如下：

　　1）取得长期借款时，

借：银行存款　　　　　　　　　　　　　　　　　　　　　　　200 000.00
　　贷：长期借款——本金　　　　　　　　　　　　　　　　　　　200 000.00

附原始凭证 1 张：借款转存凭证（见图 10-2）。

中国建设银行对公客户收款通知单

2014 年 01 月 02 日　　　　　　交易种类：基建贷款放款

付款人	全　称	广东望秋服饰有限公司	收款人	全　称	广东望秋服饰有限公司
	账　号	11682683692		账　号	11682683056
	开户行	中国建设银行广州市分行		开户行	中国建设银行广州市天河支行

大写金额	（币种）人民币贰拾万元整	亿	千	百	十	万	千	百	十	元	角	分
				¥	2	0	0	0	0	0	0	0

合同号：银借字第 001038 号

上述贷款金额已转存入你单位 11682683056 存款户。

备注：贷款期为 3 年。

中国建设银行股份有限公司
广州天河支行
2014.01.02
办讫章
(4)

会计主管	复核	记账

此联为收款人收账通知

图 10-2　借款转存凭证

2）2014 年末计提利息时，

$$应计利息＝200\ 000×7.2\%×1＝14\ 400（元）$$

借：在建工程——生产大楼工程　　　　　　　　　　　　　　　14 400.00
　　贷：长期借款——应计利息　　　　　　　　　　　　　　　　　14 400.00

附原始凭证 1 张：利息计提单（见图 10-3）。

利 息 计 提 单

2014 年 12 月 31 日　　　　　　　　　单位：元

计息项目	起息日	结息日	本金	年利率	利息
长期借款	2014.1.2	2014.12.31	200 000.00	7.2%	14 400.00
合计（大写）	人民币壹万肆仟肆佰元整				¥14 400.00

会计主管：陈利民　　　　会计：李源珍　　　　制单：朱玲玲

图 10-3　利息计提单

3）2015 年、2016 年年末计提利息时，

$$应计利息＝200\ 000×7.2\%×1＝14\ 400（元）$$

借：财务费用　　　　　　　　　　　　　　　　　　　　　　　14 400.00
　　贷：长期借款——应计利息　　　　　　　　　　　　　　　　　14 400.00

附原始凭证 1 张：利息计提单（见图 10-4、图 10-5）。

利 息 计 提 单

2015 年 12 月 31 日　　　　　　　　　单位：元

计息项目	起息日	结息日	本金	年利率	利息
长期借款	2015.1.1	2015.12.31	200 000.00	7.2%	14 400.00
合计（大写）	人民币壹万肆仟肆佰元整				¥14 400.00

会计主管：陈利民　　　　　会计：李源珍　　　　　制单：朱玲玲

图 10-4　利息计提单

利 息 计 提 单

2016 年 12 月 31 日　　　　　　　　　单位：元

计息项目	起息日	结息日	本金	年利率	利息
长期借款	2016.1.1	2016.12.31	200 000.00	7.2%	14 400.00
合计（大写）	人民币壹万肆仟肆佰元整				¥14 400.00

会计主管：陈利民　　　　　会计：李源珍　　　　　制单：朱玲玲

图 10-5　利息计提单

4）到期还本付息时，

全部应计利息＝14 400×3＝43 200（元）

借：长期借款——本金　　　　　　　　　　　　　　　　200 000.00

　　　　　　——应计利息　　　　　　　　　　　　　　　43 200.00

　　贷：银行存款　　　　　　　　　　　　　　　　　　　　243 200.00

附原始凭证 2 张：偿还贷款凭证和付息通知单（见图 10-6、图 10-7）。

中国建设银行对公客户付款通知单

2017 年 1 月 2 日   交易种类：基建贷款还款

付款人	全 称	广东望秋服饰有限公司	收款人	全 称	广东望秋服饰有限公司											此联为付款人付款通知
	账 号	11682683056		账 号	11682683692											
	开户行	中国建设银行广州市天河支行		开户行	中国建设银行广州市分行											
大写金额		（币种）人民币贰拾万元整				亿	千	百	十	万	千	百	十	元	角	分
								2	0	0	0	0	0	0	0

中国建设银行股份有限公司
广州天河支行
2017.01.02 第 001038 号
办讫章
(4)

上述贷款本金已从你单位存款账户 11682683692 支付。

备注：

会计主管	复核	记账

图 10-6 偿还贷款凭证

中 国 建 设 银 行 对 公 客 户 付 款 通 知 单

币别：人民币   2017 年 01 月 02 日   交易种类：支付借款利息

付款人	全 称	广东望秋服饰有限公司	收款人	全 称	广东望秋服饰有限公司
	账 号	11682683056		账 号	11682683692
	开户行	建行广州天河支行		开户行	建行广州分行
大写金额		（人民币）肆万叁仟贰佰元整			¥43 200.00

中国建设银行股份有限公司
广州天河支行
2017.01.02
办讫章
(4)   （银行盖章）

上述款项已从你单位存款账户 11682683692 支付。

会计主管：	复核：	记账：

图 10-7 付息通知单

例 10-2 广东望秋服饰有限公司 2014 年 7 月 1 日向建设银行借入一笔长期借款，金额为 100 000 元，期限为 2 年，年利率为 6%，所借款项当日划存银行。借款协议约定，该笔借款单利计息、每半年付息一次、到期还本。望秋公司账务处理如下：

1）取得长期借款时，

借：银行存款   100 000.00

　　贷：长期借款——本金   100 000.00

附原始凭证 1 张：借款转存凭证（见图 10-8）。

中国建设银行对公客户收款通知单

2014 年 07 月 01 日　　　　　　　交易种类：贷款放款

付款人	全　称	广东望秋服饰有限公司	收款人	全　称	广东望秋服饰有限公司	此联为收款人收账通知
	账　号	11682683692		账　号	11682683056	
	开户行	中国建设银行广州市分行		开户行	中国建设银行广州市天河支行	

| 大写金额 | （币种）人民币 壹拾万元整 | 亿 千 百 十 万 千 百 十 元 角 分 |
| | | ￥ 1 0 0 0 0 0 0 0 |

中国建设银行股份有限公司
广州天河支行
2014.07.01
办讫章
(4)

上述贷款金额已转存入你单位 11682683056 存款户。

合同号：银借字第 001056 号

备注：贷款期为 2 年。

会计主管　　　　　　　　复核　　　　　　　　　　　　记账

图 10-8　借款转存凭证

2）每月计提利息时，

$$每月利息 = 100\,000 \times (6\%/12) \times 1 = 500（元）$$

借：财务费用　　　　　　　　　　　　　　　　　　　　　　500.00
　　贷：应付利息　　　　　　　　　　　　　　　　　　　　　　500.00

附原始凭证 1 张：利息计提单（见图 10-9）。

利 息 计 提 单

2014 年 7 月 31 日　　　　　　　　　　　　　单位：元

计息项目	起息日	结息日	本金	年利率	利息
长期借款	2014.7.1	2014.7.31	100 000.00	6.0%	500.00
合计（大写）	人民币伍佰元整				￥500.00

会计主管：陈利民　　　　会计：李源珍　　　　制单：朱玲玲

图 10-9　利息计提单

3）每半年支付利息时，

$$支付利息 = 500 \times 6 = 3\,000（元）$$

借：应付利息　　　　　　　　　　　　　　　　　　　　　　3 000.00

　　贷：银行存款　　　　　　　　　　　　　　　　　　　　　3 000.00

　　附原始凭证 1 张：付息通知单（见图 10-10）。

中国建设银行对公客户付款通知单

币别：人民币　　　　　　　　2015 年 01 月 02 日　　　交易种类：支付借款利息

付款人	全　称	广东望秋服饰有限公司	收款人	全　称	广东望秋服饰有限公司
	账　号	11682683056		账　号	11682683692
	开户行	建行广州天河支行		开户行	建行广州分行
大写金额	（人民币）叁仟元整				¥3 000.00
上述款项已从你单位存款账户 11682683692 支付。					

中国建设银行股份有限公司
广州天河支行
2015.01.02
办讫章
(4)　　（银行盖章）

会计主管：　　　复核：　　　　　　　记账：

图 10-10　付息通知单

　　4）到期还本时，

　　借：长期借款——本金　　　　　　　　　　　　　　　100 000.00

　　　　贷：银行存款　　　　　　　　　　　　　　　　　　　100 000.00

　　附原始凭证 1 张：偿还贷款凭证（见图 10-11）。

中国建设银行对公客户付款通知单

2016 年 7 月 1 日　　　　　交易种类：贷款还款

付款人	全　称	广东望秋服饰有限公司	收款人	全　称	广东望秋服饰有限公司	此联为付款人付款通知
	账　号	11682683056		账　号	11682683692	
	开户行	中国建设银行广州市天河支行		开户行	中国建设银行广州市分行	
大写金额	（币种）人民币壹拾万元整			亿 千 百 十 万 千 百 十 元 角 分　¥ 1 0 0 0 0 0 0 0		
			合同号：银借字第 001056 号			
上述贷款本金已从你单位存款账户 11682683692 扣收。			备注：			

中国建设银行股份有限公司
广州天河支行
2016.07.01
办讫章
(4)

会计主管　　　　　复核　　　　　记账

图 10-11　偿还贷款凭证

10.2 应付债券核算

10.2.1 应付债券概述

1. 应付债券概念

应付债券，是指企业依照法定程序发行，约定在一定日期偿付本金和利息的一种有价证券。企业发行一年期以上的债券，构成企业的非流动负债，设置"应付债券"账户进行核算；企业发行一年期或一年以下的债券，应作为企业的流动负债，设置"交易性金融负债"账户进行核算。

为加强企业债券的管理，企业应设置"企业债券备查簿"，详细登记每一债券的票面金额、票面利率、还本付息期限与方式、发行总额、发行日期和编号、委托代售单位、转换股份等资料；企业债券到期结清时，应当在备查簿内逐笔注销。

2. 债券发行方式

债券发行首先需要确定债券的发行价格，影响债券发行价格的因素主要有债券票面金额（面值）、票面利率、发行当时的市场利率、债券期限以及利息支付方式等。在其他因素不变的情况下，债券的发行价格取决于债券发行时的市场利率。

根据发行价格的不同，债券的发行方式分为面值（平价）发行、溢价发行和折价发行三种。当票面利率等于市场利率时，企业债券按其面值发行，称为面值发行；当票面利率高于市场利率时，企业债券按高于其面值的价格发行，称为溢价发行；当票面利率低于市场利率时，企业债券按低于其面值的价格发行，称为折价发行。

知识拓展 10-1 债券溢价发行与折价发行

债券溢价发行时，债券购买者因溢价而多付出的价款，可以从以后各期多得的利息收入获得补偿；而债券发行企业因溢价多得的收入，实质是在债券到期前对企业各期多付利息的一种补偿，也是对债券利息费用的一项调整，因而不能将债券溢价视为发行时的收益，而应在债券还款期限内，通过分期摊销陆续冲减企业债券的利息费用。

债券溢价额＝债券发行价格－债券面值

债券折价发行时，债券购买者因折价而少付出的价款，是对以后各期少付利息收入的预先补偿；而债券发行企业因折价少得的收入，实质是预先付给债券购买者的利息，它可以从以后各期少付利息中获得补偿，因而同样是对债券利息费用的一项调整，所以企业债券折价应在债券还款期限内分期摊销，陆续增加企业债券的利息费用。

债券折价额＝债券面值－债券发行价格

3. 账户设置

企业应设置"应付债券"账户，核算企业债券发行、计提利息、还本付息及结存情况。该账户属于负债类账户，贷方登记企业应付债券的本金和应计利息，借方登记企业偿还债券的本息，期末余额一般在贷方，表示企业尚未偿还的长期债券的本息。

应付债券账户，应按债券的种类设置明细账，并按债券的"面值""利息调整""应计利息"等进行明细分类核算。应付债券账户结构见图 10-12。

应付债券

本期：登记企业偿还债券的本息	期初：尚未偿还的长期债券的本息
	登记企业应付债券的本金和应计利息
	期末：尚未偿还的长期债券的本息

图 10-12　应付债券账户结构

10.2.2　应付债券核算

1. 发行债券核算

企业发行债券时，应按实际收到的金额，借记"银行存款""库存现金"等科目，贷记"应付债券——面值"科目，按其差额，借记或贷记"应付债券——利息调整"科目。

例 10-3　广东望秋服饰有限公司为补充生产经营资金，2014 年 1 月 1 日发行债券 200 000 元，按面值发行，债券发行款已收存银行，该债券的期限为 3 年，票面年利率为 7.2%，每年付息一次、到期还本。望秋公司账务处理如下：

借：银行存款　　　　　　　　　　　　　　　　　　　　200 000.00
　　贷：应付债券——面值　　　　　　　　　　　　　　　　　　200 000.00

2. 债券计息和利息调整核算

到期一次还本付息债券的应付未付利息通过"应付债券——应计利息"账户核算；分期付息到期还本债券的应付未付利息通过"应付利息"账户核算。

（1）到期一次还本付息债券计息

对于到期一次还本付息的债券，企业应于资产负债表日按摊余成本和实际利率计算确定应付债券利息，借记"在建工程""制造费用""财务费用""研发支出"等科目，按票面利率计算确定应付未付债券利息，贷记"应付债券——应计利息"科目，按其差额，借记或贷记"应付债券——利息调整"科目。

（2）分期付息到期还本债券计息

对于分期付息到期还本债券，企业应于资产负债表日按摊余成本和实际利率计算确定应付债券利息，借记"在建工程""制造费用""财务费用""研发支出"等科目，按票面利率计算确定应付未付债券利息，贷记"应付利息"科目，按其差额，借记或贷记"应付债券——利息调整"科目。

知识拓展 10-2 实际利率法与摊余成本

实际利率法，是指按照发行债券的实际利率计算其摊余成本及各期利息费用的方法。实际利率指将发行债券在债券预期存续期间的未来现金流量折现为该债券当前账面价值所使用的利率。

摊余成本，是指将该债券的初始确认金额扣除已偿还的本金，加上或减去采用实际利率法将该初始确认金额与到期日金额之间的差额进行摊销形成的累计摊销额后的金额。

例 10-4 承例 10-3，广东望秋服饰有限公司 2014 年 12 月 31 日对 2014 年 1 月 1 日发行的债券进行债券利息计算，2015 年 1 月 1 日支付债券利息。望秋公司账务处理如下：

1）计算债券利息时，

$$应付利息 = 200\,000 \times 7.2\% \times 1 = 14\,400（元）$$

借：财务费用   14 400.00
　　贷：应付利息   14 400.00

2）支付债券利息时，

借：应付利息   14 400.00
　　贷：银行存款   14 400.00

3. 债券到期还本付息核算

应付债券到期，企业支付债券本息时，借记"应付债券——面值""应付债券——应计利息"或"应付利息"科目，贷记"银行存款"科目，按应转销的利息调整金额，借记或贷记"应付债券——利息调整"科目，按其差额，贷记或借记"在建工程""制造费用""财务费用""研发支出"等科目。

例 10-5 承例 10-3、例 10-4，广东望秋服饰有限公司 2017 年 1 月 1 日债券到期，公司以银行存款支付债券本金 200 000 元、债券利息 14 400 元。望秋公司账务处理如下：

借：应付债券——面值   200 000.00
　　应付利息   14 400.00
　　贷：银行存款   214 400.00

例 10-6 广东望秋服饰有限公司为购建一条成衣生产线，2014 年 7 月 1 日发行债券 10 000 份，每份面值 10 元，每份发行价格 10.5 元，债券发行款已收存银行，该债券的期限为 2 年，票面年利率为 6.8%，到期还本付息。2015 年 6 月 30 日该生产线建成并达到预定可使用状态。望秋公司账务处理如下：

1）发行债券，收到债券款时，

$$债券面值 = 10\,000 \times 10 = 100\,000（元）$$
$$债券发行价 = 10\,000 \times 10.5 = 105\,000（元）$$

借：银行存款   105 000.00
　　贷：应付债券——面值   100 000.00
　　　　——利息调整   5 000.00

2）2015 年 6 月 30 日债券计息和利息调整时，

$$应计利息＝100\ 000×6.8\%×1＝6\ 800（元）$$
$$年利息调整＝5\ 000/2＝2\ 500（元）$$

借：在建工程——成衣生产线工程　　　　　　　　　　　　4 300.00
　　应付债券——利息调整　　　　　　　　　　　　　　　2 500.00
　　　贷：应付债券——应计利息　　　　　　　　　　　　　　6 800.00

3）2016 年 6 月 30 日债券计息和利息调整时，

$$应计利息＝100\ 000×6.8\%×1＝6\ 800（元）$$
$$年利息调整＝5\ 000/2＝2\ 500（元）$$

借：财务费用　　　　　　　　　　　　　　　　　　　　　4 300.00
　　应付债券——利息调整　　　　　　　　　　　　　　　2 500.00
　　　贷：应付债券——应计利息　　　　　　　　　　　　　　6 800.00

4）2016 年 7 月 1 日债券到期还本付息时，

借：应付债券——面值　　　　　　　　　　　　　　　　100 000.00
　　　　　　——应计利息　　　　　　　　　　　　　　　13 600.00
　　　贷：银行存款　　　　　　　　　　　　　　　　　　113 600.00

10.3　其他非流动负债核算

10.3.1　长期应付款核算

1. 长期应付款概念

长期应付款，是指企业除长期借款、应付债券以外的其他各种长期应付款项。它包括应付以补偿贸易方式引进设备款、应付融资租入固定资产的租赁费、应付以分期付款方式购入资产的款项等。

2. 账户设置

企业应设置"长期应付款"账户，核算企业长期应付款的发生、偿还和结存情况。该账户属于负债类账户，贷方登记企业长期应付款的发生额，借方登记企业偿还长期应付款的金额，期末余额一般在贷方，表示企业尚未偿还的长期应付款。

长期应付款账户应按其种类和债权人设置明细分类账，进行明细分类核算。长期应付款账户结构见图 10-13。

长期应付款	
	期初：尚未偿还的长期应付款
本期：登记企业偿还长期应付款的金额	登记企业长期应付款的发生额
	期末：尚未偿还的长期应付款

图 10-13　长期应付款账户结构

3. 会计核算

（1）应付以补偿贸易方式引进设备款核算

企业以补偿贸易方式引进设备时，应按设备、工具、零配件等的价款以及设备运抵我国口岸的运杂费、保险费的外币金额和规定的汇率折合成人民币的金额，借记"固定资产""在建工程"等科目，贷记"长期应付款——应付补偿贸易引进设备款"科目。

设备引进后用产品抵偿设备款时，一方面，在抵偿设备款时应确认实现产品销售收入，借记"长期应付款——应付补偿贸易引进设备款"科目，贷记"主营业务收入"科目（说明：出口产品按规定适用增值税率为零）；另一方面，在产品发出后应结转产品销售成本，借记"主营业务成本"科目，贷记"库存商品"科目。

知识拓展 10-3　补偿贸易方式引进设备

补偿贸易，是指企业从国外引进设备，再用该设备生产的产品归还设备价款的贸易方式。由于补偿贸易是以生产的产品归还设备价款，因此，一般情况下，设备引进和偿还设备价款时没有现金流入和流出。

在会计核算时，一方面应把引进设备的资产价值以及相应的负债，作为企业的一项资产和一项负债，在资产负债表中分别反映在"固定资产"和"长期应付款"项目中；另一方面，应核算企业用引进设备生产的产品偿还该项负债的情况。

（2）应付融资租入固定资产租赁款核算

应付融资租入固定资产租赁款，是指企业融资租入固定资产而发生的应付款，是在租赁开始日承租人应向出租人支付的最低租赁付款额。企业融资租入固定资产租赁款的核算参见第 6 章固定资产核算。

（3）应付以分期付款方式购入资产款核算

企业以分期付款方式购入固定资产、无形资产等资产，属于超过正常信用条件的延期支付价款，实质上具有融资性质，应按购买价款的现值，借记"固定资产""在建工程""无形资产"等科目，按应支付的金额，贷记"长期应付款——分期付款购入资产"科目，按其差额，借记"未确认融资费用"科目。企业按期支付价款时，借记"长期应付款——分期付款购入资产"科目，贷记"银行存款"科目。

10.3.2　递延收益核算

1. 递延收益概念

递延收益，是指企业已经收到，应在以后期间计入损益的政府补助。

2. 账户设置

企业应设置"递延收益"账户，核算企业递延收益的增减变动及其结余情况。该账户属于负债类账户，贷方登记企业收到或应收的递延收益，借方登记企业确认损益而结转的递延收益，期末余额在贷方，表示企业已收到或应收但尚未确认的递延收益。

递延收益账户应按政府补助的相关项目设置明细分类账，进行明细分类核算。递延收益账户结构见图 10-14。

递延收益	
	期初：尚未确认的递延收益
本期：登记企业确认损益而结转的递延收益	登记企业收到或应收的递延收益
	期末：已收到或应收但尚未确认的递延收益

图 10-14　递延收益账户结构

知识拓展 10-4　政 府 补 助

政府补助，是指企业从政府无偿取得货币性资产或非货币性资产。政府补助的主要形式有：财政拨款、财政贴息、税收返还、无偿划拨非货币性资产。

3. 会计核算

1）企业收到或应收的与资产相关的政府补助，借记"银行存款""其他应收款"等科目，贷记"递延收益"科目。在相关资产的使用寿命内平均分配递延收益，借记"递延收益"科目，贷记"营业外收入"科目。

2）企业收到与收益相关的政府补助，用于补偿企业以后期间的相关费用或亏损的，应当按照收到或应收的金额，借记"银行存款""其他应收款"等科目，贷记"递延收益"科目。在确认相关费用或发生亏损的未来期间，借记"递延收益"科目，贷记"营业外收入"科目。

3）企业收到或应收用于补偿已发生的相关费用或亏损的政府补助，直接计入营业外收入，借记"银行存款""其他应收款"等科目，贷记"营业外收入"科目。

【要点回顾】

1. 非流动负债，是指偿还期在一年或者超过一年的一个营业周期以上的负债。非流动负债是企业向债权人筹集的可供长期使用的资金，主要用于扩大生产经营规模。非流动负债包括长期借款、应付债券、长期应付款等。

2. 长期借款，是指企业向银行或其他金融机构借入的期限在 1 年以上（不含 1 年）的各种借款。长期借款一般用于企业固定资产的购建、改扩建工程、大修理工程、对外投资以及保持长期经营能力等方面。到期一次还本付息的长期借款的应付未付利息通过"长期借款——应计利息"账户核算；分期付息到期还本的长期借款的应付未付利息通过"应付利息"账户核算。

3. 长期借款所发生的利息支出，应当按照权责发生制原则按期预提并计入有关成本费用。属于筹建期间的利息支出，计入管理费用；用于购建、改扩建固定资产的长期借款，在固定资产尚未达到预定可使用状态前所发生的符合资本化条件的利息支出，计入所购建或改扩建固定资产的价值；属于生产经营期间，不符合资本化条件的利息支出，计入财务费用。

4. 应付债券，是指企业依照法定程序发行，约定在一定日期偿付本金和利息的一种有价证券。企业发行一年期以上的债券，构成企业的非流动负债，设置"应付债券"账户进行核算。根据发行价格的不同，债券的发行方式分为面值（平价）发行、溢价发行和折价发行三种。

5. 长期应付款，是指企业除长期借款、应付债券以外的其他各种长期应付款项。它包括应付以补偿贸易方式引进设备款、应付融资租入固定资产的租赁费、应付以分期付款方式购入资产的款项等。

6. 递延收益，是指企业已经收到，应在以后期间计入损益的政府补助。政府补助主要有财政拨款、财政贴息、税收返还、无偿划拨非货币性资产。企业应设置"递延收益"账户，核算企业递延收益的增减变动及其结余情况。

第11章 所有者权益核算

【目的要求】

1. 能叙述实收资本的概念。
2. 能掌握接受货币资产投资核算。
3. 能掌握接受非货币财产投资核算。
4. 能叙述资本公积的概念。
5. 能掌握资本溢价的核算。
6. 能掌握其他资本公积的核算。
7. 能掌握资本公积转增资本核算。

【重点难点】

1. 接受非货币财产投资核算。
2. 资本溢价的核算。
3. 其他资本公积的核算。
4. 资本公积转增资本核算。

【基础知识】

所有者权益是指企业资产扣除负债后由所有者享有的剩余权益，包括实收资本（或股本）、资本公积、盈余公积和未分配利润，其中盈余公积和未分配利润构成企业的留存收益。

11.1 实收资本核算

11.1.1 实收资本概述

1. 实收资本概念

实收资本是指企业按照章程规定或合同、协议约定，接受投资者投入企业的资本。实收资本的构成比例或股东的股份比例，是确定所有者在企业所有者权益中份额的基础，也是企业进行利润或股利分配的主要依据。

2. 账户设置

一般企业应设置"实收资本"账户（股份有限公司设置"股本"账户），核算投资者投入资本的增减变动及结存情况。该账户属于所有者权益类账户，贷方登记企业实际收到投资者投入的资本额，借方登记企业按法定程序报经批准而减少的资本额，期末余额一般在贷方，表示企业期末实收资本的实有数。

实收资本账户应按投资者设置明细分类账，进行明细分类核算。实收资本账户结构见图 11-1。

实收资本	
本期：登记企业按法定程序报经批准而减少的资本额	期初：企业期初结存实收资本数
	登记企业实际收到投资者投入的资本额
	期末：企业期末实收资本的实有数

图 11-1 实收资本账户结构

11.1.2 实收资本核算

我国《公司法》规定，投资者可以用货币资产出资，也可以用实物、知识产权、土地使用权等可以用货币估计其价值并可以依法转让的非货币财产作价出资，但法律、法规规定不得作为出资的财产除外。

1. 接受货币资产投资

企业收到投资者投入的货币资产，应当以实际收到的或存入企业开户银行的金额作为实收资本入账，借记"库存现金""银行存款"等科目，贷记"实收资本"科目。实际收到金额超过投资者在企业注册资本中所占份额的部分，计入"资本公积"账户。

例 11-1 广东望秋服饰有限公司 2010 年 3 月 1 日设立时，收到广东联兴投资有限公司、广东新力投资有限公司各 240 000 元货币资金投入，款项已收存银行，已办妥验资手续。望秋公司账务处理如下：

借：银行存款 480 000.00
　　贷：实收资本——联兴投资公司 240 000.00
　　　　　　　——新力投资公司 240 000.00

附原始凭证 3 张：投资协议和银行进账单（见图 11-2～图 11-6）。

投资协议书

投出单位：广东联兴投资有限公司、广东新力投资有限公司

投入单位：广东望秋服饰有限公司

广东联兴投资有限公司、广东新力投资有限公司各以 240 000 元货币资金投入广东望秋服饰有限公司，与其在注册资本中享有的份额相等。

广东联兴投资有限公司　　　广东新力投资有限公司　　　广东望秋服饰有限公司

2010 年 3 月 1 日

图 11-2 投资协议书

收 据   №0000011

2010 年 3 月 1 日

今收到 广东联兴投资有限公司交来支票一张，作为资本金投入。

金额（大写）：贰拾肆万零仟零佰零拾零元零角零分（¥240 000.00

会计主管：陈利民   复核：李源珍   收款人：李芬

第三联 记账

图 11-3 收款收据

收 据   №0000012

2010 年 3 月 1 日

今收到 广东新力投资有限公司交来支票一张，作为资本金投入。

金额（大写）：贰拾肆万零仟零佰零拾零元零角零分（¥240 000.0

会计主管：陈利民   复核：李源珍   收款人：李芬

第三联 记账

图 11-4 收款收据

中国建设银行进账单 （回 单）   1

2010 年 03 月 01 日

出票人	全　称	广东联兴投资有限公司	收款人	全　称	广东望秋服饰有限公司
	账　号	11642789282		账　号	11682683056
	开户银行	工行科韵支行		开户银行	建行天河支行

金额	人民币 (大写)	贰拾肆万元整	亿 千 百 十 万 千 百 十 元 角 分 ¥ 2 4 0 0 0 0 0 0
票据种类	支票	票据张数	壹
票据号码		22314021	

中国建设银行股份有限公司
广州天河支行
2010.03.01
办讫章
(2)

复核   记账   开户银行盖章

此联是开户银行交给持（出）票人的回单

图 11-5 银行进账单

图 11-6　银行进账单

2. 接受非货币财产投资

（1）接受固定资产投资

企业接受投资者投入的房屋、建筑物、机器设备等固定资产，应按投资合同或协议约定的价值（投资合同或协议约定价值不公允的除外）入账，借记"固定资产"等科目，按投资者在企业注册资本中所占的份额，贷记"实收资本"科目，约定固定资产价值超过其在注册资本中所占份额的部分，贷记"资本公积"科目。

例 11-2　广东望秋服饰有限公司 2010 年 3 月 1 日设立时，收到广州福海服饰有限公司作为资本投入的不需安装绣花机一台，双方协议确定价值为 280 000 元。设备已验收并投入使用，已办妥验资手续。望秋公司账务处理如下：

借：固定资产——绣花机　　　　　　　　　　　　　　　　　　280 000.00

　　贷：实收资本——福海服饰有限公司　　　　　　　　　　　　　　280 000.00

附原始凭证 2 张：投资协议和固定资产验收单（见图 11-7、图 11-8）。

图 11-7　投资协议书

固定资产验收单

验收日期 2010 年 3 月 1 日　　　　　　　　　　　　　　编号：00011

固定资产管理部门	项目名称	绣花机	电动机			
	型　号		总功率			
	规　格		出厂编号		出厂日期	2009.9.16
	制造厂	佛山星辰公司	自重量		始用日期	2010.3.1
	尺　寸		使用部门	绣花车间	施工工号	
	随　机　附　件					
	名称	型号规格	数量	名称	型号规格	数量
	说明书		装箱单		图纸	
	合格证		精度单		资料验收人	
	设备类别			使用年限		
	精度等级			分类划级		
财务部门	设备费用	280 000 元		安装及其他费		
	原值合计	280 000 元		资产来源	投资者投入	
验收意见	验收合格				验收人：陈忠和	
部门签名	使用部门	周涛南	固定资产管理部门	李清	财务部门	陈利民

图 11-8　固定资产验收单

（2）接受存货投资

　　企业接受投资者投入的存货，应按投资合同或协议约定价值（约定价值不公允的除外）入账，借记"原材料""库存商品"等科目，按增值税专用发票上注明的增值税额，借记"应交税费——应交增值税（进项税额）"科目，按投资者在企业注册资本中所占的份额，贷记"实收资本"科目，按其差额，贷记"资本公积"科目。

　　例 11-3　广东望秋服饰有限公司 2010 年 3 月 1 日设立时，收到广东贝贝星童服有限公司作为资本投入的棉布一批，双方协议确定价值为 120 000 元，增值税额为 20 400元。棉布已验收入库，已办妥验资手续。望秋公司账务处理如下：

借：原材料——棉布　　　　　　　　　　　　　　　　　　　　　　　　120 000.00
　　应交税费——应交增值税（进项税额）　　　　　　　　　　　　　　　20 400.00
　　贷：实收资本——贝贝星童服公司　　　　　　　　　　　　　　　　　140 400.00
附原始凭证 3 张：投资协议、增值税专用发票和收料单（见图 11-9～图 11-11）。

投资协议书

投出单位：广东贝贝星童服有限公司

投入单位：广东望秋服饰有限公司

广东贝贝星童服有限公司以棉布一批作为资本金投入广东望秋服饰有限公司，双方协议确定价值为 120 000 元，增值税额为 20 400 元，与其在注册资本中享有的份额相等。

广东贝贝星童服有限公司

广东望秋服饰有限公司

2010 年 3 月 1 日

图 11-9　投资协议书

广东增值税专用发票

4406281297

№ 291063001

广东省
国家税务总局监制

开票日期：2010 年 03 月 01 日

购货单位	名　　称：广东望秋服饰有限公司 纳税人识别号：440106868268025 地址、电话：天河中路 2 号，86697584 开户行及账号：建行天河支行、11682683056					密码区	（略）		

货物或应税劳务、服务名称	规格型号	单位	数量	单价	金　额	税率	税　额
棉布		米	10 000	12.00	120 000.00	17%	20 400.00
合　　计					¥120 000.00		¥20 400.00

价税合计（大写）	⊗壹拾肆万零肆佰圆整	（小写）　¥140 400.00

销货单位	名　　称：广东贝贝星童服有限公司 纳税人识别号：440106257528063 地址、电话：粤海路 252 号，86628665 开户行及账号：工行粤海支行、25254683356	备注	广东贝贝星童服有限公司 440106257528063 发票专用章

收款人：陈晓彬	复核：张晓珊	开票人：欧丽娜	销货单位：（章）

第三联：发票联　购买方记账凭证

图 11-10　增值税专用发票

收　料　单

2010 年 3 月 1 日

收字第 012 号

材料名称	规格型号	单位	应收数量	实收数量	金额（元）
棉布		米	10 000	10 000	120 000.00

仓库主管：陈伟峰　复核：　　验收：李明秀　收料：蔡晓波　制单：蔡晓波

图 11-11　收料单

（3）投资无形资产投资

企业接受投资者投入的无形资产，应按投资合同或协议约定价值（约定价值不公允的除外）入账，借记"无形资产"科目，按投资者在企业注册资本中所占的份额，贷记"实收资本"科目，按其差额，贷记"资本公积"科目。企业接受投资者以无形资产作价出资的总额不得超过企业注册资本总额的 20%，国家对高新技术成果有特殊规定除外。

例 11-4　广东望秋服饰有限公司 2010 年 3 月 1 日设立时，收到广东海派服饰设计公司作为资本投入的专利权一项，双方协议确定价值为 100 000 元，不考虑其他因素，已办妥验资手续。望秋公司账务处理如下：

借：无形资产——专利权　　　　　　　　　　　　　　　　　　100 000.00

　　贷：实收资本——海派服饰设计公司　　　　　　　　　　　　　100 000.00

附原始凭证 2 张：投资协议和无形资产入账单（见图 11-12、图 11-13）。

投资协议书

投出单位：广东海派服饰设计公司

投入单位：广东望秋服饰有限公司

广东海派服饰设计公司以专利权一项作为资本金投入广东望秋服饰有限公司，双方协议确定价值为 100 000 元，与其在注册资本中所占份额相等。

广东海派服饰设计公司　　　　　　　　　　　　　广东望秋服饰有限公司

　　　　　　　　　　　　　　　　　　　　　　　2010 年 3 月 1 日

图 11-12　投资协议书

无形资产入账单

2010 年 3 月 1 日

名称	使用部门	单位	数量	资产情况		
				预计使用年限	原值(元)	取得方式
专利权		项	1	5	100 000.00	投资者投入

会计主管：陈利民　　　　　会计：李源珍　　　　制单：朱玲玲

图 11-13　无形资产入账单

知识拓展 11-1　实收资本增减变动

一般情况下，企业的实收资本应相对固定不变，但在某些特定情况下，实收资本也可能发生增减变动。企业实收资金比原登记注册资金数额增减超过 20% 时，应持资金使用证明或验资证明，向原登记机关申请变更登记。

1）企业增加资本一般有三条途径：接受投资者追加投资、资本公积转增资本和盈余公积转增资本。

2）企业减少资本必须按照法定程序报经批准，办理资本变更手续。企业在按法定程序报经批准后将注册资本返还给投资者时，借记"实收资本"科目，贷记"银行存款"等科目。

11.2 资本公积核算

11.2.1 资本公积概述

1. 资本公积概念

资本公积，是指企业收到投资者出资额超出其在注册资本（或股本）中所占份额的部分，以及直接计入所有者权益的利得和损失等。资本公积包括资本溢价（或股本溢价）和直接计入所有者权益的利得和损失等。

（1）资本溢价

资本溢价，是指投资者出资额超出其在注册资本中所占份额的部分。形成资本溢价的原因有溢价发行股票、投资者超额缴入资本等。

（2）直接计入所有者权益的利得和损失

直接计入所有者权益的利得和损失，是指不应计入当期损益、会导致所有者权益发生增减变动的、与所有者投入资本或者向所有者分配利润无关的利得或者损失。如企业的长期股权投资采用权益法核算时，因被投资单位除净损益以外所有者权益的其他变动，投资企业按应享有份额而增加或减少的资本公积。

2. 账户设置

企业应设置"资本公积"账户，核算企业资本公积的增减变动及结存情况。该账户属于所有者权益类账户，贷方登记企业资本公积的增加额，借方登记企业资本公积的减少额，期末余额一般在贷方，表示企业资本公积的结余数额。

资本公积账户应按"资本溢价"（或"股本溢价"）、"其他资本公积"设置明细分类账，进行明细分类核算。资本公积账户结构见图 11-14。

资本公积	
	期初：企业期初资本公积的结余数额
本期：登记企业资本公积的减少额	登记企业资本公积的增加额
	期末：企业期末资本公积的结余数额

图 11-14 资本公积账户结构

11.2.2 资本公积核算

资本公积的核算包括资本溢价（或股本溢价）的核算、其他资本公积的核算和资本公积转增资本的核算等内容。

1. 资本溢价核算

企业收到投资者投入资金时，按实际收到金额或投资合同或协议约定的价值，借记

"银行存款""固定资产""无形资产""原材料"等科目，按其在注册资本中所占的份额，贷记"实收资本"科目，按投资额超出实收资本的差额（资本溢价部分），贷记"资本公积——资本溢价"科目。

例 11-5　广东望秋服饰有限公司 2015 年 6 月 6 日增资扩股，接受广州信丰投资有限公司的现金投资，投资额为 500 000 元，享有望秋公司增资扩股后注册资本 1 500 000 元的 20%的份额。款项已收存银行，已办妥验资手续。望秋公司账务处理如下：

$$实收资本 = 1\,500\,000 \times 20\% = 300\,000（元）$$
$$资本公积 = 500\,000 - 300\,000 = 200\,000（元）$$

借：银行存款　　　　　　　　　　　　　　　　　　　　　　　500 000.00
　　贷：实收资本——信丰投资公司　　　　　　　　　　　　　300 000.00
　　　　资本公积——资本溢价　　　　　　　　　　　　　　　200 000.00

附原始凭证 2 张：投资协议和银行进账单（见图 11-15～图 11-17）。

图 11-15　投资协议书

图 11-16　收款收据

中国建设银行**进账单** （回 单） 1

2015 年 06 月 06 日

出票人	全 称	广州信丰投资有限公司	收款人	全 称	广东望秋服饰有限公司	
	账 号	11698989287		账 号	11682683056	
	开户银行	中行建设支行		开户银行	建行天河支行	

金额	人民币（大写）	伍拾万元整	亿 千 百 十 万 千 百 十 元 角 分
			¥ 5 0 0 0 0 0 0 0

票据种类	支票	票据张数	壹
票据号码		36314025	

复核　　　　记账

中国建设银行股份有限公司
广州天河支行
2015.06.06
办讫章
(2)

开户银行盖章

此联是开户银行交给持（出）票人的回单

图 11-17　银行进账单

2. 其他资本公积核算

企业对于被投资单位除净损益、其他综合收益和利润分配以外所有者权益的其他变动，应当调整长期股权投资的账面价值并计入所有者权益（资本公积），增加资本公积，应借记有关科目，贷记"资本公积——其他资本公积"科目；减少资本公积，作相反的会计分录。

3. 资本公积转增资本核算

经股东大会或类似权力机构决议，企业可以用资本公积转增资本。转增时，应按照转增资本前的实收资本（或股本）的结构（或比例），将转增金额记入"实收资本"（或"股本"）账户下各投资者的明细分类账，借记"资本公积"科目，贷记"实收资本"科目。

例 11-6　广东望秋服饰有限公司 2015 年 12 月 31 日因扩大经营规模需要，经股东大会决议批准，决定按各投资者的原出资比例（见表 11-1），以资本公积 300 000 元转增资本，已办妥增资手续。

表 11-1　各投资者出资比例及转增资本计算表

2015 年 12 月 31 日　　　　　　　　　　　　　　　单位：元

投资者名称	出资比例	转增资本额	备注
联兴投资公司	19%	57 000.00	
新力投资公司	19%	57 000.00	
福海服饰有限公司	20%	60 000.00	

续表

投资者名称	出资比例	转增资本额	备注
贝贝星童服公司	12%	36 000.00	
海派服饰设计公司	10%	30 000.00	
信丰投资公司	20%	60 000.00	
合计	100%	300 000.00	

会计主管：陈利民　　　　会计：李源珍　　　　制单：朱玲玲

根据表 11-1 的资料，望秋公司账务处理如下：

借：资本公积 300 000.00

贷：实收资本——联兴投资公司 57 000.00

　　　　——新力投资公司 57 000.00

　　　　——福海服饰公司 60 000.00

　　　　——贝贝星童服公司 36 000.00

　　　　——海派服饰设计公司 30 000.00

　　　　——信丰投资公司 60 000.00

附原始凭证 2 张：资本公积转增资本决议（见图 11-18）和转增资本计算表（见表 11-1）。

望秋公司股东大会决议

经股东大会一致同意，形成决议如下：

经股东大会决议批准，望秋服饰有限公司决定用资本公积 300 000 元，按各投资者原出资比例转增资本。

广东望秋服饰有限公司

董事长：纪耀东

2015 年 12 月 31 日

图 11-18　资本公积转增资本决议

知识拓展 11-2　留存收益的内容

企业所有者权益包括实收资本、资本公积和留存收益。留存收益，是指企业从历年实现的利润中提取或形成的留存于企业的内部积累，包括盈余公积和未分配利润两类。

1）盈余公积是指企业按照有关规定从净利润中提取的积累资金。盈余公积包括法定盈余公积和任意盈余公积。盈余公积的核算参见第 12 章。

2）未分配利润是指企业实现的净利润经过弥补亏损、提取盈余公积和向投资者分配利润后留存在企业的、历年结存的利润。相对于所有者权益的其他部分来说，企业对于未分配利润的使用有较大的自主权。

【要点回顾】

1. 实收资本，是指企业按照章程规定或合同、协议约定，接受投资者投入企业的资本。实收资本的构成比例或股东的股份比例，是确定所有者在企业所有者权益中份额的基础，也是企业进行利润或股利分配的主要依据。

2. 一般企业应设置"实收资本"账户（股份有限公司设置"股本"账户），核算投资者投入资本的增减变动及结存情况。该账户属于所有者权益类账户，贷方登记企业实际收到投资者投入的资本额，借方登记企业按法定程序报经批准而减少的资本额，期末余额一般在贷方，表示企业期末实收资本的实有数。

3. 我国《公司法》规定，投资者可以用货币资产出资，也可以用实物、知识产权、土地使用权等可以用货币估计其价值并可以依法转让的非货币财产作价出资，但法律、法规规定不得作为出资的财产除外。

4. 资本公积，是指企业收到投资者出资额超出其在注册资本（或股本）中所占份额的部分，以及直接计入所有者权益的利得和损失等。资本公积包括资本溢价（或股本溢价）和直接计入所有者权益的利得和损失等。

5. 企业应设置"资本公积"账户，核算企业资本公积的增减变动及结存情况。该账户属于所有者权益类账户，贷方登记企业资本公积的增加额，借方登记企业资本公积的减少额，期末余额一般在贷方，表示企业资本公积的结余数额。资本公积的核算包括资本溢价（或股本溢价）的核算、其他资本公积的核算和资本公积转增资本的核算等内容。

第12章 费用、收入与利润核算

【目的要求】

1. 能掌握产品成本的项目构成及其核算。
2. 能掌握期间费用的内容及其会计核算。
3. 能叙述和列举收入概念及其确认。
4. 能掌握商品销售收入与成本结转核算。
5. 能掌握销售折扣、折让与退回的核算。
6. 能掌握其他业务收入与成本结转核算。
7. 能叙述和列举利润概念及其内容。
8. 能理解与掌握本年利润的核算。
9. 能理解与掌握利润分配的核算。

【重点难点】

1. 销售折扣核算。
2. 销售折让核算。
3. 销售退回核算。
4. 本年利润核算。
5. 利润分配核算。

【基础知识】

12.1 费 用 核 算

12.1.1 费用概述

1. 费用分类

费用是指企业在日常活动中发生的、会导致所有者权益减少的、与向所有者分配利润无关的经济利益的总流出。费用的类型主要包括:

(1) 按经济用途,可分为构成产品成本的费用和期间费用

1) 构成产品成本的费用。也称生产成本或生产费用,主要是指与生产产品有关、应计入产品成本的费用,是以产品为成本对象进行归集的费用。构成产品成本的费用主要包括直接材料成本、直接人工成本和制造费用。

2) 期间费用。指企业当期发生的不能归属于某种产品的成本,应当从当期收入中得到补偿的费用。期间费用包括销售费用、管理费用和财务费用三大类。

(2) 按经济内容,可分为外购材料费用、外购燃料费用、外购动力费、工资及福利费等费用要素

1) 外购材料费用。指企业为生产而耗费的一切从外部购入的原材料、半成品、辅助材料、包装物、修理用备件和低值易耗品等。

2）外购燃料费用。指企业为生产而耗用的从外部购入的各种燃料。

3）外购动力费。指企业为生产而耗用的从外部购入的动力。

4）工资及福利费。指企业应计入生产成本的职工工资，以及按照工资总额的一定比例提取的职工福利费。

5）折旧费。指企业为所拥有或控制的固定资产按照使用情况计提的折旧费。

6）利息支出。指企业为筹集生产经营资金而发生的利息支出。

7）税金。指企业应计入税金及附加的各种税金，如房产税、车船税、土地使用税等。

8）其他支出。指不属于以上各项目的费用支出。

2. 费用确认与计量

（1）费用确认

1）按费用与收入的因果关系进行确认。凡与本期收入有因果关系的耗费，都应当确认为本期费用。如主营业务成本随同本期的收入作为该期的费用。

2）按合理、系统的分摊方式进行确认。一些资本性支出的资产在多个会计期间提供收益，应当由多个会计期间负担其费用，费用就应当按合理的分配方式摊入各个会计期间。如固定资产折旧费和无形资产摊销等。

3）直接确认为当期费用。企业发生的有些支出，如销售费用、管理费用、财务费用等，应在其发生时直接确认为当期的期间费用。

（2）费用计量

企业应当按照实际发生额核算成本和费用。采用定额成本、计划成本方法核算的，应当合理计算分摊成本差异，月终计算确定实际成本费用，编制会计报表时采用实际成本。

12.1.2　产品成本核算

1. 账户设置

（1）"生产成本"账户

"生产成本"账户，核算企业进行工业性生产产生的各项生产成本，包括生产各种产品（产成品、自制半成品等）、自制材料、自制工具、自制设备等。该账户属于成本类账户，借方登记企业工业性生产所发生的各项生产费用，贷方登记产品完工转出的生产成本，期末余额在借方，表示尚未加工完成的各项在产品的成本。

该账户应按产品品种等成本核算对象设置"基本生产成本"和"辅助生产成本"明细分类账，进行明细分类核算。其中"基本生产成本"应当分别按基本生产车间和成本核算对象（产品品种、类别、订单、批别、生产阶段等）设置明细账，并按规定的成本项目设置专栏；"辅助生产成本"应按辅助生产车间和提供的产品、劳务设置明细账。生产成本账户结构见图 12-1。

生产成本

期初：结存各项在产品的成本	
本期：登记企业工业性生产所发生的各项生产费用	登记产品完工转出的生产成本
期末：结存各项在产品的成本	

图 12-1　生产成本账户结构

（2）"制造费用"账户

制造费用是指企业为生产产品（或提供劳务）而发生的，应计入产品成本但没有专设成本项目的各项生产费用，包括车间机物料消耗、车间管理人员的薪酬、车间管理用房屋和设备的折旧费、修理费、租赁费（经营租赁）和保险费，车间管理用具摊销，车间管理用的照明费、水费、取暖费、劳动保护费、设计制图费、试验检验费、差旅费、办公费、信息系统维护费以及季节性及修理期间停工损失等。

"制造费用"账户，核算企业生产车间（部门）为生产产品和提供劳务而发生的各项间接费用，以及虽然直接用于产品生产但管理上不要求或不便于单独核算的费用，该账户属于成本类账户，借方登记企业生产车间（部门）发生的各项间接费用，贷方登记期末转入"生产成本"账户的制造费用，结转后该账户应无余额。该账户可按不同的生产车间、部门和费用项目设置明细分类账，进行明细分类核算。制造费用账户结构见图 12-2。

制造费用

期初：无余额	
本期：登记企业生产车间（部门）发生的各项间接费用	登记期末转入"生产成本"账户的制造费用
期末：无余额	

图 12-2　制造费用账户结构

2. 会计核算

（1）确定成本核算对象

成本核算对象，是指确定归集和分配生产成本的具体对象。成本核算对象的确定是设立成本明细分类账户、归集和分配生产成本以及选择成本计算方法、正确计算成本的前提。

由于产品工艺、生产成本、成本管理等要求的不同，产品项目不等于成本核算对象。一般情况下，对企业（工业）而言，生产一种或几种产品的，应以产品品种为成本核算对象；分批、单件生产的产品，应以每批或每件产品为成本核算对象；多步骤、连续加工的产品，应以每种产品及各生产步骤为成本核算对象。相应地，以产品品种为成本计算对象的成本计算方法，简称为品种法；以产品批别为成本计算对象的成本计算方法，简称为分批法；以产品生产步骤为成本计算对象的成本计算方法，简称为分步法。

（2）产品成本项目的归集与分配

为了具体反映计入产品的生产成本的各种用途，应将其进一步划分为若干项目，即产品生产成本项目，简称产品成本项目或成本项目。产品成本项目的设

知识拓展 12-1
产品成本计算方法

置应根据管理上的要求确定。对于企业（工业）而言，一般可设置"直接材料""燃料和动力""直接人工"和"制造费用"等成本项目。

1）直接材料。

直接材料，是指企业在生产产品过程中实际消耗的、直接用于产品生产、构成产品实体的原材料、半成品、辅助材料、包装物、修理用备件、低值易耗品和材料在使用过程中发生的运输、装卸、整理等费用。企业为生产产品领用直接材料，根据各产品领用的材料量，借记"生产成本——基本生产成本"科目，贷记"原材料"科目。

2）燃料和动力。

燃料和动力，是指企业直接用于产品生产的外购和自制的燃料和动力。企业为生产产品而耗用燃料和动力，应根据有关的转账凭证或付款凭证等资料，借记"生产成本——基本生产成本"科目，贷记"原材料""银行存款"等科目。

3）直接人工。

直接人工，是指企业在生产产品过程中直接从事产品生产工人的职工薪酬。企业为生产产品而发生的直接人工，应根据工资结算汇总表和有关分配标准等资料，借记"生产成本——基本生产成本"科目，贷记"应付职工薪酬"科目。

4）制造费用。

制造费用一般应按生产车间或部门进行归集，再根据制造费用的性质，合理选择方法进行分配。制造费用一般应先分配辅助生产的制造费用，将其计入辅助生产成本，然后再分配辅助生产成本，将其中应由基本生产负担的辅助生产成本计入基本生产的制造费用，最后再分配基本生产制造费用。企业发生的各项制造费用，经归集与分配，最终转入产品生产成本，归集时，借记"制造费用"科目，贷记"应付职工薪酬""银行存款""累计折旧""原材料"等科目；分配时，借记"生产成本——基本生产成本"科目，贷记"制造费用"科目。

知识拓展 12-2
辅助生产成本的核算

知识拓展 12-3
联产品与副产品成本核算

（3）计算产成品成本

每月月末，当月生产成本明细账中按照成本项目归集了本月生产成本以后，这些成本就是本月发生的生产成本，并不是本月完工产品的成本。计算本月完工产品成本，还需要将本月发生的生产成本，加上月初在产品成本，然后再将其在本月完工产品和月末在产品之间进行分配，以求得本月完工产品成本。

在产品，是指没有完成全部生产过程、不能作为商品销售的产品，包括正在车间加工中的在产品（包括正在返修的废品）和已经完成一个或几个生产步骤但还需要继续加工的半成品（包括未经验收入库的产品和等待返修的废品）。不包括对外销售的自制半成品。对某个车间或生产步骤而言，在产品只包括该车间或该生产步骤正在加工中的那部分在产品。

知识拓展 12-4
约当产量比例法

常用的生产成本在完工产品与在产品之间进行分配的方法包括不计算在产品成本法、在产品按固定成本计价法、在产品按所耗直接材料成本计价法、约当产量比例法、在产品按定额成本计价法、定额比例法等。

知识拓展 12-5　厂租与边脚废料的核算

一、厂房租金的核算

预付情形：如 1 月支付第 1 季度（1 月、2 月、3 月）的厂房租金的核算：1 月支付厂租时，借记"管理费用""制造费用""预付账款"科目，贷记"银行存款"科目；2 月、3 月摊销预付厂租时，借记"管理费用""制造费用"科目，贷记"预付账款"科目。

后付情形：如 3 月支付第 1 季度（1 月、2 月、3 月）的厂房租金的核算：1 月、2 月预提厂租时，借记"管理费用""制造费用"科目，贷记"其他应付款"科目；3 月支付厂租时，借记"管理费用""制造费用""其他应付款"科目，贷记"银行存款"科目。

二、边脚废料的核算

边脚废料入库时，借记"原材料"科目，贷记"生产成本"科目；销售时，借记"银行存款"科目，贷记"其他业务收入""应交税费——应交增值税（销项税额）"科目；月末结转边脚废料销售成本，借记"其他业务成本"科目，贷记"原材料"科目。

三、半成品销售的核算

如果企业将半成品直接销售，应先将半成品的成本转入"库存商品"，借记"库存商品"科目，贷记"生产成本——基本生产成本"科目，之后按产成品进行销售。

12.1.3　期间费用核算

1. 销售费用核算

（1）销售费用内容

销售费用，是指企业销售商品（产品）和材料、提供劳务的过程中发生的各种费用。销售费用具体包括运输费、装卸费、包装费、保险费、展览费、广告费、委托代销手续费、商品维修费、预计产品质量保证损失以及为销售本企业商品而专设销售机构（含销售网点、售后服务网点等）的职工薪酬、业务费、折旧费、固定资产修理费等经营费用。

销售费用是与企业销售商品活动有关的费用，但不包括销售商品本身的成本和劳务成本。销售商品本身的成本和劳务成本计入"主营业务成本"。

（2）账户设置

企业应设置"销售费用"账户，核算销售费用的发生和结转情况。该账户属于损益类账户，借方登记企业发生的各项销售费用，贷方登记期末结转到"本年利润"账户的销售费用，期末结转后该账户应无余额。

销售费用账户应按费用项目设置明细分类账，进行明细分类核算。销售费用账户结构见图 12-3。

知识拓展 12-6 废品损失与停工损失的核算

销售费用

期初：无余额	
本期：登记企业发生的各项销售费用	登记期末结转到"本年利润"账户的销售费用
期末：无余额	

图 12-3　销售费用账户结构

（3）会计核算

1）企业发生各项销售费用时，借记"销售费用"等科目，贷记"银行存款""应付职工薪酬"等科目。

2）期末结转销售费用时，借记"本年利润"科目，贷记"销售费用"科目。

例12-1　广东望秋服饰有限公司2016年9月12日销售西服一批，销售过程中发生运输费600元、增值税额66元，以银行存款支付。望秋公司账务处理如下：

借：销售费用——运输费　　　　　　　　　　　　　　　　600.00

应交税费——应交增值税（进项税额）　　　　　　　　66.00

贷：银行存款　　　　　　　　　　　　　　　　　　　　666.00

附原始凭证2张：运费增值税专用发票（见图12-4）和支票存根（图略）。

4401239772 广东增值税专用发票							**No 161658901**	
							开票日期：2016年09月12日	
购货单位	名　称：广东望秋服饰有限公司				密码区	（略）		
	纳税人识别号：440106868268025							
	地址、电话：天河中路2号，86697584							
	开户行及账号：建行天河支行、11682683056							
货物或应税劳务、服务名称	规格型号	单位	数量	单价	金　额	税率	税　额	
运输					600.00	11%	66.00	
合　计					¥600.00		¥66.00	
价税合计（大写）	⊗陆佰陆拾陆圆整				（小写）¥666.00			
销货单位	名　称：广州安达货运有限公司				备注	广州安达货运有限公司 440106735268762 发票专用章		
	纳税人识别号：440106735268762							
	地址、电话：天河西路52号，86325584							
	开户行及账号：交行天河支行、11965683052							
收款人：周燕文	复核：陈达利	开票人：李琪莲		销货单位：（章）				

第三联：发票联　购买方记账凭证

图12-4　运费增值税专用发票

例12-2　广东望秋服饰有限公司2016年9月16日开出支票支付产品广告费18 000元、增值税额1 080元。望秋公司账务处理如下：

借：销售费用——广告费　　　　　　　　　　　　　　　18 000.00

应交税费——应交增值税（进项税额）　　　　　　　1 080.00

贷：银行存款　　　　　　　　　　　　　　　　　　　19 080.00

附原始凭证2张：增值税专用发票发票联（见图12-5）和支票存根（图略）。

4401675326　　广东增值税专用发票　　№ 440138016

开票日期：2016 年 09 月 16 日

购货单位	名　　称：广东望秋服饰有限公司					密码区	（略）		
	纳税人识别号：440106868268025								
	地址、电话：广州天河中路 2 号，86697584								
	开户行及账号：建行天河支行、11682683056								
货物或应税劳务、服务名称	规格型号	单位	数　量	单价		金　额	税率	税　额	
广告费						18 000.00	6%	1 080.00	
合　　计						￥18 000.00		￥1 080.00	
价税合计（大写）	⊗壹万玖仟零捌拾圆整					（小写）￥19 080.00			
销货单位	名　　称：广州视讯广告有限公司					备注			
	纳税人识别号：440106258262043								
	地址、电话：广州中山大道 236 号，88956678								
	开户行及账号：工行中山支行、11600856492								

收款人：陈丰华　　复核：黎志林　　开票人：李敏虹　　销货单位：（章）

图 12-5　增值税专用发票发票联

2. 管理费用核算

（1）管理费用内容

管理费用，是指企业为组织和管理企业生产经营活动而发生的各项费用。管理费用具体包括企业的开办费、公司经费（包括行政管理部门的职工工资及福利费、物料消耗、低值易耗品摊销、折旧费、办公费、差旅费等）、工会经费、待业保险费、劳动保险费、董事会会费（包括董事会成员津贴、会议费、差旅费等）、聘请中介机构费、咨询费（含顾问费）、诉讼费、业务招待费、技术转让费、矿产资源补偿费、排污费、研究费用、企业生产车间和行政管理部门发生的固定资产修理费用等。

（2）账户设置

企业应设置"管理费用"账户，核算管理费用的发生和结转情况。该账户属于损益类账户，借方登记企业发生的各项管理费用，贷方登记期末结转到"本年利润"账户的管理费用，期末结转后该账户应无余额。

管理费用账户应按费用项目设置明细分类账，进行明细分类核算。管理费用账户结构见图 12-6。

管理费用

期初：无余额	
本期：登记企业发生的各项管理费用	登记期末结转到"本年利润"账户的管理费用
期末：无余额	

图 12-6 管理费用账户结构

商品流通企业管理费用不多的，可以不设置"管理费用"账户，相关核算内容并入"销售费用"账户进行核算。

（3）会计核算

1）企业在筹建期间内发生的开办费（包括筹建期间人员的工资、办公费、培训费、差旅费、印刷费、律师咨询费、注册登记费以及不应计入固定资产价值的借款费用等），在实际发生时，应按实际发生额，借记"长期待摊费用"科目，贷记"银行存款"等科目；于开始生产经营当月，将开办费一次计入当期管理费用，借记"管理费用"科目，贷记"长期待摊费用"科目。

2）企业发生行政管理人员的职工薪酬、行政管理部门计提的固定资产折旧费、修理费、办公费、水电费、业务招待费、诉讼费、财产保险费等管理费用时，借记"管理费用"科目，贷记"银行存款""库存现金""应付职工薪酬"等科目。

3）期末结转管理费用时，借记"本年利润"科目，贷记"管理费用"科目。

例 12-3 广东望秋服饰有限公司 2016 年 9 月 7 日在广州市天河北路购买一铺面，创办望秋服饰天河专卖店，发生筹建人员工资 12 800 元、办公费 23 600 元、印刷费 260 元、注册登记费 1 200 元、培训费 6 400 元（不含税价，增值税税率为 6%）。10 月 10 日天河专卖店正式营业。望秋公司账务处理如下：

1）开办费归集时，

借：长期待摊费用——开办费　　　　　　　　　　　　　　　44 260.00

　　应交税费——应交增值税（进项税额）　　　　　　　　　　384.00

　　贷：银行存款　　　　　　　　　　　　　　　　　　　　44 644.00

附原始凭证若干张：行政事业性收费票据、培训费发票、支付证明（见图 12-7～图 12-9）和工资结算汇总表、支票存根（图略）。

广东省行政事业性收费统一票据

缴款单位：广东望秋服饰有限公司　　　201 年 月 日　　　　编号：AB02358964

单位代码	项目编码	项目名称	计量单位	计费数量	收费标准	金额（元）
002431	02020110906	注册登记费				1 200.00

合计人民币　　壹仟贰佰元零角零分　　¥1 200.00

| 缴款通知书编号 | 002080702 | 收款方式 | 柜台 | 备注 | |

收款单位（盖章）：　　　开票人 李丽璇　　　收款人 蔡培纯

图 12-7 行政事业性收费票据

4401384562

广 东 增 值 税 专 用 发 票

№ 120420126

开票日期：2016 年 10 月 06 日

购货单位	名　　称：广东望秋服饰有限公司 纳税人识别号：440106868268025 地址、电话：天河中路 2 号，86697584 开户行及账号：建行天河支行、11682683056	密码区	（略）

货物或应税劳务、服务名称	规格型号	单位	数　量	单价	金　额	税率	税　额
培训费					6 400.00	6%	384.00
合　计					¥6 400.00		¥384.00

价税合计（大写）	⊗陆仟柒佰捌拾肆圆整	（小写）¥6 784.00

销货单位	名　　称：广州市智源培训中心 纳税人识别号：440106868536284 地址、电话：中山大道 188 号，86999666 开户行及账号：工行中山支行、11644583123	备注	

收款人：李纯娜　　复核：　　开票人：王晓璇　　销货单位：（章）

广州市智源培训中心
440106868536284
发票专用章

图 12-8　增值税专用发票

支 付 证 明 单

2016 年 10 月 9 日

事由或品名	数　量	单位	单价	金　额							
				十万	千	百	十	元	角	分
办公费					2	3	6	0	0	0	0
印刷费							2	6	0	0	0

共计金额	零拾 贰万 叁仟 捌佰 陆拾 零元 零角 零分　　¥23 860.00

受款人		未能取得 单据原因	日常小额耗用

会计主管：陈利民　　会计：李源珍　　出纳：李芬　　证明人：纪耀东

图 12-9　支付证明

2）开办费转销时，

借：管理费用　　　　　　　　　　　　　　　　　　　　44 260.00

　　贷：长期待摊费用——开办费　　　　　　　　　　　　　　　44 260.00

附原始凭证 1 张：开办费转销单（见图 12-10）。

开办费转销单

2016 年 10 月 10 日

转销金额（元）	转销原因	处理方法
¥44 260.00	按国家有关制度处理	计入管理费用
单位领导意见： 同意 纪耀东	财会部意见： 同意 陈利民	董事会或主管部门意见： 同意

图 12-10　开办费转销单

例 12-4　广东望秋服饰有限公司 2016 年 9 月 20 日为拓展产品销售市场发生业务招待费 1 800 元，增值税税率为 6%，以银行存款支付。望秋公司账务处理如下：

借：管理费用——业务招待费　　　　　　　　　　　　　　　　1 908.00
　　贷：银行存款　　　　　　　　　　　　　　　　　　　　　　　　1 908.00

附原始凭证 2 张：增值税专用发票（见图 12-11）和支票存根（图略）。

广东增值税专用发票

4401396367　　　　　　　　　　　　　　　　　　№ 121638065

开票日期：2016 年 09 月 20 日

购货单位	名　　称：广东望秋服饰有限公司 纳税人识别号：440106868268025 地址、电话：天河中路 2 号、86697584 开户行及账号：建行天河支行、11682683056	密码区	（略）

货物或应税劳务、服务名称	规格型号	单位	数量	单价	金额	税率	税额
餐饮费					1 800.00	6%	108.00
合　　计					¥1 800.00		¥108.00

价税合计（大写）	⊗壹仟玖佰零捌圆整	（小写）¥1 908.00

销货单位	名　　称：广州天源大酒店有限公司 纳税人识别号：440106868532672 地址、电话：天河中路 18 号、86699999 开户行及账号：建行天河支行、11682683654	备注	

收款人：李方源　　　复核：　　　开票人：张珊　　　销货单位：（章）

图 12-11　增值税专用发票

第三联：发票联 购买方记账凭证

例 12-5　广东望秋服饰有限公司 2016 年 9 月 22 日支付律师咨询费 1200 元、增值税额 72 元，以银行存款支付。望秋公司账务处理如下：

借：管理费用——咨询费　　　　　　　　　　　　　　　　　　　1 200.00

应交税费——应交增值税（进项税额）　　　　　　　　　　72.00

贷：银行存款　　　　　　　　　　　　　　　　　　　　　　1 272.00

附原始凭证 2 张：增值税专用发票发票联（见图 12-12）和支票存根（图略）。

4401265343　　广东省增值税专用发票　　№ 121838063								
开票日期：2016 年 09 月 22 日								
购货单位	名　称：广东望秋服饰有限公司 纳税人识别号：440106868268025 地址、电话：广州天河中路 2 号，86697584 开户行及账号：建行天河支行、11682683056				密码区	（略）		
货物或应税劳务、服务名称	规格型号	单位	数　量	单　价	金　额	税率	税　额	
律师咨询费				1 200.00	1 200.00	6%	72.00	
合　　计					¥1 200.00		¥72.00	
价税合计（大写）　⊗壹仟贰佰柒拾贰圆整					（小写）　¥1 272.00			
销货单位	名　称：广州市智道律师事务所 纳税人识别号：440106868532603 地址、电话：广州中山路 116 号，88349999 开户行及账号：中行中山支行、11687561462				备注	广州市智道律师事务所 440106868532603 发票专用章		
收款人：李东红　　复核：何耀阳　　开票人：王晓珊　　销货单位：（章）								

第三联：发票联　购买方记账凭证

图 12-12　增值税专用发票发票联

3. 财务费用核算

（1）财务费用

财务费用，是指企业为筹集生产经营所需资金等而发生的筹资费用。财务费用具体包括利息支出（减利息收入）、汇兑损益及相关的手续费、企业发生或收到的现金折扣等。

知识拓展 12-7　汇兑损益账户核算

汇兑损益账户核算企业外币货币性项目因汇率变动而形成的收益或损失。该账户借方反映因汇率变动而产生的汇兑损失，贷方反映因汇率变动而产生的汇兑收益。期末，应将该账户的余额转入"本年利润"账户，结转后该账户应无余额。

（2）账户设置

企业应设置"财务费用"账户，核算财务费用的发生和结转情况。该账户属于损益类账户，借方登记企业发生的各项财务费用，贷方登记期末结转到"本年利润"账户的财务费用，期末结转后该账户应无余额。

财务费用账户应按费用项目设置明细分类账，进行明细分类核算。财务费用账户结构见图12-13。

财务费用	
期初：无余额	
本期：登记企业发生的各项财务费用	登记期末结转到"本年利润"账户的财务费用
期末：无余额	

图 12-13　财务费用账户结构

（3）会计核算

1）企业发生各项财务费用时，借记"财务费用"科目，贷记"银行存款""应付利息""长期借款"等科目。

2）期末结转财务费用时，借记"本年利润"科目，贷记"财务费用"科目。

例 12-6　广东望秋服饰有限公司 2016 年 9 月 25 日以银行存款支付汇款手续费 30 元。望秋公司账务处理如下：

借：财务费用——手续费　　　　　　　　　　　　　　　　　　　　　30.00

　　贷：银行存款　　　　　　　　　　　　　　　　　　　　　　　　　30.00

附原始凭证 1 张：汇款手续费收费单（见图 12-14）。

中国建设银行邮电费、手续费、空白凭证收费单

单位名称：广东望秋服饰有限公司　　　账号：11682683056　　　2016 年 09 月 25 日

收取费用				购买凭证		
结算种类	笔数	类别	金额（元）	名称	数量	金额（元）
托收承付及委托收款	笔	手续费	30.00			
汇兑	笔	邮费				
银行汇票	笔	电费		中国建设银行股份有限公司		
支票	笔	附加费		广州天河支行		
				2016.09.25　30.00		
合计（大写）	零仟零佰叁拾零元零角零分			办讫章 (2)		
付款单位（经手人）签章：李芬				收款银行盖章		

①此联由银行加盖章后交给付款人

图 12-14　汇款手续费收费单

12.2　收　入　核　算

12.2.1　收入概述

1. 收入分类

收入，是指企业在日常活动中形成的、会导致所有者权益增加的、与所有者投入资本无关的经济利益的总流入。收入的类型包括：

（1）按经营业务主次分类

收入按经营业务主次分类，可分为主营业务收入和其他业务收入。

1）主营业务收入。指企业营业执照上注明的主营业务所取得的收入。如工业企业的产品销售收入、运输企业的运输、装卸费收入等。

2）其他业务收入。指企业营业执照上注明的兼营业务所取得的收入。如企业销售材料取得的收入、出租资产取得的租金收入等。

（2）按经营业务的性质分类

收入按经营业务的性质分类，可分为商品销售收入、提供劳务收入和让渡资产使用权收入。

1）商品销售收入。主要指以取得货币资产的方式进行的商品销售，以及正常情况下以商品抵偿债务的交易取得的收入，包括企业销售商品、材料、包装物等取得的收入。

2）提供劳务收入。指企业对外提供劳务，如旅游、运输、餐饮、广告、咨询、培训、产品安装等所取得的收入。

3）让渡资产使用权收入。指企业让渡资产使用权取得的收入，包括让渡无形资产使用权的使用费收入、出租固定资产、包装物等的租金收入、进行债权投资取得的利息收入等。

2. 商品销售收入确认与计量

（1）商品销售收入确认条件

企业销售商品时，必须同时满足以下 5 个条件，才能确认为收入。

1）企业已将商品所有权上的主要风险和报酬转移给购货方。

2）企业既没有保留通常与所有权相联系的继续管理权，也没有对已售出的商品实施控制。

3）收入的金额能够可靠地计量。

4）与交易相关的经济利益能够流入企业。

5）相关的已发生的或将发生的成本能够可靠地计量。

（2）商品销售收入确认方法

1）以托收承付或委托收款方式销售商品，应在办妥托收手续时确认收入。

2）采用预收款方式销售商品的，应在发出商品时确认收入，在此之前预收的货款应确认为负债。

3）附有销售退回条件的商品销售，根据以往经验能够合理估计退货可能性且确认与退货相关负债的，应在发出商品时确认收入；不能合理估计退货可能性的，应在售出商品退货期满时确认收入。

4）售出商品需要安装和检验的，在购买方接受交货以及安装和检验完毕前，不应确认收入；如果安装程序比较简单或检验是为了最终确认合同或协议价格而必须进行的程序，可以在发出商品时确认收入。

5）采用收取手续费方式委托代销商品的，应在收到代销清单时确认收入。

（3）商品销售收入计量

企业应按照从购货方已收或应收的合同或协议价款确认销售商品收入金额；无合同或协议的，应按购销双方同意或都能接受的价格确定。

对商品销售收入进行计量时，不包括企业为第三方或客户代收的一些款项，也不考虑各种可能发生的现金折扣、销售折让等。

知识拓展 12-8　劳务收入的确认与计量

提供劳务的总收入，一般应按企业与接受劳务方签订的合同或协议的金额确认，如果有现金折扣的，应在实际发生时计入当期财务费用。

劳务收入根据是否跨年度，可以分为不跨年度劳务收入和跨年度劳务收入两类。

1）对于不跨年度劳务收入，应在劳务完成时确认收入。

2）对于跨年度劳务收入，应分别根据资产负债表日劳务的结果能否可靠地予以估计来分别确认与计量。对于劳务结果能够可靠估计的，通常采用完工百分比法确认劳务收入。

12.2.2　商品销售业务核算

1. 账户设置

（1）"主营业务收入"账户

主营业务收入账户，核算企业销售商品（产品）、提供劳务等日常经营活动所取得的收入。该账户属于损益类账户，贷方登记企业销售商品（产品）、提供劳务等实现的主营业务收入，借方登记企业发生销售折让、销售退回而冲减的收入和期末结转到"本年利润"账户的主营业务收入，期末结转后该账户应无余额。

主营业务收入账户应按主营业务种类（商品或劳务种类）设置明细分类账，进行明细分类核算。主营业务收入账户结构见图 12-15。

主营业务收入	
	期初：无余额
本期：登记企业发生销售折让、销售退回而冲减的收入和期末结转到"本年利润"账户的主营业务收入	登记企业销售商品（产品）、提供劳务等实现的主营业务收入
	期末：无余额

图 12-15　主营业务收入账户结构

（2）"主营业务成本"账户

主营业务成本账户，核算企业销售商品（产品）、提供劳务等日常经营活动所发生的实际成本。该账户属于损益类账户，借方登记企业销售商品（产品）、提供劳务等发生的实际成本，贷方登记企业因销售退回而冲减的商品成本和期末结转到"本年利润"账户的主营业务成本，期末结转后该账户应无余额。

主营业务成本账户应按主营业务种类（商品或劳务种类）设置明细分类账，进行明细分类核算。主营业务成本账户结构见图 12-16。

主营业务成本

期初：无余额	
本期：登记企业销售商品（产品）、提供劳务等发生的实际成本	登记企业因销售退回而冲减的商品成本和期末结转到"本年利润"账户的主营业务成本
期末：无余额	

图 12-16　主营业务成本账户结构

（3）"税金及附加"账户

税金及附加账户，核算企业经营活动发生的消费税、城市维护建设税、资源税、教育费附加及房产税、土地使用税、车船使用税、印花税等相关税费。该账户属于损益类账户，借方登记企业按规定计算确定的与日常经营活动相关的税费，贷方登记期末结转到"本年利润"账户的税金及附加，期末结转后该账户应无余额。

税金及附加账户应按税费的种类设置明细分类账，进行明细分类核算。税金及附加账户结构见图 12-17。

税金及附加

期初：无余额	
本期：登记企业按规定计算确定的与日常经营活动相关的税费	登记期末结转到"本年利润"账户的税金及附加
期末：无余额	

图 12-17　税金及附加账户结构

（4）"发出商品"账户

发出商品账户，核算企业未满足收入确认条件但已发出商品的成本。该账户属于资产类账户，借方登记企业未满足收入确认条件但已发出商品的成本，贷方登记发出商品满足收入确认条件时结转的销售成本和退回发出商品而冲减的成本，期末余额一般在借方，表示企业未满足收入确认条件但已发出商品的成本。

发出商品账户应按购货单位、商品类别和品种设置明细分类账，进行明细分类核算。发出商品账户结构见图 12-18。

发出商品	
期初：期初未满足收入确认条件但已发出商品的成本	
本期：登记企业未满足收入确认条件但已发出商品的成本	登记发出商品满足收入确认条件时结转的销售成本和退回发出商品而冲减的成本
期末：期末未满足收入确认条件但已发出商品的成本	

图 12-18　发出商品账户结构

2. 商品销售收入核算

（1）符合收入确认条件的销售商品

企业销售商品符合收入确认条件的，应在收入确认时，按实际收到或应收金额（包括增值税税额），借记"银行存款"或"应收账款""应收票据"等科目，按销售商品的价款，贷记"主营业务收入"科目，按应收的增值税税额，贷记"应交税费——应交增值税（销项税额）"科目；同时，企业应在发出商品时，结转相关销售成本，借记"主营业务成本"科目，贷记"库存商品"科目。

知识拓展 12-9　销售商品发票开具的规定

根据增值税法实施条例的相关规定：一般纳税人企业向一般纳税人企业销售商品时，可以开具"增值税专用发票"或"增值税普通发票"；一般纳税人企业向小规模纳税人企业销售商品时，只可开具"增值税普通发票"。

小规模纳税人企业销售商品时，只能开具"增值税普通发票"。若一般纳税人企业需要"增值税专用发票"，应由小规模纳税人企业到所属的税务部门代开"增值税专用发票"。

例 12-7　广东望秋服饰有限公司 2016 年 9 月 22 日向广州市华谊百货公司销售童装 180 套，每套 60 元，休闲服 85 件，每件 90 元，增值税税额 3 136.5 元。产品已发出，货款已收妥。望秋公司账务处理如下：

借：银行存款　　　　　　　　　　　　　　　　　　　　　　21 586.50
　　贷：主营业务收入——童装　　　　　　　　　　　　　　　　10 800.00
　　　　　　　　　　——休闲服　　　　　　　　　　　　　　　　7 650.00
　　　　应交税费——应交增值税（销项税额）　　　　　　　　　　3 136.50
附原始凭证 2 张：增值税专用发票记账联和银行进账单（见图 12-19、图 12-20）。

4400041141　　　　广东增值税专用发票　　　№ 201309101

此联不作报销、扣税凭证使用

广东省

广东省税务总局监制

开票日期：2016 年 09 月 22 日

购货单位	名　　称：广州市华谊百货公司								
	纳税人识别号：440106458268326					密码区		（略）	
	地址 、 电话：广州文德路 20 号、86495295								
	开户行及账号：建行文德支行、11682533052								

货物或应税劳务、服务名称	规格型号	单位	数量	单价	金　　额	税率	税　　额
童装		套	180	60.00	10 800.00	17%	1 836.00
休闲服		件	85	90.00	7 650.00	17%	1 300.50
合　　计					¥18 450.00		¥3 136.50

价税合计（大写）	⊗贰万壹仟伍佰捌拾陆圆伍角整	（小写）　¥21 586.50

销货单位	名　　称：广东望秋服饰有限公司	备注
	纳税人识别号：440106868268025	
	地址 、 电话：广州天河中路 2 号，86697584	
	开户行及账号：建行天河支行、11682683056	

收款人：李芬　　　复核：李源珍　　　开票人：李欣　　　销货单位：（章）

第一联：记账联　销售方记账凭证

图 12-19　增值税专用发票记账联

中国建设银行进账单　（回　单）　　1

2016 年 09 月 22 日

出票人	全　称	广州市华谊百货公司	收款人	全　称	广东望秋服饰有限公司
	账　号	11682533052		账　号	11682683056
	开户银行	建行文德支行		开户银行	建行天河支行

金额	人民币（大写）　贰万壹仟伍佰捌拾陆元伍角整	亿	千	百	十	万	千	百	十	元	角	分
				¥	2	1	5	8	6	5	0

票据种类	支票	票据张数	壹
票据号码	28814065		

复核　　　记账

中国建设银行股份有限公司

广州天河支行

2016.09.22

办讫章

(2)

开户银行盖章

此联是开户银行交给持（出）票人的回单

图 12-20　银行进账单

（2）不符合收入确认条件的销售商品

1）不符合收入确认条件的商品销售，不能确认商品销售收入，但销售该商品的纳税义务已经发生，如已开出增值税专用发票，应确认应交的增值税销项税额，借记"应收账款"科目，贷记"应交税费——应交增值税（销项税额）"科目。

2）已经发出但尚未确认销售收入的商品成本，计入"发出商品"账户，借记"发出商品"科目，贷记"库存商品"科目。

例12-8　广东望秋服饰有限公司2016年7月20日向深圳市南华商场有限公司销售西服一批，开出增值税专用发票，发票注明价款40 000元，增值税税额6 800元，该批西服的成本为25 200元。望秋公司在销售这批西服时，已得知南华公司资金流转发生暂时困难，但为了维持与南华公司长期以来建立的商业关系，望秋公司仍将产品发出。9月9日，望秋公司得知南华公司经营情况逐渐好转，并承诺近期付款。9月24日，收到南华公司支付的货款。望秋公司账务处理如下：

1）开出增值税发票时，不能确认收入实现，但纳税义务已发生，应确认应交增值税，

借：应收账款——南华公司　　　　　　　　　　　　　　　　　6 800.00

　　贷：应交税费——应交增值税（销项税额）　　　　　　　　　　6 800.00

附原始凭证1张：增值税专用发票记账联（见图12-21）。

广东增值税专用发票							
4400041141　　　此联不作报销及扣税凭证使用						No 201308102	
						开票日期：2016年07月20日	
购货单位	名　称：深圳市南华商场有限公司 纳税人识别号：440206638268287 地址、电话：深圳农林路36号、68695236 开户行及账号：工行农林支行、12942683172				密码区	（略）	
货物或应税劳务、服务名称	规格型号	单位	数量	单价	金　额	税率	税　额
西服		套	200	200.00	40 000.00	17%	6 800.00
合　计					¥40 000.00		¥6 800.00
价税合计（大写）	⊗肆万陆仟捌佰圆整				（小写）　¥46 800.00		
销货单位	名　称：广东望秋服饰有限公司 纳税人识别号：440106868268025 地址、电话：广州天河中路2号、86697584 开户行及账号：建行天河支行、11682683056				备注		
收款人：　　复核：李源珍　　开票人：李欣　　销货单位：（章）							

图12-21　增值税专用发票记账联

2）发出西服时，不能确认收入实现，计入"发出商品"账户，

借：发出商品——西服　　　　　　　　　　　　　　　　　　25 200.00

　　贷：库存商品——西服　　　　　　　　　　　　　　　　　　25 200.00

附原始凭证 1 张：产品出库单（见图 12-22）。

产品出库单

2016 年 7 月 20 日　　　　　　　　　　第 1120 号

产品名称	规格	型号	单位	数量	单位成本	金额（元）
西服			套	200	126.00	25 200.00

仓库主管：陈伟峰　　复核：李源珍　　发货：刘江　　制单：谢丽敏

图 12-22　产品出库单

3）南华公司经营情况逐渐好转，并承诺近期付款时，

借：应收账款——南华公司　　　　　　　　　　　　40 000.00
　　贷：主营业务收入——西服　　　　　　　　　　　　　40 000.00

附原始凭证 1 张：承诺付款通知（见图 12-23）。

承诺付款通知

广东望秋服饰有限公司：

首先感谢贵公司在本公司资金流转发生困难时，仍然给予供货。

本公司经各方面努力，经营情况逐渐好转，承诺近期支付前欠贵公司 7 月 20 日的货款 800 元。

特此通知！

深圳市南华商场有限公司

2016 年 9 月 9 日

图 12-23　承诺付款通知

4）结转产品销售成本时，

借：主营业务成本——西服　　　　　　　　　　　　25 200.00
　　贷：发出商品——西服　　　　　　　　　　　　　　25 200.00

附原始凭证 1 张：内部转账单（见图 12-24）。

内部转账单

2016 年 9 月 9 日　　　　　　　　　　转字第 901 号

摘要	结转科目			转入科目		
	总账科目	明细科目	金额（元）	总账科目	明细科目	金额（元）
结转产品销售成本	发出商品	西服	25 200.00	主营业务成本	西服	25 200.00
合计			¥25 200.00			¥25 200.00

会计主管：陈利民　　　　会计：李源珍　　　　制表：朱玲玲

图 12-24　内部转账单

5）收到南华公司支付的货款时，

借：银行存款 46 800.00

  贷：应收账款——南华公司 46 800.00

附原始凭证 1 张：银行进账单（见图 12-25）。

中国建设银行进账单 （回 单） 1

2016 年 09 月 24 日

出票人	全 称	深圳市南华商场有限公司	收款人	全 称	广东望秋服饰有限公司
	账 号	12942683172		账 号	11682683056
	开户银行	工行农林支行		开户银行	建行天河支行

金额	人民币（大写）	肆万陆仟捌佰元整	亿 千 百 十 万 千 百 十 元 角 分
			4 6 8 0 0 0 0

中国建设银行股份有限公司
广州天河支行
2016.09.24
办讫章
(2)

票据种类	支票	票据张数	壹
票据号码		12814069	

复核 记账   开户银行盖章

此联是开户银行交给持（出）票人的回单

图 12-25　银行进账单

3. 销售折扣、销售折让、销售退回核算

（1）销售折扣核算

销售折扣，包括商业折扣和现金折扣。

1）商业折扣。指企业为促进商品销售而在商品标价上给予的价格扣除。企业销售商品涉及商业折扣的，应当按照扣除商业折扣后的金额确定销售商品收入金额。

例 12-9　广东望秋服饰有限公司 2016 年 9 月 23 日向广州市友联服装公司销售休闲服一批，休闲服单价为 90 元，由于购买数量较多，达到 280 件，公司同意给予 9 折优惠，增值税税率为 17%。产品已发出，货款已收妥。望秋公司账务处理如下：

$$销售收入＝（90×90\%）×280＝22\ 680（元）$$

$$增值税额＝22\ 680×17\%＝3\ 855.6（元）$$

借：银行存款 26 535.60

  贷：主营业务收入——休闲服 22 680.00

    应交税费——应交增值税（销项税额） 3 855.60

附原始凭证 2 张：增值税专用发票记账联和银行进账单（见图 12-26、图 12-27）。

4400041141

广 东 增 值 税 专 用 发 票

№ 201309103

此联不作报销、扣税凭证使用

开票日期：2016 年 09 月 23 日

购货单位	名　　　称：广州市友联服装公司 纳税人识别号：440106932268423 地址、电话：广州小北路 96 号，86428298 开户行及账号：建行小北支行、11642683985	密码区	（略）

货物或应税劳务、服务名称	规格型号	单位	数量	单价	金额	税率	税额
休闲服		件	280	81.00	22 680.00	17%	3 855.60
合　计					¥22 680.00		¥3 855.60

价税合计（大写）	⊗贰万陆仟伍佰叁拾伍圆陆角整	（小写）¥26 535.60

销货单位	名　　　称：广东望秋服饰有限公司 纳税人识别号：440106868268025 地址、电话：广州天河中路 2 号，86697584 开户行及账号：建行天河支行、11682683056	备注	

收款人：李芬　　复核：李源珍　　开票人：李欣　　　　销货单位：（章）

第一联：记账联 销售方记账凭证

图 12-26 增值税专用发票记账联

中国建设银行进账单 （回　单） 1

2016 年 09 月 23 日

出票人	全　称	广州市友联服装公司	收款人	全　称	广东望秋服饰有限公司
	账号	11642683985		账号	11682683056
	开户银行	建行小北支行		开户银行	建行天河支行

金额	人民币 （大写）	贰万陆仟伍佰叁拾伍元陆角整	亿	千	百	十	万	千	百	十	元	角	分
						¥	2	6	5	3	5	6	0

票据种类	支票	票据张数	壹
票据号码		17814062	

复核　　　　记账

中国建设银行股份有限公司
广州天河支行
2016.09.23
办讫章
(2)

开户银行盖章

此联是开户银行交给持（出）票人的回单

图 12-27 银行进账单

2）现金折扣。指债权人为鼓励债务人在规定的期限内付款而向债务人提供的债务扣除。企业销售商品涉及现金折扣的，应当按照扣除现金折扣前的金额确定销售商品收入金额。现金折扣属于企业为了回笼资金而发生的理财费用，应在实际发生时计入当期财务费用。

例 12-10 广东望秋服饰有限公司 2016 年 9 月 25 日向佛山市联华服装公司销售童装 160 套、西服 100 套，开出增值税专用发票，发票注明价款为 29 600 元，增值税额 5 032 元。产品已发出，货款尚未收到。为了尽早收回货款，合同规定，按不包含增值税的价款提供现金折扣，现金折扣条件为（2/10，1/20，n/30）。望秋公司账务处理如下：

1）9 月 25 日销售商品，确认收入时，

借：应收账款——佛山联华公司　　　　　　　　　　　　　　　　34 632.00
　　贷：主营业务收入——童装　　　　　　　　　　　　　　　　　　9 600.00
　　　　　　　　　　——西服　　　　　　　　　　　　　　　　　20 000.00
　　　　应交税费——应交增值税（销项税额）　　　　　　　　　　　5 032.00

附原始凭证 1 张：增值税专用发票记账联（见图 12-28）。

广　东　增　值　税　专　用　发　票							
4400041141　　　　　　　此联不得用于抵扣税款					No 201309104		
					开票日期：2016 年 09 月 25 日		
购货单位	名　　　称：佛山市联华服装公司 纳税人识别号：440303468265426 地址、电话：佛山广佛路 82 号，36428265 开户行及账号：建行广佛支行，13282683047				密码区	（略）	
货物或应税劳务、服务名称	规格型号	单位	数量	单价	金额	税率	税额
童装		套	160	60.00	9 600.00	17%	1 632.00
西服		套	100	200.00	20 000.00	17%	3 400.00
合计					¥29 600.00		¥5 032.00
价税合计（大写）	⊗叁万肆仟陆佰叁拾贰圆整				（小写）¥34 632.00		
销货单位	名　　　称：广东望秋服饰有限公司 纳税人识别号：440106868268025 地址、电话：广州天河中路 2 号，86697584 开户行及账号：建行天河支行，11682683056				备注		
收款人：　　复核：李源珍　　开票人：李欣　　销货单位：（章）							

第一联：记账联　销售方记账凭证

图 12-28　增值税专用发票记账联

2）10 月 5 日及之前收到货款时，

$$现金折扣＝29\,600×2\%＝592 元$$

借：银行存款　　　　　　　　　　　　　　　　　　　　　　　　34 040.00
　　财务费用　　　　　　　　　　　　　　　　　　　　　　　　　 592.00
　　贷：应收账款——佛山联华公司　　　　　　　　　　　　　　　34 632.00

附原始凭证 2 张：银行进账单和现金折扣审批单（见图 12-29、图 12-30）。

中国建设银行 进账单 （回　单）　1

2016 年 10 月 05 日

出票人	全　称	佛山市联华服装公司	收款人	全　称	广东望秋服饰有限公司
	账　号	13282683047		账　号	11682683056
	开户银行	建行广佛支行		开户银行	建行天河支行

金额	人民币 （大写）	叁万肆仟零肆拾元整	亿	千	百	十	万	千	百	十	元	角	分
							¥	3	4	0	4	0	0	0

票据种类	支票	票据张数	壹
票据号码		24813061	

复核　　　　记账

中国建设银行股份有限公司

广州天河支行

2016.10.05

办讫章

（2）

开户银行盖章

此联是开户银行交给持（出）票人的回单

图 12-29　银行进账单

现金折扣审批单

2016 年 10 月 5 日　　　　　　　　　　单位：元

购买单位	佛山市联华服装公司		现金折扣条件	（2/10，1/20，n/30）	
商品名称	销售时间	收款时间	销售金额	折扣率	现金折扣
童装	2016.9.25	2016.10.5	9 600.00	2%	192.00
西服	2016.9.25	2016.10.5	20 000.00	2%	400.00
合计	——	——	¥29 600.00	2%	¥592.00

会计主管：陈利民　　　　销售主管：王裕丰　　　　制表：朱玲玲

图 12-30　现金折扣审批单

3）10 月 15 日及之前收到货款时，

现金折扣＝29 600×1%＝296 元

借：银行存款	34 336.00
财务费用	296.00
贷：应收账款——佛山联华公司	34 632.00

附原始凭证 2 张：银行进账单和现金折扣审批单（图略）。

4）10 月 15 日之后收到货款时，

借：银行存款	34 632.00
贷：应收账款——佛山联华公司	34 632.00

附原始凭证 1 张：银行进账单（图略）。

（2）销售折让核算

销售折让，是指企业因售出商品的质量不合格等原因而在售价上给予的减让。对于销售折让，企业应区别不同情况进行处理：

1）销售折让发生在确认销售收入之前，则应在确认销售收入时，直接按扣除销售折让后的金额确认。

2）已确认销售收入的售出商品发生销售折让，且不属于资产负债表日后事项的，应在发生时冲减当期销售商品收入，取得规范凭证的，还应冲减已确认的增值税销项税额。

3）已确认销售收入的售出商品发生销售折让，属于资产负债表日后事项的，应当按照有关资产负债表日后事项的相关规定进行处理。

知识拓展 12-10
关于红字增值税发票开具有关问题的公告

例 12-11　广东望秋服饰有限公司 2016 年 9 月 28 日向深圳市联谊百货公司销售休闲服 80 件，开出增值税专用发票，发票注明价款为 7 200 元，增值税额 1 224 元。产品已发出，货款尚未收到。30 日，联谊公司收到货物，经检验，发现部分休闲服存在瑕疵，要求在价格上给予 10%的折让。经查明，联谊公司的要求合理，公司同意并办妥有关手续，确认发生销售折让 720 元，转销增值税额 122.4 元，余额已收存银行。望秋公司账务处理如下：

1）9 月 28 日销售商品，确认收入时，

借：应收账款——深圳联谊公司　　　　　　　　　　　　　　　　8 424.00
　　贷：主营业务收入——休闲服　　　　　　　　　　　　　　　　　7 200.00
　　　　应交税费——应交增值税（销项税额）　　　　　　　　　　　1 224.00

附原始凭证 1 张：增值税专用发票记账联（见图 12-31）。

广东增值税专用发票

4400041141　　　　　　　　　　　　　　　　　　　　No 201309105

此联不作报销扣税凭证使用

开票日期：2016 年 09 月 28 日

购货单位	名　称：深圳市联谊百货公司					密码区	（略）		
	纳税人识别号：440206658168062								
	地址、电话：深圳香梅路 52 号，63495268								
	开户行及账号：建行香梅支行，12682683346								
货物或应税劳务、服务名称	规格型号	单位	数量	单价	金　额		税率	税　额	
休闲服		件	80	90.00	7 200.00		17%	1 224.00	
合　计					¥7 200.00			¥1 224.00	
价税合计（大写）　　⊗捌仟肆佰贰拾肆圆整					（小写）　¥8 424.00				
销货单位	名　称：广东望秋服饰有限公司					备注			
	纳税人识别号：440106868268025								
	地址、电话：广州天河中路 2 号，86697584								
	开户行及账号：建行天河支行，11682683056								

收款人：李芬　　复核：李源珍　　开票人：李欣　　销货单位：（章）

第一联：记账联　销售方记账凭证

图 12-31　增值税专用发票记账联

2）9 月 30 日发生销售折让时，

借：主营业务收入——休闲服 　　　　　　　　　　　　　　720.00

　　　应交税费——应交增值税（销项税额）　　　　　　122.40

　　　贷：应收账款——深圳联谊公司 　　　　　　　　　　　　842.40

　　　附原始凭证 3 张：销售折让审批单、开具红字增值税发票信息表、红字（负数）增值税专用发票（见图 12-32～图 12-34）。

销售折让审批单

2016 年 9 月 30 日　　　　　　　　　　　　　　　　　　单位：元

购买单位	深圳市联谊百货公司		销售折让原因	部分休闲服存在瑕疵	
商品名称	销售时间	销售数量	价税金额	折让率	折让金额
休闲服	2016.9.28	80 件	8 424.00	10%	842.40
合计	—	—	¥8 424.00	10%	¥842.40

会计主管：陈利民　　　　　　销售主管：王裕丰　　　　　　制表：朱玲玲

图 12-32　销售折让审批单

开具红字增值税专用发票信息表

填开日期：2016 年 09 月 30 日

销售方	名　称	广东望秋服饰有限公司		购买方	名　称	深圳联谊百货有限公司	
	纳税人识别号	440106868268025			纳税人识别号	440206658168062	
	货物（劳务服务）名称	数量	单价		金额	税率	税额
开具红字专用发票内容	休闲服				720.00	17%	122.40
	合计	—	—		720.00	—	122.40
说明	一、购买方□ 对应蓝字专用发票抵扣增值税销项税额情况：　1. 已抵扣□　2. 未抵扣□ 对应蓝字专用发票的代码：_____ 号码：_____ 二、销售方☑ 对应蓝字专用发票的代码：4400041141 号码：201309105						
红字专用发票信息表编号	201309106						

图 12-33　开具红字增值税专用发票通知单

4400041141

广东增值税专用发票

No 201309106

此联不作报销、扣税凭证使用

开票日期：2016 年 09 月 30 日

购货单位	名　　称：深圳市联谊百货公司					密码区	（略）		
	纳税人识别号：440206658168062								
	地址、电话：深圳香梅路 52 号，63495268								
	开户行及账号：建行香梅支行、12682683346								
货物或应税劳务、服务名称	规格型号	单位	数 量	单 价	金　　额		税率	税　　额	
休闲服					-720.00		17%	-122.40	
合　　计					¥-720.00			¥-122.40	
价税合计（大写）	⊗捌佰肆拾贰圆肆角整（负数）					（小写）¥-842.40			
销货单位	名　　称：广东望秋服饰有限公司					备注			
	纳税人识别号：440106868268025								
	地址、电话：广州天河中路 2 号，86697584								
	开户行及账号：建行天河支行、11682683056								

收款人：李芬　　　复核：李源珍　　　开票人：李欣　　　销货单位：（章）

第一联：记账联 销售方记账凭证

图 12-34　红字增值税专用发票

3）实际收到货款时，

借：银行存款　　　　　　　　　　　　　　　　　　　　7 581.60

　　贷：应收账款——深圳联谊公司　　　　　　　　　　　　　7 581.60

附原始凭证 1 张：银行进账单（见图 12-35）。

中国建设银行进账单　（回　单）　　1

2016 年 09 月 30 日

出票人	全　称	深圳市联谊百货公司	收款人	全　称	广东望秋服饰有限公司											
	账　号	12682683346		账　号	11682683056										
	开户银行	建行香梅支行		开户银行	建行天河支行										
金额	人民币（大写）	柒仟伍佰捌拾壹元陆角整			亿	千	百	十	万	千	百	十	元	角	分
									¥	7	5	8	1	6	0
	票据种类	支票	票据张数	壹											
	票据号码	26513063													

中国建设银行股份有限公司

广州天河支行

2016.09.30

办讫章

(2)

复核　　　记账　　　　　　　　　　　　　　　　开户银行盖章

此联是开户银行交给持（出）票人的回单

图 12-35　银行进账单

（3）销售退回核算

销售退回，是指企业售出的商品由于质量、品种不符合要求等原因而发生的退货。对于销售退回，企业应区别不同情况进行处理：

1）对于尚未确认收入的售出商品发生销售退回的，应按已计入"发出商品"账户的商品成本金额，借记"库存商品"科目，贷记"发出商品"科目。

2）对于已确认收入的售出商品发生销售退回，且不属于资产负债表日后事项的，应在发生时冲减当期销售商品收入，取得规范凭证的，按规定允许扣减当期增值税销项税额；同时冲减当期销售商品成本。

3）对于已确认收入的售出商品发生销售退回，属于资产负债表日后事项的，应当按照有关资产负债表日后事项的相关规定进行处理。

例 12-12　广东望秋服饰有限公司 2016 年 10 月 12 日向广东恒盛服装有限公司销售西服 160 套，西服成本为 20 160 元，开出增值税专用发票，发票注明价款为 32 000 元，增值税额 5 440 元。产品已发出，货款尚未收到。13 日，恒盛公司收到货物，经检验，发现其中 2 套西服不符合质量要求，提出退货要求。经查明，恒盛公司的要求合理，公司同意退货并按规定向恒盛公司开具了红字增值税专用发票，当日收到货款与退回的西服。望秋公司账务处理如下：

1）10 月 12 日销售商品，确认收入时，

借：应收账款——恒盛服装公司	37 440.00
贷：主营业务收入——西服	32 000.00
应交税费——应交增值税（销项税额）	5 440.00

附原始凭证 1 张：增值税专用发票记账联（见图 12-36）。

图 12-36　增值税专用发票记账联

2）10 月 12 日结转产品销售成本时，

借：主营业务成本——西服　　　　　　　　　　　　　　　　20 160.00

　贷：库存商品——西服　　　　　　　　　　　　　　　　　　20 160.00

附原始凭证 1 张：产品出库单（见图 12-37）。

产品出库单

2016 年 10 月 12 日　　　　　　　　　　　第 1121 号

产品名称	规格	型号	单位	数量	单位成本	金额（元）
西服			套	160	126.00	20 160.00

仓库主管：陈伟峰　　复核：李源珍　　发货：刘江　　制单：谢丽敏

图 12-37　产品出库单

3）10 月 13 日发生销售退回时，

借：主营业务收入——西服　　　　　　　　　　　　　　　　400.00

　　应交税费——应交增值税（销项税额）　　　　　　　　　　68.00

　贷：应收账款——恒盛服装公司　　　　　　　　　　　　　　468.00

附原始凭证 3 张：销售退回审批单、开具红字增值税发票信息表、红字（负数）增值税专用发票（见图 12-38～图 12-40）。

销售退回审批单

2016 年 10 月 13 日　　　　　　　　　　单位：元

购买单位	广东恒盛服装有限公司		销售退回原因	其中 2 套西服不符合质量要求	
商品名称	销售时间	销售数量	价税金额	退回价款	增值税额
西服	2016.10.12	160 套	37 440.00	400.00	68.00
合计	—	—	¥37 440.00	¥400.00	¥68.00

会计主管：陈利民　　　销售主管：王裕丰　　　制表：朱玲玲

图 12-38　销售退回审批单

开具红字增值税专用发票信息表

填开日期：2016 年 10 月 13 日

销售方	名　称	广东望秋服饰有限公司	购买方	名　称	广东恒盛服装有限公司
	纳税人识别号	440106868268025		纳税人识别号	440106695268028
开具红字专用发票内容	货物（劳务服务）名称	数量	单价	金额	税率	税额
	西服	2	200.00	400.00	17%	68.00

图 12-39　开具红字增值税专用发票信息表

开具						
红字						
专用						
发票						
内容	合　计	—	—	400.00	—	68.00

说明	一、购买方□ 　　对应蓝字专用发票抵扣增值税销项税额情况： 　　1. 已抵扣□ 　　2. 未抵扣□ 　　对应蓝字专用发票的代码：_____ 号码：_____ 二、销售方☑ 　　对应蓝字专用发票的代码：<u>4400041141</u> 号码：<u>201309107</u>
红字专用发票信息表编号	201309108

图 12-39　开具红字增值税专用发票信息表（续）

图 12-40　红字增值税专用发票

4）10月13日收到退回西服时，

借：库存商品——西服　　　　　　　　　　　　　　252.00

　　贷：主营业务成本——西服　　　　　　　　　　　　　　252.00

附原始凭证1张：退回产品入库单（见图12-41）。

退 回 产 品 入 库 单

2016 年 10 月 13 日　　　　　　　　第 1001 号

产品名称	规格	型号	单位	数量	单价	金额（元）
西服			套	2	126.00	252.00

仓库主管：陈伟峰　　复核：李源珍　　验收：刘江　　制单：谢丽敏

图 12-41　退回产品入库单

5）实际收到货款时，

借：银行存款　　　　　　　　　　　　　　　　　　　36 972.00

　　贷：应收账款——恒盛服装公司　　　　　　　　　　　36 972.00

附原始凭证 1 张：银行进账单（见图 12-42）。

中国建设银行进账单　（回　单）　　1

2016 年 10 月 13 日

出票人	全　称	广东恒盛服装有限公司	收款人	全　称	广东望秋服饰有限公司
	账　号	11652683082		账　号	11682683056
	开户银行	建行芳村支行		开户银行	建行天河支行

金额	人民币（大写）	叁万陆仟玖佰柒拾贰元整	亿	千	百	十	万	千	百	十	元	角	分
						¥	3	6	9	7	2	0	0

票据种类	支票	票据张数	壹
票据号码		36513064	

复核　　　　　　记账

中国建设银行股份有限公司

广州天河支行

2016.10.13

办讫章

(2)

开户银行盖章

此联是开户银行交给持（出）票人的回单

图 12-42　银行进账单

4. 商品销售成本与税金及附加核算

（1）商品销售成本核算

企业销售商品，通常在平时只需根据销货发票、产品出库单等销货凭证进行库存商品明细分类核算。月份终了，根据产品出库单、退回产品入库单等销货凭证编制"产品发出汇总表"，汇总出本月已销商品数量；再利用存货发出计价方法（先进先出法、月末一次加权平均法、移动加权平均法或个别计价法）计算确定本月已销产品的实际成本。月终结转商品销售成本时，借记"主营业务成本"科目，贷记"库存商品""发出商品"等科目。

例 12-13　广东望秋服饰有限公司根据 2016 年 10 月产品出库单和退回产品入库单等销货凭证汇总编制本月产品发出汇总表，如表 12-1 所示。

表 12-1　产品发出汇总表

2016 年 10 月　　　　　　　　　　　　　　　　　　单位：元

产品名称	计量单位	销售量	单位成本	总成本
西服	套	650	126.00	81 900.00
休闲服	件	1000	64.00	64 000.00
童装	套	2200	38.00	83 600.00
合计	—	—	—	229 500.00

会计主管：陈利民　　　　会计：李源珍　　　　制表：朱玲玲

根据表 12-1 进行本月产品销售成本结转核算。望秋公司账务处理如下：

借：主营业务成本——西服　　　　　　　　　　　　　　　　81 900.00

　　　　　　　　——休闲服　　　　　　　　　　　　　　　64 000.00

　　　　　　　　——童装　　　　　　　　　　　　　　　　83 600.00

　　贷：库存商品——西服　　　　　　　　　　　　　　　　　　　81 900.00

　　　　　　　　——休闲服　　　　　　　　　　　　　　　　　　64 000.00

　　　　　　　　——童装　　　　　　　　　　　　　　　　　　　83 600.00

附原始凭证若干张：产品发出汇总表（见表 12-1）和产品出库单、退回产品入库单（图略）。

（2）税金及附加核算

企业销售商品（产品）及其他经营业务应缴纳除增值税外的消费税、资源税、城市维护建设税、教育费附加等税费，应在确认收入月份的月末，汇总计算结转应交的税费，借记"税金及附加"科目，贷记"应交税费"科目。

例 12-14　广东望秋服饰有限公司根据 2016 年 10 月应交增值税 34 908 元，城市维护建设税税率为 7%，教育费附加率为 3%，月末计算并结转本月税金及附加。望秋公司账务处理如下：

应交城市维护建设税 = 34 908×7% = 2 443.56（元）

应交教育费附加 = 34 908×3% = 1 047.24（元）

借：税金及附加　　　　　　　　　　　　　　　　　　　　　3 490.80

　　贷：应交税费——应交城市维护建设税　　　　　　　　　　　　2 443.56

　　　　　　　　——应交教育费附加　　　　　　　　　　　　　　1 047.24

附原始凭证 1 张：税费计算表（见图 12-43）。

税费计算表

2016 年 10 月 31 日　　　　　　　　　　　　　　　单位：元

税（费）种	计税基数	税（费）率	税（费）额	备注
城市维护建设税	34 908.00	7%	2 443.56	
教育费附加	34 908.00	3%	1 047.24	
合计	—	—	3 490.80	

会计主管：陈利民　　　　会计：李源珍　　　　制单：朱玲玲

图 12-43　税费计算表

12.2.3 其他经营业务核算

1. 账户设置

（1）"其他业务收入"账户

其他业务收入账户，核算企业其他经营业务取得的各项收入。该账户属于损益类账户，贷方登记企业取得的各项其他经营业务的收入，借方登记期末结转到"本年利润"账户的其他业务收入，期末结转后该账户应无余额。

其他业务收入账户可按其他业务的种类设置明细分类账，进行明细分类核算。其他业务收入账户结构见图12-44。

其他业务收入	
	期初：无余额
本期：登记期末结转到"本年利润"账户的其他业务收入	登记企业取得的各项其他经营业务的收入
	期末：无余额

图 12-44　其他业务收入账户结构

（2）"其他业务成本"账户

其他业务成本账户，核算企业其他经营业务所发生的实际成本，包括销售材料的成本、出租固定资产的折旧费、出租无形资产的摊销、出租包装物的成本或摊销、提供非工业性劳务的成本等。该账户属于损益类账户，借方登记企业其他经营业务发生的实际成本，贷方登记期末结转到"本年利润"账户的其他业务成本，期末结转后该账户应无余额。

其他业务成本账户可按其他业务的种类设置明细分类账，进行明细分类核算。其他业务成本账户结构见图12-45。

其他业务成本	
期初：无余额	
本期：登记企业其他经营业务发生的实际成本	登记期末结转到"本年利润"账户的其他业务成本
期末：无余额	

图 12-45　其他业务成本账户结构

2. 会计核算

1）企业取得（或确认）其他经营业务收入时，借记"银行存款""应收账款"等科目，贷记"其他业务收入""应交税费"等科目。

2）支付或结转其他经营业务应负担的成本、费用时，借记"其他业务成本"科目，贷记"银行存款""原材料""累计折旧""累计摊销"等科目。

3）计算其他经营业务应缴纳的除增值税以外的城市维护建设税、教育费附加等税费时，借记"税金及附加"科目，贷记"应交税费"科目。

例 12-15　广东望秋服饰有限公司 2016 年 10 月 19 日销售一批不需用的印花布给广东皮皮熊服饰有限公司，增值税专用发票注明价款为 15 120 元，增值税额为 2 570.4 元，款项已收存银行。该批印花布的成本为 12 348 元。望秋公司账务处理如下：

1）销售材料，收到货款时，

借：银行存款　　　　　　　　　　　　　　　　　　　　　　　17 690.40

　　贷：其他业务收入——印花布　　　　　　　　　　　　　　15 120.00

　　　　应交税费——应交增值税（销项税额）　　　　　　　　　2 570.40

附原始凭证 2 张：增值税专用发票记账联和银行进账单（见图 12-46、图 12-47）。

图 12-46　增值税专用发票记账联

图 12-47　银行进账单

2）结转销售材料成本时，

借：其他业务成本——印花布   12 348.00

    贷：原材料——印花布   12 348.00

附原始凭证 1 张：材料出库单（见图 12-48）。

材料出库单（财会联）

用途：销售		2016年10月19日			NO：21101
名称及规格	单位	请领数量	实发数量	单价	金额（元）
印花布	米	1 260	1 260	9.80	12 348.00
仓库主管：陈伟峰		经手人：刘江		保管员：谢丽敏	

图 12-48 材料出库单

12.2.4 营业外收支业务核算

1. 营业外收入核算

（1）营业外收入内容

营业外收入，是指企业取得的与其日常经营活动无直接关系的各项利得。营业外收入主要包括：

1）非流动资产处置利得，指处置固定资产和无形资产利得。固定资产处置利得，是指企业出售、报废固定资产取得的价款收入、材料变价收入等扣除被处置固定资产的账面价值、清理费用、与处置相关的税费后的净收益；无形资产处置利得，是指企业出售无形资产所取得的价款收入，扣除被处置无形资产的账面价值、与出售相关的税费后的净收益。

2）政府补助，指计入当期损益的政府补助收入金额。

3）盘盈利得，指企业库存现金清查时发生盘盈，经批准计入营业外收入的金额。

4）捐赠利得，指企业接受捐赠产生的收入。

5）罚没利得，指企业取得的各项罚款、违约金、滞纳金等收入。

（2）账户设置

企业应设置"营业外收入"账户，核算企业营业外收入的取得和结转情况。该账户属于损益类账户，贷方登记企业取得的各项营业外收入，借方登记期末结转到"本年利润"账户的营业外收入，期末结转后该账户应无余额。

该账户可按营业外收入的项目，如非流动资产处置利得、政府补助、盘盈利得、捐赠利得、罚没利得等设置明细分类账，进行明细分类核算。营业外收入账户结构见图 12-49。

营业外收入	
	期初：无余额
本期：登记期末结转到"本年利润"账户的营业外收入	登记企业取得的各项营业外收入
	期末：无余额

图 12-49 营业外收入账户结构

（3）会计核算

1）企业取得各项营业外收入时，借记"银行存款""无形资产""原材料""固定资产清理"等科目，贷记"营业外收入"科目。

2）期末，将"营业外收入"账户余额结转到"本年利润"账户，借记"营业外收入"科目，贷记"本年利润"科目。

例 12-16　广东望秋服饰有限公司 2016 年 10 月 20 日，因广州市友联服装公司违约，按合同约定，收取友联公司违约金 3 000 元，存入银行。望秋公司账务处理如下：

借：银行存款 3 000.00
　　贷：营业外收入——罚没利得 3 000.00

附原始凭证 2 张：收款收据（见图 12-50）和银行进账单（图略）。

图 12-50　收款收据

2. 营业外支出核算

（1）营业外支出内容

营业外支出，是指企业发生的与其日常经营活动无直接关系的各项损失。营业外支出主要包括：

1）非流动资产处置损失。指处置固定资产和无形资产损失。固定资产处置损失，是指企业出售、报废固定资产取得的价款收入、材料变价收入等，不足以抵补被处置固定资产的账面价值、清理费用、与处置相关的税费后的净损失；无形资产处置损失，是指企业出售无形资产所取得的价款收入，不足以抵补被处置无形资产的账面价值、与出售相关的税费后的净损失。

2）公益性捐赠支出。指企业对外进行公益性捐赠发生的支出。

3）盘亏损失。主要指企业财产清查中盘亏的固定资产，查明原因并报经批准后计入营业外支出的损失。

4）罚没损失。指企业违反税收法规、其他行政性法规而支付的各项罚款、滞纳金以及违反合同协议等支付的违约金、赔偿金等支出。

5）不可抗力损失。指企业因客观因素（如自然灾害等）造成的损失，在扣除保险赔款后发生的净损失。

（2）账户设置

企业应设置"营业外支出"账户，核算企业营业外支出的发生和结转情况。该账户属于损益类账户，借方登记企业发生的各项营业外支出，贷方登记期末结转到"本年利润"账户的营业外支出，期末结转后该账户应无余额。

该账户可按营业外支出的项目，如非流动资产处置损失、公益性捐赠支出、盘亏损失、罚没损失、不可抗力损失等设置明细分类账，进行明细分类核算。营业外支出账户结构见图 12-51。

营业外支出

期初：无余额	
本期：登记企业发生的各项营业外支出	登记期末结转到"本年利润"账户的营业外支出
期末：无余额	

图 12-51　营业外支出账户结构

（3）会计核算

1）企业发生各项营业外支出时，借记"营业外支出"科目，贷记"银行存款""无形资产""原材料""固定资产清理"等科目。

2）期末，将"营业外支出"账户余额结转到"本年利润"账户，借记"本年利润"科目，贷记"营业外支出"科目。

例 12-17 广东望秋服饰有限公司 2016 年 10 月 26 日，向广州市希望工程捐款 50 000 元。望秋公司账务处理如下：

借：营业外支出——公益性捐赠支出　　　　　　　　　　　　　　50 000.00
　　贷：银行存款　　　　　　　　　　　　　　　　　　　　　　　　50 000.00

附原始凭证 2 张：广东省接受社会捐赠专用收据（见图 12-52）和支票存根（图略）。

广东省接受社会捐赠专用收据
2016 年 10 月 26 日

捐赠者	广东望秋服饰有限公司			货币种类	人民币
捐赠项目	希望工程捐款				
项目（现款或实物）	单位	规格	数量	单价	金额（元）
现款					50 000.00
合计（大写）	零佰零拾伍万零仟零佰零拾零元零角零分　¥50 000.00				
收款人：陈海燕	开票人：张丽纯		收费单位（盖章）：		

第二联收据

图 12-52　广东省接受社会捐赠专用收据

12.3　利　润　核　算

12.3.1　本年利润核算

1. 利润的概述

（1）利润的构成

利润，是指企业在一定会计期间的经营成果。利润由营业利润、利润总额、净利润等组成。

1）营业利润：

$$营业利润＝营业收入－营业成本－营业税金及附加－销售费用$$
$$－管理费用－财务费用－资产减值损失$$
$$＋公允价值变动收益（－公允价值变动损失）$$
$$＋投资收益（－投资损失）$$

其中：营业收入是指企业经营业务所确认的收入总额，包括主营业务收入和其他业务收入。

营业成本是指企业经营业务所发生的实际成本总额，包括主营业务成本和其他业务成本。

资产减值损失是指企业计提各项资产减值准备所形成的损失。

公允价值变动收益（或损失）是指企业交易性金融资产等公允价值变动所形成的应计入当期损益的利得（或损失）。

投资收益（或损失）是指企业以各种方式对外投资所取得的收益（或发生的损失）。

2）利润总额：

$$利润总额＝营业利润＋营业外收入－营业外支出$$

其中：营业外收入是指企业取得的与其日常经营活动无直接关系的各项利得。

营业外支出是指企业发生的与其日常经营活动无直接关系的各项损失。

3）净利润：

$$净利润＝利润总额－所得税费用$$

其中：所得税费用是指企业确认的应从当期利润总额中扣除的所得税费用。

（2）账户设置

1）"本年利润"账户。

本年利润账户，核算企业本年度实现的净利润（或发生的净亏损）。该账户属于所有者权益类账户，贷方登记期末转入的本期收入数额，借方登记期末转入的本期成本、费用和支出数额，期末余额如在贷方，表示企业实现的净利润，如在借方，表示企业发生的净亏损。本年利润账户结构见图 12-53。

本年利润

期初：结存的净亏损	期初：结存的净利润
本期：登记期末转入的本期成本、费用和支出数额	登记期末转入的本期收入数额
期末：发生的净亏损	期末：实现的净利润

图 12-53 本年利润账户结构

2）"所得税费用"账户。

所得税费用账户，核算企业所得税费用的确认及其结转情况。该账户属于损益类账户，借方登记企业按照税法规定计算确认的当期应交所得税和发生的递延所得税费用，贷方登记企业发生的递延所得税收益和期末转入"本年利润"账户的所得税费用，期末结转后该账户应无余额。

所得税费用账户可按"当期所得税费用"和"递延所得税费用"设置明细分类账，进行明细分类核算。所得税费用账户结构见图 12-54。

所得税费用

期初：无余额	
本期：登记企业按照税法规定计算确认的当期应交所得税和发生的递延所得税费用	登记企业发生的递延所得税收益和期末转入"本年利润"账户的所得税费用
期末：无余额	

图 12-54 所得税费用账户结构

知识拓展 12-12 递延所得税费用

递延所得税费用，是指按照企业会计准则规定应予确认的递延所得税资产和递延所得税负债在期末应有的金额减去相对于原已确认金额的差额，即递延所得税资产和递延所得税负债的当期发生额。计算公式为

递延所得税费用＝递延所得税负债增加额＋递延所得税资产减少额

递延所得税收益＝递延所得税负债减少额＋递延所得税资产增加额

2. 本年利润核算

（1）损益类账户结转核算

会计期末，企业应结转所有损益类账户到"本年利润"账户。

1）将"主营业务收入""其他业务收入""营业外收入"等账户的余额分别转入"本年利润"账户的贷方，借记"主营业务收入""其他业务收入""营业外收入"等科目，贷记"本年利润"科目；

2）将"主营业务成本""其他业务成本""税金及附加""销售费用""管理费用""财务费用""营业外支出""资产减值损失""所得税费用"等账户的余额分别转入"本年

利润"账户的借方，借记"本年利润"科目，贷记"主营业务成本""其他业务成本""营业税金及附加""销售费用""管理费用""财务费用""营业外支出""资产减值损失""所得税费用"等科目；

3）将"公允价值变动损益""投资收益"等账户的净收益分别转入"本年利润"账户的贷方，借记"公允价值变动损益""投资收益"等科目，贷记"本年利润"科目；将"公允价值变动损益""投资收益"等账户的净损失分别转入"本年利润"账户的借方，借记"本年利润"科目，贷记"公允价值变动损益""投资收益"等科目。

结转后"本年利润"账户如为贷方余额，表示当年实现的净利润，如为借方余额，表示当年发生的净亏损。

知识拓展 12-13　本年利润结转的方法

会计期末结转本年利润可采用"账结法"和"表结法"两种方法。月结时，企业可以根据实际情况选用；年结时，企业必须选用"账结法"。

账结法，是指企业结账时，需编制转账凭证，将各损益类账户的余额全部转入"本年利润"账户，通过"本年利润"账户结转本期的利润（或亏损）总额。

表结法，是指企业月结时，不需要将各损益类账户余额转入"本年利润"账户，而是直接将各损益类账户的本年累计余额填入利润表各项目中，通过利润表计算出本年累计利润（或亏损）和本月的利润（或亏损）。

例 12-18　广东望秋服饰有限公司 2016 年 10 月有关损益类账户的发生额如表 12-2 所示。

表 12-2　各损益类账户发生额表（结转到本年利润前）

2016 年 10 月　　　　　　　　　　　单位：元

收入类账户	借方发生额	贷方发生额	费用类账户	借方发生额	贷方发生额
主营业务收入	400.00	368 300.00	主营业务成本	229 752.00	252.00
其他业务收入		15 120.00	其他业务成本	12 348.00	
投资收益		36 120.00	税金及附加	3 490.80	
营业外收入		3 000.00	销售费用	47 004.00	
			管理费用	22 926.00	
			财务费用	6 775.00	185.00
			营业外支出	50 000.00	
合计	400.00	422 540.00	合计	372 295.80	437.00

根据表 12-2 的资料，结转各损益类账户到"本年利润"。望秋公司账务处理如下：

1）结转各收入类账户时，

主营业务收入的余额＝368 300－400＝367 900 元

借：主营业务收入　　　　　　　　　　　　　　　　　　　　367 900.00
　　其他业务收入　　　　　　　　　　　　　　　　　　　　　15 120.00
　　投资收益　　　　　　　　　　　　　　　　　　　　　　　36 120.00
　　营业外收入　　　　　　　　　　　　　　　　　　　　　　　3 000.00
　贷：本年利润　　　　　　　　　　　　　　　　　　　　　　422 140.00
附原始凭证 1 张：内部转账单（见图 12-55）。

内部转账单

2016 年 10 月 31 日　　　　　　　　　　　　　　转字第 902 号

摘要	结转科目			转入科目		
	总账科目	明细科目	金额（元）	总账科目	明细科目	金额（元）
结转各收入类账户	主营业务收入		367 900.00	本年利润		422 140.00
	其他业务收入		15 120.00			
	投资收益		36 120.00			
	营业外收入		3 000.00			
合计			¥422 140.00			¥422 140.00

会计主管：陈利民　　　　　　　会计：李源珍　　　　　　　制表：朱玲玲

图 12-55　内部转账单

2）结转各费用类账户时，

主营业务成本的余额＝229 752－252＝229 500（元）

财务费用的余额＝6 775－185＝6 590（元）

借：本年利润　　　　　　　　　　　　　　　　　　　　　　371 858.80
　贷：主营业务成本　　　　　　　　　　　　　　　　　　　229 500.00
　　　其他业务成本　　　　　　　　　　　　　　　　　　　　12 348.00
　　　税金及附加　　　　　　　　　　　　　　　　　　　　　3 490.80
　　　销售费用　　　　　　　　　　　　　　　　　　　　　　47 004.00
　　　管理费用　　　　　　　　　　　　　　　　　　　　　　22 926.00
　　　财务费用　　　　　　　　　　　　　　　　　　　　　　6 590.00
　　　营业外支出　　　　　　　　　　　　　　　　　　　　　50 000.00
附原始凭证 1 张：内部转账单（见图 12-56）。

内部转账单

2016 年 10 月 31 日 转字第 903 号

摘要	结转科目			转入科目		
	总账科目	明细科目	金额（元）	总账科目	明细科目	金额（元）
结转各费用类账户	主营业务成本		229 500.00	本年利润		371 858.80
	其他业务成本		12 348.00			
	营业税金及附加		3 490.80			
	销售费用		47 004.00			
	管理费用		22 926.00			
	财务费用		6 590.00			
	营业外支出		50 000.00			
合计			¥371 858.80			¥371 858.80

会计主管：陈利民　　　　会计：李源珍　　　　　制表：朱玲玲

图 12-56　内部转账单

（2）所得税费用核算

1）企业所得税计算。

企业所得税，是指对企业应纳税所得额（包括经营所得和其他所得）征收的一种税。其中，经营所得是指企业从事生产经营所取得的、经税务机关确认的所得；其他所得是指企业通过非日常经营活动获得的（如股利、利息、租金及营业外收益等）经税务机关确认的所得。

应纳税所得额是在企业税前会计利润（即利润总额）的基础上调整确定的，其计算公式为

应纳税所得额＝税前会计利润＋纳税调整增加额－纳税调整减少额

纳税调整增加额主要包括税法规定允许扣除项目中，企业已计入当期费用但超过税法规定扣除标准的金额（如超过税法规定标准的职工福利费、工会经费、职工教育经费、业务招待费、公益性捐赠支出、广告费和业务宣传费等），以及企业已计入当期损失但税法规定不允许扣除项目的金额（如税收滞纳金、罚金、罚款等）。

纳税调整减少额主要包括按税法规定允许弥补的亏损和准予免税的项目，如前五年内未弥补的亏损和国债利息收入等。

企业当期应交所得税的计算公式为

应交所得税＝应纳税所得额×所得税税率

例 12-19　广东望秋服饰有限公司 2016 年 10 月实现利润总额（税前会计利润）50 281.2 元，其中包括当月取得的国债利息收入 2 000 元，所得税税率为 25%，无其他纳税调整因素，计算望秋公司 10 月应交所得税。

应纳税所得额＝50 281.2＋0－2 000＝48 281.2（元）

应交所得税＝48 281.2×25%＝12 070.30（元）

2）所得税费用核算。

企业按应纳税所得额计算本期应交所得税时，借记"所得税费用"科目，贷记"应交税费——应交所得税"科目；期末结转本期所得税费用时，借记"本年利润"科目，贷记"所得税费用"科目；实际交纳本期应交所得税时，借记"应交税费——应交所得税"科目，贷记"银行存款"科目。

例 12-20 承例 12-19，计算并结转 10 月份所得税费用。望秋公司账务处理如下：

1）计算应交所得税时，

借：所得税费用　　　　　　　　　　　　　　　　　　　　　12 070.30
　　贷：应交税费——应交所得税　　　　　　　　　　　　　　　12 070.30

附原始凭证 1 张：税费计算表（见图 12-57）。

税费计算表

2016 年 10 月 31 日　　　　　　　　　　　　　单位：元

税（费）种	计税基数	税（费）率	税（费）额	备注
所得税	48 281.20	25%	12 070.30	
合计	—	—	¥12 070.30	

会计主管：陈利民　　　　会计：李源珍　　　　制单：朱玲玲

图 12-57　税费计算表

2）结转所得税费用时，

借：本年利润　　　　　　　　　　　　　　　　　　　　　　12 070.30
　　贷：所得税费用　　　　　　　　　　　　　　　　　　　　　12 070.30

附原始凭证 1 张：内部转账单（见图 12-58）。

内部转账单

2016 年 10 月 31 日　　　　　　　　　　　　转字第 904 号

摘要	结转科目			转入科目		
	总账科目	明细科目	金额（元）	总账科目	明细科目	金额（元）
结转所得税费用	所得税费用		12 070.30	本年利润		12 070.30
合计			¥12 070.30			¥12 070.30

会计主管：陈利民　　　　会计：李源珍　　　　制表：朱玲玲

图 12-58　内部转账单

（3）本年利润结转核算

年度终了，企业应将"本年利润"账户的本年累计余额结转到"利润分配——未分配利润"账户，如"本年利润"为贷方余额，则借记"本年利润"科目，贷记"利润分配——未分配利润"科目；如"本年利润"为借方余额，则作相反的会计分录。结转后，"本年利润"账户应无余额。

例 12-21 广东望秋服饰有限公司 2016 年实现净利润（税后利润）432 856.7 元，年末结转到"利润分配——未分配利润"账户。望秋公司账务处理如下：

借：本年利润   432 856.70

　　贷：利润分配——未分配利润   432 856.70

附原始凭证 1 张：内部转账单（见图 12-59）。

内部转账单

2016 年 12 月 31 日　　　　　　　　　　　　　　　转字第 905 号

摘要	结转科目			转入科目		
	总账科目	明细科目	金额（元）	总账科目	明细科目	金额（元）
结转"本年利润"账户本年累计余额	本年利润		432 856.70	利润分配	未分配利润	432 856.70
合计			¥432 856.70			¥432 856.70

会计主管：陈利民　　　　　会计：李源珍　　　　　制表：朱玲玲

图 12-59 内部转账单

12.3.2 利润分配核算

1. 利润分配概述

（1）利润分配顺序

利润分配，是指企业根据国家有关规定和企业章程、投资者协议等，对企业当年可供分配的利润所进行的分配。企业当年可供分配的利润包括企业当年实现的净利润（或净亏损）、年初未分配利润（或未弥补亏损）和其他转入（如用盈余公积补亏）等。企业利润分配的顺序为：

1）弥补以前年度亏损。企业发生的亏损，可以用以后年度实现的利润进行弥补，但连续弥补期不得超过 5 年，超过 5 年的用税后利润弥补。

2）提取法定盈余公积。企业应按弥补以前年度亏损后的净利润的 10% 提取法定盈余公积，当法定盈余公积达到注册资本的 50% 及以上的，可以不再提取。

3）提取任意盈余公积。企业提取法定盈余公积后，还可依据需要和可能，提取一定比例的任意盈余公积。

4）向投资者分配利润。可供分配的利润减去弥补亏损、提取盈余公积后的余额，为可供投资者分配的利润。可供投资者分配的利润可向投资者分红利，也可转增资本。

可供分配的利润减去弥补亏损、提取盈余公积、向投资者分红后的余额为未分配利润。未分配利润可留待以后年度进行分配。

知识拓展 12-14　盈余公积的内容

盈余公积，是指企业按有关规定从净利润中提取的积累资金。公司制企业的盈余公积包括法定盈余公积和任意盈余公积。法定盈余公积是指企业按照规定的比例从净利润中提取的盈余公积。任意盈余公积是指企业按照股东会或股东大会决议提取的盈余公积。

公司制企业按弥补以前年度亏损后的税后利润的 10% 提取；非公司制企业也可按高于 10% 的比例提取。当法定盈余公积达到注册资本的 50% 及以上的，可以不再提取。

（2）账户设置

1）"利润分配"账户。

利润分配账户，核算企业利润的分配（或亏损的弥补）和历年分配（或弥补）后的未分配利润（或未弥补亏损）。该账户属于所有者权益类账户，贷方登记年末转入的全年实现的净利润和用盈余公积弥补的亏损，借方登记提取的法定盈余公积和任意盈余公积、分配的股利或利润，以及年末转入的全年发生的亏损，年末余额如在贷方，表示企业历年累计未分配的利润，如在借方，表示企业历年累计未弥补的亏损。

利润分配账户应按"提取法定盈余公积""提取任意盈余公积""应付现金股利或利润""盈余公积补亏""未分配利润"等项目设置明细分类账，进行明细分类核算。利润分配账户结构见图 12-60。

利润分配

期初：历年累计结存的未弥补亏损	期初：历年累计结存的未分配利润
本期：登记提取的法定盈余公积和任意盈余公积、分配的股利或利润，以及年末转入的全年发生的亏损	登记年末转入的全年实现的净利润和用盈余公积弥补的亏损
期末：企业历年累计未弥补的亏损	期末：企业历年累计未分配的利润

图 12-60　利润分配账户结构

2）"盈余公积"账户。

盈余公积账户，核算企业盈余公积的提取、使用及其结余情况。该账户属于所有者权益类账户，贷方登记企业按规定提取的各项盈余公积，借方登记企业使用盈余公积弥补亏损、转增资本以及分配利润的数额，期末余额一般在贷方，表示企业盈余公积的结存数额。

盈余公积账户可按"法定盈余公积"和"任意盈余公积"设置明细分类账，进行明细分类核算。盈余公积账户结构见图 12-61。

盈余公积

本期：登记企业使用盈余公积弥补亏损、转增资本以及分配利润的数额	期初：结存的盈余公积 登记企业按规定提取的各项盈余公积
	期末：盈余公积的结存数

图 12-61 盈余公积账户结构

2. 利润分配核算

（1）盈余公积核算

1）提取盈余公积核算。

企业当年实现的净利润，在弥补以前年度亏损后，按规定应提取盈余公积，借记"利润分配"科目，贷记"盈余公积"科目。

例 12-22 广东望秋服饰有限公司 2016 年实现税后利润 432 856.7 元，按规定计提法定盈余公积，计提比例为 10%。望秋公司账务处理如下：

法定盈余公积＝432 856.7×10%＝43 285.67（元）

借：利润分配——提取法定盈余公积 43 285.67

　　贷：盈余公积——法定盈余公积 43 285.67

附原始凭证 2 张：计提盈余公积决议和法定盈余公积计提表（见图 12-62、图 12-63）。

望秋公司股东大会决议

经股东大会一致同意，形成决议如下：

经股东大会决议批准，望秋服饰有限公司决定按税后利润 432 856.7 元的 10% 提取法定盈余公积。

广东望秋服饰有限公司

董事长：纪耀东

2016 年 12 月 31 日

图 12-62 计提盈余公积决议

法定盈余公积计提表

2016 年 12 月 31 日 　　　　　　单位：元

项目	计提基数	计提比例	计提金额	备注
法定盈余公积	432 856.70	10%	43 285.67	
合计	—	—	￥43 285.67	

会计主管：陈利民 　　　会计：李源珍 　　　制单：朱玲玲

图 12-63 法定盈余公积计提表

2）盈余公积使用核算。

企业提取的盈余公积可用于弥补亏损、转增资本或分配利润等。

① 弥补亏损。企业发生的亏损，可在盈利后的 5 年内用税前利润进行弥补；对按规定不能用税前利润弥补的亏损，则用税后利润进行弥补；税后利润仍不足弥补的，经董事会、股东大会或类似机构批准，可以用盈余公积进行弥补。

用盈余公积弥补亏损时，借记"盈余公积——法定或任意盈余公积"科目，贷记"利润分配——盈余公积补亏"科目。

例 12-23 广东望秋服饰有限公司 2013 年 12 月 31 日经股东大会决议批准，决定以公司结余的任意盈余公积 50 000 元弥补当年亏损。望秋公司账务处理如下：

借：盈余公积——任意盈余公积　　　　　　　　　　　　　　50 000.00

　　贷：利润分配——盈余公积补亏　　　　　　　　　　　　　　50 000.00

附原始凭证 1 张：盈余公积补亏决议（见图 12-64）。

望秋公司股东大会决议

经股东大会一致同意，形成决议如下：

经股东大会决议批准，望秋服饰有限公司决定用任意盈余公积中的 50 000 元弥补当年亏损。

广东望秋服饰有限公司

董事长：纪耀东

2013 年 12 月 31 日

图 12-64　盈余公积补亏决议

② 转增资本。经董事会、股东大会或类似机构批准，企业可以用盈余公积转增资本，但转增后留存盈余公积不得低于注册资本的 25%。在办妥增资手续后，按转增金额，借记"盈余公积"科目，贷记"实收资本"或"股本"科目。

例 12-24 广东望秋服饰有限公司 2016 年 12 月 31 日经股东大会决议批准，决定按各投资者原出资比例，如表 12-3 所示，以结余的法定盈余公积 80 000 元转增资本，已办妥增资手续。

表 12-3　各投资者出资比例及转增资本计算表

2016 年 12 月 31 日　　　　　　　　　　　　　　　　单位：元

投资者名称	出资比例	转增资本额	备注
联兴投资公司	19%	15 200.00	
新力投资公司	19%	15 200.00	
福海服饰有限公司	20%	16 000.00	
贝贝星童服公司	12%	9 600.00	
海派服饰设计公司	10%	8 000.00	
信丰投资公司	20%	16 000.00	
合计	100%	80 000.00	

会计主管：陈利民　　　　　　会计：李源珍　　　　　　制单：朱玲玲

根据表 12-3 的资料，望秋公司账务处理如下：

借：盈余公积——法定盈余公积 80 000.00
　贷：实收资本——联兴投资公司 15 200.00
　　　　　　——新力投资公司 15 200.00
　　　　　　——福海服饰公司 16 000.00
　　　　　　——贝贝星童服公司 9 600.00
　　　　　　——海派服饰设计公司 8 000.00
　　　　　　——信丰投资公司 16 000.00

附原始凭证 2 张：盈余公积转增资本决议（见图 12-65）和转增资本计算表（见表 12-3）。

图 12-65　盈余公积转增资本决议

（2）分配股利或利润核算

企业可供分配的利润，在弥补亏损、提取盈余公积后的余额，经股东大会或类似权力机构决议批准，可以向投资者进行分配。

1）决定向投资者分配现金股利或利润时，借记"利润分配——应付现金股利或利润"科目，贷记"应付股利"科目。

2）向投资者支付现金股利或利润时，借记"应付股利"科目，贷记"银行存款"科目。

例 12-25　广东望秋服饰有限公司 2016 年 12 月 31 日经股东大会决议批准，决定按各投资者原出资比例，如表 12-4 所示，分配利润 200 000 元。

表 12-4　各投资者出资比例及利润分配表

2016 年 12 月 31 日　　　　　　单位：元

投资者名称	出资比例	分配利润额	备注
联兴投资公司	19%	38 000.00	
新力投资公司	19%	38 000.00	
福海服饰有限公司	20%	40 000.00	
贝贝星童服公司	12%	24 000.00	
海派服饰设计公司	10%	20 000.00	

续表

投资者名称	出资比例	分配利润额	备注
信丰投资公司	20%	40 000.00	
合计	100%	200 000.00	

会计主管：陈利民　　　　会计：李源珍　　　　制单：朱玲玲

根据表 12-4 的资料，望秋公司账务处理如下：

借：利润分配——应付投资者利润　　　　　　　　　　　　　　200 000.00

　　贷：应付股利——联兴投资公司　　　　　　　　　　　　　　38 000.00

　　　　　　——新力投资公司　　　　　　　　　　　　　　38 000.00

　　　　　　——福海服饰有限公司　　　　　　　　　　　　40 000.00

　　　　　　——贝贝星童服公司　　　　　　　　　　　　　24 000.00

　　　　　　——海派服饰设计公司　　　　　　　　　　　　20 000.00

　　　　　　——信丰投资公司　　　　　　　　　　　　　　40 000.00

附原始凭证 2 张：利润分配决议（见图 12-66）和利润分配表（见表 12-4）。

望秋公司股东大会决议

经股东大会一致同意，形成决议如下：

经股东大会决议批准，望秋服饰有限公司决定按各投资者原出资比例分配利润 200 000 元。

广东望秋服饰有限公司

董事长：纪耀东

2016 年 12 月 31 日

图 12-66　利润分配决议

（3）利润分配各明细账户结转核算

年度终了，企业应将除"未分配利润"外的"利润分配"账户所属其他明细账户余额，转入"未分配利润"明细账户。结转后，除"未分配利润"外的其他明细账户应无余额。年终结转后，"利润分配——未分配利润"账户的贷方余额，表示企业历年累计结存的未分配利润；如为借方余额，表示企业历年累计结存的未弥补亏损。

例 12-26　承例 12-22、例 12-25，广东望秋服饰有限公司 2016 年 12 月 31 日结转利润分配数额到"利润分配——未分配利润"账户。望秋公司账务处理如下：

借：利润分配——未分配利润　　　　　　　　　　　　　　　　243 285.67

　　贷：利润分配——提取法定盈余公积　　　　　　　　　　　43 285.67

　　　　　　——应付投资者利润　　　　　　　　　　　　　200 000.00

附原始凭证 1 张：内部转账单（见图 12-67）。

内部转账单

2016 年 12 月 31 日　　　　　　　　　　　　　　　　转字第 906 号

摘要	结转科目			转入科目		
	总账科目	明细科目	金额（元）	总账科目	明细科目	金额（元）
结转利润分配数额到未分配利润	利润分配	提取法定盈余公积	43 285.67	利润分配	未分配利润	243 285.67
		应付投资者利润	200 000.00			
合计			¥243 285.67			¥243 285.67

会计主管：陈利民　　　　会计：李源珍　　　　　　制表：朱玲玲

图 12-67　内部转账单

【要点回顾】

1. 费用，是指企业在日常活动中发生的、会导致所有者权益减少的、与向所有者分配利润无关的经济利益的总流出。费用的类型主要包括有（1）按经济用途，可分为构成产品成本的费用和期间费用；（2）按经济内容，可分为外购材料费用、外购燃料费用、外购动力费、工资及福利费等费用要素。

2. 收入，是指企业在日常活动中形成的、会导致所有者权益增加的、与所有者投入资本无关的经济利益的总流入。收入按经营业务主次分类，可分为主营业务收入和其他业务收入；按经营业务的性质分类，可分为商品销售收入、提供劳务收入和让渡资产使用权收入。

3. 企业应按照从购货方已收或应收的合同或协议价款确认销售商品收入金额；无合同或协议的，应按购销双方同意或都能接受的价格确定。对商品销售收入进行计量时，不包括企业为第三方或客户代收的一些款项，也不考虑各种可能发生的现金折扣、销售折让等。

4. 企业销售商品符合收入确认条件的，应在收入确认时，按实际收到或应收金额（包括增值税税额），借记"银行存款"或"应收账款""应收票据"等科目，按销售商品的价款，贷记"主营业务收入"科目，按应收的增值税税额，贷记"应交税费——应交增值税（销项税额）"科目；同时，企业应在发出商品时，结转相关销售成本，借记"主营业务成本"科目，贷记"库存商品"科目。

5. 销售折扣，包括商业折扣和现金折扣。商业折扣，指企业为促进商品销售而在商品标价上给予的价格扣除。现金折扣，指债权人为鼓励债务人在规定的期限内付款而向债务人提供的债务扣除。销售折让，是指企业因售出商品的质量不合格等原因而在售价上给予的减让。销售退回，是指企业售出的商品由于质量、品种不符合要求等原因而发生的退货。

6. 营业外收入，是指企业取得的与其日常经营活动无直接关系的各项利得。营业外收入主要包括非流动资产处置利得、政府补助、盘盈利得、捐赠利得、罚没利得。营业外支出，是指企业发生的与其日常经营活动无直接关系的各项损失。营业外支出主要包括非流动资产处置损失、公益性捐赠支出、盘亏损失、罚没损失、不可抗力损失。

7. 利润，是指企业在一定会计期间的经营成果。利润由营业利润、利润总额、净利润等组成。会计期末，企业应结转所有损益类账户到"本年利润"账户。

8. 企业按应纳税所得额计算本期应交所得税时，借记"所得税费用"科目，贷记"应交税费——应交所得税"科目；期末结转本期所得税费用时，借记"本年利润"科目，贷记"所得税费用"科目；实际交纳本期应交所得税时，借记"应交税费——应交所得税"科目，贷记"银行存款"科目。

9. 利润分配，是指企业根据国家有关规定和企业章程、投资者协议等，对企业当年可供分配的利润所进行的分配。企业当年实现的净利润，在弥补以前年度亏损后，按规定应提取盈余公积，借记"利润分配"科目，贷记"盈余公积"科目。企业可供分配的利润，在弥补亏损、提取盈余公积后的余额，经股东大会或类似权力机构决议批准，可以向投资者进行分配。

10. 年度终了，企业应将"本年利润"账户的本年累计余额结转到"利润分配——未分配利润"账户；应将除"未分配利润"外的"利润分配"账户所属其他明细账户余额，转入"未分配利润"明细账户。结转后，除"未分配利润"外的其他明细账户应无余额。年终结转后，"利润分配——未分配利润"账户的贷方余额，表示企业历年累计结存的未分配利润；如为借方余额，表示企业历年累计结存的未弥补亏损。

第13章　财务报表编制

【目的要求】

1. 能叙述企业财务报表概念和种类。
2. 能熟记企业财务报表的编制要求。
3. 能叙述资产负债表概念和作用。
4. 能熟记资产负债表的结构。
5. 能掌握资产负债表的编制。
6. 能叙述利润表概念与结构。
7. 能掌握利润表的编制。
8. 能叙述现金流量表概念与结构。
9. 能掌握现金流量表的编制。
10. 能叙述财务报表附注的内容。

【重点难点】

1. 财务报表编制要求。
2. 资产负债表编制。
3. 利润表编制。
4. 现金流量表编制。

【基础知识】

13.1　财务报表概述

13.1.1　财务报表种类

财务报表，是指对企业财务状况、经营成果和现金流量的结构性表述。财务报表至少应当包括以下组成部分：资产负债表、利润表、现金流量表、所有者权益（或股东权益）变动表、附注。财务报表的种类具体包括：

1. 按照编报的时间，可分为月报、季报、半年报和年报

1）月报。指企业在公历月末编制、报送的财务报表。
2）季报。指企业在每个季度末编制、报送的财务报表。
3）半年报。指企业在年度中期编制、报送的财务报表。
4）年报。指企业在公历年末编制、报送的财务报表。

2. 按照反映的经济内容，可分为资产负债表、利润表和现金流量表

1）资产负债表。指反映企业在某一特定日期财务状况的报表。
2）利润表。指反映企业在一定会计期间经营成果的报表。
3）现金流量表。指反映企业在一定会计期间现金、现金等价物流入和流出的报表。

3. 按照反映财务活动的方式，可分为静态报表和动态报表

1）静态报表。指反映企业某一时点财务状况的财务报表。
2）动态报表。指反映企业一定时期内经营成果的财务报表。

4. 按照编制的范围，可分为个别财务报表和合并财务报表

1）个别财务报表。指独立核算的企业用来反映其本身经营活动和财务状况的报表。
2）合并财务报表。指由母公司编制的，包括母公司和控股子公司财务报表的有关数字，反映整个企业集团经营成果和财务状况的报表。

13.1.2 财务报表编制要求

企业编制财务报表时，必须做到内容完整、数字真实、计算准确和编报及时。

1. 内容完整

财务报表作为会计核算工作的结果，必须全面反映企业经营活动的全貌。企业在编制财务报表时必须按照统一规定的种类编报；对各项财务报表的表内项目和表外补充资料，都必须完整填列，不得漏列和任意取舍；对企业的某些重要会计事项，应在报表附注中加以说明。

2. 数字真实

财务报表的数字必须真实反映企业的经营状况，这样才便于使用者据此做出判断、决策。企业编制财务报表必须以审核无误的账簿记录资料为依据，不得任意估计、弄虚作假。

3. 计算准确

财务报表内的各项指标都是反映企业财务状况和经营活动的相关信息。企业编制财务报表时必须根据有关资料正确分析其反映的经济内容，正确计算、填列，避免出现计算差错。

4. 编报及时

财务报表提供的信息具有时效性。企业必须在规定的期限内编报各项财务报表，不得拖延，以便报表阅读者及时了解情况，发现问题，作出决策。

知识拓展 13-1　企业财务报表对外报送时间

按现行规定，企业必须在规定的期限内编报各项财务报表，财务报表对外提供的时间要求是：
1）月报：月度终了后6天（节假日顺延，下同）内报出；
2）季报：季度终了后5天内报出；
3）半年报：年度中期结束后60天内报出；
4）年报：年度终了后4个月内报出。

13.2　资产负债表编制

13.2.1　资产负债表概述

1. 资产负债表概念

资产负债表，是反映企业某一特定日期财务状况的财务报表。资产负债表是企业主要财务报表之一，它属于静态报表，是根据"资产=负债+所有者权益"这一会计平衡公式，按照一定的分类标准和顺序，把企业在某一特定日期的资产、负债、所有者权益等项目予以适当排列，集中反映企业在特定日期所拥有或控制的经济资源及其分布情况，以及所承担的经济义务和所有者权益总额及其结构。

2. 资产负债表作用

资产负债表主要提供有关企业财务状况方面的信息，即某一特定日期关于企业资产、负债、所有者权益及其相互关系。资产负债表的作用包括：

1）可以提供某一日期资产的总额及其结构，表明企业拥有或控制的资源及其分布情况。

2）可以提供某一日期的负债总额及其结构，表明企业未来需要用多少资产或劳务清偿债务以及清偿时间。

3）可以反映企业所有者拥有的权益，据以判断资本保值、增值的情况以及对负债的保障程度。

3. 资产负债表结构

财务报表列报准则规定，我国企业的资产负债表应采用账户式结构。账户式资产负债表分左右两方，左方为资产项目，按资产的流动性大小排列；右方为负债及所有者权益项目，其中负债项目按偿还的先后顺序排列，所有者权益项目按其永续性递减顺序排列。

账户式资产负债表中的资产各项目的合计数等于负债及所有者权益各项目的合计数，即资产负债表的左方和右方平衡，反映了资产、负债、所有者权益之间的内在平衡关系。

13.2.2　资产负债表编制

资产负债表各项目均需填列"年初余额"和"期末余额"两栏。其中"年初余额"栏内各项目数字，应根据上年末资产负债表的"期末余额"栏内所列数字填列。如果企业上年度资产负债表规定的项目名称和内容与本年度不一致，应当对上年年末资产负债表相关项目的名称和数字按照本年度的规定进行调整，填入"年初余额"栏。

"期末余额"栏数字的填列，应根据各项目的不同性质分别采用不同的方法来填列。

1. 根据总分类账户期末余额直接填列

1）资产项目包括有："以公允价值计量且其变动计入当期损益的金融资产""应收票据""应收股利""应收利息""固定资产清理""工程物资""研发支出""商誉""递延所得税资产"等项目。

2）负债项目包括有："短期借款""以公允价值计量且其变动计入当期损益的金融负债""应付票据""应付职工薪酬""应付股利""应付利息""应交税费""其他应付款""预计负债""递延所得税负债"等项目。

3）所有者权益项目包括有："实收资本"（或"股本"）、"资本公积""盈余公积"等项目。

2. 根据总分类账户期末余额计算填列

1）"货币资金"项目＝"库存现金"（借方）＋"银行存款"（借方）＋"其他货币资金"（借方）

2）"存货"项目＝"在途物资"（或"材料采购"）（借方）＋["原材料"（借方）±"材料成本差异"（借方或贷方）]＋"周转材料"（借方）＋["库存商品"（借方）－"商品进销差价"（贷方）]＋"发出商品"（借方）＋"生产成本"（借方）＋"委托加工物资"（借方）－"存货跌价准备"（贷方）

3）"未分配利润"项目分两种情况填列：

① 年末："未分配利润"项目＝"利润分配——未分配利润"（贷方）（若为借方余额，则以负数表示）

② 1～11月："未分配利润"项目＝"利润分配——未分配利润"（贷方）＋"本年利润"（贷方）（若为借方余额，则以负数表示）

3. 根据总分类账户期末余额和明细分类账户期末余额分析计算填列

1）"持有至到期投资"项目＝"持有至到期投资"（借方）－一年内到期的"持有至到期投资"（计入"一年内到期的非流动资产"项目）

2）"长期待摊费用"项目＝"长期待摊费用"（借方）－将于一年内摊销完的"长期待摊费用"（计入"一年内到期的非流动资产"项目）

3）"长期应收款"项目＝"长期应收款"（借方）－"未确认融资收益"（贷方）－将于一年内收回的"长期应收款"（计入"一年内到期的非流动资产"项目）

4）"长期借款"项目＝"长期借款"（贷方）－一年内到期的"长期借款"（计入"一年内到期的非流动负债"项目）

5）"应付债券"项目＝"应付债券"（贷方）－一年内到期的"应付债券"（计入"一年内到期的非流动负债"项目）

6）"长期应付款"项目＝"长期应付款"（贷方）－"未确认融资费用"（借方）－将于一年内偿付的"长期应付款"（计入"一年内到期的非流动负债"项目）

4. 根据有关资产账户期末余额与其备抵账户期末余额计算填列

1）"固定资产"项目＝"固定资产"（借方）－"累计折旧"（贷方）－"固定资产减值准备"（贷方）

2）"无形资产"项目＝"无形资产"（借方）－"累计摊销"（贷方）－"无形资产减值准备"（贷方）

3）"长期股权投资"项目＝"长期股权投资"（借方）－"长期股权投资减值准备"（贷方）

4）"在建工程"项目＝"在建工程"（借方）－"在建工程减值准备"（贷方）

5）"其他应收款"项目＝"其他应收款"（借方）－已计提的"坏账准备"（贷方）

5. 根据有关明细分类账户期末余额计算填列

1）"应收账款"项目＝"应收账款"明细账户（借方）＋"预收账款"明细账户（借方）－已计提的"坏账准备"（贷方）

2）"预付账款"项目＝"预付账款"明细账户（借方）＋"应付账款"明细账户（借方）

3）"应付账款"项目＝"应付账款"明细账户（贷方）＋"预付账款"明细账户（贷方）

4）"预收账款"项目＝"预收账款"明细账户（贷方）＋"应收账款"明细账户（贷方）

例 13-1　广东望秋服饰有限公司 2016 年 12 月 31 日总分类账户期末余额如表 13-1 所示，相关明细分类账户期末余额如表 13-2 所示。

表 13-1　总分类账户期末余额表

2016 年 12 月 31 日　　　　　　　　　　　　单位：元

账户名称	借方余额	账户名称	贷方余额
库存现金	4 000.00	短期借款	161 600.00
银行存款	521 662.00	应付账款	1 907 600.00
其他货币资金	114 600.00	应付票据	200 000.00
交易性金融资产	83 000.00	预收账款	10 000.00
应收票据	132 000.00	应付股利	64 431.70
应收账款	2 000 000.00	应付职工薪酬	360 000.00
预付账款	100 000.00	应交税费	453 462.00
其他应收款	10 000.00	其他应付款	100 000.00
在途物资	50 000.00	坏账准备	10 000.00
原材料	985 000.00	累计折旧	340 000.00
周转材料	69 600.00	累计摊销	120 000.00
库存商品	1 344 800.00	长期借款	2 320 000.00

续表

账户名称	借方余额	账户名称	贷方余额
长期股权投资	500 000.00	实收资本	4 500 000.00
固定资产	5 262 000.00	资本公积	560 000.00
在建工程	56 000.00	盈余公积	209 540.80
工程物资	100 000.00	利润分配	43 6027.5
无形资产	42 0000.00		
合计	11 752 662.00	合计	11 752 662.00

表 13-2 有关明细分类账户期末余额表

2016 年 12 月 31 日 单位：元

账户名称	借或贷	余额	账户名称	借或贷	余额
应收账款	借	2 000 000	应付账款	贷	1 907 600
——华谊公司	贷	200 000	——苏绣公司	贷	1 600 000
——南华公司	借	1 500 000	——嘉兴公司	借	300 000
——恒盛公司	借	700 000	——顺棉公司	贷	607 600
预收账款	贷	10 000	预付账款	借	100 000
——友联公司	贷	10 000	——丰华公司	借	100 000

根据表 13-1、表 13-2 的资料，编制望秋公司 2016 年 12 月 31 日资产负债表。

1）资产负债表期末余额栏部分数据计算：

① 货币资金＝4 000＋521 662＋114 600＝640 262（元）

② 存货＝50 000＋985 000＋69 600＋1 344 800＝2 449 400（元）

③ 固定资产＝4 262 000－340 000＝3 922 000（元）

④ 无形资产＝420 000－120 000＝300 000（元）

⑤ 应收账款＝（1 500 000＋700 000）＋0－10 000＝2 190 000（元）

⑥ 应付账款＝（1 600 000＋607 600）＋0＝2 207 600（元）

⑦ 预付账款＝100 000＋300 000＝400 000（元）

⑧ 预收账款＝10 000＋200 000＝210 000（元）

⑨ 未分配利润＝436 027.5（元）

2）资产负债表编制如表 13-3 所示。

表 13-3 资产负债表

编制单位：广东望秋服饰有限公司 2016 年 12 月 31 日 单位：元

资产	期末余额	年初余额	负债及所有者权益	期末余额	年初余额
流动资产：			流动负债：		
货币资金	640 262.00		短期借款	161 600.00	
以公允价值计量且其变动计入当期损益的金融资产	83 000.00		以公允价值计量且其变动计入当期损益的金融负债		

资产	期末余额	年初余额	负债及所有者权益	期末余额	年初余额
应收票据	132 000.00		应付票据	200 000.00	
应收账款	2 190 000.00		应付账款	2 207 600.00	
预付账款	400 000.00		预收账款	210 000.00	
应收利息			应付职工薪酬	360 000.00	
应收股利			应交税费	453 462.00	
其他应收款	10 000.00		应付利息		
存货	2 449 400.00		应付股利	64 431.70	
一年内到期非流动资产			其他应付款	100 000.00	
其他流动资产			一年内到期非流动负债		
流动资产合计	5 904 662.00		其他流动负债		
非流动资产：			流动负债合计	3 757 093.70	
可供出售金融资产			非流动负债：		
持有至到期投资			长期借款	2 320 000.00	
长期应收款			应付债券		
长期股权投资	500 000.00		长期应付款		
投资性房地产			专项应付款		
固定资产	4 922 000.00		预计负债		
在建工程	56000.00		递延所得税负债		
工程物资	100 000.00		其他非流动负债		
固定资产清理			非流动负债合计	2 320 000.00	
生产性生物资产			负债合计	6 077 093.70	
无形资产	300 000.00		所有者权益：		
研发支出			实收资本（或股本）	4 500 000.00	
商誉			资本公积	560 000.00	
长期待摊费用			减：库存股		
递延所得税资产			盈余公积	209 540.80	
其他非流动资产			未分配利润	436 027.50	
非流动资产合计	5 878 000.00		所有者权益合计	4 705 568.30	
资产总计	11 782 662.00		负债及所有者权益总计	11 782 662.00	

企业盖章：　　　　　单位负责人：纪耀东　　　　财务负责人：陈利民　　　　制表：朱玲玲

13.3 利润表编制

13.3.1 利润表概述

1. 利润表概念

利润表是反映企业在一定会计期间经营成果的财务报表。利润表属于动态报表，它主要依据会计的收入实现原则和配比原则编制，即把一定时期的营业收入与同一会计期间的相关成本、费用进行配比，以计算确定企业一定时期实现的净利润或发生的净亏损，它反映了"收入－费用＝利润"的会计平衡公式。

2. 利润表作用

利润表能充分反映企业经营业绩的主要来源和构成，有助于使用者判断净利润的质量及其风险，有助于使用者预测净利润的持续性，从而做出正确的决策。利润表的作用包括：

1）可以反映企业一定期间收入的实现情况，如实现的营业收入有多少、实现的投资收益有多少、实现的营业外收入有多少等。

2）可以反映企业一定会计期间的费用耗费情况，如耗费的营业成本有多少、税金及附加有多少及销售费用、管理费用、财务费用各有多少，营业外支出有多少等。

3）可以反映企业生产经营活动的成果，即净利润的实现情况，据以判断资本保值、增值等情况。

3. 利润表结构

财务报表列报准则规定，我国企业的利润表应采用多步式结构。多步式利润表将不同性质的收入和费用类别进行对比，按利润形成的主要环节列示一些中间性利润指标，如营业利润、利润总额和净利润，分步计算当期的净利润。具体分为三个步骤：

1）以营业收入为基础，减去营业成本、税金及附加、销售费用、管理费用、财务费用、资产减值损失，加上公允价值变动收益（减去公允价值变动损失）和投资收益（减去投资损失），计算出营业利润。

2）以营业利润为基础，加上营业外收入，减去营业外支出，计算出利润总额。

3）以利润总额为基础，减去所得税费用，计算出净利润（或净亏损）。

13.3.2 利润表编制

利润表各项目均需填列"本期金额"和"上期金额"两栏。

1. "上期金额"栏填列

"上期金额"栏应根据上年该期利润表"本期金额"栏内所列数字填列。如果上年该期利润表规定的各个项目的名称和内容同本期不相一致，应对上年该期利润表各项目的名称和数字按本期的规定进行调整，填入"上期金额"栏。

2."本期金额"栏填列

"本期金额"栏，除"基本每股收益"和"稀释每股收益"项目外，主要是依据各损益类账户的本期发生额分析计算填列。

1）各收入类项目应根据相应的收入类账户的本期贷方发生额（减去本期借方发生额）分析计算填列。其中，"营业收入"项目应根据"主营业务收入"和"其他业务收入"账户的本期发生额分析计算填列。

2）各成本、费用、支出类项目应根据相应的成本、费用、支出类账户的本期借方发生额（减去本期贷方发生额）分析计算填列。其中，"营业成本"项目应根据"主营业务成本"和"其他业务成本"账户的本期发生额分析计算填列。

3）"营业利润""利润总额""净利润"项目根据利润表中相关项目计算填列。

例 13-2　广东望秋服饰有限公司 2016 年 12 月有关损益类账户的发生额如表 13-4 所示。

表 13-4　各损益类账户发生额表（结转到本年利润前）

2016 年 12 月　　　　　　　　　　　　单位：元

收入类账户	借方发生额	贷方发生额	费用类账户	借方发生额	贷方发生额
主营业务收入	400.00	368 300.00	主营业务成本	229 752.00	252.00
其他业务收入		15 120.00	其他业务成本	12 348.00	
投资收益		36 120.00	税金及附加	3 490.80	
营业外收入		3 000.00	销售费用	47 004.00	
			管理费用	22 926.00	
			财务费用	6 775.00	185.00
			营业外支出	50 000.00	
合计	400.00	422 540.00	合计	372 295.80	437.00

根据表 13-4 的资料，编制望秋公司 2016 年 12 月利润表。

1）利润表本期金额栏部分数据计算：

① 主营业务收入的余额＝368 300－400＝367 900（元）

② 营业收入＝367 900＋15 120＝383 020（元）

③ 主营业务成本的余额＝229 752－252＝229 500（元）

④ 营业成本＝229 500＋12 348＝241 848（元）

⑤ 财务费用的余额＝6 775－185＝6 590（元）

2）利润表编制如表 13-5 所示。

表 13-5　利润表

编制单位：广东望秋服饰有限公司　　　　　2016 年 12 月　　　　　　　　　单位：元

项目	本期金额	上期金额
一、营业收入	383 020.00	
减：营业成本	241 848.00	
税金及附加	3 490.80	
销售费用	47 004.00	
管理费用	22 926.00	
财务费用	6 590.00	
资产减值损失		
加：公允价值变动收益（损失以"－"号填列）		
投资收益（损失以"－"号填列）	36 120.00	
二、营业利润（损失以"－"号填列）	97 281.20	
加：营业外收入	3 000.00	
减：营业外支出	50 000.00	
其中：非流动资产处置损失		
三、利润总额（亏损总额以"－"号填列）	50 281.20	
减：所得税费用	12 570.30	
四、净利润（净亏损以"－"号填列）	37 710.90	
五、每股收益		
（一）基本每股收益		
（二）稀释每股收益		
六、其他综合收益		
七、综合收益总额		

企业盖章：　　　　　单位负责人：纪耀东　　　　财务负责人：陈利民　　　　制表：朱玲玲

知识拓展 13-2　企业财务报表之间的勾稽关系

1）年度资产负债表中的"未分配利润"项目的"期末数"，与利润分配表中的年末"未分配利润"数额应相等。

2）月度利润表中的"净利润"项目的"本年累计数"，与月度资产负债表中的"未分配利润"项目的"年初数"的加总之和，应等于月度资产负债表中的"未分配利润"项目的"期末数"。

3）利润分配表中的"净利润"的数额，应与年度利润表中"净利润"项目的"本年累计数"一致。

13.4 现金流量表编制

13.4.1 现金流量表概述

1. 现金流量表概念

现金流量表,是反映企业在一定会计期间现金、现金等价物流入和流出的财务报表。现金流量表属于动态报表,它是按照收付实现制原则编制的,它将企业权责发生制下的经济业务调整为收付实现制下的现金流量信息。

现金流量表是以现金和现金等价物为编制基础。现金是指企业库存现金以及可以随时用于支付的存款,包括库存现金、银行存款和其他货币资金。不能随时用于支付的存款不属于现金,如银行冻结存款。现金等价物,是企业持有的期限短、流动性强、易于转换为已知金额现金、价值变动风险很小的投资。现金等价物通常包括 3 个月内到期的短期债券投资等,而权益性投资变现的金额通常不确定,因此不属于现金等价物。现金流量表将现金和现金等价物视为一个整体进行列示,企业现金(含现金等价物,下同)内部各项之间的增减变动,不产生现金流量。如企业从银行提取库存现金、将库存现金送存银行、用现金购买 3 个月内到期的债券等。

根据企业业务活动的性质,现金流量表将企业一定期间的现金流量分为三类:

(1)经营活动产生的现金流量

经营活动,是指企业投资活动和筹资活动以外的所有交易和事项。经营活动产生的现金流量主要包括销售商品、提供劳务、购买商品、接受劳务、支付职工薪酬、缴纳税款、税费返还等流入和流出的现金。

(2)投资活动产生的现金流量

投资活动,是指企业长期资产的构建和不包括现金等价物范围在内的投资及其处置活动。投资活动产生的现金流量主要包括购建固定资产等长期资产、处置子公司及其他营业单位、收到投资收益等流入和流出的现金。

(3)筹资活动产生的现金流量

筹资活动,是指导致企业资本及债务规模和构成发生变化的活动。筹资活动的现金流量主要包括吸收投资、发行股票、分配利润、发行债券、取得借款、偿还债务、偿付利息等流入和流出的现金。一般情况下,应付账款、应付票据等商业应付款属于经营活动,不属于筹资活动。

2. 现金流量表作用

现金流量表能充分反映企业当期现金流入、流出以及净流量的会计信息,有助于使用者了解和评价企业获取现金和现金等价物的能力,预测企业未来现金流量,为其决策提供有力依据。现金流量表的作用包括:

1)可以反映企业当期获取现金的主要来源,如经营活动获取多少现金、投资活动获取多少现金、筹资活动获取多少现金等。

2）可以反映企业当期现金的使用去向，如购买商品、接受劳务支付多少现金、给职工以及为职工支付多少现金、缴纳税费支付多少现金、购建长期资产支付多少现金等。

3）可以反映企业当期现金及现金等价物的净增加额，同时可以与资产负债表的"货币资金"的数额进行核对，实现对资产负债表资料的验证和补充。

3. 现金流量表结构

财务报表列报准则规定，我国企业的现金流量表应采用报告式结构。报告式现金流量表由主表和补充资料两部分组成，主表主要列报经营活动的现金流量、投资活动的现金流量和筹资活动的现金流量，最后汇总反映企业现金及现金等价物的净增加额；补充资料是对主表的说明，主要列报将净利润调整为经营活动的现金流量、不涉及现金收支的重大投资和筹资活动和现金及现金等价物净变动情况。

13.4.2 现金流量表编制

财务报表列报准则规定，企业应当采用直接法编制现金流量表的主表，补充资料采用间接法来编制。所谓直接法，是指通过现金收入和现金支出的主要类别列示各类现金流量，一般以利润表中的营业收入为起点，调整有关项目的增减变动，计算现金流量。采用直接法填列现金流量表，具体可以采用工作底稿法、T型账户法或根据有关账户记录分析填列。所谓间接法，是指以净利润为起点，调整为以收付实现制为基础的经营活动产生的现金流量净额。

现金流量表各项目均需填列"本期金额"和"上期金额"两栏。其中"上期金额"栏应根据上年该期现金流量表"本期金额"栏内所列数字填列。如果上年该期现金流量表规定的各个项目的名称和内容同本期不相一致，应对上年该期现金流量表各项目的名称和数字按本期的规定进行调整，填入"上期金额"栏。"本期金额"栏可以直接根据资产负债表、利润表和有关账户明细账的记录，分析计算填列。

1. 经营活动产生的现金流量有关项目的计算

1）销售商品、提供劳务收到的现金＝本期销售商品、提供劳务收到的现金＋前期销售商品、提供劳务收到的现金+本期预收的款项－本期退回的商品支付的现金

2）收到的税收返还＝收到返还的增值税＋收到返还的所得税＋收到返还的消费税＋收到返还的关税＋收到的教育费附加返还款等

3）收到其他与经营活动有关的现金＝罚款收入＋经营租赁收到的现金＋个人的赔款＋政府补助收入（除税费返还外）等

4）购买商品、接受劳务支付的现金＝本期购买商品、接受劳务支付的现金＋本期支付的前期购买商品、接受劳务的款项＋本期预付的款项－本期发生的购货退回收到的现金

5）支付给职工以及为职工支付的现金＝支付给职工的工资+支付给职工的奖金＋支付给职工的津贴、补贴＋支付给职工的社会保险基金等（不包括在建工程人员）

　　6）支付的各项税费＝本期发生并支付的税费＋本期支付前期发生的税费＋本期预缴的税费

　　7）支付的其他经营活动有关的现金＝罚款支出＋支付的差旅费＋支付的业务招待费＋支付的保险费+经营租赁支付的现金等

　　2. 投资活动产生的现金流量有关项目的计算

　　1）收回投资收到的现金＝本期出售、转让或到期收回的交易性金融资产（现金等价物除外）收到的现金＋本期出售、转让或到期收回的持有至到期投资（可供出售的金融资产、长期股权投资、投资性房地产）收到的现金

　　2）取得投资收益收到的现金＝股权性投资分得的现金股利＋从子公司、联营企业或合营企业分回的利润＋债权投资取得的现金利息收入

　　3）处置固定资产、无形资产和其他长期资产收回的现金净额＝企业出售或报废固定资产、无形资产和其他长期资产取得的现金＋保险赔偿收入－处置资产而支付的有关费用

　　4）处置子公司及其他营业单位收到的现金净额＝处置子公司及其他营业单位所得的现金－子公司或其他营业单位持有的现金和现金等价物－处置子公司及其他营业单位支付的费用

　　5）购建固定资产、无形资产和其他长期资产支付的现金＝购买固定资产支付的现金+建造工程支付的现金＋支付在建工程人员的工资等现金＋取得无形资产和其他长期资产支付的现金（含增值税款）

　　6）投资支付的现金＝取得交易性金融资产（现金等价物除外）支付的现金+取得持有至到期投资（可供出售的金融资产、长期股权投资、投资性房地产）支付的现金+取得投资中支付的佣金、手续费等交易费用

　　7）取得子公司及其他营业单位支付的现金净额＝取得子公司及其他营业单位购买价中以现金支付的部分－子公司及其他营业单位持有的现金和现金等价物

　　3. 筹资活动产生的现金流量有关项目的计算

　　1）吸收投资收到的现金＝发行股票、债券取得的发行收入－发行股票、债券支付的佣金等发行费用

　　2）取得借款收到的现金＝取得短期借款收到的现金＋取得长期借款收到的现金

　　3）偿还债务支付的现金＝归还金融机构的借款本金＋偿还到期企业债券本金

　　4）分配股利、利润或偿付利息支付的现金＝本期实际支付的现金股利＋本期支付给其他投资单位的利润＋本期支付的借款利息＋本期支付的债券利息

　　5）支付其他与筹资活动有关的现金＝以发行股票、债券等方式筹集资金而直接支付的审计、咨询等费用＋融资租赁所支付的现金＋以分期付款方式购建固定资产支付的现金等

4. 汇率变动对现金及现金等价物的影响的计算

汇率变动对现金及现金等价物的影响＝企业外币现金流量采用现金流量发生日的汇率或按照系统合理的方法确定的、与现金流量发生日即期汇率近似的汇率折算的金额－企业外币现金及现金等价物净增加额采用资产负债表日的即期汇率折算的金额

例 13-3 广东望秋服饰有限公司 2016 年 12 月有关库存现金、银行存款日记账和其他货币资金明细账，如表 13-6～表 13-8 所示。

表 13-6　库存现金日记账

2016 年 12 月　　　　　　　　　　单位：元

日期 月	日	凭证号	摘要	借方	贷方	余额
12	1	略	期初余额			5 000.00
	5		预借差旅费		3 000.00	2 000.00
	8		支付业务招待费		1 500.00	500.00
	10		从银行取得现金	5 000.00		5 500.00
	12		支付房屋租金		1 500.00	4 000.00
	14		报销差旅费收回余额	320.00		4 320.00
	18		零星销售收入	1 200.00		5 520.00
	20		支付交通费		340.00	5 180.00
	24		支付报刊订阅费		1 180.00	4 000.00
12	31		本月合计	6 520.00	7 520.00	4 000.00

表 13-7　银行存款日记账

2016 年 12 月　　　　　　　　　　单位：元

日期 月	日	凭证号	摘要	借方	贷方	余额
12	1	略	期初余额			420 000.00
	3		销售商品收到款项	368 300.00	400.00	787 900.00
	8		支付职工工资		74 000.00	713 900.00
	10		从银行提取现金		5 000.00	708 900.00
	12		应收账款收回	46 800.00		755 700.00
	15		预缴企业所得税		12 070.45	743 629.55
	17		购买原材料		287 000.00	456 629.55
	19		转让长期股权投资	121 000.00		577 629.55
	21		取得短期借款	300 000.00		877 629.55
	23		购买机器设备		95 200.00	782 429.55
	24		归还债权利息		4 500.00	777 929.55

续表

日期		凭证号	摘要	借方	贷方	余额
月	日					
	26		支付广告费		67 800.00	710 129.55
	28		办理银行汇票		114 600.00	595 529.55
	29		购买原材料		66 829.00	528 700.55
	30		支付本月水电费		7 038.55	521 662.00
12	31		本月合计	836 100.00	734 438.00	521 662.00

表 13-8　其他货币资金明细账

2016 年 12 月　　　　　　　　　　　　　　　　单位：元

日期		凭证号	摘要	借方	贷方	余额
月	日					
	28		办理银行汇票	114 600.00		114 600.00
12	31		本月合计	114 600.00		114 600.00

根据表 13-6～表 13-8 的资料，编制望秋公司 2016 年 12 月现金流量表。

1）现金流量表本期金额栏部分数据计算：

① 销售商品、提供劳务收到的现金＝1 200＋368 300＋46 800＝416 300（元）

② 购买商品、接受劳务支付的现金＝287 000＋66 829＝353 829（元）

③ 支付的其他与经营活动有关的现金＝3 000＋1 500＋1 500＋340＋1 180＋400＋67 800＋7 038.55＝82 758.55（元）

④ 现金及现金等价物净增加额＝－106 038＋25 800＋295 500＝215 262（元）

2）现金流量表编制如表 13-9 所示。

表 13-9　现金流量表

编制单位：广东望秋服饰有限公司　　　　2016 年 12 月　　　　　　　　单位：元

项目	本期金额	上期金额
一、经营活动产生的现金流量		
销售商品、提供劳务收到的现金	416 300.00	
收到的税费返还		
收到其他与经营活动有关的现金	320.00	
经营活动现金流入小计	416 620.00	
购买商品、接受劳务支付的现金	353 829.00	
支付给职工以及为职工支付的现金	74 000.00	
支付的各项税费	12 070.45	
支付其他与经营活动有关的现金	82 758.55	
经营活动现金流出小计	522 658.00	

续表

项目	本期金额	上期金额
经营活动产生的现金流量净额	-106 038.00	
二、投资活动产生的现金流量		
收回投资收到的现金	121 000.00	
取得投资收益收到的现金		
处置固定资产、无形资产和其他长期资产收回的现金净额		
收到其他与投资活动有关的现金		
投资活动现金流入小计	121 000.00	
购置固定资产、无形资产和其他长期资产支付的现金	95 200.00	
投资支付的现金		
支付其他与投资活动有关的现金		
投资活动现金流出小计	95 200.00	
投资活动产生的现金流量净额	25 800.00	
三、筹资活动产生的现金流量		
吸收投资收到的现金		
取得借款收到的现金	300 000.00	
收到其他与筹资活动有关的现金		
筹资活动现金流入小计	300 000.00	
偿还债务支付的现金		
分配股利、利润或偿付利息支付的现金	4 500.00	
支付其他与筹资活动有关的现金		
筹资活动现金流出小计	4 500.00	
筹资活动产生的现金流量净额	295 500.00	
四、汇率变动对现金及现金等价物的影响		
五、现金及现金等价物净增加额	215 262.00	
加：期初现金及现金等价物余额	425 000.00	
六、期末现金及现金等价物余额	640 262.00	

企业盖章：　　　　　单位负责人：纪耀东　　　财务负责人：陈利民　　　制表：朱玲玲

13.5　财务报表附注编制

财务报表附注，是指对资产负债表、利润表和现金流量表等财务报表中列示项目的文字描述或明细资料，以及对未能在这些报表中列示项目的说明等。附注是企业财务报表重要的组成部分，企业应当按照规定披露附注信息。

13.5.1　财务报表附注基本内容

1. 企业的基本情况

1）企业注册地、组织形式和总部地址。
2）企业的业务性质和主要经营活动。
3）母公司以及集团最终母公司的名称。
4）财务报告的批准报出者和财务报告批准报出日。

2. 财务报表的编制基础

3. 遵循企业会计准则的声明

企业应当声明编制的财务报表符合企业会计准则的要求，真实、完整地反映了企业的财务状况、经营成果和现金流量等有关信息。

4. 重要会计政策和会计估计

企业在披露重要会计政策和会计估计时，应当披露重要会计政策的确定依据和财务报表项目的计量基础，以及会计估计中所采用的关键假设和不确定因素。

5. 会计政策和会计估计变更以及差错更正的说明

13.5.2　交易性金融资产、应收账款、存货项目的披露说明

1. 交易性金融资产的披露格式（见表 13-10）

表 13-10　交易性金融资产的披露格式

项目	期末公允价值	年初公允价值
1. 交易性债券投资		
2. 交易性权益工具投资		
3. 指定为以公允价值计量且其变动计入当期损益的金融资产		
4. 衍生金融资产		
5. 其他		
合计		

2. 应收账款的披露格式（见表 13-11、表 13-12）

表 13-11　应收账款的披露格式（按账龄结构）

账龄结构	期末账面余额	年初账面余额
1 年以内（含 1 年）		
1 年至 2 年（含 2 年）		

账龄结构	期末账面余额	年初账面余额
2 年至 3 年（含 3 年）		
3 年以上		
合计		

表 13-12　应收账款的披露格式（按客户类别）

客户类别	期末账面余额	年初账面余额
客户 1		
客户 2		
……		
其他客户		
合计		

3. 存货及存货跌价准备的披露格式（见表 13-13、表 13-14）

表 13-13　存货的披露格式

存货种类	年初账面余额	本期增加额	本期减少额	期末账面余额
1. 原材料				
2. 在产品				
3. 库存商品				
4. 周转材料				
5. 消耗性生物资产				
……				
合计				

表 13-14　存货跌价准备的披露格式

存货种类	年初账面余额	本期计提额	本期减少额		期末账面余额
			转回	转销	
1. 原材料					
2. 在产品					
3. 库存商品					
4. 周转材料					
5. 消耗性生物资产					
……					
合计					

13.5.3　长期股权投资、固定资产、无形资产、资产减值准备与损失项目的披露说明

1. 长期股权投资的披露格式（见表 13-15）

表 13-15　长期股权投资的披露格式

被投资单位	期末账面余额	年初账面余额
单位 1		
单位 2		
……		
合计		

2. 固定资产的披露格式（见表 13-16）

表 13-16　固定资产的披露格式

项目	年初账面余额	本期增加额	本期减少额	期末账面余额
1. 原价合计				
其中：房屋、建筑物				
机器设备				
运输工具				
……				
2. 累计折旧合计				
其中：房屋、建筑物				
机器设备				
运输工具				
……				
3. 固定资产减值准备累计金额合计				
其中：房屋、建筑物				
机器设备				
运输工具				
……				
4. 固定资产账面价值合计				
其中：房屋、建筑物				
机器设备				
运输工具				
……				

3. 无形资产的披露格式（见表 13-17）

表 13-17　无形资产的披露格式

项目	年初账面余额	本期增加额	本期减少额	期末账面余额
1. 原价合计				
其中：				
……				
2. 累计摊销合计				
其中：				
……				
3. 无形资产减值准备累计金额合计				
其中：				
……				
4. 无形资产账面价值合计				
其中：				
……				

4. 资产减值准备与损失的披露格式（见表 13-18、表 13-19）

表 13-18　资产减值准备的披露格式

项目	年初账面余额	本期计提额	本期减少额		期末账面余额
			转回	转销	
1. 坏账准备					
2. 存货跌价准备					
3. 可供出售金额资产减值准备					
4. 持有至到期投资减值准备					
5. 长期股权投资减值准备					
6. 投资性房地产减值准备					
7. 固定资产减值准备					
8. 工程物资减值准备					
9. 在建工程减值准备					
10. 生产性生物资产减值准备					
11. 油气资产减值准备					
12. 无形资产减值准备					
13. 商誉减值准备					
14. 其他					

表 13-19　资产减值损失的披露格式

项目	本期发生额	上期发生额
1. 坏账损失		
2. 存货跌价损失		
3. 可供出售金额资产减值损失		
4. 持有至到期投资减值损失		
5. 长期股权投资减值损失		
6. 投资性房地产减值损失		
7. 固定资产减值损失		
8. 工程物资减值损失		
9. 在建工程减值损失		
10. 生产性生物资产减值损失		
11. 油气资产减值损失		
12. 无形资产减值损失		
13. 商誉减值损失		
14. 其他		

13.5.4　应付职工薪酬、应交税费、借款项目的披露说明

1. 应付职工薪酬的披露格式（见表 13-20）

表 13-20　应付职工薪酬披露格式

项目	年初账面余额	本期增加额	本期支付额	期末账面余额
1. 工资、奖金、津贴和补贴				
2. 职工福利费				
3. 社会保险费				
其中：1) 医疗保险费				
2) 基本养老保险				
3) 年金缴费				
4) 失业保险费				
5) 工伤保险费				
6) 生育保险费				
4. 住房公积金				
5. 工会经费和职工教育经费				
6. 非货币性福利				
7. 因解除劳动关系给予的补偿				
8. 其他				
其中：以现金结算的股份支付				
合计				

2. 应交税费的披露格式（见表 13-21）

表 13-21　应交税费披露格式

税费项目	期末账面余额	年初账面余额
1. 增值税		
2. 消费税		
3. 城市维护建设税		
4. 企业所得税		
5. 资源税		
6. 土地增值税		
7. 城镇土地使用税		
8. 房产税		
9. 车船税		
10. 教育费附加		
11. 排污费		
12. 代扣代缴的个人所得税		
……		
合计		

3. 借款的披露格式（见表 13-22）

表 13-22　借款披露格式

项目	短期借款		长期借款	
	期末账面余额	年初账面余额	期末账面余额	年初账面余额
信用借款				
抵押借款				
质押借款				
保证借款				
合计				

13.5.5　营业收入、投资收益、公允价值变动收益的披露格式

营业收入、投资收益、公允价值变动收益的披露格式（见表 13-23～表 13-25）。

表 13-23　营业收入披露格式

项目	本期发生额	上期发生额
1. 主营业务收入		
2. 其他业务收入		
合计		

表 13-24　投资收益披露格式

产生投资收益的来源	本期发生额	上期发生额
1.		
2.		
……		
合计		

表 13-25　公允价值变动收益披露格式

产生公允价值变动收益的来源	本期发生额	上期发生额
1.		
2.		
……		
合计		

13.5.6　营业外收入与支出的披露格式

营业外收入与支出的披露格式（见表 13-26、表 13-27）。

表 13-26　营业外收入披露格式

项目	本期发生额	上期发生额
1. 非流动资产处置利得合计		
其中：固定资产处置利得		
无形资产处置利得		
……		
合计		

表 13-27　营业外支出披露格式

项目	本期发生额	上期发生额
1. 非流动资产处置损失合计		
其中：固定资产处置损失		
无形资产处置损失		
……		
合计		

13.5.7　租赁的披露格式

1. 租赁出租人租出资产的披露说明（见表 13-28、表 13-29）

表 13-28　融资租赁租出资产披露格式

剩余租赁期	最低租赁收款额
1 年以内（含 1 年）	
1 年以上 2 年以内（含 2 年）	

续表

剩余租赁期	最低租赁收款额
2 年以上 3 年以内（含 3 年）	
3 年以上	
合计	

表 13-29　经营租赁租出资产披露格式

经营租赁租出资产类别	期末账面价值	年初账面价值
1. 机器设备		
2. 运输工具		
……		
合计		

2. 租赁承租人承租资产的披露说明（见表 13-30、表 13-31）

表 13-30　融资租赁承租资产披露格式

剩余租赁期	最低租赁付款额
1 年以内（含 1 年）	
1 年以上 2 年以内（含 2 年）	
2 年以上 3 年以内（含 3 年）	
3 年以上	
合计	

表 13-31　经营租赁承租资产披露格式

剩余租赁期	最低租赁付款额
1 年以内（含 1 年）	
1 年以上 2 年以内（含 2 年）	
2 年以上 3 年以内（含 3 年）	
3 年以上	
合计	

13.5.8　资产负债表日后事项

1）每项重要的资产负债表日后非调整事项的性质、内容，及其对财务状况和经营成果的影响。无法作出估计的，应当说明原因。

2）资产负债表日后，企业利润分配方案中拟分配的以及经审议批准宣告发放的股利或利润。

【要点回顾】

1. 财务报表，是指企业对外提供的反映企业某一特定时期的财务状况和某一会计期间的经营成果、现金流量的报表文件。企业编制财务报表时，必须做到内容完整、数字真实、计算准确和编报及时。

2. 财务报表的种类包括有：①按照编报的时间，可分为月报、季报、半年报和年报；②按照反映的经济内容，可分为资产负债表、利润表和现金流量表；③按照反映财务活动的方式，可分为静态报表和动态报表；④按照编制的范围，可分为个别财务报表和合并财务报表。

3. 资产负债表，是反映企业某一特定日期财务状况的财务报表。资产负债表是企业主要财务报表之一，它属于静态报表，是根据"资产=负债+所有者权益"这一会计平衡公式，按照一定的分类标准和顺序，把企业在某一特定日期的资产、负债、所有者权益等项目予以适当排列，集中反映企业在特定日期所拥有或控制的经济资源及其分布情况，以及所承担的经济义务和所有者权益总额及其结构。

4. 财务报表列报准则规定，我国企业的资产负债表应采用账户式结构。账户式资产负债表分左右两方，左方为资产项目，按资产的流动性大小排列；右方为负债及所有者权益项目，其中负债项目按偿还的先后顺序排列，所有者权益项目按其永续性递减顺序排列。账户式资产负债表中的资产各项目的合计数等于负债及所有者权益各项目的合计数。

5. 资产负债表各项目均需填列"年初余额"和"期末余额"两栏。其中"年初余额"栏内各项目数字，应根据上年末资产负债表的"期末余额"栏内所列数字填列。"期末余额"栏数字的填列，应根据各项目的不同性质分别采用不同的方法来填列。

6. 利润表，是反映企业在一定会计期间经营成果的财务报表。利润表属于动态报表，它主要依据会计的收入实现原则和配比原则编制，即把一定时期的营业收入与同一会计期间的相关成本、费用进行配比，以计算确定企业一定时期实现的净利润或发生的净亏损,它反映了"收入-费用=利润"的会计平衡公式。

7. 财务报表列报准则规定，我国企业的利润表应采用多步式结构。多步式利润表将不同性质的收入和费用类别进行对比，按利润形成的主要环节列示一些中间性利润指标，如营业利润、利润总额和净利润，分步计算当期的净利润。

8. 利润表各项目均需填列"本期金额"和"上期金额"两栏。"上期金额"栏应根据上年该期利润表"本期金额"栏内所列数字填列。"本期金额"栏，除"基本每股收益"和"稀释每股收益"项目外，主要是依据各损益类账户的本期发生额分析计算填列。

9. 现金流量表，是反映企业在一定会计期间现金、现金等价物流入和流出的财务报表。现金流量表属于动态报表，它是按照收付实现制原则编制的，它将企业权责发生制下的经济业务调整为收付实现制下的现金流量信息。现金流量表是以现金和现金等价物为编制基础。

10. 财务报表列报准则规定，我国企业的现金流量表应采用报告式结构。企业应当采用直接法编制现金流量表的主表，补充资料采用间接法来编制。直接法，是指通过现金收入和现金支出的主要类别列示各类现金流量，一般以利润表中的营业收入为起点，调整有关项目的增减变动，计算现金流量。采用直接法填列现金流量表，具体可以采用工作底稿法、T 型账户法或根据有关账户记录分析填列。间接法，是指以净利润为起点，调整为以收付实现制为基础的经营活动产生的现金流量净额。

参 考 文 献

财政部会计资格评价中心．2015．初级会计实务[M]．北京：中国财政经济出版社．

程运木．2010．企业财务会计[M]．北京：中国财政经济出版社．

李桂兰，肖英姿，陈笑英．2010．企业会计岗位实务[M]．北京：中国物资出版社．

罗绍明．2013．财务会计[M]．北京：科学出版社．

企业会计准则编审委员会．2015．企业会计准则案例讲解[M]．上海：立信会计出版社．

谢丽萍．2009．企业会计岗位核算（修订本）[M]．广州：广东高等教育出版社．

薛启芳，陈德志．2010．财务会计[M]．北京：电子工业出版社．

赵宇，方建新．2010．新编财务会计实训[M]．北京：电子工业出版社．